人力资源社会保障部事业单位人事服务中心
中　国　继　续　工　程　教　育　协　会　组织编写

政府经济学

（第二版）

主　编　温来成

中国人事出版社

图书在版编目(CIP)数据

政府经济学/温来成主编. -- 2版. -- 北京：中国人事出版社，2021
ISBN 978-7-5129-1690-6

Ⅰ.①政… Ⅱ.①温… Ⅲ.①行政干预-宏观管理-经济学 Ⅳ.①F20

中国版本图书馆 CIP 数据核字(2021)第 235434 号

中国人事出版社出版发行
(北京市惠新东街 1 号　邮政编码：100029)
*
三河市华骏印务包装有限公司印刷装订　新华书店经销

787 毫米×1092 毫米　16 开本　21.75 印张　360 千字
2021 年 12 月第 2 版　　2022 年 5 月第 4 次印刷
定价：39.00 元

读者服务部电话：(010) 64929211/84209101/64921644
营销中心电话：(010) 64962347
出版社网址：http://www.class.com.cn

编写委员会

前言

在社会主义市场经济中，市场对资源配置起决定性作用，政府在此基础上发挥宏观调控功能，政府经济活动的规模、结构，以及运行状况，对市场体系建设、市场机制运行和各项社会事业发展，具有十分重要的影响，是社会资源合理配置不可或缺的重要组成部分。在我国经济进入高质量发展，力争在2035年基本实现社会主义现代化，在2050年建成社会主义现代化强国的历史时期，以财政分配和公共服务为核心的政府经济，面临着错综复杂的国内外环境，许多重大问题需要研究解决，诸如建设现代财政制度、财政与政府职能转变、政府间财政关系等。近年来，我国推行了预算管理、政府采购、税收制度、地方政府债务制度、政府预算绩效评价、政府与社会资本合作（PPP）等一系列重大改革措施，现代财政制度建设和政府宏观管理取得了重要进展，这为我国政府经济学的发展创造了难得的历史机遇。

在政府经济理论领域，自亚当·斯密以来，众多的经济学流派，在不同历史时期，从不同角度进行了不懈的探索，为我们研究和学习政府经济运行规律提供了丰富的思想宝库。改革开放以来，我国对社会主义经济的认识，经历了从计划经济到有计划商品经济，再到社会主义市场经济的历程，包括在不同经济模式下的政府经济及其职能的摸索。目前，我国在党的十九大精神指引下，以习近平新时代中国特色社会主义思想为指导，为达到第二个百年奋斗目标，实现中华民族伟大复兴而努力奋斗。在此背景下，人力资源社会保障部事业单位人事服务中心、中国继续工程教育协会为国家开放大学行政管理本科专业组织编写了这本《政府经济学》。在编写中，力求总结概括国内外政府经济学领域最新的、较为成熟的研究成果，反映我国政府经济管理体制改革与发展的现实。本教材通过理论与实践相结合，分析市场条件下政府经济运行规律，描述中国政府经济管理制度，阐明政府经济政策的理论依据，提供政府经济学学习、研究的基本方法，希望对读者更好地了解和学习政府经济学相关内容有所帮助。

本版《政府经济学》是在2016年出版的教材基础上修订的，修订的主要内容包括：①突出了以习近平新时代中国特色社会主义思想为指导，贯彻了党的十九大及十九届二中、三中、四中、五中及六中全会精神。②更新了部分财税法律制度。③更新了有关数据。参加修订的有温来成、王若讷。

在本教材编写过程中，吸收了国内外有关专家的研究成果，在此一并致谢。由于水平有限，本教材可能存在一些纰漏之处，欢迎读者批评指正。

温来成

2021年11月于中央财经大学中财-中证鹏元地方财政投融资研究所

目 录

第一章
导　论

导言

本章主要介绍政府经济的特点、政府经济学概念，以及政府经济学学习方法。政府经济是一种与企业、个人经济活动相对应的经济行为，即以政府为主体的资源配置及其宏观经济管理。其中，政府财政分配及提供公共服务，在政府经济中居核心地位。政府经济的主体是各级政府，客体是参与部分国民收入或国民生产总值分配，并对国民经济运行进行宏观调控。政府经济的形式主要表现为政府收入、政府支出，以及宏观经济管理。政府经济的依据主要是社会公共权力，其目的是满足社会公共需要。政府经济学是专门研究以政府为主体的资源配置及其宏观管理规律的学科。

学习目标

通过本章的学习，学生能够理解政府经济的核心内容，把握政府经济学的基本规律，了解我国政府经济的概况，为后面各章的学习提供一个基本背景。

第一节　政府经济

一、政府经济现象

在现代市场经济中，各类以政府为主体的经济现象比比皆是。政府经济不仅关系到政策的执行和政府职能的实现，而且涉及广大企事业单位、成千上万家庭和个人的切身利益。在对外经济开放条件下，一国政府的经济活动，还会对其他国家和地区的经济产生影响。政府经济不仅为政治家、外交家、经济学家所关心，而且是社会各部门、各地区、各单位以及各阶层关注的焦点。

初步核算，2020 年我国国内生产总值（GDP）为 1 015 986 亿元。2020 年全国一般公共预算收入为 182 894. 92 亿元，政府性基金预算收入为 93 488. 74 亿元，国有资本经营预算收入为 4 777. 82 亿元，全国社会保险基金预算收入为 72 115. 65 亿元。政府财政支出，以中央财政为例，主要支出项目安排情况如下：一般公共服务支出为 1 735. 21 亿元、外交支出为 514. 06 亿元、国防支出为 12 679. 92 亿元、公共安全支出为 1 835. 9 亿元、教育支出为 1 673. 65 亿元、科学技术支出为 3 216. 48 亿元、粮油物资储备支出为 1 224. 57 亿元、债务付息支出为 5 538. 95 亿元等。

可见，现代政府的经济活动，涉及一个国家或地区经济社会生活的各个领域、各个层次，是社会资源合理配置不可或缺的重要组成部分，关乎每个社会成员利益。各级政府及其公务人员，需要充分认识政府经济在市场体系中的地位，把握政府经济运行规律，履行政府职责，开展各项公共管理活动，努力提高资源配置效率，为社会公共利益服务。

二、政府经济的涵义

如前所述，在现代市场经济中，政府经济是一种普遍存在的经济活动。而“政府经济学”作为一门独立的学科，必须明确政府经济的基本概念，为读者全面理解政府经济提供理论支持。

政府经济是一种与企业、个人经济活动相对应的经济行为，即以政府为主体的资源配置及其宏观经济管理。其中，政府财政分配及提供公共服务在政府经济中居核心地位。追溯政府经济的历史，政府财政收支雏形可从原始社会满足氏族部落公共需要的祭祀、防卫等活动算起。而正式的政府经济，是人类社会发展到出现国家，有了政府之后产生的。在公元前 21 世纪，中国建立了奴隶制——夏朝，中国是世界上较早进入奴隶制的国家之一。夏王启为满足政府的需要，责令各诸侯国进贡。据我国古代文献《周礼·天官》记载，夏朝“以九贡致邦国之用”，即诸侯以九种形式向国家纳贡；“以九式均节财用”，即以九种途径满足国家需要。在我国周朝时期，还出现了类似于政府预算形式的对财政收支安排的制度①。除政府维持自身存在和实现其基本职能的财政收支外，在奴隶社会和封建社会，政府还会参与某些重大经济活动，如兴修水利工程、修筑道路、组织移民开发边疆等。在资本主义社会前期，政府奉行自由主义政策，基本不干预企业等微观经济活动。1929—1933 年世界经济大危机后，随着凯恩斯主义经济理论广泛传播，西方各国政府纷纷走向全面干预经济的道路，政府宏观经济管理职能才日趋完善。20 世纪 80 年代后，美英等国陆续放弃了凯恩斯主义经济政策的主张，但政府宏

① 孙翊刚. 中国财政问题源流考［M］. 北京：中国社会科学出版社，2001：291.

观经济管理活动并没有被削弱，体现了市场经济发展的一般规律。因此，与企业、个人经济活动相对应，可从以下五个方面认识政府经济。

（一）政府经济的主体

政府经济的主体是各级政府，即狭义的政府，也就是国家行政机构。政府是市场经济运行中的重要主体，其行为与企业、个人相比，存在根本区别。企业、个人经济行为是追求私人利润的最大化，而政府经济以社会公共利益最大化为目标。政府经济是市场供求平衡的重要条件，如果从市场主体角度分析，则政府是市场上最大的买主，一定时期内政府采购的总额、采购商品和劳务的结构，对市场供求关系具有重要影响。

（二）政府经济的客体

政府经济的客体是政府参与分配的部分国民收入或国民生产总值，以及实施宏观调控的国民经济运行过程。企业、个人经济活动是从事商品和劳务的生产和供给，在现代市场经济条件下，企业是价值创造的主体，而政府经济是以财政收支为核心，实质上是一种收入分配和再分配，以及以此为基础的宏观管理。政府机构不直接创造任何物质财富，政府财政收入来自企业和个人缴纳的税收，构成财政支出中所提供公共服务的物质基础，政府宏观调控能力的强弱，很大程度上取决于政府财政集中的财力的多少。因而在一定时期内，构成政府经济的客体，即政府掌握的国民收入或国民生产总值是有限度的。从根本上讲，其取决于经济发展的水平。

（三）政府经济的形式

政府经济的形式主要表现为政府收入、政府支出，以及宏观经济管理。与企业、个人等微观经济活动不同，政府经济是以组织财政收入、安排财政支出的方式进行资源配置，履行政府职责，并以收支为基础开展宏观管理，即对生产、流通、分配和消费等整个国民经济运行过程进行有效调控。

（四）政府经济的依据

与企业、个人等微观经济活动相比，政府经济的依据主要是社会公共权力。政府之所以能够强制地、无偿地、固定地征收税收等收入，以满足其支出需要，就是因为政府是公共权力机关，掌握着法律等强制手段，可以对违规者予以处罚，以维护社会公共利益。当然，政府掌握的公共权力，来源于国家宪法和其他相关法律的授权。

（五）政府经济的目的

政府经济的目的是满足社会公共需要。通过教材相关章节的论述可以看出，在市场经济条件下，政府经济就是为了解决企业、个人不能或不能有效解决的问题，克服市场缺陷，满足社会公共需要。政府经济与企业、个人的生产经营活动目的有着根本区别。

第二节　政府经济学及其学习方法

一、政府经济学

通过对政府经济的描述，我们可以概括政府经济学的基本含义，即政府经济学是专门研究以政府为主体的资源配置及其宏观管理规律的学科。任何一门学科，必须有其独立的研究对象，政府经济学也不例外。研究以政府为主体的资源配置及其宏观管理，就使政府经济学与其他经济学科产生了明显的分野。如前所述，政府经济与政府出现一样久远，但政府经济学作为一门独立学科的产生，不过是几百年的时间。一般认为，1776 年亚当·斯密《国富论》的发表，标志着经济学和财政学的产生。亚当·斯密在《国富论》的第五篇专门论述了政府财政收入、支出问题。亚当·斯密提出的有些思想，例如平等、确实、便利和最少征收费用等赋税原则，至今仍有广泛的影响力。因而，我们大致可以这样认为，在亚当·斯密发表《国富论》以后，政府经济学已逐步形成了较为完整的学科体系。当代政府经济学，无论是学科体系，还是研究方法，都取得了长足发展。

除政府经济学名称外，与之相关的学科名称还有财政学、公共财政学、公共部门经济学、公共经济学和宏观经济学等。实际上，目前在国内外，这些学科名称在同时使用。本教材在这里不具体讨论上述学科名称的异同，但需要强调的是，无论是政府经济学，还是财政学、公共财政学、公共部门经济学、公共经济学，其最核心的内容，仍是政府财政分配及提供公共服务的职能。大致上可以认为，政府经济学、公共部门经济学是对传统财政学的发展。而政府经济学与宏观经济学的区别，在于政府经济学是从经济主体的角度构建学科体系，宏观经济学则是从经济运行的角度在整体上研究国民经济运行及其规律，其对应的学科是微观经济学。

二、政府经济学的学习方法

政府经济学属应用经济学范畴，既有对政府经济的理论概括，更有很强的实践性，需要研究政府经济运行中存在的各种问题，为政府制定和实施经济政策，以及规章制度建设提供理论依据。而不同国家的政府所面临的政治经济环境，以及一国政府在不同时期所承担的经济社会发展任务，都存在巨大差异。因此，政府经济学的学习方法，除了坚持马克思主义政治经济学基本方法论，以及以习近平新时代中国特色社会主义思想为指导外，还需要采取以下具体方法。

（一）理论与实践相结合

理论与实践相结合，一方面，能够运用政府经济学基本原理，分析政府经济发展中的各种现象，就其存在的问题提出解决的思路与方法，以加深对基本理论的理解和掌握。例如，运用公共物品理论，可在一定程度上分析和解释我国政府职能转变的途径和方法。另一方面，通过政府经济实践，进一步检验理论的正确性，以校正和发展理论，实现理论创新，在更高层次上达到理论与实践的结合。在我国发展社会主义市场经济，积极开展“一带一路”倡议，推动经济全球化，加快新型城镇化、信息化和农业现代化进程，实现经济社会高质量发展和国家现代化目标的新时期，丰富生动的政府经济实践，为政府经济学的学习提供了难得的历史机遇。

（二）实证经济分析与规范经济分析相结合

实证经济分析与规范经济分析是经济学研究和学习常用的方法。实证经济分析的任务，是回答经济运行中“是什么”的问题；而规范经济分析，是解决经济运行“应该是什么”的问题。在政府经济学学习中，通过实证经济分析，准确把握政府经济的现状与问题，才有可能为其提供切实可行的解决方案。需要强调的是，应加强对政府经济的数量分析，提高对有关问题认识的精准性和科学性。在研究政府经济时，财政收入占GDP 的比例、税率、财政支出效益等大量的问题，都需要较细致的数量分析。而通过规范经济分析，解决政府经济的价值判断问题，如公平与效率的选择，能够理解政府经济决策中为什么是这样，而不是那样，有利于把握政府经济与社会制度、意识形态、文化传统之间的内在联系。

（三）历史分析与逻辑分析相结合

历史分析与逻辑分析相结合，就要求在政府经济学的学习中有广阔的视野，能够从政府经济的过去、现在，把握其未来发展趋势，并进行相应的理论概括。在中国几千年的文明史中，政府经济留下了浩瀚的典章制度和案例资料，值得我们认真学习和总结。在西方国家，从古典经济学占主导地位时期的“廉价政府”，到凯恩斯革命后政府全面干预经济，再到当前信息技术高速发展，知识经济崛起，经济全球化与逆全球化并存条件下的政府经济管理，积累了丰富的实践经验，值得我们借鉴和学习。这样，政府经济学的学习，就能够做到融会贯通、理解深刻。同时，在政府经济学学习中，还应注意各种政府经济之间的内在逻辑关系，分析、把握政府经济的前因后果，理解相关政策、法律制度制定和实施的理论依据，提高学习效果。

本章回顾

1. 政府经济是一种与企业、个人经济活动相对应的经济行为，即以政府为主体的资源配置及其宏观经济管理。其中，政府财政分配及提供公共服务在政府经济中居核心地位。

2. 政府经济的主体是各级政府，即狭义的政府，也就是国家行政机构。政府是市场经济运行中的重要主体，其行为与企业、个人相比，存在根本区别。企业、个人经济行为是追求私人利润的最大化，而政府经济以社会公共利益最大化为目标。

3. 政府经济的客体是政府参与分配的部分国民收入或国民生产总值，以及实施宏观调控的国民经济运行过程。

4. 政府经济的形式主要表现为政府收入、政府支出，以及宏观经济管理。与企业、个人等微观经济活动不同，政府经济是以组织财政收入、安排财政支出的方式进行资源配置，履行政府职责，并以收支为基础开展宏观管理，即对生产、流通、分配和消费等整个国民经济运行过程进行有效调控。

5. 政府经济的依据。与企业、个人等微观经济相比，政府经济的依据主要是社会公共权力。

6. 政府经济的目的。政府经济的目的是满足社会公共需要。

7. 政府经济学是专门研究以政府为主体的资源配置及其宏观管理规律的学科。

8. 政府经济学的学习方法，除了坚持马克思主义政治经济学基本方法论，以及以习近平新时代中国特色社会主义思想为指导外，还需要采取以下具体方法：①理论与实践相结合；②实证经济分析与规范经济分析相结合；③历史分析与逻辑分析相结合。

拓展学习

1. 高培勇，温来成. 市场化进程中的中国财政运行机制［M］. 北京：中国人民大学出版社，2001.

2. 陈共. 财政学［M］. 10 版. 北京：中国人民大学出版社，2020.

思考题

1. 什么是政府经济？如何理解政府经济？

2. 什么是政府经济学？

3. 如何学习政府经济学？

第二章
现代市场经济运行中的政府

导言

本章主要介绍市场失灵的各种表现，为市场经济条件下政府经济的合理性提供依据；同时分析政府失灵的问题，并对政府收入分配、资源配置、经济稳定与发展三大经济职能进行阐述。在对政府经济中的公平与效率的关系进行论述时，既概括了一般原理，又分析了我国的现实选择。在基本理论分析的基础上，描述了我国改革开放以来对政府经济及其职能的艰难探索，分析了我国目前政府职能转变所面临的问题，以及政府职能转变的主要任务。

学习目标

通过本章的学习，学生应重点掌握市场经济运行中政府经济的合理性，理解市场失灵与政府失灵的各种表现，明确政府经济职能，掌握政府经济中公平与效率的关系，了解改革开放以来我国对政府经济及其职能的探索，熟悉我国政府职能转变存在的问题与深化改革的趋势。

第一节　市场失灵与政府经济的合理性

一、市场失灵及其主要表现

在市场经济条件下，市场在资源配置中起着决定性作用。市场利用价格机制、竞争机制引导企业和个人行为，调节市场供给和需求，实现资源的合理配置。1929—1933 年世界经济大危机以前，古典经济学家认为，市场机制这只“看不见的手”可有效调节经济运行，达到供求平衡，实现资源的合理配置，不需要政府干预。而周期性爆发的经济危机，特别是世界经济大危机，则表明市场不是万能的，市场机制不能解决资源配置中的所有问题。这时便提出了市场失灵的问题。

一般而言，市场失灵是指市场机制在有些领域不能或不能有效发挥作用，达不到资源有效配置的目的，也就是达不到经济学所讲的“帕累托效率”。即资源配置达到了这样一种理想状态，任何分配方案的改变，都不能达到在不损害一部分人利益的前提下，而提高另一部分人福利水平的目的。既然这些领域市场机制不能有效发挥作用，为实现资源合理配置，就需要政府干预。从各国市场经济实践分析来看，市场失灵有各种各样的表现，主要包括以下七个方面。

（一）市场处于不完全竞争状态

市场处于不完全竞争状态，也称为竞争失灵。根据经济学原理，在市场处于完全竞争状态的条件下，市场上参与竞争的企业众多，每一个企业都不能操纵、控制市场价格，只能接受市场价格，这种市场价格是通过竞争形成的，各种生产要素可在市场上自由流动，有关交易的信息是透明的。在此情况下，通过价格机制和竞争，企业生产能够达到利润的最大化，即边际利润等于边际成本，资源配置可达到最优状态，也就是“帕累托效率”。但在现实经济运行中，市场往往达不到完全竞争状态，而是存在垄断，即不完全竞争。至于垄断的具体情况，还可进一步划分，主要包括完全垄断、寡头垄断和垄断竞争。完全垄断就是严格意义上的垄断，即在市场上只有一个生产厂家，可以完全操纵市场价格。寡头垄断是指在市场上存在几个生产厂家，这些企业可以控制某一领域的商品和劳务供给价格，但它们之间还存在一定程度的竞争。垄断竞争是指市场上既存在垄断又存在竞争的状况，其程度介于寡头垄断和完全竞争之间，在市场上有较多的生产企业，它们之间存在竞争，但还达不到完全竞争的状态。在现实经济生活中，垄断竞争是一种较为常见的市场条件。

现代市场经济运行中的政府垄断形成的原因，在不同时期和不同国家有不同的答案，主要包括市场竞争形成的垄断、自然垄断等。市场竞争形成的垄断包括过度竞争产生的垄断、技术进步产生的垄断等。过度竞争产生的垄断是企业在竞争中通过兼并、收购等方式，扩大生产规模和产品市场占有率，当其产量和市场份额足以控制市场价格和供求关系时，就会产生垄断。技术进步产生的垄断，是由于企业在一定时期掌握了某些生产技术，如专利权等，在市场竞争中处于有利地位，能对产品价格产生影响，进而对资源配置发生作用。而自然垄断有时也称为天然垄断，与某些商品和劳务自身的特点有关，即这类商品和劳务在由一家企业提供时其成本比由多家企业提供时要低，有利于节约社会资源。供电、供水、供气等公用事业服务的生产和提供，具有明显的自然垄断特征。

在垄断条件下，无论具体程度如何，都会对市场机制形成扭曲，不能有效调节供给和需求，达不到资源合理配置的目的。以自然垄断情况为例，自然垄断与市场供求关系如图 2-1 所示。

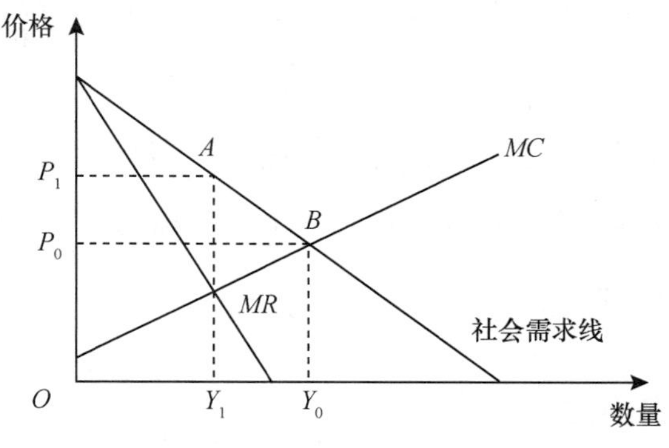

图 2-1 自然垄断与市场供求关系

在自由竞争的情况下，企业的边际利润线与社会需求线为同一条曲线，根据边际成本等于边际利润的最优供给条件，商品和劳务的均衡点为 B，市场可供量为 Y_0，价格为 P_0。但在自然垄断的条件下，生产者的边际利润线（MR）低于社会需求线，在与边际成本线（MC）相交后决定的数量为 Y_1，价格为 P_1，与自由竞争情况相比，向市场的可供量减少了 Y_0-Y_1，而价格则上升了 P_1-P_0。即在垄断条件下，产量小于资源配置达到最优时的产量，而价格高于资源配置达到最优时的价格，对资源配置产生不利影响。

由于市场机制本身无法克服各种垄断产生竞争的不完全性，在资源配置难以达到最优配置状态时，就需要政府干预。政府对市场垄断的治理，主要有两种途径：①利用法律手段打击或限制过度竞争产生的垄断，维护市场竞争秩序，如有关国家的《反垄断法》《反托拉斯法》，以及我国的《反垄断法》《反不正当竞争法》等。政府对存在市场垄断行为的企业提起诉讼，要求其纠正垄断行为，甚至将其强行分解，对一定规模的企业收购、重组，必须依法经政府有关部门批准，以达到限制垄断、保护竞争、促进资源合理配置的目的。②对自然垄断行业实行政府管制，价格由政府控制或指导，并对服务质量等提出明确要求，限制这类企业凭借其垄断地位操纵市场价格，损害消费者利益，维护市场公平竞争。

（二）公共物品供给

公共物品是与私人物品相对应的一个概念。在市场经济条件下，公共物品不能或不能有效通过市场机制由企业和个人提供，需要政府等公共组织生产和提供。有关公共物品的具体内容，将在本教材第三章详细论述。

（三）外部效应

外部效应体现为企业和个人的经济活动对其他企业和个人产生的影响，而这种影响并没有在有关商品和劳务的价格中得到反映，成本没有得到补偿，利益没有得到回报。在没有政府干预的情况下，必然出现过度生产或生产不足的问题，形成资源浪费或不能满足市场需要。外部效应是构成市场失灵的一个重要领域。有关外部效应的具体内容，将在本教材第四章展开分析。

（四）信息的不对称性

信息的不对称性通常是指进行商品和劳务交易的双方，由于所掌握的信息量不相等，不能有效开展公平竞争，从而对资源配置产生扭曲。而这种信息的不对称性，是市场机制自身无法克服的。在市场经济运行中，交易信息的充分性，是开展充分竞争、公平竞争，资源配置达到“帕累托效率”的重要前提。但在自发性的市场交易中，一方往往很难完全掌握另一方有关的信息，例如，一个普通的消费者，很难准确了解市场所出售食品的成分、营养价值、产地、生产厂家的资信等内容；普通股民在选购上市企业股票时，单凭个人信息搜集能力，很难准确掌握该企业的生产经营状况、真实盈利能力、管理人员水平、企业发展前景等信息；保险公司与投保人签订财产保险合同时，要有效防范经营风险，就需要对投保人资产状况、管理水平、诚信程度等信息有较全面地了解，准确评估，但要做到万无一失是困难的。为解决信息的不对称性对市场机制的干扰，就需要政府干预，通过制定实施有关法律制度，要求交易双方公开公平竞争、等价交换所需的信息，维护市场交易秩序。如政府要求企业在所售商品上明确注明产品成分、生产和保质日期、厂家、地址等内容，供消费者自由选择；为维护股票交易的公平性，保护股民利益，政府有关主管部门要求上市公司定期公布财务信息，并进行有效监管，保证信息的真实可靠；对签订的各类交易合同，要求信息充分，公平公正，不得有欺诈行为等。

（五）市场的不完整性

市场的不完整性所导致的市场失灵，是指由于一个国家或地区市场体系不完整，某些市场发展相对滞后，甚至不健全，不能有效提供社会所需要的商品和劳务。市场的不完整性使市场机制不能有效发挥作用，就需要政府干预。较为典型的是保险市场和资本市场。市场经济国家的政府普遍介入了社会保险领域，并提供农业保险、储蓄保险等服务。在资本市场方面，由政府提供教育贷款、中小企业贷款、农业贷款等。尽管这些服务有的属于私人物品的范畴，但由于市场的不完整性，不能满足社会需要，政府提供此类服务，有利于经济发展和改善人民生活。在发展中国家，市场的不完整性，特别是资本市场发展滞后，是较为普遍的现象。

（六）收入公平分配

市场在收入公平分配领域的失灵是指市场不能有效调节国民收入在社会各部门、各地区、各阶层和各成员之间合理分配，缩小收入差距，体现社会公平。即使在经济运行达到“帕累托效率”的条件下，市场也不会自动实现收入公平分配。而市场则强调效率，通过价格机制和竞争机制，使各种生产要素和资源流向效率更高的地区、部门、产业、企业以及个人手中，这反而进一步扩大了收入在各个领域的差距。但任何经济运行都是在一定社会环境下进行的，如果社会成员之间收入分配不公平，贫富差距悬殊，特别是在相当部分成员基本生活都难以保证的情况下，必然引发大量社会矛盾，使犯罪率居高不下，游行、示威、罢工连续不断，甚至引发政局动荡，对经济正常运行产生严重影响，最终有损于效率的提高。这就需要政府在公平与效率之间进行权衡选择，通过税收制度、社会保障制度有效调节收入分配差距，体现社会公平，化解社会矛盾，维护社会稳定。

（七）宏观经济的稳定与增长

市场不能有效实现宏观经济的稳定与增长，是指自发的市场机制不能解决宏观经济总量与结构的均衡，以达到经济增长的目的。特别是在解决通货膨胀、充分就业、产业结构、区域经济结构等宏观经济问题方面，市场本身无能为力。从市场运行过程分析，其主要利用价格、竞争等市场机制，引导企业、个人等微观主体活动，调节供求关系，以合理配置资源，而对有关宏观经济变量则难以进行自觉、有效和主动调控。以通货膨胀为例，其成因有成本推动、需求拉动等多种情况，但都是一种货币现象，在实行纸币制度，中央银行垄断货币发行的条件下，某一商品或某一市场领域的价格波动、竞争，都很难对整个物价总水平和货币币值产生决定性作用，需要政府及时制定和实施正确的宏观经济政策来治理。

二、政府失灵

现代市场经济理论认为，市场失灵的存在和有效配置资源的需要，是政府干预经济活动合理性的依据。但并不能从中得出这样的推论，即政府可以完全解决市场失灵，达到资源配置的“帕累托效率”。也就是说，政府并不能完全解决上述市场失灵现象，还存在一个政府失灵的问题。其主要原因包括以下四个方面。

（一）政府决策信息的有限性

政府决策信息的有限性是指政府在调节经济运行、克服市场失灵的过程中，由于所收集、掌握信息的不足，影响政府决策的及时性、准确性和科学性，政策达不到预期效果。此种状况，既包括政府公务人员主观原因所形成的信息有限性，也包括因客观原因产生的信息有限性。因政府公务人员掌握情况不准确而造成的决策失误属前者；因情况紧急，在原有统计资料不完整，并已无法准确收集具体信息的条件下，对政府决策产生的不利影响，则属于后者。在调控国民经济运行过程中，因政府决策环境的复杂性、多变性，即使在信息技术发达，电子政务、数字政府普遍推行的今天，也不能完全解决决策信息有限性的制约。以我国在城镇实行的居民生活最低保障制度为例，政府要做到对生活困难居民应保尽保，就要求做到详细掌握“享受最低生活保障居民”的收入来源、就业状况、家庭人口等信息资料，否则，就会出现应得到保障的生活困难者没有得到保障，不符合条件的人反而从政府得到资金，政策执行结果与初衷相反的情况。

（二）政府对市场及主体行为控制的有限性

市场及主体行为控制的有限性是指政府在制定、实施有关经济政策，调节经济运行，实现宏观经济目标时，企业、个人等市场主体不一定能够及时做出反应，或者其行为不能向政府希望的方向转变，政府不能完全控制价格波动、生产要素流向等市场形势，致使政府政策不能达到预期效果。因为在市场经济条件下，企业、个人是独立的市场主体，自主经营、自负盈亏、照章纳税，在国家法律制度范围内，根据其自身利益和市场预期，独立决定生产什么、为谁生产、生产多少、何时生产等问题，政府不能直接干预。政府只能运用财政政策、货币政策等政策工具，引导、调节微观主体行为，使之向政府政策目标转变，但在什么时间转变或在多大程度上转变，则取决于企业、个人对其经济利益的追求和对市场发展的预期，属于企业内部管理事务和私人决策范围，主动权掌握在企业和个人手中，这在一定程度上制约了政府干预经济活动的有效性。

（三）政府机构控制能力的有限性

政府机构控制能力的有限性是指政府在运用政策工具干预经济运行过程中，受政府机构内部中央政府与地方政府关系、政府各部门关系的制约，政策效果未能如期实现，出现全部或部分失效的现象。即在制定、实施经济政策中，中央政府未能有效控制地方政府行为，或者政府未能有效协调各个部门关系，以致出现政策执行偏差的问题。从经济学的角度分析，中央政府与地方政府，以及政府各部门，在有关政策制定和实施过程中，需要相互协调，兼顾各方利益，才能保证政策预期目标的实现。一味强调中央利益或地方利益，必然对政策的执行产生不利影响。

（四）政府在决策过程中与立法机构协调的有限性

政府在决策过程中与立法机构协调的有限性是指政府财政收支等重大决策，需要通过立法程序来解决，涉及各部门、各地区、各单位、社会各阶层及其成员的切身利益，其结果往往是相互妥协以达成协议，政府部门的有关判断、政策主张不能够完全实现。在政府经济中，除法律授权范围内的决策外，重大经济行为则要按法定程序报立法机关审核、批准。政府财政预算、决算，各国一般都要经立法机关审批。在我国，除财政预决算外，政府年度和五年期国民经济和社会发展规划，也要经各级人民代表大会批准后执行。在一些国家，因利益关系制约，经立法程序决策的政府经济，受到各种利益集团的干扰和影响，呈现出一种较为复杂的博弈关系，政府不能完全控制其过程和结果，影响政府政策意图的实现。在西方议会制度中，各种利益集团通过院外活动，游说议员，使政府财政分配和经济政策符合其要求。因此，政府在制定经济决策和政策效果预期时应充分考虑政府机构与立法机构协调的有限性。

由于政府经济调控能力的有限性，在调节经济运行、克服市场失灵的过程中，就需要正确估计和评价政府经济政策效果，尽可能减少政府决策失误，防范过度干预和不当干预，提高政府资源配置效益，从而有利于经济社会健康发展。

三、政府经济职能

政府作为公共权力组织，在社会公共事务管理中承担着多种职责，其职能也可按不同角度进行分类，诸如将国家职能划分为政治管理职能、经济管理职能和社会管理职能等。在经济领域，在现代市场经济条件下，由于市场机制存在种种缺陷和不足，即市场失灵，需要政府干预和调节，其情况纷繁复杂，概括起来，市场经济条件下政府经济职能主要体现在三个方面：政府收入分配、政府资源配置、政府经济稳定与发展。

（一）政府收入分配职能

政府收入分配职能是指政府通过各种政策工具，参与一定时期国民收入的初次分配与再分配，实现收入在全社会各部门、各地区、各单位，以及各社会成员之间进行合理分割，缩小收入差距，体现社会公平。如前所述，收入合理分配是市场机制不能有效解决的问题，需要政府调节，而政府则是通过参与国民收入的初次分配与再分配进行调节的。由于收入初次分配主要是在市场领域由企业等微观经济主体完成的，除政府直接参与国有资产要素分配收入外，其他劳动力、资本、技术等生产要素的收入分配，主要受价格机制调节，因而政府收入分配职能主要是在再分配领域实现的。即通过再分配矫正初次分配的不公平，达到收入合理分配的目的。

收入按照分配依据划分，可分为劳动收入和非劳动收入。前者的依据是按劳分配原则，后者的依据是按要素分配原则。我国在收入分配领域的政策是确立劳动、资本、技术和管理等生产要素按贡献参与分配的原则，完善按劳分配为主体，多种分配方式并存的分配制度。规范分配秩序，合理调节少数垄断性行业的过高收入，取缔非法收入。以共同富裕为目标，扩大中等收入者比率，提高低收入者收入水平。初次分配注重效率，发挥市场的作用，鼓励一部分人通过诚实劳动、合法经营先富起来。再分配注重公平，加强政府对收入分配的调节职能。从现阶段我国居民收入分配现状分析，政府收入调节任务还十分繁重。

在调节收入分配、实现社会公平的过程中，政府需要运用一系列的政策工具和措施，主要包括以下四项内容。

1. 税收制度

税收是政府最主要的收入来源，各项税收特别是所得税，实行累进税率，收入调节功能很强，是各国政府实施分配政策的主要工具。由于所得税主要实行累进税率，对不同收入等级设置不同税率，收入等级越高税率就越高，较好地体现了按能力纳税原则，即高收入者多缴税，低收入者少缴税或不缴税，以达到适当调节社会成员收入的目的。除所得税外，流转税、财产税等税种都具有相应的收入分配、调节功能。

2. 社会保障制度

社会保障制度的基本功能是为社会成员在丧失劳动能力、失业、疾病、工伤、生育等情况下，提供基本生活资料，保障其生存需要。社会保障包括社会保险、社会救济、社会优抚等内容。这种制度保障为所有社会成员提供，与其所缴纳税的多少不完全对等。通过建立健全社会保障制度，为低收入阶层、生活困难群体提供养老、医疗、失业等社会保险，提供食品、廉价租房、补贴等社会救济，对伤残军人和公务员、残障人士等特殊群体提供优抚和抚恤服务，可有效调节国民收入在社会成员之间的分配比例，缩小收入差距，体现社会公平。在第二次世界大战后，一些福利国家的社会保障支出已成为政府财政的首要支出。近年来，我国社会保障支出也增长迅速。

3. 工资制度

政府公务人员和政府直接举办的公共事业机构工作人员的工资、津贴、奖金等工资性支出，由政府财政支出安排，其支出总额和支出标准，直接关系到这部分社会成员在收入分配中的地位，进而影响全社会的收入分配格局。因而工资制度是政府调节收入分配，实现其政策目标的重要工具之一。

4. 财政补贴

财政补贴是政府单方面的价值让渡，属转移性支出，其目的是为了执行政府政策的需要，对企业、个人的某些特定行为给予资金支持，以影响相关产品和劳务价格结构，调节市场供求关系。而政府财政补贴数额、补贴对象，则直接影响有关企业、个人在收入分配中所占比例和份额。例如，世界各国普遍采用农产品财政补贴，就是为了增加农业生产者的收入，保护粮食生产，稳定农产品价格，保证市场供给，有些国家甚至还出现了国内农产品价格高于国际价格的现象。

（二）政府资源配置职能

政府资源配置职能是指通过政府经济，引导人力、物力、财力等社会资源流动，形成一定的产业结构、区域经济结构等经济结构，优化资源配置结构，提高资源使用效率。

资源配置就是资源的使用方式和使用结构问题。在市场经济运行中，市场在资源配置中起决定性作用，通过价格、竞争等市场机制，引导企业、个人生产经营行为，调节资本、劳动力、技术和信息等生产要素流动，以实现市场供求均衡与资源合理配置。但由于市场失灵的存在，在不完全竞争、公共物品供给、外部效应、信息不对称、宏观经济稳定与增长等领域，市场机制不能或不能有效发挥作用，资源难以实现合理配置，就需要政府干预、调控，解决市场失灵导致的问题。通过政府调节与市场基础作用的相互配合、协调，以实现全社会资源的合理配置。

政府资源配置职能的目的就是使有限的、稀缺的各类社会资源得到充分利用，提高配置效率，以最大限度地满足社会需要，改善人们的福利水平。在经济发展中，资本、劳动力、技术、信息等社会资源是有限和稀缺的，其供给总额和结构难以在短期内改变，只有通过合理配置，使之用于效率最高的产业、部门、地区，以及相应商品和劳务的生产、供给，才能更好地满足社会需求。在经济学者看来，资源配置的理想状态，就是达到“帕累托效率”。尽管在现实经济生活中实际很难做到这一点，但这为人们如何提高资源配置效率提供了思路。

实现政府资源配置职能，首先要解决的问题是如何划分社会资源在政府公共部门和非政府部门之间的配置。政府公共部门主要从事公共物品的生产和供给，非政府部门主要从事私人物品的生产和供给。

如图 2-2 所示，在社会可利用资源及技术状况一定的条件下，资源在公共物品与私人物品生产之间分配比例，构成了生产可能性曲线。在该曲线上，公共物品与私人物品资源配置形成此消彼长的关系，即政府公共部门用于生产和供给公共物品的资源越多，私人物品得到的资源就越少；反之亦然。同时，如果资源配置偏离了生产可能性曲线，就会形成资源利用不足或资源无法满足生产需要的情况。在图 2-2 中，A 点在生产可能性曲线上，表示了公共物品与私人物品生产的一种组合，B 点在生产可能性曲线以内，表明资源未得到充分利用，C 点在生产可能性曲线以外，说明资源不能满足其生产的需要。

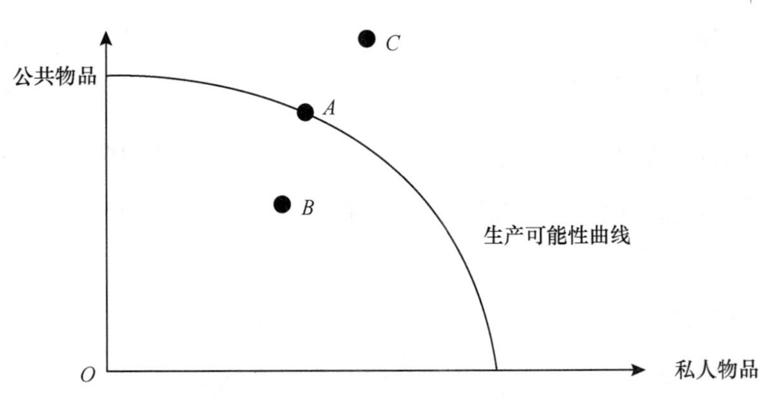

图 2-2　资源在公共物品和私人物品之间的配置

其次，在实现政府资源配置职能中，政府需要通过其政策工具（主要包括产业结构、区域经济结构等）优化经济结构，以达到资本、劳动力、技术和信息等社会资源的合理配置。

最后，政府还需要提高财政资金使用效益，推动社会资源整体配置效率的提高。

（三）政府经济稳定与发展职能

政府经济稳定与发展职能是指通过干预、调节国民经济运行，达到稳定物价、充分就业、国际收支平衡等目标，实现经济发展。稳定物价、充分就业、国际收支平衡等目标的具体含义，将在本教材第十三章第一节进行讲解。

政府稳定经济职能还意味着实现经济增长与发展的目的。经济发展与经济增长属不同的概念，经济增长通常是指一个国家或地区一定时期内国民生产总值或国民收入的增加，可用经济增长率或增长额来表示；而经济发展是指在经济增长的基础上，使经济运行和人民生活质量得到改善，包括产业结构优化、贫富差距缩小，生产生活环境改善，以及人民医疗教育文化生活质量得到提高等。即经济的增长最终要有利于人民福利水平的改善，这是市场经济条件下政府的重要职能。

为实现经济稳定与发展职能，政府需要运用相应的政策工具和手段，主要包括以下两项内容。

1. 运用财政、货币政策和宏观审慎政策工具，保证社会总供给与总需求基本平衡

当社会总供给与总需求基本平衡时，就可较容易实现稳定物价、充分就业和国际收支平衡，有利于经济稳定与增长。当社会总需求大于总供给、需求膨胀、经济过热时，可采取增加税收，减少财政支出的紧缩性财政政策，以抑制需求过度膨胀，平衡供求关系。中央银行也可采取紧缩银根的政策与财政政策相配合，调节社会总需求。当社会总需求小于总供给时，政府实行增加支出、减少税收的扩张性财政政策，同时配合必要的货币政策，刺激社会总需求，平衡供求关系。

2. 运用财政制度的自动调节功能，实现经济稳定与增长

在财政制度安排中，所得税制度、社会保障制度等具有一定的自动调节功能，可为政府经济稳定职能服务。就所得税制度而言，当经济增长过热、物价上涨时，所得税随收入增加而自动增加，以抑制需求膨胀，防止经济过度繁荣，防止出现通货膨胀。在经济处于衰退时期，由于收入下降从而税收收入自动下降，以减轻企业、个人负担，刺激经济增长，促进经济尽快复苏。

第二节　政府经济中的公平与效率

一、政府经济与公平

公平是各国政府经济所追求的一个共同目标，但什么是公平，其具体含义是什么，在不同时代、不同国家、不同阶级，以及不同个人，都有不同的公平观。对公平含义的理解是一个颇为复杂的哲学问题。马克思曾说过，希腊人和罗马人的公平观认为奴隶制度是公平的；1789 年资产阶级的公平观要求废除被宣布为不公平的封建制度①。《辞海》中，对公平有两种解释：①人们从既定的概念出发对某种现象的评价。亦指一种被认为是应有的社会状况。反映社会生活中人们的权利义务、作用和地位、行为和结果之间的某种适应关系。公正观念和标准受社会历史条件的制约，具有时代性和阶级性。②一种道德要求和品质。指坚持原则，按照一定的社会标准（法律、道德、政策等）实事求是地待人处事。前一种解释，大致上反映了公平的基本含义。

在经济领域，公平是和分配相联系的一个概念。公平可从两方面理解，一是生产要素投入和产出之间的对比关系；二是社会成员对收入分配差距的心理承受能力。前者称为经济公平，后者称为社会公平。经济公平要求资本、劳动力、土地等生产要素获得利润、工资、地租等要素收入，投入与产出之间保持一个合理的比例。例如，等量资本投资能够获得大致平均的利润等。而社会公平则是一种价值判断，受社会文化传统、意识形态、经济发展水平、人们的经济地位等多种因素影响，具有较大的不确定性和可变性。同样的收入差距，在不同国家，人们的心理承受能力是不同的，在不同时期，人们的判断有较大差异。在我国，经过改革开放多年的经济发展，人们对收入差距的心理承受能力明显提高。

在个人收入分配领域，人们通常用洛伦茨曲线衡量收入差距以及收入分配不公平的状况。洛伦茨曲线由统计学家洛伦茨提出，用累积的一定人口数量占总人口的百分比与这部分人口所获得的收入占总收入百分比的对应关系来表示。

在图 2-3a 中，人口占总人口的百分比与其收入在总收入中所占的百分比相同，如

① 马克思，恩格斯．马克思恩格斯全集：第 18 卷［M］．中共中央马克思恩格斯列宁斯大林著作编译局，译．北京：人民出版社，1964：310.

20%的人口获得 20%的收入，则形成一条收入分配完全均等的洛伦茨曲线即直线 *OH*，在该直线上所有点体现了人口比例与收入比例均等的特点，*OH* 线与横轴形成 45°的夹角。在图 2-3b 中，人口占总人口的百分比与其收入在总收入中所占的百分比不对称，如占人口 10%的富人得到 40%的收入，而另外 90%的人只得到 60%的收入，则洛伦茨曲线是一条向下弯曲的曲线，如图中的 *OFH*，该曲线与收入均等线之间的面积（即 *L*）越大，则表示社会成员之间收入差距越大，收入分配不公平程度越高。还可用 *L* 占收入均等线与横轴之间面积（*L*+*M*）的比例，即基尼系数来表示收入分配的不公平状况。用 *G* 表示基尼系数，则 $G=L/(L+M)$，*G* 的取值范围为 0~1。如 $G=1$，则表示收入分配绝对不公平，即社会收入为 1 人所有，其他人收入为 0；如 $G=0$，则就是图 2-3a 中的直线 *OH*；如 $0<G<1$，表示收入分配处于绝对公平和绝对不公平之间。不过，洛伦茨曲线只是一种表示收入分配状况的近似方法，不完全准确，有其局限性。

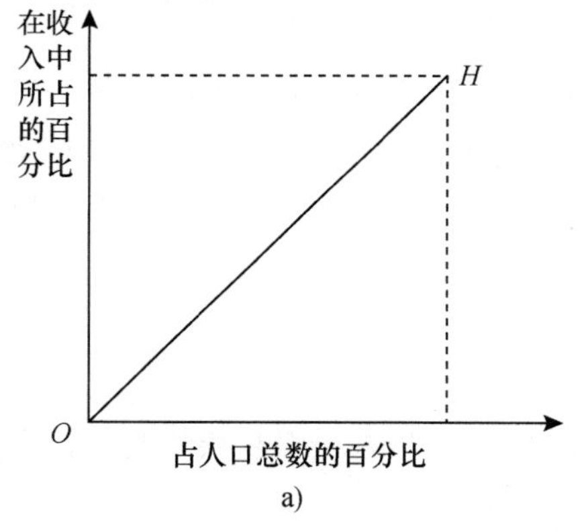

a)

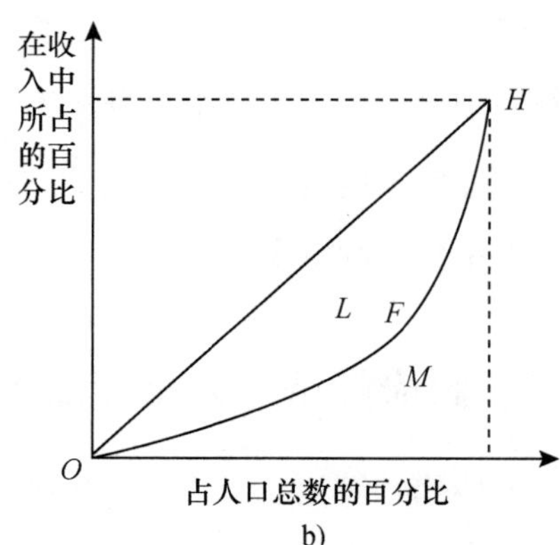

b)

图 2-3　洛伦茨曲线

在市场经济活动中，政府为追求公平目标，应开展的主要工作有：①为各种生产要素参与市场竞争创造公平的环境，即机会均等。就个人就业而言，能够自由、平等地选择职业机会，而没有种族、性别、年龄和社会地位等歧视；就投资而言，在法律规定范围内，无论国内资本还是国外资本，无论是国有资本还是集体资本、私人资本，都可根据市场需求自主投资，而不受歧视性限制。②贯彻按劳分配为主体的原则，使劳动的收入与劳动的数量和质量相对应，多劳多得，充分调动劳动者的积极性。③运用税收、社会保障等政策工具，将收入差距控制在社会成员心理承受范围之内。

二、政府经济与效率

效率是指社会资源配置中投入与产出、所费与所得的对比关系。能以最少的资源消耗取得最大的产出成果，就称为资源配置效率高；反之，称为资源配置效率低。在经济学理论中，资源配置效率理想的状态是“帕累托效率”。在达到“帕累托效率”之前，如果资源配置能够在不降低其他人福利水平的条件下，使另一部分人的福利水平得到改善，称之为“帕累托改善”。资源配置效率在不同领域有其具体含义。在社会再生产领域，企业资源配置效率高低就是指利润的水平高低。在政府部门，就是指既定资源条件下政府行政效率，即为社会提供管理和服务的水平与质量。在公共事业部门，是指如何以最少的资源消耗为社会提供科技、教育、文化、环境保护以及社会保障等公共服务。

政府资源配置效率，可从两个层面来理解。①政府直接控制和掌握资源的配置效率，如财政收入，各类政府所有的实物资产、无形资产，公共部门人力资源等。②政府通过对市场和微观经济行为的调节，克服市场失灵，引导全社会资源的合理配置，提高资源配置效率。两者在社会整体资源配置中呈相互影响、相互配合、相互制约的关系。在市场经济运行中，由于市场在资源配置中起决定性作用，凡是市场能够有效运作的领域，资源配置效率问题就由市场来解决，政府努力为市场运行创造良好的宏观环境；而在市场不能或不能有效发挥作用的领域，则通过政府财政收支等活动，合理配置资源，从而提高全社会的资源配置效率。

三、政府经济与公平和效率的选择

如前所述，公平和效率是政府经济的两大基本准则，但在错综复杂的经济社会关系中，政府在两者之间的选择，还需要解决一系列的问题。

（一）公平和效率之间的替代关系

尽管公平和效率是政府经济所追求的目标，但要同时达到两个目标，是较为困难的，有时甚至是不可能的。即公平和效率之间存在矛盾，具有一定替代关系。有时，如果以体现社会公平为主要目标，就要以牺牲部分效率为代价；若是以追求资源配置高效率为主要目标，就有可能扩大社会成员之间的收入差距。两者之间的关系如图 2-4 所示。

在图 2-4 中，曲线反映了政府在公平和效率之间选择的可能性，A 点与 B 点相比，前者反映了政府经济倾向于更多地关注公平而牺牲了一定的效率，后者则更强调效率而放弃了一定的公平。这种矛盾和替代关系，是由这两个范畴的内在属性决定的。以现阶段我国政府财政投资为例，单位投资在东部沿海地区所取得的经济效益远远高于西部地

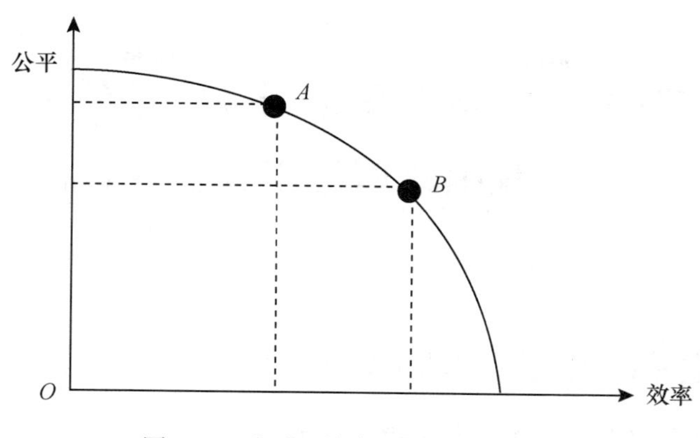

图 2-4 公平和效率之间的替代关系

区的经济效益，但中央政府为了缩小地区差距，实现区域经济协调发展，实施西部大开发战略，就需要增加对西部地区的投资。

（二）公平和效率的选择

通过上述公平和效率关系的分析可以看出，两者之间既有矛盾性又有统一性，政府经济决策有较大回旋余地，可形成各种不同的政策组合。

（1）公平和效率兼顾的政策选择。这是一种理想的政策组合，政府各项财政收入、财政支出，以及其他宏观经济管理，既能有效调节社会收入差距，又不以效率损失为代价，兼顾公平和效率两方面的目标。或者在公平和效率之间形成某种折中选择，力求达到两者的均衡。

（2）效率优先、兼顾公平的政策选择。即政府财政收支和宏观经济管理以提高资源配置效率，促进经济较快增长，增强整体国家经济实力，发展社会生产力为首要目标，同时注意调节社会成员收入差距，体现社会公平。效率优先、兼顾公平的政策选择，是由我国现阶段生产力发展水平和社会发展阶段决定的。

（3）公平优先、兼顾效率的政策选择。即在政府财政收支和宏观经济管理中，优先考虑收入和社会财富在社会成员之间合理分配，调节收入差距，为贫困阶层提供最基本的生活保障，体现社会公平。同时，尽可能减少收入公平分配对经济运行效率的消极影响。

第三节　社会主义市场经济条件下的我国政府经济及其职能

一、社会主义市场经济的基本内涵

社会主义市场经济是社会主义基本制度与市场经济相结合的经济形态，不仅体现了社会主义的制度特征，也具有市场经济的一般特征。在社会主义市场经济条件下，市场在资源配置中起决定性作用，在此基础上，政府发挥宏观调控功能。改革开放后，我国对社会主义经济体制进行了艰苦探索，从以计划经济为主、市场调节为辅，到社会主义商品经济。1992 年，我国明确经济体制改革的方向是建立社会主义市场经济体制。2017 年党的十九大报告提出，中国特色社会主义进入新时代，我国社会主要矛盾已经转化为人民日益增长的美好生活需要和不平衡不充分的发展之间的矛盾。提出贯彻新发展理念，建设现代化经济体系，要求加快完善社会主义市场经济体制。

社会主义市场经济的实践表明，社会主义和市场经济之间不存在根本矛盾，社会主义也可以搞市场经济，计划与市场都是调节经济的手段，计划多一点还是市场多一点，不是社会主义与资本主义的本质区别，二者可以有机结合。

社会主义市场经济的特征，主要体现在以下三个方面。

（1）在所有制结构上，社会主义市场经济强调以公有制为主体，多种所有制经济共同发展。一切符合“三个有利于”的所有制形式，都可以而且应该用来为社会主义服务。在公有制为主体的前提下，公有制企业与其他企业在市场经济中平等竞争、共同发展。

（2）社会主义市场经济在分配制度上，坚持以按劳分配为主体，多种分配方式并存的制度，把按劳分配和按生产要素分配结合起来，运用包括市场在内的各种调节手段，既鼓励先进，促进效率，合理拉开收入差距，又防止两极分化，注重公平，逐步实现共同富裕。

（3）在运行机制上，社会主义市场经济同社会主义基本制度结合在一起，市场在资源配置中起决定性作用，通过市场运行的自主性、平等性、竞争性和有效性来配置资源，政府在此基础上发挥宏观调控功能。

二、社会主义市场经济条件下的政府经济及职能界定

（一）社会主义市场经济条件下的政府经济

目前，中国特色社会主义现代化建设进入了新时代。在社会主义市场经济条件下，政府经济是以政府为主体的资源配置及其宏观经济管理，它与企业、个人等微观经济活动相对应，政府财政分配及提供公共服务在政府经济中居于核心地位。政府经济的形式主要表现为政府收入、政府支出，以及宏观经济管理，与企业、个人等微观经济活动不同，政府经济是以组织财政收入、安排财政支出的方式进行资源配置，履行政府职责，并以收支为基础开展宏观管理，即对生产、流通、分配和消费等整个国民经济运行过程进行有效调控。政府经济的目的是满足社会公共需要。在市场经济条件下，政府经济就是为了解决企业、个人不能或不能有效解决的问题，克服市场缺陷，满足社会公共需要，与企业、个人的生产经营活动目的有根本区别。

政府经济的主体是各级政府，即国家行政机构。政府是市场经济运行中的重要主体，其行为与企业、个人相比有着根本区别。企业、个人经济行为的目的是追求私人利润的最大化，而政府经济则以社会公共利益最大化为目标。同时，企业、个人经济行为主要是从事商品和劳务的生产和供给，而政府经济是以财政收支为核心，以及以此为基础的宏观管理，它实质是一种收入分配和再分配。政府财政收入来自企业和个人缴纳的税收，它不直接创造任何物质财富，以此构成支出所提供公共服务的物质基础，政府宏观调控能力的强弱，很大程度取决于政府财政集中的财力多少。与企业、个人等微观经济活动相比，政府经济的依据是社会公共权力，政府之所以能够强制地、无偿地、固定地征收税收等，以满足其支出需要，就是因为政府是公共权力机关，掌握着法律等强制手段，可以对违规者予以处罚，以维护社会公共利益。

（二）社会主义市场经济条件下的政府经济职能

社会主义市场经济条件下，政府经济职能是政府职能的一个重要组成部分，指政府从宏观社会经济生活的角度，对国民经济进行全方位的规划、组织、协调、服务和监督，是为保障经济平稳运行、推动经济持续健康发展而采取的一切方法、方式、手段的总称。社会主义市场经济条件下政府的经济职能，不同于一般意义上的政府经济职能，既要是社会主义制度要求的政府经济职能，又要是符合市场经济体制的政府经济职能。

同时，还要体现我国作为最大的发展中国家，仍处在社会主义初级阶段的基本国情，必须结合我国目前的社会制度、经济体制、政府目标、经济发展水平等多种因素来考虑。因此，我们可以把社会主义市场经济体制下的政府经济职能分为收入分配、资源配置、宏观经济的稳定与发展三大方面。

1. 收入分配

社会主义市场经济条件下的政府收入分配职能是指政府为了实现社会公平的目标，通过各种政策工具调整市场经济形成的收入分配格局，使得国民收入在全社会各部门、各地区、各单位、各社会成员之间进行合理分割，将收入差距保持在社会可接受范围内。政府收入分配更要强调社会主义分配原则。因为如果任由市场机制调节分配，必然会造成收入在贫富之间、在发达和落后地区之间的差距越来越大，促使社会发生两极分化，危害经济发展和社会稳定。因此，通过制定分配政策、建立社会保障制度等措施，调节收入分配，防止贫富两极分化，就成为以公众利益最大化为目的的政府的重要职能。

2. 资源配置

社会主义市场经济条件下的政府资源配置职能是指政府通过在社会范围内调节人力、物力、财力等资源流动，进而形成一定的产业结构、技术结构、地区结构，提高资源使用效率，达到优化资源配置的目标。在社会主义市场经济体制下，社会资源的配置主要通过市场和政府两种机制来实现，其中市场在资源配置中起决定性作用，但由于存在着垄断、公共物品供给、外部效应、信息不对称等市场失灵情况，仅仅依靠市场机制并不能实现资源配置的最优化，因此还需要政府在市场失灵领域发挥宏观调控的作用。

3. 宏观经济的稳定与发展

社会主义市场经济条件下的政府宏观经济稳定与发展职能是指政府通过调节国民经济运行，实现充分就业、物价稳定、国民收支平衡等目标，促进经济增长与发展。在我国社会主义市场经济条件下，政府要实现这一职能，除了要灵活运用财政政策、货币政策外，还要使用国民经济和社会发展规划手段。经济发展是指在经济增长的基础上，使我国经济运行和人民生活质量进一步得到改善，包括第一、第二、第三产业结构优化、贫富及区域发展差距缩小、生产生活环境改善，以及城乡居民公共服务质量得到提高等。

三、我国政府经济职能转变的主要任务

随着社会主义市场经济体制的完善，及对外开放的逐步深化，我国政府经济职能转

变已取得了重大进展，但仍存在错位、越位，甚至缺位现象，阻碍中国特色社会主义市场经济的进一步发展，继续转变政府经济职能势在必行。需要规范政府行为，合理界定政府经济职能的范围，正确发挥政府经济职能的作用，使其适应市场经济的运行规律，充分发挥市场和政府在资源配置、经济发展中的优势，弥补各自的缺陷，保持经济持续、快速、健康发展。

（一）进一步厘清政府与市场的边界

政府与市场的关系是发展社会主义市场经济必须正确处理的一个非常重要的关系。在全面深化改革的进程中，推进经济体制改革，转变政府经济职能，必须坚持社会主义市场经济的改革方向，核心问题便是处理好政府与市场的关系，使市场在资源配置中起决定性作用，更好地发挥政府作用。在市场作用和政府作用的问题上，要坚持辩证法的思想，“看不见的手”和“看得见的手”都要用好，努力形成市场作用和政府作用有机统一、相互补充、相互协调、相互促进的格局，推动经济社会持续健康发展。

市场在资源配置中起决定性作用是我们党对中国特色社会主义建设规律认识的一个新突破，是马克思主义中国化的一个新的成果，标志着社会主义市场经济发展进入了一个新阶段。这是对市场作用的一个全新的定位。市场在资源配置中起决定性作用和更好地发挥政府作用，二者是有机统一的，不能把它们割裂开来，更不能相互否定，政府应尊重市场经济规律，自觉按经济规律办事，最大限度地减少政府对资源的直接配置和对微观经济活动的直接干预，市场则应在政府引导、监管和制度规范下运行，进而充分发挥政府与市场各自的长处，实现两者之间的良性互动。

（二）优化国有经济战略布局和结构调整

国有企业是国民经济的支柱，关乎经济发展的命脉。国有企业改革是建立社会主义市场经济体制的一项战略性任务，符合社会化大生产和社会主义市场经济发展的内在要求。党的十九大报告指出，要完善各类国有资产管理体制，改革国有资本授权经营体制，加快国有经济布局优化、结构调整、战略性重组，促进国有资产保值增值，推动国有资本做强做优做大，有效防止国有资产流失。深化国有企业改革，发展混合所有制经济，培育具有全球竞争力的世界一流企业。

首先，深化国有资产管理体制改革，以资本运营为中心，加强国有资产监管，改革国有资本授权经营体制，组建若干国有资本运营公司，支持有条件的国有企业改组为国有资本投资公司。重点是将原本国有资产出资人的监管职能和股东职能分离，由行政性出资人机构从事监管职能，由国有资本运营公司或国有资本投资公司行使股东职能。

其次，准确界定不同类型国有企业的功能，推进混合所有制改革，实现分类监管。对于公益性国有企业来说，应该引入竞争机制，激发行业活力，破除各种形式的行政垄断，同时强化行业监管，以法律形式明确监管机构和监管内容，建立符合企业功能特点的考核、评价体系，完善企业内部的薪酬制度、员工股权激励制度等。对于竞争性国有企业，则应该积极发展混合所有制经济，进一步推进股权多元化，例如对于大型和特大型国有企业来说，可以依托资本市场直接进行多元化改造，进行公众公司改革，建立整体上市的公众公司，促进国有企业与社会资本相结合，并为下一步改革和结构调整创造条件。

最后，推进国有企业人力资源管理体制改革，完善企业法人治理结构。国有企业人力资源管理体制改革一直是改革中的难点，传统的行政化企业人力资源管理方式与市场经济、市场竞争的不适应程度日益突出，如随着人才的市场化选拔越来越普遍，国有企业高管的入口越来越多样，但市场化退出的出口机制却难以打开。因此，应该增加国有企业的市场化选聘比例，建立职业经理人制度，形成出资人代表机构、资本运营公司或投资公司、国有控股或参股企业三层的架构，完善董事会制度，逐步解决一把手负责制体制下难以科学决策、民主决策的弊端，减少企业可能发生的重大决策失误，探索建立企业长期健康发展的制度性保障。

（三）增强政府公共服务能力

转变政府经济职能还要求建立服务型政府，服务型政府以管理就是服务的思想为根本理念，以提供私人、企业不愿意提供或没有能力提供的公共物品和服务为主要职能。它突出以人民为中心，以提高政府的整体效能和服务水平为中心，以政治、经济、社会、生态发展为目标，构建以市场为导向、以公共服务为特征的政府管理体系。建设服务型政府，一方面可以为社会经济的发展提供更多、更高水平的公共服务，另一方面也可以为政府自身的存在与发展提供合法性基础，它不仅是深化行政体制改革、加快转变政府经济职能、提高政府执政能力的迫切需要，更是完善社会主义市场经济体制的内在要求。

（四）加强法制建设，政府依法行政、依法理财

完善社会主义市场经济体制的一项重要内容就是加强法制建设，这里不仅要求企

业、个人和其他微观经济主体的行为要受法律约束，而且政府本身也要接受法律约束与监督，其行为均要在法律范围内进行，要用法律来进行规范。我国现有的关于政府行政程序的法律规范尚不健全，而且适用范围有限，因此，应当尽快完善国家行政程序法，通过建立完善的行政听证制度、公开制度、说明理由制度、卷宗阅览制度、时限制度、代理制度、紧急处置制度、委托制度、联合决定制度以及行政协助制度等，加强对政府行政行为的监督，从而提高政府行政过程的民主性和透明度，减少行政腐败，克服官僚主义，提高行政效率，落实政府依法行政。各级政府一定要严格履行职责，该管的事一定要管好、管到位，该放的权一定要放足、放到位，坚决克服政府职能错位、越位、缺位等现象。

本章回顾

1. 市场失灵

市场失灵是指市场机制在有些领域不能或不能有效发挥作用，达不到资源有效配置的目的，也就是达不到经济学所讲的“帕累托效率”。市场失灵的主要表现有七个方面。

（1）市场处于不完全竞争状态。

（2）公共物品不能或不能有效通过市场机制由企业和个人提供，需要政府组织生产和提供。

（3）外部效应体现为企业和个人的行为对其他企业和个人产生影响，而这种影响并没有在有关商品和劳务的价格中得到反映，成本没有得到补偿，利益没有得到回报。

（4）信息的不对称性。

（5）市场的不完整性。

（6）收入公平分配。

（7）宏观经济的稳定与增长。

2. 政府失灵

政府并不完全可以解决市场失灵的现象。政府失灵的主要原因包括四个方面。

（1）政府决策信息的有限性。

（2）政府对市场及主体行为控制的有限性。

（3）政府机构控制能力的有限性。

（4）政府在决策过程中与立法机构协调的有限性。

3. 政府经济职能

（1）政府收入分配职能。政府收入分配职能指政府通过各种政策工具，参与一定时期国民收入的初次分配与再分配，实现收入在全社会各部门、各地区、各单位，以及各社会成员之间进行合理分割，缩小收入差距，体现社会公平。

（2）政府资源配置职能。政府资源配置职能指通过政府经济，引导人力、物力、财力等社会资源流动，形成一定的产业结构、区域经济结构等经济结构，优化资源配置结构，提高资源使用效率。

（3）政府经济稳定与发展职能。政府经济稳定与发展职能指通过干预、调节国民经济运行，达到物价稳定、充分就业、国际收支平衡等目标，实现经济发展。

4. 公平与效率

（1）公平。在不同时代、不同国家、不同阶级，以及不同个人，都有不同的公平观。公平一般指人们从既定的概念出发对某种现象的评价，是一种价值判断。在经济领域，公平是和分配相联系的一个概念。公平可从两方面理解，一是生产要素投入和产出之间的对比关系；二是社会成员对收入分配差距的心理承受能力。前者称为经济公平，后者称为社会公平。

（2）效率。效率是指社会资源配置中投入与产出、所费与所得的对比关系。

（3）公平与效率的选择。其内容包括：①公平与效率兼顾；②效率优先、兼顾公平；③公平优先、兼顾效率。

5. 社会主义市场经济条件下的政府经济职能

（1）收入分配。

（2）资源配置。

（3）宏观经济的稳定与发展。

6. 我国政府经济职能转变的主要任务

（1）进一步厘清政府与市场的边界。

（2）优化国有经济战略布局和结构调整。

（3）增强政府公共服务能力。

（4）加强法制建设，政府依法行政、依法理财。

拓展学习

1. 陈共. 财政学［M］. 10版. 北京：中国人民大学出版社，2020.

2. 邓子基. 现代西方财政学 [M]. 北京：中国财政经济出版社，1994.

3. 高鸿业. 西方经济学 [M]. 7版. 北京：中国人民大学出版社，2018.

思考题

1. 如何认识市场失灵与政府经济的必要性？
2. 政府失灵有哪些原因？
3. 市场经济条件下政府经济职能有哪些？
4. 理论联系实际，论述公平与效率的关系。

第三章
政府经济与公共物品供给

导言

本章主要介绍公共物品的含义和供给问题。公共物品是与私人物品相对应的一个概念，消费具有非竞争性和非排他性特征，一般不能或不能有效通过市场机制由企业和个人来提供，主要由政府提供。混合物品或称准公共物品，是指处于公共物品和私人物品之间的产品或服务，兼有私人物品和公共物品的性质。混合物品可以采取公共提供方式，也可以采取混合提供方式。

学习目标

通过本章的学习，掌握公共物品的概念、特征、分类，以及供给方式，了解公共物品的最优供给条件以及局部均衡分析与一般均衡分析，理解政府公共物品供给职责，进一步明确市场经济条件下政府经济的合理性。

第一节　公 共 物 品

在市场经济条件下，政府经济面临着一系列难题，即政府经济职能是什么？政府经济的边界在哪里？政府如何处理与企业、家庭（个人）的关系？在市场经济发展的不同时期，各国政府进行了艰苦探索。自经济学和政府经济学创立以来，经济学家们提出了各种学说和主张，试图来解答这一系列问题。其中，公共物品理论较好地回答了这些问题，为政府经济提供了一个基本准则。

一、公共物品的概念

1. 公共物品的含义

公共物品是指和私人物品相对应，不能或不能有效通过市场机制由企业和个人来生产、供给，而主要由政府等公共组织来提供，以满足社会公共需要的商品和劳务。自经济学和政府经济学创立以来，经济学家对政府等公共组织的经济活动进行了广泛研究，逐步形成了公共物品理论。[①] 一般认为，严格的公共物品定义，是由美国经济学家萨缪尔森界定的。他认为，公共物品是“每个人对这种物品的消费，并不能减少任何他人也对该物品的消费”。即公共物品具有消费上的非排他性和非竞争性。相反，在市场经济条件下，私人物品具有消费上的排他性和竞争性。不过，在现实经济生活中，公共物品和私人物品的界限并不是绝对的。在一定技术经济条件下，原来具有非排他性的公共物品，也可以转化为具有排他性的私人物品。例如，随着电子扫描技术的进步，可以对进入特定交通拥堵路段的车辆进行收费，使之具有排他性，以缓解交通堵塞压力。同时，在一定条件下，企业、个人也可以参与部分公共物品的生产和供给，例如，私人企业按合同清运城市生活垃圾等；政府也可以因宏观经济社会政策需要，生产和提供部分私人物品，如农业保险、住房补贴等。

2. 公共物品的特征

如前所述，公共物品具有非排他性和非竞争性特征，这也是判断公共物品的基本标准。同时，以非排他性和非竞争性为基础，还衍生出了其他一些公共物品的特征。

（1）公共物品的非排他性。公共物品的非排他性是指当一个居民或企业享受政府等提供的公共物品服务时，不能排除其他居民或企业也能享受公共服务。即不能将不付费的居民或企业排除在公共物品服务之外。不能排除的原因主要有两种：一是技术上不可行，例如，在一定辖区内，将不纳税的居民排除在享受治理大气污染、提高空气质量服务之外，是不可能的，因为没有技术上的可行性；二是技术上可行，但在政治上不可行或存在较大风险，例如，城市政府可以对普通道路设卡收费，不付费的行人和车辆不得通过，但如果大多数市政道路都采用这一方式，就会给居民出行带来极大不便，必然引起居民强烈反对。公共物品的非排他性，给公共物品的生产、供给和管理带来许多重要影响。公共物品的非排他性，往往会产生“免费搭车”现象。既然不能将不付费的居民或企业排除在公共物品服务之外，那么就有人希望自己不纳税、不付费，也能享受到政府或其他公共组织提供的公共物品服务，成为“免费搭车者”。如果人人都成为“免费搭车者”，政府就没有更多资源为社会提供公共物品服务，最终只能通过强制融资来满足社会公共需要。公共物品的非排他性也使企业和个人不愿或无力从事公共物品生产和供给。因为不能将不付费的人排除在公共物品服务之外，企业和个人就无法通过市场收回对公共物品生产和供给的投资，难以取得合理回报。因而公共物品主要由政府

① 公共物品的概念来自英文 public finance，在国内还有公共产品、公共品、公共财、公共财货等不同译法。

等公共组织来提供，而私人物品则可以通过支付货款，取得商品和劳务的所有权，从而将不付费的个人和企业排除在外，实现排他性。

（2）公共物品的非竞争性。公共物品的非竞争性是指当一个居民或一家企业享受政府等提供的公共物品服务时，其他居民或企业也能同时享受。即增加一个消费者，不会减少任何一个居民或企业对公共物品消费的数量，其边际成本为零。不过这种边际成本是分配成本而不是生产成本。也就是说，对于既定数量的公共物品而言，向额外一个消费者分配该公共物品的边际成本为零，但生产额外一单位公共物品的边际成本将为正数。国防等公共物品具有典型的非竞争性，而私人物品是具有竞争性的。一个消费者按照市场竞争价格支付货款，取得商品和劳务的所有权后，就可以独立享受其消费效用，其他消费者则不能消费该商品和劳务。如住房只能由其购买者支配使用，而其他人则不得占有。其他人或家庭要享用住房效用，就要另行购入，其边际成本不能为零。公共物品的非竞争性对其生产、供给也有重要影响。

除非排他性和非竞争性外，公共物品还有一些其他特征，主要有效用的不可分割性和消费的强制性。

公共物品效用的不可分割性是指公共物品作为一个整体，向所在辖区的居民和企业服务，其效用不能分割为单个居民或企业的效用。例如，国防服务是为本国居民和组织提供的整体国家安全服务，而不能分割为单个居民或企业的效用。又如，警察服务是为辖区内所有居民和企业提供公共安全服务，而不是专门为某一居民或企业服务。相反，私人物品的效用是可以分割的，某类私人物品的消费总量，就是个人消费量之和。用 X 代表私人物品，i 代表消费者，则有：$X=\sum X_i$（$i=1$，2，3，…，n）。用 Y 代表公共物品，则有：$Y=Y_i$（$i=1$，2，3，…，n）。

公共物品消费的强制性是指对具体消费者而言，公共物品服务是由辖区内全体居民整体消费，其效用不能分割，不能量化到每一个消费者，一旦某类公共物品被提供，单个消费者只能接受该公共物品服务，而不能选择，具有消费上的强制性。相反，私人物品一般不存在强制消费问题。由于其消费效用的可分割性、排他性和竞争性，在自由竞争的市场上，消费者可以根据自己的偏好选择消费品，如自己喜欢的品牌服装、符合自己口味的美味佳肴等。

二、公共物品分类

根据公共物品的定义，具有非排他性、非竞争性的商品和劳务种类繁多。为了优化社会资源配置，加强管理，提高公共物品供给效率，还需要从不同角度，依据不同标准，对公共物品进行分类，以准确把握各类公共物品性质、特点和生产供给规律。

1. 按照公共物品的性质分类，可将公共物品分为纯公共物品和准公共物品

纯公共物品是指完全具备非排他性、非竞争性性质的商品和劳务。严格意义上的纯公共物品较少，一般认为，国防、义务教育、公共卫生等属于纯公共物品。而准公共物品也称为混合物品，是指介于纯公共物品和纯私人物品之间的商品和劳务。与纯公共物品相对应，纯私人物品是指完全具有排他性、竞争性的商品和劳务。这样，从属性上讲，准公共物品处于纯公共物品和纯私人物品之间的过渡地带，这些商品和劳务既具有一部分非排他性、非竞争性，也有一部分排他性、竞争性。具体到某一类商品和劳务，其排他性与非排他性、竞争性与非竞争性的情况千差万别。这也是政府经济管理的难点之一，其生产和供给有时很难有一个固定的模式，或者一个普遍使用的资金分摊比例，往往需要通过公共选择程序，具体加以解决。以我国医疗卫生服务改革为例，政府面临医疗费用如何在政府、企事业单位和个人之间合理分摊，以解决城乡居民看病难、看病贵的问题，并不断提高医疗卫生服务质量，满足人民健康需求。鉴于准公共物品的复杂性，学者对准公共物品进行了深入研究，将消费上具有排他性，而非竞争性的公共物品称为俱乐部物品，如公共桥梁、公共游泳池等；将消费上具有竞争性、非排他性的公共物品称为共同资源，如公共渔场、公共牧场等。关于公共物品按照性质分类及其相互关系见表 3-1。

表 3-1　纯公共物品、纯私人物品和准公共物品的划分

	排他性	非排他性
竞争性	纯私人物品 1. 排他性成本较低 2. 由企业和个人生产和供给 3. 通过市场分配 4. 资金来源于企业和个人的投资和经营收入 例如，服装、食品、商品住宅	准公共物品（共同资源） 1. 消费中可能出现参与者不合作的问题 2. 共同资源使用超过一定限度后产生拥挤问题 3. 由政府提供或者企业和个人提供 4. 资金来源于政府预算，或者企业和个人的投资和经营收入 例如，公共渔场、公共牧场等

续表

	排他性	非排他性
非竞争性	准公共物品（俱乐部物品） 1. 集体消费超过一定限度后发生拥挤 2. 由政府提供或者企业和个人提供 3. 资金来源于政府预算，或者企业和个人的投资和经营收入 例如，公共游泳池、影剧院等	纯公共物品 1. 不能排他或者排他成本很高 2. 直接由政府生产、供给或者由私人企业按照合同生产和供给 3. 资金主要来源于政府税收，通过预算来安排 例如，国防、公共卫生、公共安全、环境保护等

2. 按照公共物品的收益范围分类，公共物品可分为地方性公共物品、全国性公共物品，以及全球性公共物品

地方性公共物品是指公共物品提供后，其收益范围主要是在地方政府一定辖区内的居民、企业和其他社会组织。如城市供电、供水、供气、供热等市政设施公共物品服务，其收益范围主要是所在城市的居民、企业和其他社会组织，这类公共物品服务，主要是由城市政府提供，资金来源于所在辖区居民、企业缴纳的税收、规费等。由于地方政府有不同层级，公共物品收益范围有大有小，如果公共物品收益范围超过了两个以上的地方政府辖区，则由其共同的上级政府提供，如跨县、市的公路、铁路，跨行政区域的水利工程等。不过，在开放经济条件下，居民和企业具有较大的流动性，地方公共物品收益边界也就存在相对性。一个居民可选择在不同城市工作和生活，而享受不同地方政府的公共物品服务，由此也产生了地方政府间的竞争等一系列问题。

全国性公共物品是指受益范围为全国所有居民、企业和其他社会组织的公共物品。国防是一种较为典型的全国性公共物品，国防服务为本国所有居民、企业和其他社会组织提供国防安全，保卫本国领土主权不受侵犯，为国家经济社会发展创造良好的外部环境。此外，外交、社会保障、义务教育、宏观经济管理等，一般认为也具有全国性公共物品性质。由于全国性公共物品受益范围是本国主权管辖的所有区域，因而适合中央政府组织生产和提供，主要属于中央政府职责。随着交通、通信条件不断改善，人口流动规模不断扩大，原只具有地方性的公共物品，越来越具有全国性公共物品性质，例如，地方性旅游景区发展成为国家级旅游景区、地方性生态保护区升格为国家级自然保护区等，同时，中央政府管理职能也相应增加。

当公共物品受益范围跨越了国境，就成为全球性公共物品，或者世界性公共物品。随着世界经济区域化、一体化，资本、劳动力、技术等生产要素在全球范围内流动，有些公共物品的受益范围就不仅仅只局限于一个国家，或者少数几个国家，而是可能关系到全人类的生死存亡，这些问题的解决，需要世界各国政府和人民的共同努力。例如，全球气候问题，世界和平、国际难民问题，跨国犯罪、世界贫困问题，经济政策国际协调等①，属于当代世界各国十分关注的全球性公共物品，或者世界性公共物品。在现行国际政治经济格局下，联合国等国际组织在全球性公共物品供给中发挥着重要作用，既包括全球性国际组织，也包括区域性国际组织，特别是世界银行、国际货币基金组织、国际红十字会、联合国粮食及农业组织等国际组织，在各自领域，对全球性公共物品生产和供给产生了重要影响。另外，国家之间的双边协调与合作，对全球性公共物品生产和供给也有一定影响。当然，不可否认，由于经济技术实力不同，在国际政治经济格局中的地位不同，因而各国在上述国际组织活动经费分摊、领导人推举和实际话语权方面，存在很大差距。虽然第二次世界大战后，发展中国家在国际政治舞台上逐渐崛起，在各类国际组织，特别是在联合国的发言权有所增强，但是，现阶段发达国家仍主导着国际事务，在全球性公共物品供给中居于决策地位。

第二节　公共物品的供给

一、市场经济条件下公共物品供给方式的选择

市场经济条件下，生产和供给公共物品是政府干预和调节国民经济运行的重要手段。而如何生产、供给，采用什么方式生产、供给，则是政府经济管理的重要内容，涉及政府经济职能及其实现的各个方面、各个环节。从国内外政府经济管理实践来看，特别是20世纪七八十年代西方新公共管理运动出现以后，各国政府对公共物品供给方式进行了大量探索，公共物品供给私有化、市场化改革风行一时，学术界也开展了大规模的研究，不少问题还存在激烈争论，有些研究成果可供我们学习和借鉴。

（一）公共物品供给方式选择的标准

面对各种不同的公共物品供给方式，政府如何做出选择，选择的标准是什么，从各

① 美国经济学家斯蒂格利茨将全球公共物品分为国际经济稳定、国际安全（政治稳定）、国际环境、国际人道主义援助和知识，并认为全球公共物品是国际集体行为的主要依据。参见约瑟夫·斯蒂格利茨. 公共财政［M］. 纪沫，等. 译. 北京：中国金融出版社，2009.

国政府经济管理实践分析，主要有效率标准和公平标准。

1. 效率标准

效率标准是指供给方式要有利于提高公共物品供给效率，努力做到在投入一定时，能够为居民、企业和其他社会组织提供数量更多、质量更好的公共物品服务，不仅提高政府所掌握资源的配置效率，而且有利于提高整个社会的资源配置效率。按照这一标准，如果公共物品由私人企业提供，比政府等公共组织提供效率更高，既能节约资源，又能为居民等提供更多优质公共物品服务，就应选择私人企业生产和私人企业供给的方式来供给公共物品，大力推行公共物品供给市场化改革；如果实践证明，某些公共物品采用公共生产和公共供给方式比私人企业供给更为有效，居民等服务对象更加满意，则应由政府等公共组织生产和供给，而不能盲目实行市场化改革。西方国家在新公共管理运动中，大规模推行市场化、私有化改革，将政府经营的公共设施和服务出售给私人企业经营，从结果来看，既有效率提高、改革较为成功的案例，也有效率下降、居民对服务不满意的案例，因此，市场化、私有化改革，也不完全是解决公共物品服务问题的灵丹妙药。

2. 公平标准

公平标准是指公共物品的供给有利于为社会成员创造一个平等竞争的环境，缩小人们在收入等方面的差距。公共物品供给方式的选择，不仅要提高供给效率，而且要有利于体现社会公平，维护经济社会稳定。凡是可以通过公私合作，以市场化方式供给的公共物品，采用招标投标、服务外包等方式选择公共物品的生产者和提供者，更有利于体现市场经济公平竞争的原则，提高公共物品供给效率。以食品券、教育券等方式供给社会救济、公共教育等公共物品，给消费者更多选择的自由，也是公共物品供给公平的重要体现。与效率标准不同，公平标准是一定时期内人们心理上的一种价值判断，因而公共物品供给方式的改革，需要得到大多数社会成员的理解和支持。

（二）公共物品的主要供给方式

根据公共物品特点，以及市场经济条件下市场主体的性质，公共物品的供给方式主要有以下五种。

1. 公共生产公共供给

公共生产公共供给是指公共物品由政府等公共部门直接组织生产，为居民、企业和其他社会组织提供服务。如政府出资兴办学校、医院、公共图书馆、博物馆等，直接为居民提供教育、医疗、文化等公共物品服务，不需要通过市场采购等中间环节。公共生产公共供给是传统的公共物品供给方式，特别是纯公共物品，主要采用公共生产公共供给方式。与其他供给方式相比，公共生产公共供给可以发挥政府能够把握公共物品整体需求情况、管理预算资金，以及社会信誉较高等优势，可对一定辖区公共物品供给规模、结构等进行规划，可在较短时间内，增加某些急需公共物品供给，以满足社会公共需要。不过，公共生产公共供给方式也容易诱发管理上官僚主义盛行、机构臃肿、人浮于事、效率低下等问题，缺乏竞争机制，对公众需求反应迟缓，不能满足社会公共需要。由于公共物品的非竞争性和非排他性，即使在新公共管理运动大规模推行私有化、市场化改革后，有些公共物品如基础科学研究、航天航空等重大科技攻关、大型公共图书馆等仍然实行公共生产公共供给方式。

2. 私人生产公共供给

私人生产公共供给是指公共物品由企业和个人按照合同规定组织生产，其具体商品和劳务由政府采购，再供给居民等服务对象的方式。私人生产公共供给通常采用政府采购、服务外包等管理手段。在私人生产公共供给方式中，政府和私人企业之间是按照市场机制进行商品交易的关系，即买者和卖者的关系。在这种供给方式中，一般要求至少有两家以上的企业生产同类产品，通过招标投标方法，利用市场竞争机制确定生产企业，以保证公共物品生产质量，因而需要有较为成熟的产品、技术和生产企业，有较为发达的市场及其管理制度。私人生产公共供给方式的优点，是可以利用市场机制，通过企业间相互竞争，降低生产成本和政府采购价格，提高商品质量，从而提高公共物品供给效率。因而不少国家运用这一方式供给公共物品，例如，通过政府采购战斗机、导弹等国防公共物品；通过服务外包，由私人企业承担垃圾清运、环境绿化等公共物品服务，效果较好。但这种供给方式也有其不足之处，私人生产公共供给需要有较发达的市场，有众多的生产企业，有健全的市场法律制度，否则，也会滋生行贿受贿、暗箱操作等诸多消极腐败行为。

3. 政府等公共部门与私人合作生产和供给

政府等公共部门与私人合作生产和供给是指政府等公共部门和私人企业通过共同出资、合作经营、特许经营等方式，共同承担公共物品供给责任。在这种供给方式中，通过有效管理，可以达到公私两利、合作共赢的效果。私人企业之所以愿意参与公共物品供给，是因为在和政府合作生产和供给中，通过财政补贴、税收优惠、服务收费等途径，可得到比较稳定的收入和较为合理的投资回报。这种公共物品供给方式的优点是可以广泛动员私人资本等社会资源参与公共物品供给，一方面，解决政府财政资金不足的问题，增加公共物品供给规模；另一方面，借鉴私人企业灵活的运行机制，提高公共物品供给效率。其不足之处是，这种方式只适合于部分可以实行市场化经营、向服务者收取费用的准公共物品，且需要有完善的法律制度、良好的社会信誉等。通过各国政府的艰苦探索，与私人企业合作生产和供给公共物品方式出现了很多具体表现形式，如合资兴建公共企业、特许经营、公共工程建设领域的 BOT① 等 PPP 方式。

4. 私人生产私人供给

私人生产私人供给是指私人企业和志愿者完全自主、自愿地从事公共物品生产和供给的方式，这是公共物品供给的重要辅助方式。如前所述，由于公共物品的非竞争性和非排他性，一般私人企业和个人不愿或无力从事公共物品生产和供给，主要由政府等公共组织来承担，资金通过政府税收、服务收付等方式来解决。但并不排除有的企业和个人自愿从事公共物品生产和供给，且国家法律也不禁止企业、个人从事社会公益活动。私人企业以利润最大化为其主要目标，为了达到此目的，需要树立良好的社会形象，并得到广大消费者对企业及其产品的认可，因而也愿意参加一些社会公益活动，如慈善扶贫、保护环境、弘扬民族文化等，这些都属于公共物品生产和供给的内容。而那些具有志愿精神，认同利他主义价值观的个人，也愿意在自己力所能及的情况下参加一些社会公益活动，如照顾老人儿童、清理社区垃圾、保护社区安全、救助生活困难者等。这种供给方式的优点是可以充分发挥企业和志愿者等社会力量参与公共物品生产和供给，动员更多的资源投入公共物品服务，尊重他们的自由和选择。当然，这种供给方式也有明显的不足，单个企业或个人动员资源的能力是有限的，其在自愿基础上参与公共物品的生产和供给，主要集中于慈善、公共卫生、公共文化等领域，只能是公共物品生产和供给的有益补充。

5. 私人物品的公共供给

私人物品的公共供给是指政府为了实现宏观经济社会政策目标，生产和供给部分私人物品。私人物品具有排他性和竞争性，应由私人企业通过市场来供给。但在现实生活中，由于各国经济发展水平不同，各类市场发育程度各异，国内社会发展情况千差万别，一些本应通过市场机制由私人企业生产和供给的部分商品和劳务却供不应求，不能满足市场需要，完全依靠市场自发调节在短时期内难以解决，成为经济社会发展的制约

① BOT（build-operate-transfer）即建设—经营—转让，是私营企业参与基础设施建设，向社会提供公共服务的一种方式。

因素，政府不得不出面解决此类问题。私人物品的公共供给情况，不仅出现在发展中国家，发达国家也有类似的现象。从各国私人物品的公共供给的实践分析看，主要有两种具体情况。①生产要素市场发育不完善，不能发挥应有作用，需要政府干预。在发达国家，较为突出的有农业保险市场不完善，一般商业保险公司不愿为农业提供保险服务，为了降低农业生产经营市场风险和经营风险，促进农业发展，由政府出资组建农业保险公司，为农业企业和个体农场主提供农业保险服务，以增加农产品生产，保障市场供应。在发展中国家较为普遍的是资本市场不健全，在资本市场发展初期，需要政府的干预和支持，包括组建政府控股或参股的股份公司，建设证券市场等。②为了实现特定的经济社会目标，如公共住房服务、收购生产经营不景气的私营企业等。以公共住房服务为例，从商品属性分析，住房基本接近于纯私人物品，住房可以通过价格和产权交易实现排他性，其效用是可以分割的，但有的国家为公务员和低收入人群提供公共住房，主要是考虑到公务员队伍的特殊性，以及维护社会稳定，体现社会公平。而收购生产经营不景气的私营企业，则是为了稳定就业，调整经济结构等政策目标的实现，在条件成熟时政府往往又将这些企业及时出售。

二、公共物品供给的局部均衡分析

为了便于分析公共物品的供求关系，首先采用局部均衡分析法。假定其他条件不变，单独分析某一种公共物品价格和供求变化。

在私人物品供求关系中，由于其排他性和竞争性，私人物品效用是可以分割的。在完全竞争的市场中，私人物品的总需求是在一定价格水平下所有消费者需求的加总，各个企业生产该私人物品以满足消费者需求，供求双方在边际成本等于边际利润时达到均衡。如图 3-1 所示，有 A、B 两个消费者，在价格为 P 的情况下，A 对某一私人物品的需求量为 Q_A，需求曲线为 D_A，如图 3-1a 所示。B 对这一物品的需求量为 Q_B，需求曲线为 D_B，如图 3-1b 所示。则社会总需求为 $D=D_A+D_B$，总需求曲线与总供给曲线 S 相交于 E 点，对这一私人物品的需要量为 Q，$Q=Q_A+Q_B$，如图 3-1c 所示。

对公共物品而言，由于非竞争性、非排他性特征，其效用是不可分割的，在一定时期内众多消费者消费同等数量的公共物品，但每位消费者对公共物品效用的评价不同，愿意支付的价格（即税费）不同，因而总需求表现为在消费数量一定条件下的价格纵向加总。如图 3-2 所示，有 A、B 两个消费者，消费同等数量 Q 的某一公共物品，如警察服务等，A 对这一公共物品的需求曲线为 D_A，支付的价格为 P_A，如图 3-2a 所示。

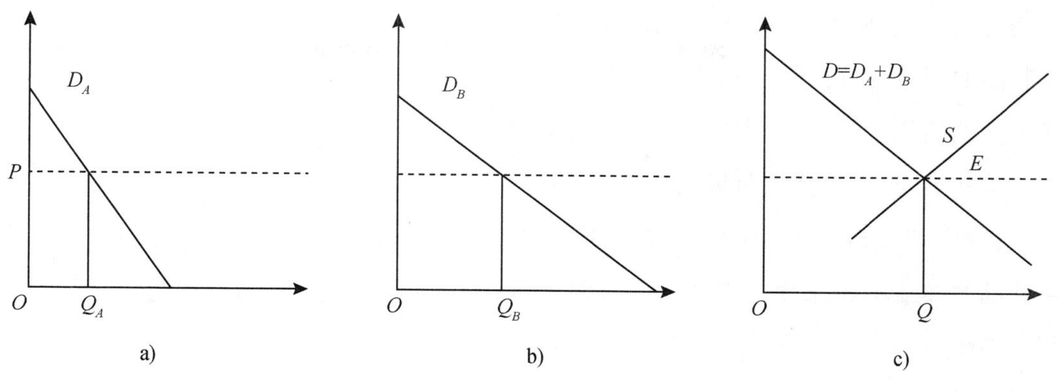

图 3-1　私人物品的局部均衡分析

B 对这一物品的需求曲线为 D_B，支付的价格为 P_B，如图 3-2b 所示，则社会总需求为 $D=D_A+D_B$，总需求曲线与总供给曲线 S 相交于 E 点，这一公共物品的价格为 P，$P=P_A+P_B$，表现为需求曲线的纵向加总，如图 3-2c 所示。

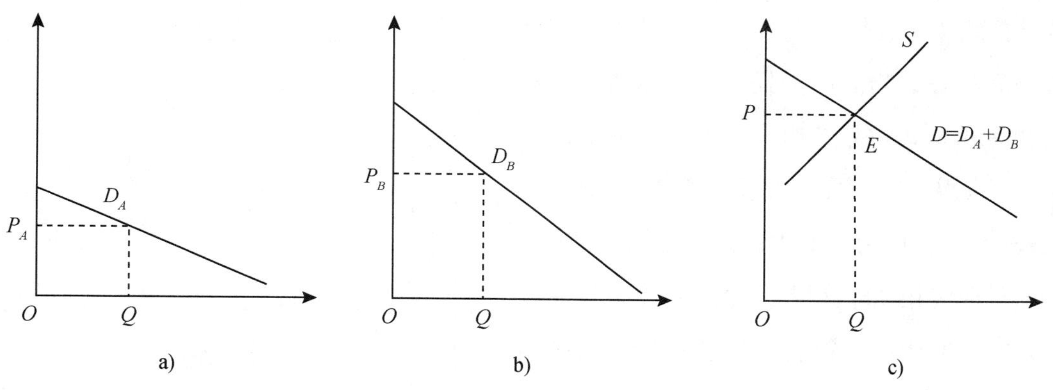

图 3-2　公共物品的局部均衡分析

三、公共物品供给的一般均衡分析

公共物品供给的局部均衡分析只是针对一种公共物品在一类市场的供求情况，但现实经济生活中有众多公共物品，以及不计其数的私人物品，还需要将分析推广到所有商品和劳务，以及各类市场，即一般均衡分析。

关于公共物品供给的一般均衡分析，最早是由美国经济学家萨缪尔森在《公共支出的纯粹理论分析》中论述的。① 为便于了解分析，我们假定全社会只有 A、B 两个消费者，消费一种私人物品 X，一种公共物品 Y，在一定经济技术条件下的生产可能性曲线

① 邓子基. 现代西方财政学［M］. 北京：中国财政经济出版社，1994.

是确定的，A、B两个消费者对私人物品及公共物品的消费偏好，是已知的。消费者A的无差异曲线用 A_1、A_2 来表示，如图3-3a所示。消费者B的无差异曲线用 B_1、B_2 来表示，B的消费组合为 X_B 的私人物品、Y_2 的公共物品，如图3-3b所示。T 为生产可能性曲线，如图3-3c所示。消费者B的无差异曲线 B_1 和生产可能性曲线相交于 H、L 两点。在 H 点，B消费 Y_1 的公共物品，X_1 的私人物品，由于B消费了所有私人物品，A只能消费 Y_1 的公共物品，在图3-3a表示为 C 点，同样可以确定 E、D 点，这样就能确定A的消费可能性曲线 F，这是B在享受了自己所需的私人物品和公共物品的前提下，A能消费的私人物品和公共物品的组合，F 在纵轴上的长度，就是从生产可能性曲线减去 B_1 在纵轴上的长度。在图3-3a中A的消费可能性曲线与无差异曲线相切于 E 点，这是B无差异曲线一定时，A所能获得私人物品和公共物品消费效用的最大点，即达到资源配置的“帕累托效率”。

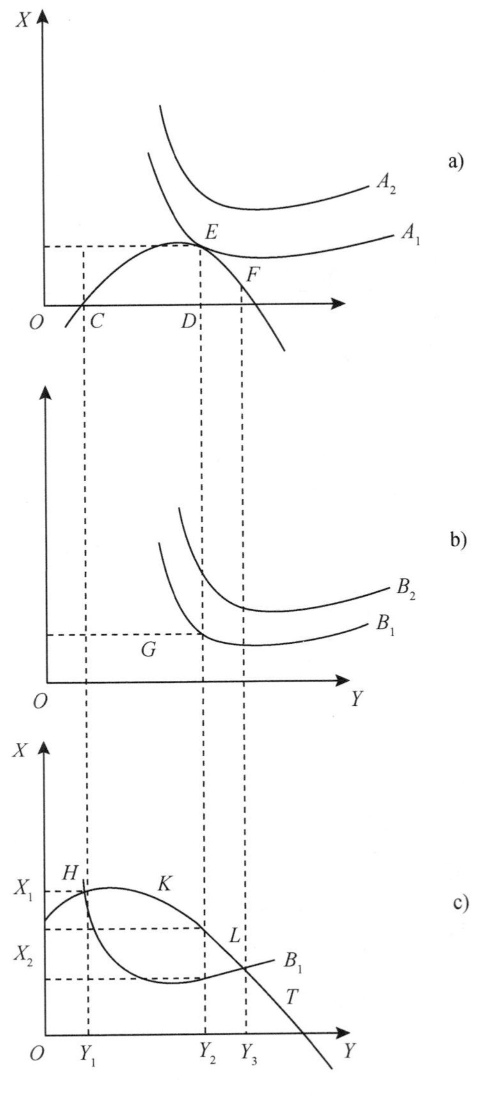

图3-3 公共物品总需求均衡示意图

对于公共物品消费而言，图3-3a中消费可能性曲线 F 在纵轴上的长度，等于图3-3c中生产可能性曲线 T 在纵轴上的长度减去 B_1 在纵轴上的长度。当处于“帕累托效率”时，F 在纵轴上的长度等于 A_1 曲线在纵轴上的长度，这时两者相交于 E 点。这样，可以得出在资源配置达到“帕累托效率”时的条件，生产的可能性曲线斜率=B_1 的斜率+A_1 的斜率。生产的可能性曲线斜率用边际转换率MRT表示，B_1 的斜率用边际替代率MRS（B）表示，A_1 的斜率用边际替代率MRS（A）表示，则有MRT=MRS（B）+MRS（A）。

四、纯公共物品供给的最优供给规模

根据微观经济学一般原理，在完全竞争的市场环境下，纯私人物品的最优供给规模是，当市场供求关系达到边际成本等于边际利润时，市场供求实现均衡，资源配置达到“帕累托效率”，企业可以实现利润的最大化。对于A、B两个消费者消费X私人物品，接受同一市场价格P，则A、B的边际效用或边际利润是相同的，其市场均衡条件为：

$$\mathrm{MB}_{XA}=\mathrm{MB}_{XB}=\mathrm{MC}_X$$

对纯公共物品而言，也遵循边际成本等于边际利润的最优供给条件。如前所述，纯公共物品的效用是不可分割的，众多消费者同时消费同一数量的公共物品Y，其总需求是在数量一定条件下价格的纵向加总。在图3-3中，对于A、B两个消费者，当公共物品供求达到边际成本等于边际利润时，供求实现均衡，这时的价格是$P=P_{YA}+P_{YB}$，因而公共物品的边际效用或边际利润也表现为A、B两个消费者边际效用之和，则有$\mathrm{MB}_{YA}+\mathrm{MB}_{YB}=\mathrm{MC}_Y$。

根据经济学原理，任何两种物品的边际替代率（MRS）和边际转换率（MRT）都等于两种物品的价格之比，如A、B两个消费者在私人物品X和公共物品Y之间选择。对纯公共物品而言，$\mathrm{MRS}_{YX}=P_Y/P_X$和$\mathrm{MRT}_{YX}=P_Y/P_X$，设$P_X=1$，则$\mathrm{MRS}_{YX}=P_Y$，$\mathrm{MRT}_{YX}=P_Y$，又$\mathrm{MB}_{YA}=P_{YA}$，$\mathrm{MB}_{YB}=P_{YB}$，$P_Y=P_{YA}+P_{YB}$，$\mathrm{MC}_Y=P_Y$，可得$\mathrm{MB}_{YA}=(\mathrm{MRS}_{YX})_{\mathrm{A}}$，$\mathrm{MB}_{YB}=(\mathrm{MRS}_{YX})_{\mathrm{B}}$，$\mathrm{MC}_Y=\mathrm{MRT}_{YX}$，这样，可得到公共物品最优供给条件的另外一种表达方式：

$$(\mathrm{MRS}_{YX})_{\mathrm{A}}+(\mathrm{MRS}_{YX})_{\mathrm{B}}=\mathrm{MRT}_{YX}$$

$$\sum(\mathrm{MRS}_{YX})_i=\mathrm{MRT}_{YX}\ (i=\mathrm{A},\ \mathrm{B})$$

上式表明，纯公共物品的最优供给条件是，边际替代率之和等于边际转换率。如果$\sum(\mathrm{MRS}_{YX})<\mathrm{MRT}_{YX}$，则表明人们所愿意放弃的私人物品过少，不足以用来生产一个单位的公共物品。如果$\sum(\mathrm{MRS}_{YX})>\mathrm{MRT}_{YX}$，则表明人们所愿意放弃的私人物品过多，生产一个单位的公共物品会形成浪费。

用同样的方法可以证明，纯私人物品的最优供给条件是：

$$(\mathrm{MRS}_{XY})_{\mathrm{A}}=(\mathrm{MRS}_{XY})_{\mathrm{B}}=\mathrm{MRT}_{XY}$$

上述纯公共物品最优供给条件是在严格假设和简化情况下得出的结论，与实际的公共物品供给之间有较大差距，特别是消费者能够准确表达对公共物品的偏好，以及支付相应价格或税收的假设，而在现实的公共物品供给中存在一定困难，“免费搭车”问题是难以避免的。不过，这种研究为公共物品供给管理提供了基本思路。

第三节　我国政府公共物品供给制度的改革与发展

中华人民共和国成立后，我国的公共物品供给制度受国家基本政治经济制度和经济管理体制、财政管理体制，以及具体国情的制约，经历了曲折的建设、改革和发展的过程，既有辉煌的成就也有挫折和失败，需要总结经验教训，借鉴市场经济发达国家公共物品供给的理论和实践，建立中国特色的公共物品供给制度。

一、改革开放以来我国政府公共物品供给制度的改革

1978 年党的十一届三中全会后，我国实行改革开放政策，打破高度集中的计划经济体制，对国有企业简政放权，逐步向自主经营、自负盈亏的市场主体发展。在农村解散了政社合一的人民公社，实行以家庭联产承包经营责任为基础的统分结合的新体制。同时，适应计划经济体制向市场经济体制转变，政府职能也进行了一系列调整。因而在公共物品供给制度方面，也发生了较大变化，主要体现在以下五个方面。

1. 简政放权，公共物品供给主体逐步实现了多元化

改革开放后，随着计划经济体制解体，政府对国有企业简政放权，大力发展私营经济和个体经济，引进“三资”企业，中央和地方政府之间实行“分灶吃饭”、大包干、分税制等财政管理体制。同时，社会团体、基金会等非营利组织得到较快发展。因而，在计划经济体制向市场经济体制过渡过程中，公共物品供给主体逐步实现了多元化。首先，私营企业、“三资”企业等私人企业通过与政府合作，参与公共物品的供给。其次，国内社会团体、基金会等非营利组织，根据国家法律制度和章程，向社会提供公共物品服务，例如，慈善救济、抢险救灾、民办教育等。最后，一些国际组织、其他国家的非营利组织开始参与我国的公共物品供给活动。例如，联合国、世界银行等国际组织参与我国扶贫开发、政府机构改革等公共物品供给。另外，志愿者以及志愿者组织开始在公共物品供给中发挥作用。青年志愿者、社区志愿者队伍迅速增加，奥运会、世博会志愿者等大型赛事志愿者为人们留下了深刻印象。公共物品供给主体多元化，有利于扩大公共物品供给规模，提高公共物品供给质量和效益。

2. 推行市场化改革，利用市场机制供给公共物品

随着计划经济体制解体，我国市场经济得到较快发展，市场主体走向多元化，除国

有企业外，私营企业、“三资”企业、个体经济迅速发展，市场法律体系逐步健全，市场在资源配置中起决定性作用。在此过程中，政府在公共物品供给中推行市场化改革，打破由政府生产政府供给的模式，利用市场机制供给公共物品。首先，鼓励民办教育、民办科技、民办卫生等机构发展，允许非公有制经济主体进入公共物品生产和供给领域，为社会提供准公共物品和部分纯公共物品服务。其次，改革推进政府机构和事业单位机构改革，部分服务如机关后勤服务等走向社会化，由私人企业提供。最后，通过政府采购、特许经营、PPP 等方式，吸引各类企业参与公共物品的生产和供给，提高公共物品供给效率。

3. 逐步打破城乡分割的公共物品供给制度，开始城乡统筹发展

在市场经济条件下，城乡分割的公共物品供给制度消极作用日益显现，造成城乡市场分割，城乡居民收入差距扩大，社会矛盾加剧。面对严峻的形势，我国政府将统筹城乡发展作为现阶段的一项重要任务，在公共物品供给领域，取得了重要进展。首先，我国在规划领域开展城乡统筹，修订颁布了《城乡规划法》，实施乡村发展规划，纠正了过去只重视城市规划的状况；其次，改革户籍管理制度，部分中小城市取消城市户口和农村户口界限，建立统一的居民户籍制度，大中城市放松了户籍限制；最后，在义务教育、公共卫生、社会保障、基础设施建设等领域，努力缩小城乡差别。2005 年发布的《国务院关于深化农村义务教育经费保障机制改革的通知》（国发〔2005〕43 号）提出，逐步将农村义务教育全面纳入公共财政保障范围，建立中央和地方分项目、按比例分担的农村义务教育经费保障机制。全部免除农村义务教育阶段学生学杂费，对贫困家庭学生免费提供教科书并补助寄宿生生活费。2009 年 3 月 17 日《中共中央　国务院关于深化医药卫生体制改革的意见》发布，提出到 2020 年，覆盖城乡居民的基本医疗卫生制度基本建立。在社会保障制度方面，实现了城乡居民基本养老保险的统一。一些经济较为发达的地区，在城乡低保、丧葬补助、社会公共服务等方面，积极推进城乡公共服务的统一。

4. 探索公共物品供给方式改革

改革开放后，随着经济管理体制改革和教育、科技、文化等领域改革的推进，我国政府逐步打破了传统的公共生产公共供给的公共物品供给方式，探索公共物品供给方式改革，主要包括：①公共部门和私人部门合作提供公共物品。如在城市基础设施建设领域实行特许经营、PPP 等方式，政府和私人企业合作提供公共物品。②以私人生产、公共提供方式供给公共物品。对于可由私人企业生产，通过市场方式供给的商品和劳务，以政府购买的方式，由私人企业组织生产，政府集中采购后，用于社会公共服务。③私人生产和供给公共物品。改革开放后，随着民办学校、医院、科技、文化机构的发展，私人机构为社会提供了一部分公共服务。

5. 推行公共物品供给绩效评价工作

随着政府绩效、绩效预算等理论观点的引进、传播，我国各地区开始了政府绩效评价，以及绩效预算的探索，其中就包括对公共物品供给的绩效评价。财政部 2011 年 4 月 2 日颁布了《财政支出绩效评价管理暂行办法》，2011 年 7 月出台《预算绩效管理工作考核办法》。2018 年 9 月 1 日，中共中央、国务院发布了《关于全面实施预算绩效管理的意见》。2020 年 2 月 25 日，财政部颁布了《项目支出绩效评价管理办法》。按照这些文件，我国正逐步推行公共物品供给的全面绩效管理工作。

二、现阶段我国政府公共物品供给制度存在的主要问题

中华人民共和国成立以来，特别是改革开放以来，随着国民经济发展，国家财政实力的增强，我国政府在提供公共物品，满足人民日益增长的物质和文化生活需要方面，做出了重要贡献。同时，作为一个拥有 14 亿人口的发展中国家，受经济社会发展水平、政府财政管理体制等多种因素制约，现阶段，中国政府公共物品供给制度还存在一些问题，主要体现在以下五个方面。

1. 社会发展领域公共物品供给不足

目前，在科技、教育、文化、卫生、社会保障、环境保护等社会发展领域，政府提供的公共物品，无论是数量还是质量，还不能充分满足社会公共需要。还存在看病难、看病贵的问题；现有公共教育服务不能充分满足城乡居民对优质教育、教育公平的需要；社会保障制度尚不够完善，保障水平有待提高；环境污染形势严峻，治理任务繁重等。需要政府在社会发展领域投入更多的资源，提供更多更好的公共物品服务，以满足社会公共需要，实现经济和社会发展相互协调。

2. 公共物品供给城乡差别依然存在

如前所述，近年来我国政府努力缩小城乡之间公共物品供给差距，但由于种种原因，目前这种差距依然存在。

3. 公共物品供给方式改革有待深化

改革开放以来，我国在公共物品供给方式方面进行了探索，公私合作供给、私人生产公共供给和公共物品的私人生产私人供给等方式都有了一定程度发展，但公共生产公

共供给的模式仍然占主导地位，甚至在某些领域还在进一步强化，民办学校、民办医疗机构、民办文化机构、民间社团组织生存较为困难，难以享受和公办机构同等待遇。因而，还需要深化公共物品供给方式改革，动员更多的社会资源，用于公共物品服务，满足社会对公共物品服务的需求。

4. 公共物品供给效率有待提高

在我国公共物品供给过程中，供给效率不高的现象普遍存在。①各类管理制度不够健全，缺乏必要的监督评价机制，造成稀缺资源使用效率低下。我国对教育、医疗、公共卫生等公共物品供给绩效评估，独立客观的第三方评估不足，难以对资源有效利用发挥更大作用。②公共物品供给中的各种铺张浪费现象较为普遍。作为发展中国家，公共物品供给中短缺和浪费并存。③公共物品供给领域违法违纪行为还时有发生。基础设施建设、政府采购领域行贿受贿现象依然存在。

5. 公共物品决策机制有待改革

在我国公共物品供给过程中，一个较为普遍的现象就是自上而下的决策机制，社会公众参与程度不高。在这种决策机制下，公共物品供给与社会公共需要之间存在一定差距。这些问题的出现，都和目前公共物品供给决策机制有关。

三、我国政府公共物品供给制度改革与发展的趋势

针对我国公共物品供给中存在的上述问题，结合我国未来经济社会发展需要，特别是“十四五”时期促进经济高质量发展，应对日趋复杂的国际环境，实现 2035 年及 2050 年国家发展战略目标，我国政府公共物品供给制度改革的重点有以下五点。

1. 提高政府社会管理领域公共物品供给能力，满足社会公共需要

调整政府财政支出结构，增加教育、科技、文化、卫生、社会保障、环境保护等社会发展领域的投入，增强政府及其他公共组织公共物品供给能力，满足社会公共需要，解决我国经济飞速发展和社会发展相对滞后的问题。

2. 努力缩小公共物品供给城乡差距，逐步实现基本公共服务均等化

努力缩小城乡差距、区域发展差距，统筹城乡发展，是我国现阶段政府经济社会发展战略目标之一。首先，加快公共物品供给制度城乡统筹的步伐，在公共物品供给，特别是基本公共物品供给方面，城乡居民享受同等待遇，逐步废除按户籍对城乡居民分别供给公共物品的制度。其次，缩小公共物品供给城乡差距，逐步实现基本公共服务均等化，增加农村公共物品供给财政投入，有效缩小城乡差距。

3. 继续推进公共物品供给市场化改革

改革开放以来，我国一直是沿着市场化的方向推进公共物品供给制度改革，但从目前的具体进展看，各个领域参差不齐，既有过度市场化的问题，也有市场化改革缓慢的问题。总体上来讲，目前仍然是政府在公共物品供给领域包揽过多，因而需要继续推进公共物品供给市场化改革。首先，转变观念，清理不合理的规章制度，加快社会资本进入公共物品供给领域的步伐，除公共财政资源外，动员更多社会资源投入公共物品供给，更好地满足社会公共需要。其次，积极探索公共物品市场化的具体方式。我国人口众多，各地区发展不平衡，如何运用政府采购、特许经营等市场化方式有效供给公共物品，需要更多具体管理制度的创新。

4. 积极推进公共物品供给绩效评价，提高供给效率

政府财政管理中，和绩效预算改革一致，积极推进教育、科技、文化、公共卫生、社会保障等公共物品供给绩效评价改革，针对不同类型的公共物品，建立较为科学合理的评价指标体系，健全评价制度，完善评价流程，鼓励发展第三方评估，努力开拓公共物品供给评估市场，对公共物品供给绩效给予科学、客观、公正地评价，及时堵塞漏洞，纠正存在的问题，努力提高公共物品供给效率，更好地满足社会公共需要。

5. 推进公共物品供给决策的民主化、科学化

改革公共物品供给决策制度，在决策中尽可能吸收广大城乡居民的意见。在基层政府区域性公共物品供给决策中，一些涉及居民切身利益的事项，如房屋拆迁，社区医院、幼儿园、中小学建设、社区环境等，通过制度建设，应采用居民听证会等形式，直接听取所在社区居民意见，如得不到全体居民支持，就不得开工建设或者取消服务项目。通过推进公共物品供给决策的民主化、科学化，推动政府与居民之间良性互动，优化稀缺公共资源配置，提高公共物品供给居民满意率。

本章回顾

1. 公共物品的含义。公共物品是指和私人物品相对应，不能或不能有效通过市场机制由企业和个人来生产、供给，而主要由政府等公共组织来提供，以满足社会公共需要的商品和劳务。

2. 公共物品的特征。公共物品具有非排他性和非竞争性特征，这也是判断公共物品的基本标准。

3. 公共物品分类。①按照公共物品的性质，公共物品可分为纯公共物品和准公共

物品。②按照公共物品的收益范围，公共物品可分为地方性公共物品、全国性公共物品，以及全球性公共物品。

4. 公共物品供给方式选择的标准。①效率标准。②公平标准。

5. 公共物品的主要供给方式。①公共生产公共供给。②私人生产公共供给。③政府等公共部门与私人合作生产和供给。④私人生产私人供给。⑤私人物品的公共供给。

6. 纯公共物品供给的最优供给规模。

$$(MRS_{YX})_A + (MRS_{YX})_B = MRT_{YX}$$

拓展学习

1. 陈共. 财政学［M］. 10版. 北京：中国人民大学出版社，2020.

2. 邓子基. 现代西方财政学［M］. 北京：中国财政经济出版社，1994.

3. 高鸿业. 西方经济学［M］. 7版. 北京：中国人民大学出版社，2018.

思考题

1. 简述公共物品分类及特征。

2. 公共物品的公共供给方式及其选择标准有哪些？

3. 简述公共物品供给的局部均衡分析和一般均衡分析。

4. 试述现阶段我国政府公共物品供给制度存在的主要问题及改革思路。

第四章
政府经济与外部经济效应

导言

本章主要介绍外部效应的概念、分类，不同外部效应对资源配置的影响及治理，特别是排污权交易，以及合作治理等新型治理措施内容。外部效应是市场失灵的重要领域之一，需要政府经济克服市场失灵，实现资源合理配置，促进经济社会健康发展。环境污染治理等内容，也是目前国内外政府经济学领域的热点问题。

学习目标

通过本章的学习，掌握外部效应的基本概念和分类，正确认识各类外部效应对经济社会生活的影响，理解政府治理外部效应的原因，能够熟练分析利用税收、财政补贴等手段解决外部效应的具体过程。理解科斯定理在解释和治理外部效应中的优点与不足。能够运用所学原理，分析政府环境保护等政策的理论依据与意义。

第一节　外部效应

一、外部效应的概念

外部效应也称为外部性、外部经济，是指一个企业或个人的经济活动对别的企业或个人产生影响，且这种影响没有在价格中得到反映，因而外部效应是没有反映在价格中的市场交易成本或收益。更一般地讲，如果某个企业的生产函数（或消费者效用函数）F_A，不仅取决于其自身可以控制的变量 X_i（$i=1, 2, \cdots, n$），也取决于某些不受市场交换影响、自身无法控制的变量 Y，则该企业存在 Y 带来的外部效应。即该企业的生产函数为：

$$F_A=F_A(X_1, X_2, \cdots, X_n, Y)$$

从上述概念可以看出，企业或个人在生产经营过程中，当存在外部效应时，由于其交易价格中没有反映这种交易成本或收益，必然产生企业私人边际成本、私人边际收益与社会边际成本、社会边际收益的差异。企业或个人是按照私人边际成本、私人边际收益进行决策，对资源配置产生扭曲，难以达到帕累托最优状态。在现实经济活动中，外部效应是较为常见的经济现象，在生产和消费行为中屡见不鲜。如生产过程中企业排放废水、废气、废渣等对周围环境产生污染，对周围居民的生活和身体健康产生不良影响，但企业对居民没有进行赔偿或赔偿不足，因而这种影响未在企业生产成本和产品价格中得到体现，在企业未受到干预的情况下，其结果就是污染越来越严重；又如企业积极参加所在社区的各项公益活动，出资整理社区公共环境、增加造林绿化面积、加强治安巡逻、帮助生活困难居民等，使所在社区环境优美、社会治安稳定、生产生活秩序井然，不仅本企业从中受益，也使得处在同一社区的其他企业得到好处，但其他企业对这种受益并不需支付任何报酬。若这种公益活动得不到政府减免税等的支持，愿意参与社会公益的企业就会越来越少。

二、外部效应的分类

外部效应可按照不同标准进行分类，以满足理论研究和经济管理的需要。常见的分类主要包括以下两种。

（一）按照外部效应的最终结果划分，可分为正外部效应和负外部效应

1. 正外部效应

正外部效应也称正外部性或外部经济，是指一个企业或个人的经济活动，给其他企业或个人带来好处，即收益，但这种收益并未体现在产品的价格中，本企业或个人没有得到回报。如企业对本企业职工开展职业技术培训，进行人力资源开发，支付了巨额培训费，本企业可以提高劳动生产率，增加盈利，但如果职工在培训后不久辞职，进入其他企业，则其他企业因得到高素质劳动力，提高了生产效率，增加了利润，从中获得了好处，但并不需要为职工原来所在企业支付培训费。这样，如果企业考虑到职工培训存在正外部效应，又得不到政府支持，或者不能有效限制培训后职工的流动，则开展职工培训的动力就会大大降低，甚至尽可能不进行职工培训。

2. 负外部效应

负外部效应也称负外部性或者外部不经济，是指一个企业或个人的经济活动，给其他企业或个人带来损害，即成本，但这种成本并未体现在产品的价格中，该企业或个人没有对受损害者给予赔偿。在经济活动中，负外部效应多种多样，也经常引发各种矛盾

和问题，其中环境类的负外部效应在工业化、城镇化过程中更为普遍，人们更为关注。如某一化工厂生产过程产生的二氧化硫，未经处理直接排放到空气中，在工厂周围形成较大范围的酸雨区，造成所在区域农产品减产，农民经济利益受到损失，但化工厂以种种理由拒绝对农民的经济损害给予赔偿，其产品价格中也未包含对环境破坏的补偿成本，其结果往往是污染越来越严重。这就是一种较为典型的负外部效应。还有在飞机场附近的居民生活受到飞机起飞、降落时低空飞行噪声的干扰，又难以得到合理补偿等。

（二）按照社会再生产过程分类，可分为生产的正外部效应、生产的负外部效应、消费的正外部效应，以及消费的负外部效应

1. 生产的正外部效应

生产的正外部效应是指企业或个人在生产过程中给其他企业或个人带来了收益，但这种收益并未在产品价格中得到体现，没有获得任何报酬。如一家花卉生产企业扩大种植面积、增加花卉品种，使周围养蜂人的蜜蜂有了更多采集花粉的机会，增加了蜂蜜的产量，给养蜂人带来了收益，但花卉生产企业很难向养蜂人收取报酬或费用，也不能在其产品价格中得到体现。

2. 生产的负外部效应

生产的负外部效应是指企业或个人在生产过程中给其他企业或个人带来了损失、成本，但这种损失、成本并未在该企业或个人产品价格中得到体现，没有对受损方给予任何赔偿。如前所述，环境污染是典型的负外部效应，化工厂排放废气形成酸雨对周围农作物的损害、飞机场飞机起降噪声对附近居民生活的干扰等，都是生产的负外部效应。又如上游生产企业将生产废水直接排入河水中，对河水造成污染，影响下游企业和居民用水安全，也是典型的生产负外部效应。

3. 消费的正外部效应

消费的正外部效应是指个人在消费活动中给其他人带来了好处、收益，而这种好处、收益本人一般不能从他人那里得到报酬，即未体现在消费价格中。如某人购买流感疫苗注射，在预防流行性感冒、提高自身健康水平和生活质量的同时，也大大减少了自己因患感冒而传染给周围同事、邻居的可能，给他们也带来了好处，但这种好处和收益某人也无法向周围同事、邻居收取报酬，不能体现在自己购买流感疫苗注射的消费价格中。

4. 消费的负外部效应

消费的负外部效应是指个人在消费活动中给其他人带来了损害、成本，但对他人的

这种损害、成本并未给予补偿，即未体现在其消费价格中。如在公共场所抽烟的人，其消费行为对在场其他人的身体健康造成损害，但抽烟人并没有向在场的其他人支付赔偿，其消费价格中也未包含对他人损害、成本补偿的费用。

三、外部效应与资源配置

根据经济学一般原理，在产品生产过程中当社会边际成本等于社会边际收益时，资源配置达到最优，企业可以取得最大利润。当存在外部效应时，存在私人边际成本与社会边际成本、私人边际收益与社会边际收益的差距，在市场交换过程中必然对资源合理配置产生扭曲。下面我们从正外部效应和负外部效应两个方面分析其对资源配置的影响。

1. 正外部效应与资源配置效率

在存在正外部效应时，一个企业或个人的经济活动给其他企业或个人带来好处，即该企业或个人取得私人边际收益（MPB）的同时，其他企业或个人也得到好处，我们称之为外部边际收益（MEB），这样，社会边际收益（MSB）就等于两者之和，即 MSB=MPB+MEB。而市场资源配置优化的条件是社会边际收益（MSB）等于边际社会成本（MSC），即 MSB=MSC，由于企业或个人决策时是依据私人边际收益，且 MPB<MSB，则会形成市场有效供给不足，难以满足社会需要的状况，社会资源不能达到合理配置。

如图 4-1 所示，以流感疫苗接种为例，假定私人边际成本和社会边际成本一致，用供给曲线 *S* 表示，当存在正外部效应时，消费者根据私人边际收益决定的需求曲线 *D* 与 *S* 相交于 *A* 点，这时疫苗价格为 35 元，每年接种的人数为 2 000 万人，再假定外部边际

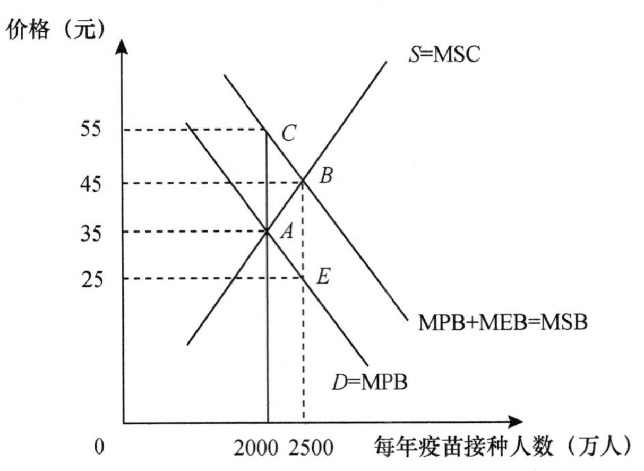

图 4-1　正外部效应与资源配置效率

收益为 20 元。很显然，这时的疫苗接种人数不是有效率的，因为在 *A* 点上，MPB<MSB，而资源有效配置的条件是 MSB = MSC，而 MSB = MPB+MEB，这样需求曲线向上移动 20 元的垂直距离，与 *S* 相交于 *B* 点，这时，达到资源有效配置的条件 MSB = MSC，每年接种疫苗的人次达到 2 500 万人，疫苗的边际社会成本为 45 元，消费者面临的疫苗价格也从 35 元降到 25 元，和疫苗需求曲线上的 *E* 点相对应。可见，存在正外部效应时，产品的生产和销售呈现出不足状态，难以满足市场需要。

2. 负外部效应与资源配置效率

负外部效应给其他企业或个人带来损害，即成本，我们称之为外部边际成本（MEC），但这种成本并未体现在产品的价格中。在此情况下，企业或个人的私人成本（MPC）小于社会边际成本（MSC），因为 MSC = MPC+MEC，而资源配置最优的条件是社会边际成本等于社会边际收益，即 MSC = MSB。而企业或个人是依据私人成本进行决策，当私人边际收益与社会边际收益一致时，其结果是企业或个人过度生产，超过了社会正常需求，形成资源的浪费。

如图 4-2 所示，假定某类化工产品生产市场处于完全竞争状态，需求曲线 *D* 代表边际社会收益 MSB，供给曲线 *S* 代表边际社会成本，假定供求平衡，即社会收益 MSB 等于边际社会成本时，*D* 与 *S* 相交于 *A* 点，市场均衡价格为 105 元，产量为 5 万吨，企业生产排放废气对周围居民产生的外部边际成本为 10 元。当企业决策时，由于不向周围居民提供补偿，其产品成本中也未包含 10 元外部边际成本，企业按照私人边际成本决定的供给曲线是 *S'*，*S'* 与 *S* 之间的垂直距离就是 10 元外部边际成本，*S'* 与 *D* 相交于

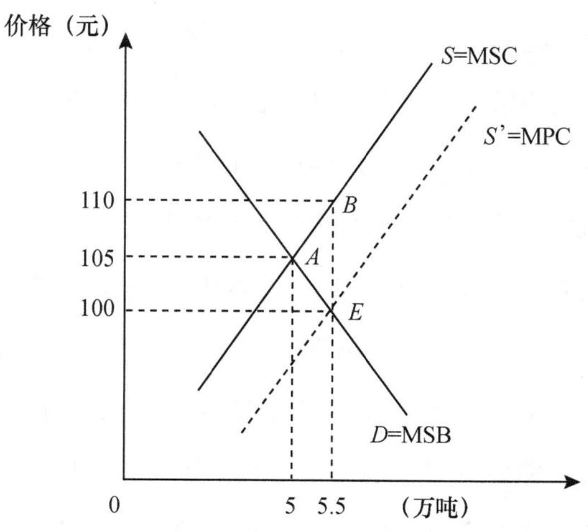

图 4-2　负外部效应与资源配置效率

E 点，这时的产量是 5.5 万吨，超过了市场均衡时正常的需求量 5 万吨，边际社会成本为 110 元，社会边际收益为 100 元。可见当存在负外部效应时，资源达不到最优配置，其产量超过了正常市场需求，造成社会资源浪费。这也是我们在现实经济生活中经常看到的，如果不对污染企业进行干预，其污染只能越来越严重，而企业无治理动力的现象。

第二节　政府经济与外部效应治理

通过上一节分析可以看出，无论正外部效应还是负外部效应，都会导致资源配置扭曲，且这种效应未在产品价格中得到体现，因而市场机制自身无法解决这类问题，是市场失灵的重要领域，需要政府在经济管理中有效治理外部效应，以达到社会资源的有效配置，实现政府经济社会发展目标。这种外部效应的治理，也称为外部效应的内在化。即为了纠正私人决策对资源配置的扭曲，在有负外部效应时，将边际外部成本加到私人边际成本上，存在正外部效应时，将边际外部收益加到私人边际收益上。这样，实现外部效应的内在化，导致商品价格发生变化，以便反映某一商品的全部边际社会成本或收益，实现资源优化配置。

一、政府经济与负外部效应

负外部效应是因为商品生产的边际私人成本小于边际社会成本，未将外部边际成本计入商品价格而导致的资源配置扭曲，其结果是有外部负效应的商品生产和销售量超过了资源优化配置时的市场需求，造成社会资源的浪费。在政府经济管理活动中，对外部负效应的治理，即内在化，主要是通过对有负外部效应的商品征税，或者收费，使税（费）额等于外部边际成本，使之达到负外部效应内部化，企业或个人的私人边际成本加税（费）额等于社会边际成本，按照边际成本等于边际收益的资源优化配置条件进行生产决策，减少过度生产，节约社会资源。

如图 4-3 所示，假定某类化工产品生产市场处于完全竞争状态，需求曲线 D 代表边际社会收益 MSB，供给曲线 S' 代表私人边际成本，企业根据私人边际成本做出的决策使 S' 和社会需求曲线 D 相交于 E 点，这时的产量是 5.5 万吨，价格为 100 元，假定外部边际成本为 10 元，政府对该产品征收 10 元的税收，或者收取 10 元排污费，使 S'

移动到 S，S 与 D 相交于 A 点，这时达到外部效应内在化，成本等于边际社会成本，产量下降到 5 万吨，价格上升到 105 元，减少了有负外部效应、存在污染产品的生产，资源达到合理配置。

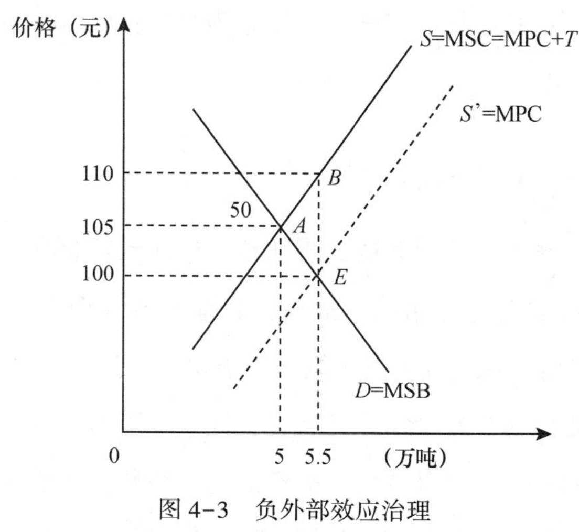

图 4-3　负外部效应治理

在现实政府经济管理活动中，运用税收、收费等手段治理负外部效应，达到负外部效应内在化，实现资源优化配置，还需要做大量计量分析工作，存在不少困难。首先，需要对商品生产的负外部效应，以及外部边际成本进行准确的计量。各类不同商品生产过程中产生的负外部效应存在较大差异，如化工产品对农作物和居民健康的负外部效应，涉及众多化学成分，有些影响是可以用货币计量的，有些则不能计量；有些是近期可直接观察到的，有些影响可能长达数十年。负外部效应计量的准确程度，直接关系到税费制度的设计及其调节效果。其次，对负外部效应的补偿涉及不同群体利益，税费资金使用是否得当，关系到负外部效应治理最终目的的实现。再次，矫正性税费的征收，只能减少有污染等负外部效应商品的生产，但不能消除这类商品。因而通过征收税费对环境污染类生产的治理，只是措施之一，不是治本之策。

从各国政策实践来看，通过征收环境保护类税收，是矫正负外部效应常用的手段。如 1971 年，美国国会引入一个关于在全国范围内对向环境排放硫化物征税的议案，并在 1987 年建议对一氧化硫和一氧化氮的排放征税。自此以后，美国政府逐步把税收手段引进环保领域，至今已形成了一套相对完善的环境税收制度，主要有对损害臭氧的化学品征收的消费税、汽油税、与汽车使用相关的税收和费用（如卡车、拖车消费税，轮胎税等）、开采税、固体废弃物处理税（费）、二氧化硫税、环境收入税等，还有较多的环境税收优惠政策。又如荷兰是经济合作与发展组织（OECD）成员中环境税开征较早的一个国家，荷兰环境税大多属于特定目的的税收。荷兰特别为环境保护目的而设计的税种主要包括：燃料税、能源调节税、铀税、水污染税、地下水税、废物税、垃圾税、噪声税等。波兰从 1970 年开始设立环境税与资源税，在 1989 年、1990 年和 1992 年，又对环境税进行了改革，税率水平得到较大提高，征收系统也得到了加强。[①] 我国从 2018 年起征收环境税。

二、政府经济与正外部效应

正外部效应时是一个企业或个人的经济活动，给其他企业或个人带来好处，即该企业或个人取得私人边际收益（MPB）的同时，其他企业或个人也得到好处，也就是外部边际收益（MEB），由于企业或个人决策时是依据私人边际收益，则会形成商品生产市场有效供给不足，难以满足社会需要的状况，社会资源不能达到合理配置。在政府经济管理活动中，通过对存在正外部效应的生产活动的补贴，其数额达到外部边际效应水平，使企业或个人得到边际社会收益，从而增加商品生产，满足市场需要，资源配置达到优化水平。

如图 4-4 所示，以流感疫苗接种为例，假定私人边际成本和社会边际成本一致，用供给曲线 S 表示，当存在正外部效应时，消费者根据私人边际收益决定的需求曲线 D 与 S 相交于 A 点，这时疫苗价格为 35 元，每年接种的人数为 2 000 万人，再假定外部边际收益为 20 元。很显然，这时的疫苗接种人数不是有效率的，因为在 A 点上，MPB<MSB，而资源有效配置的条件是 MSB=MSC，如果政府对流感疫苗注射给予财政补贴 F，其数额等于边际外部收益，这样需求曲线向上移动 20 元的垂直距离，与 S 相交于 B 点，每年接种疫苗的人次达到 2 500 万人，疫苗的边际社会成本为 45 元，消费者面临的疫苗价格也从 35 元降到 25 元，和疫苗需求曲线上的 E 点相对应。这时，达到资源有效配置的条件 MSB=MSC。

在政府经济管理活动中，对正外部效应治理具有十分重要的意义。许多经济社会活动，如义务教育、公共卫生、社会保障、知识产权保护和环境保护等，具有较明显的正外部效应，如没有相应的矫正措施，有关政府机构、企业和个人，以及其他社会组织，对从事这类活动就会积极性不高，往往导致有效供给不足，难以满足社会需要。以义务教育为例，一个人在居住地接受义务教育之后，还要进入高中，以及高等教育阶段学

① 张倩. 环境税的国际比较及借鉴［J］. 税务研究，2009（1）.

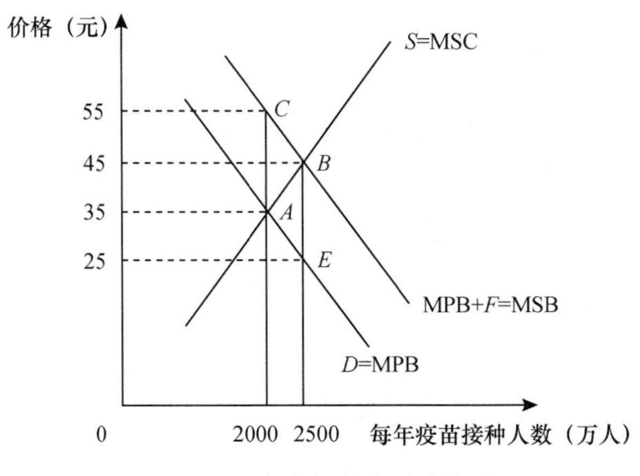

图 4-4 正外部效应财政补贴

习，且毕业后可自由选择就业地，不一定回到义务教育所在地就业，为当地经济社会发展服务，对在辖区政府财政支出而言，这种义务教育支出具有正外部效益，若得不到上级政府，特别是中央政府的支持，仅靠地方基层政府发展义务教育，就有可能导致义务教育发展滞后，难以满足国家经济社会发展需要。

通过财政补贴等手段治理正外部效应，要达到预期效果，在政府经济管理活动中，还需要开展大量细致的统计计量工作，建立相应的管理制度。首先，需要对正外部效应进行准确统计计量，才能确定财政补贴的数额。如前所述，有正外部效应的经济社会活动较多，对其正外部效应的计量和财政补贴涉及大量技术问题，有些正外部效应还难以用货币进行计量，这就需要大量艰苦细致的工作来保证财政实现预期目的，否则财政补贴不足或过多，都难以达到优化资源配置的效果。其次，通过财政补贴等手段治理正外部效应，关系到各地区、各部门，以及不同社会群体之间的利益，需要恰当处理上述利益关系，以维护经济运行正常秩序和社会稳定。如严格的知识产权保护，可能使一部分人的利益受到损失，甚至包括一部分低收入群体、弱势群体，但从全社会的角度看，大大激发了各类发明、创造人员的积极性，增加了知识创造对社会财富的贡献，利远大于弊。又如中央财政加大了对中西部地区义务教育支持的力度，在一定程度上是对义务教育正外部效应的矫正。需要注意的是，一定时期内政府财政补贴种类较多，有的财政补贴不是为了矫正外部效应，而是为了其他政策目标，如发展高新技术等。

三、排污权交易市场与外部效应治理

征收税费、实施财政补贴是政府矫正外部效应的方法。英国经济学家庇古在 20 世纪 30 年代就研究这一问题，因而称之为庇古税和庇古补贴。无论是征收税费，还是财政补贴，在实施中都有一些困难，各国政府在征收税费、实施财政补贴矫正外部效应的同时，探索利用市场机制治理外部效应，于是排污权交易市场应运而生，并取得了一定成效。而这种排污权交易制度和市场产生的理论基础，是科斯定理，或者说排污权交易市场是对科斯定理的应用。

1. 科斯定理

罗纳德·哈里·科斯是 1991 年诺贝尔经济学奖获得者，被认为对经济体制结构取得突破性的研究成果有较大贡献。科斯在《社会成本问题》一书中对运用征税方式解决外部效应提出了批评，认为这种将问题归结为由于甲损害乙，所以应该制止甲的传统做法，错误地掩盖了问题的实质。实际上这种外部效应问题具有相互性，又称不相容性。避免甲对乙的损害，将会使甲遭受损害，必须解决的真正问题是允许甲损害乙，还是允许乙制止损害，关键在于避免较严重的损害，并且应当从总体的和边际的角度来认识问题。科斯认为，当交易成本为零时，政府仅仅通过建立资源使用的权利，就可以使外部性内在化。斯蒂格勒（1982 年诺贝尔经济学奖获得者）将科斯的这一思想概括为“在完全竞争条件下，私人成本等于社会成本”，并命名为“科斯定理”。科斯定理认为，一旦建立了资源使用的产权，在当事双方之间将既定的产权自由交换为现金支付，将会达到效率。这一结果与当事双方哪一方被赋予了产权无关。

科斯定理所讲的交易费用为零，是指当参与产权交易的各方数量很少时，这些交易的成本趋近于零。交易成本包括时间、付出的努力，以及与确定交易对象、谈判交易种类、签订合同并承担风险等有关的资金支出。

根据科斯定理，政府界定了资源的产权后，无须再做什么，而由交易双方经过讨价还价和交易，最后达到矫正外部效应，提高资源利用效率的目的。尽管科斯认为这一结果与当事双方哪一个被赋予了产权无关，但对于具体的当事人而言，谁拥有了产权，谁在收入方面就会得到好处。以存在污染的企业和周围居民的关系为例，如居民被授予享受无污染空气的权利，企业就不得不为污染而付出代价，向居民们提供补偿，导致企业收益下降；反之，如企业被授予了污染权，周围居民如想享受清洁空气，就需要向企业支付费用以治理污染，居民收入减少。因此，政府对产权的指定影响双方之间的收入分配，哪一方拥有了产权，既可使用又可用来交换，其收入状况就会好转。

按照科斯定理，在明确了产权后，通过双方交易，可以实现矫正外部效应，提高资源配置效率。如有一个公共湖泊，假定有两个使用单位，一家湖边企业可以利用湖泊排放污水，另一家旅游公司可以利用湖泊开发旅游景点。如果政府将湖泊的产权授予了湖边企业，其有权向湖中排放污水，而旅游公司想利用湖泊开发旅游景点，愿意向企业支付一笔资金，且这笔资金超过了企业因减少污染而造成的利润损失，双方就湖泊使用达成协议，一方面可以减少污染，另一方面可以开发旅游资源，湖泊得到充分利用，资源配置效率得到提高。反之，如果政府将湖泊的产权授予了旅游公司，企业向湖中排放污水就需要支付费用，若企业愿意支付费用，且这笔费用超过了因有污染而导致游客下降给旅游公司带来的损失，双方就合作达成协议，企业因污染付费而承担了外部边际成本，即达到了负外部效应内在化的目的，就会自动抑制生产，减少污染，而旅游公司在湖泊可容纳污染限度内增加了收益，交易双方都得到了好处，优化了资源配置。

不过，科斯定理也有其局限性。首先，在产权界定方面，有些资源产权的界定有困难，甚至是不可能的。如尽管有人认为在苏格兰和英格兰，河流和航道的私人所有权已有上百年的历史，成功地阻止了过度捕捞，控制了水污染。① 但大气、海洋、冰山等资源要明确产权就十分困难，如大气等资源即使明确了产权，在成千上万的污染源中能否划分污染责任，并进行交易，并不清楚。又如长江、黄河等大江大河，涉及千千万万居民和企业的利益，要将其产权界定给某一企业或个人，可能存在很多难以克服的问题。另外，在交易费用方面，只有在参与当事人数量很少，交易信息高度透明等情况下，交易成本才会趋近于零。而在现实经济活动中，各类资源配置的交易活动错综复杂，交易双方往往要付出高昂的成本，甚至有时交易是难以实现的，无法达到优化资源配置。

2. 排污权交易

根据科斯定理，政府可以设立排污权交易市场，通过市场交易，矫正负外部效应，治理污染，提高资源配置效率。基本思路如下：政府综合环境负荷能力和经济社会发展水平等因素，确定一定时期某种污染物最大排放总量，在市场上以排污许可证的形式拍卖给企业，即企业只有通过拍卖购买了排污许可证，才能排放污染物，且排污许可证可以在企业之间交易，价格随着市场供求关系而自由调整。对企业而言，可以在付费排污和治理污染，减少排放、减少付费之间选择，权衡利弊，提高企业自身盈利水平。对政府而言，既可定期增加排污许可证拍卖的数量，也可以从企业手中购买排污许可证，使之退出流通，从而调控排污许可证市场价格，实现政府污染治理目标。与征税和收费相比，排污许可证可有效控制污染物排放总量。排污许可证的价格随供求关系的变化而变

① 哈维·S. 罗森. 财政学［M］. 6 版. 北京：中国人民大学出版社，2003.

化，在通货膨胀条件下其价格也可以上升。而征税或收费并不能确定污染物的排放量，且税法的修订需要相应政治程序和漫长的时间。

例如，在图 4-5 中，纵轴代表单位二氧化硫排放拍卖价格，横轴代表排放量，*D* 代表企业排放二氧化硫的边际社会收益，*S* 代表二氧化硫污染权的供给，是一条完全垂直的线。假定在没有任何管制的情况下，二氧化硫的排放量为 100 000 吨，当政府以每吨一份污染权向企业拍卖 800 元，且可以在企业之间交易时，二氧化硫排放量下降到 70 000 吨。对不愿意为每吨二氧化硫付 800 元的企业，要么降低产量，要么采用更先进的技术。

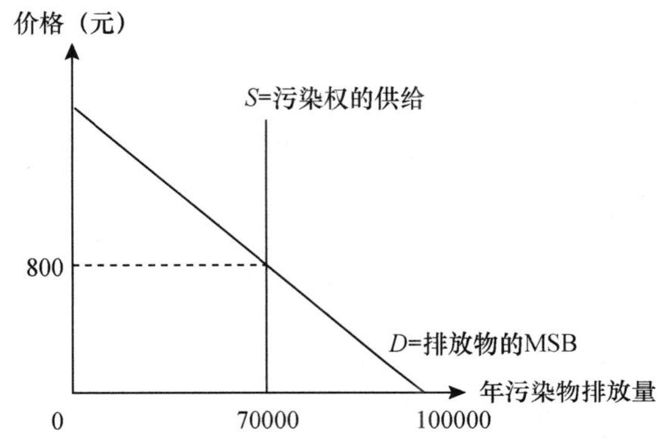

图 4-5　污染排放与污染权交易

在排污权交易实践方面，美国在 1990 年通过《清洁空气法案》后，授权环境保护署向电力公司发行可在市场上交易的二氧化硫排放权，1991 年 7 月，美国芝加哥交易所创设二氧化硫排放权交易市场。从 1995 年起，美国控制二氧化硫的目标是，通过将发电厂排放的二氧化硫从 20 世纪 80 年代的水平减少一半——减少 1 000 万吨以减少酸雨。发电厂被给予了每年固定数额的许可权，这些许可权可以在市场上交易。而新建发电厂必须从现有发电厂手中或者在环境保护署年度拍卖会上购买许可权。排放超过许可的二氧化硫将受到严厉处罚。从实际效果看，在 1995 年，排放物从 800 多万吨下降到 530 万吨。发电厂比较排放二氧化硫的成本与获得排污权的价格，排污权价格越高，越有利于刺激企业采用净化器等技术降低排放，且企业还可从出售手中多余的排放许可权而获取利润。从上述实践可以看出，排污权交易市场达到了预期效果，取得了成功。① 在我国，1993 年国家环保局在太原等地开始探索大气排污权交易试点，2007 年 11 月 10

① 大卫·N. 海曼. 财政学理论在政策中的当代应用［M］. 张进昌，译. 北京：北京大学出版社，2006.

日，国内首个排污权交易平台——浙江省嘉兴市排污权储备交易中心揭牌成立。2009年，财政部与环境保护部联合在全国范围内开展排污权交易试点工作。2014年，国务院办公厅发布了《关于进一步推进排污权有偿使用和交易试点工作的指导意见》。2020年，习近平总书记宣布，中国将力争2030年前实现碳达峰、2060年前实现碳中和。这是中国基于推动构建人类命运共同体的责任担当和实现可持续发展的内在要求作出的重大战略决策。

第三节　外部效应与合作治理

本章第二节论述了政府对外部效应的治理，阐述了税收、收费和财政补贴等政策工具的运用，由于外部效应种类复杂，有的外部效应跨越较长时间、影响不同的行政区域，因而外部效应的治理，需要更为广泛的合作，充分发挥企业、非营利组织和志愿者的作用，动员更多的社会资源，提高治理效果。

一、国际合作与外部效应治理

在经济全球化、区域化加剧，资本、劳动力、技术、信息等生产要素在全球范围内流动的今天，一个国家或地区经济主体经济活动的外部效应，往往已跨越了国界，影响到其他国家和地区，其治理需要更多的国际合作。

1. 双边合作与外部效应治理

对于外部效应只涉及两国之间利益的事项，可通过两国政府双边合作来治理。如在两国都会产生收益的教育、公共卫生项目，两国界河的污染、水资源的利用等问题，可通过双边政府合作进行有效治理。对于教育、公共卫生等具有正外部效应的活动，以对等交流、项目互换等方式，给对方国家一定补偿，以达到互惠互利，造福两国人民的目的。对有负外部效应的活动，通过政府间协议，共同减少负外部效应对两国经济社会发展的消极影响，如减少或停止向流经两国的河流倾倒污水、固体废弃物等，合理分配水资源，减少浪费等。双边合作治理外部效应的具体方式可以多种多样，如项目交流、合作投资、联合执法、共同协议等，构成当代国家间外交关系的重要内容。如2007年9月，我国和越南实施中越边境地区流动人口肺结核控制合作项目，在中国广西壮族自治区和越南广宁省、谅山省的项目地区，以探索中越边境流动人口肺结核控制合作模式为目的，在建立双边例会制度、流动人口肺结核病人信息交流和病人转诊、健康宣传和专业技术人员经验交流四个领域开展了卓有成效的合作，两年期的项目任务均圆满完成。

2. 多边合作与外部效应治理

在全球化趋势日益加剧的今天，有些活动的外部效应，已远远跨越了本国国界，成为世界性难题，国与国之间的合作与协调已难以解决问题，国际多边协调是大势所趋。最典型的事件是全球气候变化问题，当然还包括治理贫困、反对恐怖主义、维护世界和平、自然灾害的国际救援等。随着世界经济的发展，特别是工业化、城市化的发展，二氧化碳等温室气体的排放大量增加，造成全球气温上升、冰川大量融化、海平面上升、极端气候增加等严重后果。这种后果威胁着人类社会的生存和发展，涉及各个国家利益，是一种典型的全球负外部效应，这就需要各国政府通过多边协商合作来治理。从目前国际政治经济格局来看，各国通过多边协商合作治理外部效应的途径主要有两种。①在联合国范围内开展多边协商合作。联合国是第二次世界大战后由主权国家组成的国际组织，各国政府就全球范围内的各类问题进行讨论、协调和采取共同行动，以维护国际政治经济秩序，保护各国利益。因而可结合具体问题，充分利用联合国体制，特别是联合国下属的各类组织开展多边协商合作，采取共同措施，保护人类共同的家园。②由个别国家或国际组织发起，多国政府参加，形成具有法律约束力的多边协调合作机制。当然，在这种国际协调合作过程中，因涉及各国利益，特别是发达国家和发展中国家在国际上的地位不同，经济社会实力差距较大，协调一致十分困难。

二、国内政府间合作外部效应治理

在一个国家或地区，如果外部效应跨越了一个行政区域，涉及两个或两个以上政府辖区，除由其共同的上级政府治理外，重要的途径就是开展政府间合作，以治理外部效应问题。如跨区域的污染治理，相邻城市间的道路救援、火灾救援、自然灾害救援等。政府间合作治理外部效应的主要途径是签订政府间合同，明确双方的权利与义务，以及法律责任，当发生合同约定的外部效应时，双方共同采取措施，治理外部效应，维护本辖区居民、企业和其他社会组织的公共利益。一方不采取行动或行为失当，给对方造成损失的，需要承担赔偿等法律责任。这种政府间合同的签署和执行，需要相应的经济社会环境。首先，有较为完善的法律制度，当双方发生矛盾和争执无法履行合同时，有相应的仲裁和诉讼制度。其次，有良好的政府间合作氛围，有良好的社会信誉。

三、政府与非营利组织和志愿者合作治理外部效应

在外部效应治理过程中，除发挥政府职能作用外，还需要发挥非营利组织和志愿者的优势，积极开展政府与非营利组织和志愿者合作，共同治理外部效应。

1. 政府与非营利组织合作

在现代社会，非营利组织多种多样，活动领域较为广泛，这些组织在宪法和法律范围内自主开展活动，但在外部效应治理领域政府可以与其开展平等协商和合作，共同治理外部效应，维护和增进社会公共利益，实现互惠双赢。①联合非营利组织积极开展社会宣传和舆论动员，鼓励开展正外部效应的活动，动员有关主体自动抑制或停止负外部效应活动，配合政府矫正政策，实现预期目标。由于非营利组织的非营利性、民间性和组织成员社会联系的广泛性，可在这些方面发挥积极的推动作用。如呼吁社会各界积极参加慈善、帮贫济困、弘扬民族文化、见义勇为等社会公益活动，进一步扩大其正外部效应；对环境污染等负外部效应通过舆论宣传、道义劝导，引导有关企业、个人主动采取措施，治理污染，减少排放，其效果也有可能超过单纯的收费、罚款和税收。②非营利组织为政府有关部门提供外部效应活动信息，弥补政府监管不足。政府采取对正外部效应进行财政补贴、对负外部效应征收税费等措施，都以准确掌握上述行为的信息为前提，但政府自身收集信息的能力和监管能力是有限的，影响其矫正外部效应的实际效果。而非营利组织可充分利用成员多、联系面广的特点，及时为政府主管部门提供有关外部效应活动的信息，供政府决策参考，提高政府矫正外部效应的及时性、准确性，达到治理目的。③动员部分社会资源参与外部效应治理，弥补政府财政资金不足，提高治理效果，增进社会公共利益。非营利组织可根据与政府达成的合作协议，通过募捐、服务收费等方式，动员部分社会资源投入到外部效应治理，弥补政府财政资金的不足。各国非营利组织发展经验表明，其在慈善扶贫、环境保护、教育、公共文化等领域筹集资金，提供公共服务方面，能够发挥积极作用。非营利组织在激发人们博爱精神、公益意识、环保意识，募集资金用于慈善扶贫、环境保护、教育、公共文化等事业方面，具有政府不可替代的功能，可以和政府机构在较广泛领域展开合作。

政府与非营利组织的合作方式可以灵活选择，具体包括：①政府服务外包。政府可将与治理外部效应有关的服务项目承包给非营利组织，由它们组织开展有关活动。如有关环境保护、扶贫、公共文化等方面的宣传、动员等，非营利组织可充分发挥其优势，广泛动员企业和社会公众参与这些活动，大大提高外部效应矫正效果。②项目合作。在

一些外部效应治理项目上，政府和非营利组织合作，共同完成项目任务。如扶贫项目政府承担基础设施建设等任务，而非营利组织负责人员培训、技术指导等，共同完成一定时期扶贫任务。③政府合同。政府可将一些外部效应治理任务，以招投标合同等方式，交由非营利组织来承担，双方以合同形式确定权责利关系，实现外部效应治理目标。④共同行动。双方根据合作协议，为实现外部效应的治理目标采取共同行动。政府可利用其政策工具支持正外部效应活动，满足市场需要，对负外部效应采用征收税费等方式进行矫正。而非营利组织可根据自身特点和优势，动员社会资源，增加具有正外部效应商品和劳务的供给，减少企业和个人负外部效应行为。这样，政府和非营利组织在行动中相互配合、相互支持，以提高外部效应治理效果。

2. 政府与志愿者及其组织的合作

志愿者是具有利他主义和无私奉献精神的人。在现代社会，从事志愿活动已成为社会文明进步，以及人类自身全面发展的标志。志愿者除个人自发从事志愿活动外，也可以在国家宪法和法律范围内成立志愿者组织，以更大规模、更高质量为社会服务。由于外部效应活动范围的广泛性、复杂性，在外部效应治理中，政府与志愿者及其组织可以在广泛领域开展合作，增进社会公共利益。①充分利用志愿者人力资源，积极治理外部效应，节省政府财政支出，提高治理效果。志愿者在提供志愿服务过程中，不需要政府或志愿者组织为其支付报酬，只需要提供必要的工作条件即可。因而在政府与志愿者合作治理外部效应过程中，可大大减少工资等支出，动员更多的志愿者参加外部效应治理，特别是在社区公共服务中可充分利用我国人口大国的优势，吸引居民参加志愿者活动，提高治理效果。②发挥志愿者专业知识优势，治理外部效应。在志愿者队伍中，不少人是科技工作人员、教师、医生、护士等专业人员，可充分发挥这些志愿者的专业知识优势，治理环境污染等负外部效应，支持教育、公共卫生、慈善扶贫等正外部效应活动，弥补政府外部效应治理中专业人员不足的问题，加快外部效应治理步伐。③利用志愿者和志愿者组织，了解社会公众对外部效应治理的需求，提高治理效果。现代社会志愿者来自社会各个阶层、各个领域，社会联系广泛，通过志愿者及其组织，可以了解社会对外部效应治理的迫切需求，在政府人力、物力和财力有限的情况下，优先治理社会公众最需要迫切解决的外部效应问题，提高治理效果，满足社会公共需要。

本章回顾

1. 外部效应也称为外部性、外部经济，是指一个企业或个人的经济活动对别的企业或个人产生影响，且这种影响没有在价格中得到反映。

2. 外部效应的分类。①按照外部效应的最终结果划分，可分为正外部效应和负外部效应。②按照社会再生产过程分类，可分为生产的正外部效应、生产的负外部效应、消费的正外部效应，以及消费的负外部效应。

3. 政府经济与负外部效应。在政府经济管理活动中，对外部负效应的治理，即内在化，主要是通过对有负外部效应的商品征税，或者收费，使税（费）额等于外部边际成本，使之达到负外部效应内部化，企业或个人的私人边际成本加税（费）额等于社会边际成本，按照边际成本等于边际收益的资源优化配置条件进行生产决策，减少过度生产，节约社会资源。

4. 政府经济与正外部效应。在政府经济管理活动中，通过对存在正外部效应的生产活动的补贴，其数额达到外部边际效应水平，使企业或个人得到边际社会收益，从而增加商品生产，满足市场需要，资源配置达到优化水平。

5. 科斯定理。科斯定理认为，一旦建立了资源使用的产权，在当事双方之间将既定的产权自由交换为现金支付，将会达到效率。这一结果与当事双方哪一方被赋予了产权无关。

6. 排污权交易。根据科斯定理，政府可以设立排污权交易市场，通过市场交易，矫正负外部效应，治理污染，提高资源配置效率。

7. 国际合作与外部效应治理。①双边合作。②多边合作。

8. 国内政府间合作外部效应治理。

9. 政府与非营利组织和志愿者合作治理外部效应。

拓展学习

1. 罗森，盖亚. 财政学［M］. 10 版. 郭庆旺，译. 北京：中国人民大学出版社，2016.

2. R. 科斯，A. 阿尔钦，D. 诺斯. 财产权利与制度变迁［M］. 刘守英，等，译. 上海：上海三联书店、上海人民出版社，1994.

3. 陈共. 财政学［M］. 10 版. 北京：中国人民大学出版社，2020.

思考题

1. 正外部效应与资源配置关系如何？

2. 负外部效应与资源配置关系如何？

3. 政府如何治理负外部效应？

4. 政府如何治理正外部效应？

5. 运用科斯定理说明排污权交易市场的运行机理。

6. 试论述政府在对外部效应进行治理的过程中可以采取的合作治理方式。

第五章
政府经济与公共选择

导言

本章主要介绍公共选择理论的基本内容，西方多党制议会民主制度下政府的经济决策，以及我国全国人民代表大会制度下政府的经济决策。公共选择一般是指在政府经济中，如何通过政治程序决定公共物品生产、供给等问题。其基本原理是将经济学的分析方法用于非市场的政治领域。在直接民主制度下，公共选择涉及全体一致原则、多数裁定原则等问题。在代议民主制度下，公共选择涉及政治家的行为、政府公务员的行为、特殊利益集团的行为等问题。西方多党制议会民主制度下政府的经济决策包括议会党派斗争与政府经济政策、政府预算的审查与批准、议会通过立法对政府经济制约等内容。全国人民代表大会制度下政府的经济决策，涉及各级人民代表大会对政府预算、决算的审查与批准，对政府国民经济和社会发展计划的审查与批准，全国人大及地方人大经济立法与监督等内容。

学习目标

通过本章的学习，掌握公共选择理论的基本内容，理解政府经济不完全是由政府自己决策，而是通过政治程序决定公共物品生产、供给等问题。把握政府的经济决策在西方多党制议会民主制度与我国全国人民代表大会制度的根本区别。了解西方多党制议会民主制度下政府的经济决策的基本过程，分析我国政治民主制度建设对政府经济的要求以及发展趋势。

第一节　公共选择理论

一、公共选择的含义

公共选择一般是指在政府经济中，如何通过政治程序决定公共物品生产、供给等问题。其基本原理是将经济学的分析方法用于非市场的政治领域。政府通过资源配置，组织公共物品生产和供给，满足社会公共需要，其决策机制与企业、个人微观经济决策之间存在根本区别。在微观经济决策中，主要通过价格机制调节市场供给和需求，引导资源合理配置。如果某种商品或劳务的市场价格上升，生产和销售利润增加，企业则会增加设备、原材料和劳动力等生产要素投入，增加有效供给；反之，则企业会自动减少生产和供给，将资源转入其他领域寻找盈利机会。作为消费者，也必然会根据市场价格决定其消费总量和结构，形成不同的市场需求。通过价格机制，市场供求不断地形成新的均衡，引导社会资源的合理配置。而在政府经济领域，相当一部分决策是通过政治程序进行的。作为政府经济财力基础的财政收支，其基本计划——政府预算，需要经过立法机关的审查和批准，政府财政收入、支出的安排，以及实施的结果，反映政府与立法机关、各种政治力量、利益集团之间的反复权衡和较量，是一种多次博弈的结果，与企业、个人的微观经济决策相比，是一种集体决策和选择。这一点，已是各国财政法律制度的普遍做法，成为一种政治程序，与社会制度的性质没有必然联系。在中国，不仅政府预算，而且政府制定的经济和社会发展规划，也要经各级人民代表大会审议批准后执行。

公共选择理论是由著名经济学家詹姆斯·布坎南提出，经过众多学者发展而形成的。1957 年詹姆斯·布坎南和沃伦·纳特在弗吉尼亚大学创办了“托马斯·杰斐逊中心”，其目标是促进“以个人自由为基础的社会秩序”，后来受到学校的排挤，1968 年布坎南离开该校。1969 年，布坎南和塔洛克在弗吉尼亚理工学院创办“公共选择研究中心”。在与托里森合编的《公共选择理论》中，布坎南提出，我们想要做的事情，就是把 40 年来人们用以检查市场经济的缺陷和不足的方法，完全不变地用来研究国家和公共经济的一切部门。公共选择理论只是明确地提出有关公共经济的一般理论的一种努力……。① 1982 年，“公共选择研究中心”移交给乔治·梅森大学。在布坎南获得 1986 年诺贝尔经济学奖后，公共选择理论得到了主流经济学理论的认可，成为西方经济理论的重要分支。

从公共选择的基本含义及其理论发展可以看出，公共选择反映了政府经济的一般特征，但应当明确，公共选择是以既定的政治制度为前提，在不同的政治制度下，公共选择的程序、公共选择的决定机制等存在重大差别。我国全国人民代表大会制度下的公共选择，与西方国家多党制议会民主制度下的公共选择之间，存在本质性的不同。而不同

① 丹尼斯·缪勒托里森. 公共选择理论［M］. 杨春学，等，译. 北京：中国社会科学出版社，1999.

国家政治制度的差异，有其错综复杂的政治经济背景。布坎南等人倡导的公共选择理论，是以西方国家多党制议会民主制度为背景的，其一些主要的理论观点，诸如中位选民理论、互投赞成票、投票悖论、官僚行为分析等，都体现了这一特点。研究公共选择理论，既要把握其基本特征，为政府经济管理提供有益的思路、方法，又要注意其观点在不同政治体制下的局限性，特别是要注意发达国家与发展中国家经济社会发展水平的差异。

二、直接民主中的公共选择

直接民主是指社会成员以投票等形式，直接参加公共物品生产和供给决策，参与社会政治、经济和其他事务管理。

（一）全体一致原则

全体一致原则是指由于所有的人都能从公共物品的提供中受益，社会成员可就公共物品供给与其所需要征收的税收达成一致。即所有成员一致同意征收一定数量的税收，以提供相应数量和质量的公共物品。

全体一致原则要求社会成员就每个人纳税份额和公共物品的提供数量达成一致意见，其选择过程表现为在一系列的纳税份额组合中寻找均衡点，直到最后达成协议。假定一个社会由甲、乙两个人组成，他们为提供一定量的环境保护服务筹措资金，即分摊所需要的税收。其选择过程如图 5-1 所示。

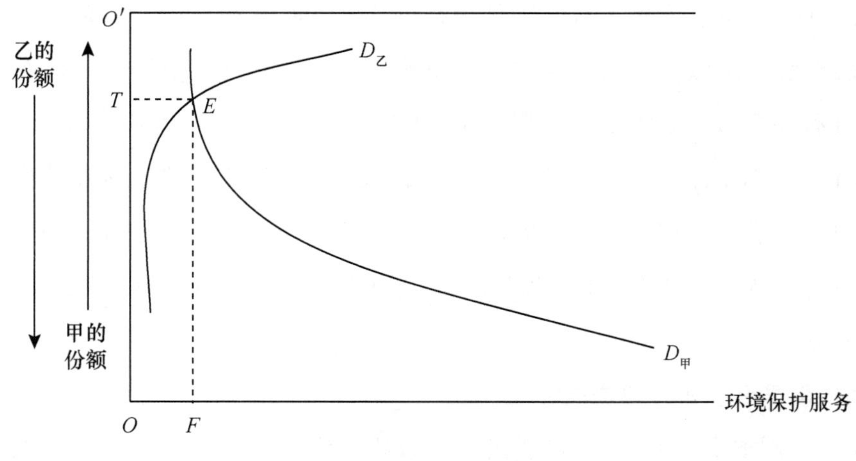

图 5-1　林达尔模型

在图 5-1 中，横轴表示环境保护服务的数量，甲的纳税份额以从 O 点开始的垂直距离表示，$D_{甲}$ 表示其所需求的环保服务数量随着纳税份额的增加而下降。乙的纳税份额从 O'开始，沿纵轴向下移动，其纳税份额上升，曲线 $D_{乙}$ 向上倾斜，表示其纳税份额与环保服务数量需求呈反方向变化。$D_{甲}$ 与 $D_{乙}$ 相交于 E 点，表示为提供 OF 数量的环保服务，两人同意由甲承担 OT 比例的税收，乙则承担了 $O'T$ 比例的税收，$OT+O'T=1$。该模型称为林达尔模型。①

全体一致原则的优点是可实现资源配置的“帕累托效率”，也可达到林达尔均衡。即每个社会成员都按照其所获得公共物品边际效益的大小，来承担自己应分摊的税收或费用，公共物品供给量可以达到最具效率的水平。但是该原则存在两个问题：①假定人们在投票时是诚实的，每个人都能真实地表露自己对公共物品的需要；②找到每一个人都能接受的税负分担比率可能要花费较多的时间。在现实经济生活中，这两点解决起来都有一定困难。公共物品生产和供给中之所以存在“免费搭车”的问题，就是因为有人不能真实地表露自己对公共物品的需要，只愿意从政府得到公共物品服务，但不愿意为之纳税。此外，为了达成全体一致，就税收分摊比例进行反复协商，随着社会成员的增加而难度增加，甚至不可能达成一致。

（二）多数裁定原则

1. 多数裁定原则的含义

为解决全体一致原则存在的问题，多数裁定原则便成为一种选择。多数裁定原则是指要通过一个方案，必须有一半以上的人赞同。多数裁定原则还可具体分为简单多数原则、有条件多数原则。简单多数原则是指在投票表决时有超过 1/2 的票数即可。如有 100 人参加投票，有 51 人赞成的方案就可获得通过。有条件多数原则是指投赞同票的票数超过了简单多数，如常见的要求达到 2/3 的多数。其中，简单多数原则运用最为普遍。应当承认，与全体一致原则相比，多数裁定原则下存在对少数人利益的损害，构成一种决策成本，特别是在简单多数原则中更为明显。在上例中，就仅仅因为赞成的人比反对的人多了 2 人，就使得方案被通过，49 人服从 51 人的决定。在决策中还需要适当关注这一问题。

2. “投票悖论”和“票决循环”

在多数裁定原则实施中，有可能出现“投票悖论”和“票决循环”的现象，使投

① 有关内容参见哈维·S. 罗森. 财政学［M］. 北京：中国人民大学出版社，2003. 图 5-1 是在该书有关图形的基础上调整而成。

票不能产生最后的结果。假定有甲、乙、丙三个选民，在 A、B、C 三个方案中选择，甲的偏好次序是 ABC，乙的偏好次序是 CAB，丙的偏好次序是 BCA，有关情况见表 5-1。

表 5-1　　导致循环的选民偏好

选择	选民		
	甲	乙	丙
第一种	A	C	B
第二种	B	A	C
第三种	C	B	A

在表 5-1 中，A 和 B 选择，A 以 2∶1 的票数获胜。在 B 和 C 的选择中，B 以 2∶1 的票数获胜。然而，在 A 与 C 的选择中，C 又以 2∶1 的票数获胜。因而，无法确定最后获胜的方案。如果根据一般的推理，A 优于 B，而 B 优于 C，则一定是 A 优于 C，而上例中的结果是 C 优于 A，这种现象被称为“投票悖论”。如果上述配对投票能一直进行下去，则会出现 A 和 B 选择，A 获胜，B 和 C 选择，B 获胜，A 与 C 选择，C 获胜，B 和 C 选择，B 获胜……这样不断循环下去，出现了“票决循环”的现象，最终无法在 A、B、C 三个方案中选择最优方案。

3. 单峰偏好和多峰偏好

公共选择理论认为，“投票悖论”和“票决循环”现象是由于选民的偏好状态或结构形成的，包括单峰偏好和多峰偏好。单峰偏好是指在可选择的方案中，人们最理想的结果只有一个，如偏离这一点，无论方向如何，其效用都是下降的。而多峰偏好是指人们的理想结果不止一个，如在偏离了最理想的结果后其效用出现先降后升，则具有多峰偏好。单峰偏好和多峰偏好可用图 5-2 来表示。

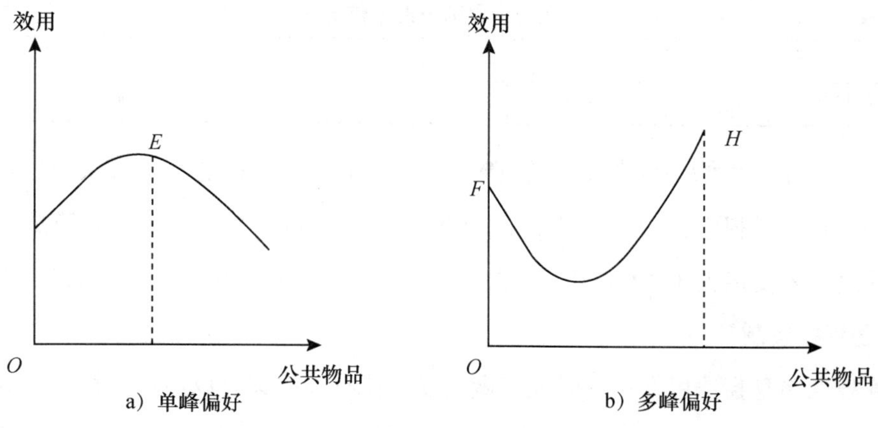

图 5-2　单峰偏好和多峰偏好

图 5-2a 表示单峰偏好，*E* 为选民最理想的状态，离开了这一点，其效用都是下降的。图 5-2b 表示多峰偏好，选民有 *F*、*H* 两个理想状态。图 5-3 是按照 A 优于 B，B 优于 C 的次序，根据表 5-1 绘制的选民偏好图，甲和丙是单峰偏好，乙则是双峰偏好。可见正是由于乙的双峰偏好，使投票陷入“投票悖论”和“票决循环”现象。因而，只要选民存在多峰偏好，就有可能陷入“票决循环”而无法选出最佳方案。

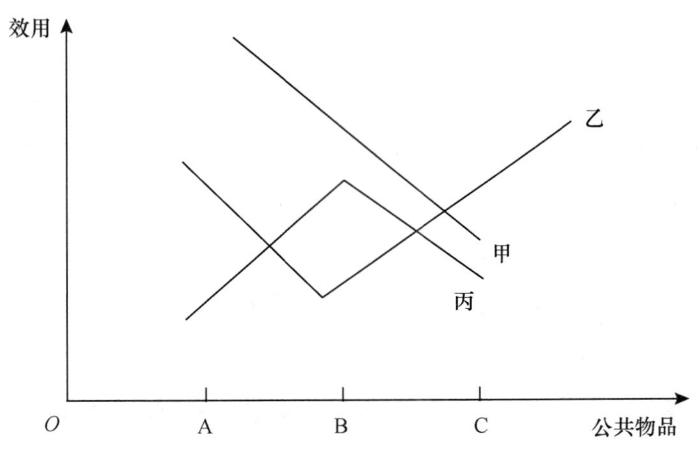

图 5-3　根据表 5-1 绘制的甲、乙、丙三个选民的偏好图

4. 中位选民理论

在多数裁定原则下，假定选民的偏好是单峰的，则选择的结果是由中位选民的偏好决定的。中位选民是指其偏好落在所有选民偏好序列的中间。一半人偏好大于其偏好，另一半人偏好小于其偏好。表 5-2 为由甲、乙、丙、丁、戊五人为某一项市政工程支出进行投票表决的结果。

表 5-2　多数裁定原则下的中位选民

选民	甲	乙	丙	丁	戊
赞成的投资额（万元）	600	800	1 000	1 200	1 400

在表 5-2 中，丙为中位选民，其所赞成的 1 000 万元的投资额代表了中位选民的偏好。因为在投票过程中，如果支出小于 1 000 万元，则丙与甲、乙三人投赞成票，使方案得以通过。若支出大于 1 000 万元，则丙与丁、戊三人投赞成票，使方案得以通过。

5. 互商投票制

互商投票制是指选民在投票时相互做交易，使有关方案得以通过的情况。如要建一家社区医院和一座图书馆，甲、乙、丙三人进行投票，丙对两个方案都反对，但甲反对建医院，乙反对建图书馆，在此状况下投票表决，则是两个方案都无法通过。如甲和乙做交易，若乙投票赞成建图书馆，作为回报，甲在投票时对建医院投赞成票。这样，医院和图书馆最后都以 2∶1 的票数获得通过。互商投票实际上是一种政治交易，在公共物品供给不足的情况下，有利于改善公共物品供给，增加社会福利，但在公共物品已有一定供给规模的情况下，则会产生过度供给，造成资源浪费。如在上例中，若该社区已有一家较大规模的医院，可满足社区居民需要，在甲和乙做交易后，再建一家医院就属浪费。另外，互商投票制也会使某些利益集团得到好处。

6. 阿罗不可能定律

从上述分析可以看出，无论简单多数原则，还是有条件多数原则，都存在不足，能否设计一种更合理的原则，成为研究公共选择问题的重要议题。尼思·阿罗认为，在民主社会，集体决策规则应满足下列标准：①无论选民的偏好结构是什么样的，它必须能产生一种决策。如果某些人具有多峰偏好，选举过程仍不会崩溃。②它必须能对所有可能的结果进行排序。③它必须对个人偏好做出反应。具体来说，如果每个人都认为 A 优于 B，那么，社会的排序必须是 A 优于 B。④它必须前后一致。即 A 优于 B，B 优于 C，则 A 必定优于 C。⑤社会对 A 和 B 的排序只取决于个人对 A 和 B 的排序。这个假设又被称为不受被选方案影响假设。⑥排除独裁。社会偏好绝不能只反映单个人的偏好。阿罗经过研究后认为，一般来说，要找到一个满足所有这些标准的规则是不可能的。不能指望一个民主社会能够做出一个前后一致的决策。[①] 该结论被称为阿罗不可能定律。阿罗不可能定律引起了很多争论，哈维·S. 罗森认为，阿罗不可能定律并不是说不可能找到前后一致的决策规则，而只是说社会能否找到这样的规则是不确定的。阿罗不可能定律为我们认识公共选择制度提供了一种思路，要求社会成员在集体决策时有相同的偏好，也表明投票表决制度的相对合理性。

三、代议民主制度下的公共选择

在直接民主制度中，社会成员以投票等形式，直接参加公共物品生产和供给决策，参与社会政治、经济和其他事务管理。然而，这种民主制度的缺陷是显而易见的，随着选民人数和决策议案的增加，其变得越来越不可行。例如，在一个上万人的社区，就是否建设一个中心花园，按全体一致原则进行投票表决，该议案获得通过的可能性微乎其微。因而在当代社会，代议民主制度或间接民主制度，成为民主制度的主要形式。即社

① 转引自哈维·S. 罗森. 财政学［M］. 北京：中国人民大学出版社，2003：107.

会成员通过选举自己的代表，如我国的人大代表或其他国家的议员，代表自己的意愿参与社会公共事务管理，从事选举和任命政府负责人、审查和批准政府收支等决策活动。在代议民主制度下，通过公共选择来决定政府经济的机制和过程有其特点。

（一）政治家的行为

在代议民主制度下，假定选民在政治上具有单峰偏好，全民投票是为了其自身效用的最大化，政治家追求的是选票数量的最大化，则政治家就必然采纳中位选民赞成的计划，以争取最大数量的选票使自己当选。在现代社会，具有相同政治倾向或利益的人结合在一起，形成政党，为争取更多的选票，取得执政权，各政党及其政治家就要努力使本党的竞选纲领和政策主张得到中位选民的支持。在图 5-4 中，我们以两党竞选为例，描述其选择过程。

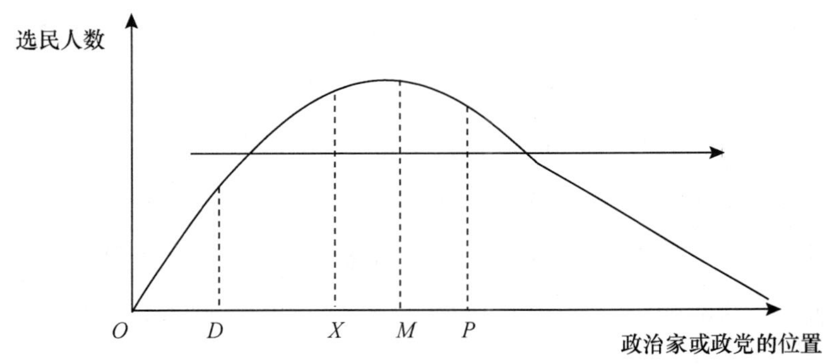

图 5-4　中位选民与政党竞选

在图 5-4 中，M 为中位选民所在的位置，D、P 两点代表了 D、P 两党目前得到选民支持的位置。如 P 党得到了 P 右边的选民支持，且还得到了 X 到 P 点选民的支持，D 党得到 D 左边及 DX 之间选民的支持，则 P 党将获胜。如 D 党为了获胜，努力将支持的选民向 X 右边扩展，结果两党最终都向中位选民 M 点靠近，谁能得到中位选民的支持，谁将最终获胜。对于政治家和政党在竞选中的行为和动机，A · 汤斯作了精辟的归纳：①政党或政治家是追求自己的利益的，而不是追求某种意识形态的目标或者公共利益；②政党或政治家是凭选票的极大化才能实现自我利益的；③政党或政治家是以一起提出的竞选纲领或可供选择的提案来争取选票的；④政党或政治家提出的纲领或提案，只有符合中间投票者的偏好，才能实现选票极大化。①

① 王传纶，高培勇．当代西方财政经济理论［M］．北京：商务印书馆，1998：107.

（二）政府公务员的行为

在西方国家，政治与行政分离，争取选票，赢得选举是政治家的事，而政府公务员则是职业行政管理人员，政治上中立，无论谁赢得选举，掌管政权，公务员都为政府管理服务。与企业家等其他社会阶层相比，政府公务员有其相对固定的等级与报酬，他们从事政府公共管理事务，不可能以追求个人收入的最大化为目标，而会更多地关注官职、特权和公共声誉等。但官职、特权和公共声誉等往往与公务员所掌握的预算规模大小呈正相关，因而，尼斯卡宁认为，政府公务员的目标是追求预算的最大化。其过程可用图 5-5 来说明。

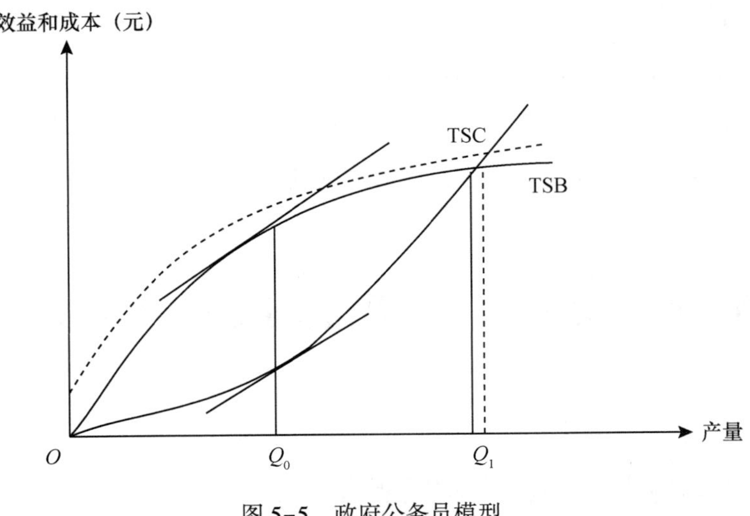

图 5-5　政府公务员模型

在图 5-5 中，横轴表示公共物品一定的产量，纵轴表示效益和成本，TSC 代表社会总效益，其斜率代表边际社会效益，TSB 代表社会总成本，其斜率代表边际社会成本，TSC 与 TSB 相交点的产量为 Q_1，边际社会效益等于边际社会成本时的产量为 Q_0。根据经济学原理，Q_0 是最佳产量，资源达到有效配置，然而，政府公务员为了追求预算最大化，想方设法说服选民同意给其更多的预算资金，并按照 TSC 与 TSB 相交点的产量 Q_1 确定支出规模。很显然，政府公务员偏好的产量 Q_1 超过了最佳产量 Q_0，导致公共物品供给过剩，形成资源浪费。之所以会产生这种现象，重要原因之一就是政府公务员拥有提供公共物品的垄断权，他们所掌握的信息和具有的专业知识，往往是其他人无法替代的。如一个议员很难具体掌握制造核潜艇的细节和所需拨款。不仅如此，政府公务员还可利用其优势，夸大公共物品效益，使 TSB 曲线向上移动，投票确定的产量超过了

Q_1（如图 5-5 虚线所示）。

（三）特殊利益集团的行为

在公共选择中，形形色色的特殊利益集团对决策结果具有十分重要的影响。利益集团是指那些由于特定利益而集合在一起，有组织地参与公共选择过程，特别是意见表达功能的社会群体。这些特殊利益集团既可能是长期存在的，如制造商协会、工会等，也可能是由于某具体事件而临时形成的，如某一环境污染事件的受害者等。这些利益集团活动的目的，就是使公共选择的结果更有利于自己。特殊利益集团影响公共选择的途径主要有：①向议员等决策者提供有利于自己的信息，表达本集团的愿望，进行劝说和游说，以影响其投票决策；②以游行、静坐、示威、罢工等形式，向政府或立法机关施加压力，力图在公共决策中达到其目的；③直接或间接地向议员或政府官员行贿，以达到改变公共决策，维护自身利益的目的。因此，特殊利益集团活动的结果，是使资源配置向某些特定的人群倾斜，难免会损害其他人群的利益。

第二节　西方多党制议会民主制度下的政府经济决策

一、西方多党制议会民主制度概况

目前西方国家的政党制度，根据其执政方式和执政党数目，可分为三种：一党制、两党制和多党制。一党制是指在议会虽有多个政党，但由一个政党长期执政，或者主要由其执政；两党制是指居于垄断地位的两个主要政党交替执政；多党制是指由多个政党或联合政党之间竞争执政，从严格意义上说，两党制是多党制的一个特例。目前主要西方国家多实行两党制和多党制。

议会斗争是政党对国家政治经济及社会生活发挥作用的重要途径。议会的结构基本上有两种，即“两院制”和“一院制”。“两院制”是指议会分为上议院和下议院（参议院和众议院），共同行使职权。“一院制”是指一个单一团体行使立法机关的职权。西方主要国家都实行两院制。两院制的下议院（众议院）的议员和一院制的议员，一般是按选区和人口比例选举产生的。而上议院（参议院）议员的来源各国差异较大，如国家元首任命、有特殊身份人员担任、根据职业和地区选举等。在实行内阁制的国家，通过选举获得议会多数席位的政党，成为执政党，单独或联合其他政党组成政府。在野党或反对党也在议会中努力施加自己的影响。

二、议会党派斗争与政府经济政策

多党制议会民主制度，对西方国家政府经济政策具有重要影响。这主要体现在以下三方面。

（一）制定符合执政党利益集团的各项经济政策

在多党制议会民主制度下，由在议会选举中获胜的政党单独或联合其他政党组成政府。而这些政党代表着不同的利益集团，必然使政府的各项经济政策符合本集团、阶层的利益。如在执政党中来自于能源、原材料、制造业等领域的成员较多，必然要求政府的能源政策、产业政策等经济政策有利于其自身的生产经营，以达到利益最大化，财政政策、货币政策工具的使用，也能满足其需要。政府扩大这些领域的投资、采购，可为他们带来收益丰厚的订单。政府调整货币政策工具的使用，可为他们融通资金、组织生产提供便利等。这一点充分反映了西方政党制度的实质。

（二）制定相应经济政策，取得选民支持，争取连选连任

取得和掌管国家政权是各政党议会斗争的主要目的，政府各项经济政策的制定、实施，要为执政党的这一目的服务。也就是说，根据经济运行中存在的突出矛盾和问题，制定相应的经济政策，吸引社会各界关注，努力争取选民支持，以取得最大数量的选票，达到连选连任，继续掌握国家政权的目的。这种状况，在有关国家议会或总统选举的年份，尤为突出。为赢得低收入选民的选票，增加有关社会保障支出，在一定程度上提高其收入，改善他们的生活，争取支持；为了得到产业界的支持，即使政府财政赤字累累，债台高筑，也要对相关企业实行减免税；为了缓解本国就业压力，争取选票，维护本国市场，保护本国产业，不惜和其他国家搞贸易摩擦，甚至打关税战等。

（三）制定、实施某些适当顾及反对党和其他社会阶层利益的经济政策

议会党派斗争中，在维护执政党的利益，追求选票最大化的同时，为了尽可能减少反对党对执政党及其政府经济政策的攻击，求得政治上的均衡，政府在经济政策的某些

方面，还要适当顾及反对党和其他社会阶层利益，对他们提出的一些政策主张、要求，做出一定程度的让步。如适当改善贫民窟的基础设施，增加对少数民族的教育、培训支出等。这也说明，在多党制议会民主制度下，政府经济决策是一种政治斗争和妥协的产物，不完全代表社会公共利益。

三、政府预算的审查与批准

西方多党制议会民主制度下，政府预算的审查与批准是议会的重要职权，成为政党斗争的焦点之一。预算是政府年度财政收支的基本计划，是政府履行内外职能的经济基础，构成政府经济的核心。在预算编制、执行、调整和决算过程中，如何协调政府与议会的关系，有效处理政党之争，对整个政府经济具有决定性影响。

（一）政府负责预算和决算的编制、执行

政府根据其预算路线、方针、政策，在预算年度开始之前着手编制预算。政府预算编制基本有两种模式：一种是预算编制与执行相分离；另一种是预算编制与执行都由财政部门负责。预算编制与执行相分离，以美国为典型代表。在联邦政府一级，管理与预算办公室（简称 OMB）主要负责编制联邦预算。管理与预算办公室直接隶属于总统，直接向总统负责。其职能是管理行政预算系统，向总统提供建议，为总统完成准备提交给国会的年度预算草案，按项分配预算资金并监督预算的执行。OMB 与财政部之间的大体分工是，OMB 主要负责编制联邦预算，具体执行由财政部负责，当然财政部的职责并不局限于预算执行。而法国等国家预算编制与执行都由财政部门管理。法国国家预算的编制由总理负责，由经济和财政部具体组织编制。法国国家预算编制程序大致可分为三个阶段，先由经济和财政部提出概算，总理在召集各部部长讨论后下达支出控制数；各部根据总理下达的支出控制数，编制各部的预算草案；在各部预算草案的基础上，由经济和财政部编制国家预算草案，经总理、总统分别主持部长会议讨论后，提交议会审议。

西方各国政府预算的编制，具有准备充分、编制具体翔实、尽可能顾及各方利益以及体现政府宏观经济政策等特点。首先，政府预算在预算年度开始之前较早时间编制，且编制时间较长，以保证预算编制的合理性、准确性和科学性。美国政府预算一般提前 18 个月就开始着手编制。整个预算编制过程大约需要 9 个月的时间，包括准备预算框架、各部门编制预算，以及管理与预算办公室审定部门预算，形成总预算等。法国预算

从上一年4月份着手编制，直到9月份预算草案确定，提交议会审查、批准需3个月时间，整个预算编制过程有10个多月的时间。加拿大政府预算从上年1月开始，到上年10—11月份提交议会，包括准备预算、初步预算提交内阁、公布预算指南、下达支出建议书、提出修正后的预算、编制部门预算及预算提交国会等内容。其次，预算编制较为具体翔实，便于审查批准和执行。自预算制度从英国产生以来，经过几百年的发展，受议会政治斗争的直接影响，政府预算日趋复杂，如英国实行复式预算。预算分为统一基金预算和国家借贷基金预算。统一基金预算相当于经常性预算，其收入主要是税收，其他还有社会保障收入、捐款、股息收入等。而支出分为议会批准的日常支出（又称议定支出）和不经议会审查批准的统一基金的永久性支出（又称既定支出）。又如日本预算分为一般会计预算、特别会计预算和政府关联机构预算，其中，特别会计预算又包括事业特别会计预算等5大类。这样，大大增加了政府预算编制的难度和工作量，有些国家政府向议会提交的预算文件多达数千页，足见其预算领域政治斗争的复杂性、艰巨性。①

预算经议会审查通过后，由政府负责执行，各项具体业务由财政主管部门办理。由于预算一旦经议会批准，就具有法律效力，政府在预算执行中的任务，就是完成预算所确定的目标，未经议会同意，政府不得随意调整预算。在收入方面，努力完成税收等收入任务，保证预算支出需要。在支出方面，按照预算所确定的支出方向、用途及时拨付资金，支出总额不得突破预算指标，不得在不同支出项目之间挪用资金。在支出预算执行中，政府财政部门还要依法管理国库，实行现金管理，合理使用财政资金，降低政府债务负担。

（二）议会对预算和决算审查、批准，以及对预算执行的监督

由于预算在政府经济中的核心地位，议会对预算和决算的审查、批准，成为议会政党斗争的焦点之一，各政党及其他利益集团都通过各种途径，向政府预算资金安排施加压力，使资源配置更符合自己的利益。

（1）在议会中设置专门机构审查政府预算，加强对预算的控制。以美国为例，美国国会参、众两院各设一套审核联邦政府预算的机构，包括：①国会拨款委员会。国会拨款委员会是国会中负责拨款法案的常设委员会。两院的拨款委员会都下设小组委员

① 有关各主要西方工业化国家预算制度参见张馨，袁星侯，王玮. 部门预算改革研究［M］. 北京：经济科学出版社，2001.

会。②国会筹款委员会。国会筹款委员会是专门审议税收法案的常设委员会。③国会预算委员会。国会预算委员会是专门对总统行政预算进行审议的常设委员会。④国会预算办公室。国会预算办公室是附属性机构，没有审批权，其主要职能是发布国会通过的财政预算和整个经济的5年预测报告，向国会的预算委员会等委员会提供辅助性服务，发布削减赤字方案的报告，评议总统提交给国会的预算方案和其他法案。⑤国会会计总署。国会会计总署负责审计政府财务。

（2）在审查的基础上，批准、否决预算，或者要求政府修改预算。政府向议会提交预算后，议会有较长的时间对其进行详细审查、讨论，最后决定是否批准政府预算。如法国议会对政府预算进行长达3个月的审查讨论，最后通过决议批准，以法令形式公布，在议会审查讨论期间，经济和财政部部长要向议会作有关预算草案的解释和说明，同时，各部部长也要向议会对本部门预算进行说明。而美国国会对政府预算审批的时间则长达9个月。议会对预算审查批准的过程，也是各党派和各种利益集团激烈斗争的过程，甚至出现严重对峙的局面。为了缓解矛盾，往往需要各方都做出让步。这样，议会最后通过的预算，就是一种政治上相互妥协的结果。

除对预算和决算审查、批准外，对预算执行的监督也是议会的重要职责。在执行机构方面，一般是通过议会下设的检察、审计机构进行，或者经议会授权的有关机构开展监督业务。如美国国会在1978年成立了总检察官办公室，总检察官经国会批准后由总统任命，总检察官有权查阅审计部门的所有文件，各部门的工作人员必须回答总检察官提出的所有问题。总检察官要向国会提交6个月一次的日常报告，以及针对具体问题的专门报告。又如法国的预算监督由审计法庭负责，其权利由议会授予，不受任何政府部门控制，与其他法庭一样，是一个独立机构，协助议会和政府监督财政法令的贯彻执行，负责检查政府各部门、公共机构和国有企业的会计账目等，如果发现问题，有权与有关会计进行讨论，并做出处理决定。政府决算送审计法庭审查后，由法庭提供审查报告，提交议会审批。在监督内容方面，包括监督政府完成预算所确定的收支任务，及时足额组织收入，合理安排资金，如预算有赤字，则不得突破预算所确定的控制目标；预算指标的追加和追减，须得到议会的批准；预算执行的重大调整，政府要向议会报告情况，按法定程序批准后，再组织实施；对预算执行情况进行评估，及时发现问题、解决问题等。

四、议会通过立法对政府经济的制约

在西方多党制议会民主制度下，作为立法机关，议会的基本职责是制定和实施法律，对政府各项经济活动进行规范，成为国家市场法律体系的重要组成部分。而政府必须在法律授权的范围内组织财政收入、安排财政支出，开展宏观经济管理活动。

（一）议会对政府经济立法的层次

从议会经济立法的层次分析，主要包括宪法、专门法律和综合性法律三个层次。首先在宪法中，对中央及地方政府的基本经济管理权限进行界定。如美国宪法对联邦政府及州政府在征税等方面的基本权利进行了划分。由于宪法在整个法律体系中的地位，必然对政府经济产生有力约束。其次，通过专门法律，调节、规范政府经济。在收入领域，有《公司所得税法》《个人所得税法》《增值税法》等税法体系，规范政府收入行为；在支出领域，有《财政法》等法律，划分各级政府支出范围，明确各级政府事权，处理政府间财政转移支付关系。在预算管理方面，有《国会预算控制法》《预算执行法》等法律，确定政府预算管理程序，处理预算执行中的各类问题等。最后，利用综合性法律，调节、规范政府经济行为。通过产业振兴、区域经济开发等方面的法律制度，综合运用财政、货币等政策工具，为政府宏观政策目标服务。

（二）议会立法对政府经济的约束

在实行总统制的国家，议会制定的各项法律需经总统签署生效，政府经济必须在法律界定的范围内进行，政府各项宏观经济政策目标的实施，以不违宪、不违法为前提。如果要求政府依法征税，没有议会的同意，政府不得随意增加税收或减免税收，既保证政府财政收入，又维护纳税人的合法权益；政府支出不得突破预算规定限额；当然，政府经济并不是消极、被动地适应各项法律制度。法律的制定实施需要一定的程序和周期，而政府各项经济活动面临着瞬息万变的国内外市场环境，以及各种各样的社会需求，法律不可能对政府每一项经济活动做出详细的规定，都有一定的弹性和空间，为政府发挥其功能提供了较大回旋余地。以政府财政支出为例，除法定支出项目以外，对于其他支出，政府可根据经济社会发展需要及国内外形势灵活安排，以体现执政党的路线、方针、政策，维护其所代表的社会阶层的利益。

第三节　我国全国人民代表大会制度下的政府经济决策

一、我国人民代表大会制度下各级人大对政府经济的调节、监督

（一）各级人民代表大会对政府预算、决算的审查与批准

人民代表大会制度是我国的基本政治制度。全国人民代表大会是最高国家权力机关，全国人民代表大会及其常务委员会行使国家立法权。《宪法》赋予了各级人民代表大会及其常务委员会对各级政府预算审查、批准和监督的权利。《宪法》第六十二条规定，全国人民代表大会行使审查和批准国家的预算和预算执行情况的报告职权；第六十七条规定，全国人民代表大会常务委员会在全国人民代表大会闭会期间，审查和批准国家预算在执行过程中所必须作的部分调整方案。同时，《宪法》对地方各级人民代表大会及其常务委员会对地方各级政府预算的审查与批准职权作了规定。

1. 各级人民代表大会对政府预算的审查与批准的程序

为有效开展预决算的审查与批准工作，各级人民代表大会下设财政经济委员会，在各级人民代表大会及其常务委员会的领导下，研究、审议和拟定有关预决算的议案。

根据《预算法》，各级人民代表大会对政府预算的审查与批准的程序如下：①各级政府财政主管部门在各级人民代表大会举行前，将本级预算草案的主要内容提交各级人民代表大会财政经济委员会进行初步审查（国务院提前45天，地方政府提前30天）。②国务院在全国人民代表大会举行会议时，向大会作关于中央和地方预算草案的报告，提请全国人大代表审议；地方各级人民政府在本级人民代表大会举行会议时，向大会作关于本级预算草案的报告，提请本级人大代表审议。③在人大代表审议的基础上，先由财政经济委员会就预算草案通过决议，然后就预算草案提交大会表决，经各级人民代表大会表决通过的预算草案，便成为各级政府执行的具有法律效力的正式预算文件。④各级政府预算经本级人民代表大会批准后，本级政府财政部门向本级各部门批复预算，各部门再向所属单位批复预算。

2. 各级人民代表大会对政府预算的审查与批准的权限

全国人民代表大会审查、批准中央预算草案及中央和地方预算执行情况的报告；改

变或者撤销全国人民代表大会常务委员会关于预算、决算的决定。

县级以上地方各级人民代表大会审查、批准本级总预算草案及本级预算执行情况的报告；改变或者撤销本级人民代表大会常务委员会关于预算、决算的不适当决定；撤销本级政府关于预算、决算的不适当决定和命令。

设立预算的乡、民族乡、镇的人民代表大会审查和批准本级预算和本级预算执行情况的报告；撤销本级人民政府关于预算、决算的不适当决定和命令。

3. 各级人大常委会对政府预算执行的监督

全国人民代表大会常务委员会监督中央和地方预算的执行；审查和批准中央预算的调整方案；撤销国务院制定的同宪法、法律相抵触的关于预算、决算的行政法规、决定和命令；撤销省、自治区、直辖市人民代表大会及其常务委员会制定的同宪法、法律和行政法规相抵触的关于预算、决算的地方性法规和决议。

县级以上地方各级人民代表大会常务委员会监督本级总预算的执行；审查和批准本级预算的调整方案；审查和批准本级决算；撤销本级人民政府和下一级人民代表大会及其常务委员会关于预算、决算的不适当决定、命令和决议。

4. 各级人民代表大会对政府决算的审查与批准

政府决算是指经法定程序批准的预算的执行结果。根据《预算法》规定，各级政府决算由各级人民代表大会常务委员会审查批准。县级以上各级人民政府决算草案经本级人民代表大会常务委员会批准后，本级政府财政部门自批准之日起 20 日内向本级各部门批复决算。各部门应当自本级政府财政部门批复本部门决算之日起 15 日内向所属各单位批复决算。

5. 各级人民代表大会对政府预算的审查与批准存在的问题与改革建议

从中华人民共和国成立以来对政府预算的审查、批准与监督的实践分析，各级人民代表大会在加强预算法制建设，规范政府行为，提高预算决策民主化、科学化方面取得重要进展的同时，还存在一些需要进一步改进的地方，包括预算编制时间较短；在现行财政年度制度下，人民代表大会对政府预算的审查与批准，与预算执行之间存在偏差；人民代表大会对政府预算执行日常监督力度不足等。针对目前人民代表大会对政府预算审查、批准与监督存在的上述问题，建议在近期内需要完善措施重点解决以下问题。

（1）适当延长预算编制、审查时间，提高预算编制质量。编制高质量的政府预算，是执行预算、实现政府经济社会政策目标的前提。我国政府在编制下一年度预算时，时间紧、任务重，难以对预算收支进行准确测算，预算编制较为粗略，不能很好体现政府公共服务职能要求。政府预算编制结束后，各级人民代表大会审查时间也相对较短。在国际上，英国等国家提前 12 个月编制下一年度预算，美国整个预算周期长达 33 个月，议会也有数月的审查时间。因而可制定措施适当延长我国政府预算编制时间，以及人民代表大会审查时间，增加人力、物力和财力投入，以进一步提高预算编制质量，增强预算管理的合理性、科学性。

（2）适时调整预算审议、批准的时间。我国预算年度从当年 1 月 1 日至 12 月 31 日，但中央预算是在当年 3 月份全国人民代表大会开会时进行审议、批准，然后由财政部再向各部门批复预算，这样，当年预算在没有正式批准之前实际上已开始执行，一般参照上年预算执行情况进行资金拨付，经批准的预算真正执行只有几个月的时间，这给预算管理带来了一定的困难，需要适时调整预算审议、批准的时间。

（3）加强人民代表大会对预算执行情况的审计、评估分析和报告，提高预算管理的透明度，使政府和社会各界及时了解预算执行情况、存在的问题及原因，采取有效措施，纠正预算执行过程中的各种偏差，实现预期的政府目标，维护社会公共利益。

（二）各级人民代表大会对政府国民经济和社会发展规划的审查与批准

在我国，国民经济和社会发展规划包括年度规划和五年规划。根据《宪法》规定，全国人民代表大会审查和批准国民经济和社会发展规划和规划执行情况的报告，在全国人民代表大会闭会期间，全国人大常委会审查和批准国民经济和社会发展规划执行中所必须做出的部分调整方案。我国制定、实施国民经济和社会发展规划，是从 1953 年开始的（当时叫计划），可以说是计划经济的产物。改革开放后，随着计划经济体制解体，社会主义市场经济体制逐步建立，我国对国民经济和社会发展规划的编制和实施进行了重大改革，已由原来以指令计划指标为主，要求各部门各地区贯彻实施的一种经济制度和体制，演变成为如今国家和地区经济社会发展的宏观规划，从“十五”计划开始，有关具体数值的指标已大大减少，主要体现为宏观指导。在政府经济中，国民经济和社会发展规划的主要任务是规划一定时期内国民经济和社会发展战略目标，制定和实施产业结构调整、区域经济开发等重大战略措施，协调财政政策、货币政策等宏观经济政策运用，促进经济与资源、环境、人口，以及社会事业的可持续发展。因而，各级人民代表大会对政府国民经济和社会发展规划的审查与批准，各级人大常委会审查和批准国民经济和社会发展规划执行中所必须做出的部分调整方案，体现了立法机关对政府经济的调节、监督功能。

（三）全国人民代表大会及地方人民代表大会经济立法与监督

除审查、批准政府预算和决算，以及国民经济和社会发展规划外，经济立法与监督，则是全国人民代表大会及地方人民代表大会对政府经济调节、监督的主要途径。国家法律法规立法权由全国人民代表大会行使，地方人民代表大会在不违反国家法律法规的前提下，有权制定地方性法规、制度。从目前我国政府经济法制建设的进展分析，全国人民代表大会及地方人民代表大会经济立法主要包括三个层次。①《宪法》。2004 年 3 月 14 日第十届全国人民代表大会第二次会议修改通过的《宪法》规定，国务院编制和执行国民经济和社会发展计划、国家预算，领导和管理经济工作和城乡建设。地方各级人民政府依照法律规定的权限，管理本行政区域内的经济、城乡建设和财政工作。《宪法》的上述规定，为各级政府经济管理提供了基本法律依据。②专门法律。即就政府经济的某一方面制定的专门法律。这类法律包括《预算法》《个人所得税法》《税收征收管理法》《中国人民银行法》等。这些专门法律，为政府具体经济行为提供了法律依据和规范。《个人所得税法》等法律要求政府依法征税，取之有度，不得随意增税和减免税；《预算法》等划分各级政府收支范围，明确其职责，处理各级政府间财政关系等；《中国人民银行法》等法律，为政府开展宏观经济管理提供法律依据。③相关法律制度。由于政府经济涉及国民经济和社会发展的各个领域，关系错综复杂，除直接规范政府自身财政收支和宏观管理的法律外，大量相关法律制度涉及政府经济的调节，如《刑法》中有关偷税、虚开或非法印制增值税发票等税收违法行为的处罚；《行政复议法》对当事人不满政府经济行政决定的处理；《行政诉讼法》对政府经济行为诉讼案件的规定；《国家赔偿法》对国家机关及其工作人员违法行为对有关当事人造成的损害，予以赔偿的规定等。

如上所述，经过几十年的法制建设，我国在政府经济的主要方面，已达到有法可依或基本有法可依，比较而言，进一步提高立法质量和严格执法，是目前政府经济法制建设的主要任务。提高立法质量，就是提高法律对政府经济的可调控性、可操作性，将一些一般性原则描述，上升为可具体掌握和判断的法律条款。如对中央和地方财政关系的处理，能够达到以法律条款形式，明确划分各自的收支范围，某项支出是中央责任还是地方责任，是地方哪一级政府的责任，都有明确的界定。在严格执法方面，各级人民代表大会需要以法律为依据，对政府违法经济活动进行监督和处罚，以保证各级政府依法行政，开展各项经济管理活动。就政府经济的中心环节预算来说，对没有完成预算任务或者违反预算法的政府负责人及相关人员，及时依法予以处罚，才能维护预算法制的严肃性。否则，“一年预算，预算一年”的软约束状况，就难以从根本上改观。

二、人民代表大会制度下政府的经济决策

（一）政府在预算编制、执行和决算中的职责

根据我国现行预算法律制度规定，国务院编制中央预算、决算草案；向全国人民代表大会作关于中央和地方预算草案的报告；将省、自治区、直辖市政府报送备案的预算汇总后，报全国人民代表大会常务委员会备案；组织中央和地方预算的执行；决定中央预备费的动用；编制中央预算调整方案；监督中央各部门和地方政府预算的执行，改变或者撤销中央各部门和地方人民政府关于预算、决算的不适当决定、命令。向全国人民代表大会、全国人民代表大会常务委员会报告中央和地方预算的执行情况。

县级以上地方各级政府编制本级预算、决算草案；向本级人民代表大会作关于本级预算草案的报告；将下级政府报送备案的预算汇总后，报本级人民代表大会常务委员会备案；组织本级总预算的执行；决定本级预算预备费的动用；编制本级预算调整方案；改变或者撤销本级各部门和下级政府关于预算、决算的不适当决定、命令；向本级人民代表大会、本级人民代表大会常务委员会报告本级总预算的执行情况。乡镇政府除无汇总预算，撤销下级政府关于预算、决算的不适当决定、命令等外，与其他地方政府预算管理职能相同或相似。

（二）法律授权范围内的政府宏观经济决策

除编制和执行政府预算外，作为社会公共权力机构，在法律授权范围内，政府还承担着相应的宏观经济管理职能，开展有关经济决策。

1. 制定和实施国民经济和社会发展规划

各级政府通过编制年度及五年期的国民经济和社会发展规划，经各级人民代表大会批准后执行。在市场经济条件下，国民经济和社会发展规划的主要任务是为经济和社会发展提供战略规划，提出奋斗目标，指导经济运行和各项社会事业发展。年度规划是五年规划的具体化体现。政府宏观经济管理的重要任务，就是研究经济和社会发展战略，分析一定时期内经济发展所面临的重大问题，制定战略目标，规划战略步骤，组织战略实施，确保战略目标实现。从我国经济社会发展的实际水平及国内外环境分析，如何加

快城市化进程，提高国民经济和社会的信息化水平；怎样积极参与国际分工与合作，推进“一带一路”倡议，提高我国国际经济竞争力等问题，是我国各级政府经济发展战略需要考虑的重要内容。政府经济社会战略规划及其决策水平的高低，对国家或地区发展具有长期性、根本性影响。

2. 组织和实施宏观经济政策

在法律授权范围内，根据国民经济和社会发展规划，针对一定时期经济运行的实际状况，及时组织、实施宏观经济政策，是各级政府特别是中央政府决策的重要内容。政府宏观经济政策包括总量政策和结构政策。政府宏观经济政策的总量目标，就是实现社会总供给与总需求的基本平衡。在市场经济条件下，政府直接调控的对象是社会总需求。当社会总需求大于总供给，市场物价上升，出现通货膨胀时，政府实施紧缩性的财政、货币政策，抑制社会总需求过度膨胀。当社会总需求小于社会总供给，市场疲软，经济增长乏力时，政府实施扩张性的财政、货币政策，刺激社会有效需求，促进经济增长。这就要求政府及时把握宏观经济运行状态，准确判断经济走势，制定和实施恰当的政策，以保持宏观经济的稳定与增长。政府宏观经济的结构政策，主要包括产业政策、区域经济政策等。由于在人民代表大会批准的年度及五年期的国民经济和社会发展规划中，产业政策、区域经济政策的基本方针已确定，政府经济结构调整政策主要是具体实施，即运用相应的财政、货币等政策工具，组织实施政府的产业政策、区域经济政策。如我国对高新技术产业的扶持政策、对农业财政的投入政策等，体现了政府产业政策导向。实施西部大开发、振兴东北老工业基地、粤港澳大湾区建设、京津冀一体化发展等政策，反映了政府现阶段区域经济政策重点。

三、政府重大经济决策中的政治协商制度

在我国现行政治制度中，政治协商制度是一大特色，对政府经济有重要影响。我国的政治协商制度是指在中国共产党的领导下，各民主党派、各人民团体、各少数民族和社会各界的代表，以中国人民政治协商会议为组织形式，对国家的大政方针以及政治、经济、文化和社会生活中的重要问题在决策之前举行协商和就决策执行过程中的重要问题进行协商的制度。经过几十年的发展，政治协商制度已有广泛的代表性，对包括政府经济在内的政治经济生活具有深刻影响。政治协商制度对政府经济影响的途径有：①政府就重大经济决策问题，通过政协组织与各民主党派、无党派人士和各人民团体进行协商，听取意见；②各民主党派、无党派人士和各人民团体，在视察、调查研究的基础

上，通过政协组织，向政府有关部门反映经济运行中存在的突出问题，成为政府经济决策的重要依据；③在每年人大、政协“两会”期间，政协委员就政府经济问题提出的议案，交由政府有关部门办理，对政府经济产生影响。

四、完善与健全中国特色政府经济公共选择制度

在政府经济决策中，有相当部分决策是通过政治程序决定的，是一种公共选择，则其必然是在各国政治制度下进行的。因而，完善与健全中国特色政府经济公共选择制度，其基本思路是，在习近平新时代中国特色社会主义思想指导下，进一步完善人民代表大会制度，完善中国共产党领导的多党合作和政治协商制度，扩大社会公众参与政府经济决策的渠道，提高资源配置效率，维护社会公共利益。

（一）加强各级人民代表大会对政府经济的监督力度

政府经济是社会公共管理的重要内容，关系到社会公共利益。政府财政收入主要来自纳税人缴纳的税收，财政支出应为纳税人的利益服务，其他政府宏观经济管理也要符合社会公共利益。我国人民代表大会制度是一种代议制民主制度，人大代表代表其选民参加社会事务管理，参与公共选择过程，加强各级人民代表大会对政府经济的监督力度，是我国公共选择制度建设的重要内容。从目前我国人民代表大会制度的现状分析，加强对政府监督的重点有：①加强预算编制监督，通过部门预算等预算制度改革，要求所有政府收支一律纳入预算管理，细化预算编制，提高预算管理透明度，有利于人民代表大会对政府预算执行全过程监督；②加强预算执行监督，即重视对政府预算的日常监督，要求政府向人民代表大会及时报告预算执行情况，纠正预算执行中存在的问题，保证人民代表大会批准的预算任务能够完成；③加强预算执行责任追究制度，对没有完成预算任务或违反预算法律的有关机构和负责人，依法追究其法律责任；④加强对政府宏观经济管理政策的监督，减少失误，提高政策效益。

（二）进一步提高政府经济决策的民主化、科学化

除立法机关的监督和制衡外，在政府体制内的决策中，需要进一步提高决策的民主化、科学化。对政府重大经济决策，建立相应的决策程序，广泛征求社会各界意见，实行专家咨询制度、社会公示和社会听证制度、决策责任制度。即政府重大经济决策，都要在深入调查研究、广泛听取意见、进行充分论证的基础上，由集体讨论决定。通过决

策的民主化、科学化，尽可能减少政府重大经济决策失误，维护社会公共利益。

（三）扩大基层民主，拓展社会公众参与政府经济决策的途径

随着我国社会公民受教育程度、文化素质水平的普遍提高，人们的民主意识进一步增强，再加之市场经济条件下政府经济日趋复杂，扩大基层民主，拓展社会公众参与政府经济决策途径，成为我国建设的重要内容。①正确认识政府失灵的普遍性。如没有必要的制约和制衡，政府失灵有可能使其决策偏离了社会公共利益，而社会公众的广泛参与是维护社会公共利益的重要途径。②扩大基层民主，鼓励社会公众参与政府经济决策，是我国社会走向文明进步的重要标志，体现了以人民为中心，执政为民的精神。③扩大基层民主，使社会公众对关系切身利益的基础设施建设、土地征用、房屋拆迁、环境保护等政府经济有知情权、决策权，可有效化解社会矛盾，维护社会稳定。

（四）加强政治协商，提高公共选择水平

在我国政治协商制度下，参加政协的各民主党派、无党派人士和各人民团体，具有专业人士密集、联系面广、社会影响广泛的特点。在政府经济管理中，加强政治协商是我国公共选择制度的重要环节。①提高政府经济决策的透明度，主动征求各方意见。②利用政协组织人才密集的优势，委托其研究政府经济决策的有关重大事项。③进一步提高政协议案办理质量，重视各民主党派和政协委员意见在政府经济决策中的地位。

本章回顾

1. 公共选择。公共选择一般是指在政府经济中，如何通过政治程序决定公共物品生产、供给等问题。其基本原理是将经济学的分析方法用于非市场的政治领域。

2. 直接民主。直接民主是指社会成员以投票等形式，直接参加公共物品生产和供给决策，参与社会政治、经济和其他事务管理。

3. 全体一致原则。全体一致原则是指由于所有的人都能从公共物品的提供中受益，社会成员可就公共物品供给与其所需要征收的税收达成一致。即所有成员一致同意征收一定数量的税收，以提供相应数量和质量的公共物品。

4. 多数裁定原则。多数裁定原则是指要通过一个方案，必须有一半以上的人赞同。多数裁定原则还可具体分为简单多数原则、有条件多数原则。

5. 单峰偏好和多峰偏好。单峰偏好是指在可选择的方案中，人们最理想的结果只

有一个，如果偏离这一点，无论方向如何，其效用都是下降的。而多峰偏好是指人们理想的结果不止一个。

6. 中位选民。中位选民是指其偏好落在所有选民偏好序列的中间。一半人偏好大于其偏好，另一半人偏好小于其偏好。

7. 代议民主制度。代议民主制度是即社会成员通过选举自己的代表，如我国的人大代表或其他国家的议员，代表自己的意愿参与社会公共事务管理，从事选举和任命政府负责人、审查和批准政府收支等决策活动。在代议民主制度下，通过公共选择来决定政府经济的机制和过程有其特点。

（1）政治家的行为：追求选票数量的最大化。

（2）政府公务员的行为：追求预算的最大化。

（3）特殊利益集团的行为：使公共选择的结果更有利于自己的利益。

8. 西方国家议会党派斗争与政府经济政策。多党制议会民主制度，对西方国家政府经济政策具有重要影响，主要体现在以下三个方面：①制定符合执政党利益集团的各项经济政策。②制定相应经济政策，取得选民支持，争取连选连任。③制定、实施某些适当顾及反对党和其他社会阶层利益的经济政策。

9. 西方多党制议会民主制度下政府预算的审查与批准。政府预算的审查与批准是议会的重要职权，成为政党斗争的焦点之一。预算是政府年度财政收支的基本计划，是政府履行内外职能的经济基础，构成政府经济的核心。在预算编制、执行、调整和决算过程中，如何协调政府与议会的关系，有效处理政党之争，对整个政府经济具有决定性影响。

10. 西方议会通过立法对政府经济的制约。在西方多党制议会民主制度下，作为立法机关，议会的基本职责是制定和实施法律，对政府各项经济活动进行规范，成为国家市场法律体系的重要组成部分。而政府必须在法律授权的范围内组织财政收入，安排财政支出，开展宏观经济管理活动。

11. 我国人民代表大会制度下各级人民代表大会对政府经济调节、监督。①各级人民代表大会对政府预算、决算的审查与批准。②各级人民代表大会对政府国民经济和社会发展规划的审查与批准。③全国人民代表大会及地方人民代表大会经济立法与监督。

12. 我国人民代表大会制度下政府的经济决策。①政府在预算编制、执行和决算中的职责。②制定和实施国民经济和社会发展规划。③法律授权范围内的政府宏观经济决策。

13. 我国政府重大经济决策中的政治协商制度。政治协商制度对政府经济影响的途径有：①政府就重大经济决策问题，通过政协组织与各民主党派、无党派人士和各人民团体进行协商，听取意见；②各民主党派、无党派人士和各人民团体，在视察、调查研究的基础上，通过政协组织，向政府有关部门反映经济运行中存在的突出问题，成为政府经济决策的重要依据；③在每年人大、政协“两会”期间，政协委员就政府经济问题提出的议案，交由政府有关部门办理，对政府经济产生影响。

14. 完善与健全中国特色政府经济公共选择制度。①加强各级人民代表大会对政府经济的监督力度。②进一步提高政府经济决策的民主化、科学化。③扩大基层民主，拓展社会公众参与政府经济决策的途径。④加强政治协商，提高公共选择水平。

拓展学习

1. 丹尼斯·缪勒. 公共选择理论［M］. 杨春学，等，译. 北京：中国社会科学出版社，1999.

2. 邓子基. 现代西方财政学［M］. 北京：中国财政经济出版社，1994.

3. 高鸿业. 西方经济学［M］. 7版. 北京：中国人民大学出版社，2018.

思考题

1. 什么是公共选择？运用公共选择理论研究政府经济有何意义？

2. 在直接民主制度下，试分析全体一致原则和多数裁定原则的利弊。

3. 在代议制民主制度下，政治家、公务员和特殊利益集团的行为有何不同？

4. 在西方多党制议会民主制度下，议会如何对政府预算进行审查批准和监督？

5. 在我国人民代表大会制度下，各级人民代表大会如何对政府经济进行调节、监督？

6. 试论完善与健全中国特色政府经济公共选择制度。

第六章
政府支出概述

导言

本章分析指出，随着经济发展、社会进步，政府财政支出规模呈现增长趋势。本章介绍了对财政支出规模增长现象的理论解释，包括宏观理论方面和微观理论方面的解释。宏观增长模型主要包括瓦格纳的“政府支出不断上升的规律”、皮考克和怀斯曼的“政府支出增长的理论”、马斯格雷夫和罗斯托的“政府支出增长的发展模型”；微观增长模型主要有鲍莫尔的“政府支出非均衡增长模型”。对改革开放以来我国财政支出规模的变化进行了分析，还介绍了对财政支出分类的主要方法，以及政府支出绩效衡量的方法，包括“成本-收益”分析法、最低费用选择法和公共定价法。

学习目标

通过本章学习，理解政府支出的基本规律，以及对政府支出规模增长现象的理论解释，掌握政府支出常用的分类方法、政府支出绩效衡量方法和政府采购的有关问题。了解改革开放以来，我国政府支出规模的变化趋势和原因。了解外国政府及有关国际组织对政府支出的分类。

第一节　政府支出规模

一、政府支出规模增长

研究政府支出，首先要回答支出多少的问题，即支出规模。纵观世界各国政府经济发展史，政府支出规模无论绝对量还是相对量，都呈现出不断增长的趋势。自德国财政学家瓦格纳在19世纪80年代提出“公共支出不断上升的规律”以来，各个国家财政发展的实践已经证明了这一命题。但是，对如何更清楚地解释政府支出规模增长的深层次原因，以及如何分析我国政府支出规模变化的内在因素，理论界及政府部门有着不同的意见。

政府支出规模的增长，可以从政府支出的绝对量和相对量两个方面来分析。政府支出的绝对量，就是政府支出的实际数量，直接表现为政府支出预算中绝对金额的增长，它能够比较明显地反映政府支出的现状和增长趋势。但是，研究政府支出增长不能仅仅局限在研究其绝对值上，而是应该同时分析其相对值，即政府支出数量与国民经济其他经济指标的关系。因为如果脱离了国民经济其他经济指标，单纯的政府支出绝对量，往往不能全面反映政府支出与其紧密联系的经济问题。因而，一国政府支出绝对规模的大小，可以在一定程度上反映该国经济发展水平，但要全面反映经济发展各方面的特征，仍需要把各项政府支出量与其他经济指标相比较，才能比较全面地反映政府支出规模存在的问题。

衡量政府支出规模相对增长时，一般来说，主要是将政府支出金额与国民生产总值（GNP）或 GDP 进行对比，同时也可以把政府支出分成若干项目（转移性支出、购买性支出等）与 GNP 或 GDP 进行对比。对政府支出的规模，不同国家或同一个国家在不同时期都不是相同的，并明显地呈现出增长趋势（见表 6-1）。

表 6-1 1972—2020 年部分国家政府收入占 GDP 比率 （%）

年份	美国	加拿大	澳大利亚	日本	芬兰	法国	德国	英国	瑞典
1972 年	—	—	25.40	—	35.12	—	—	—	—
1973 年	—	—	23.43	—	35.88	—	—	34.43	—
1974 年	—	—	24.54	—	34.74	—	40.08	38.58	—
1975 年	—	—	26.95	—	39.01	—	39.84	39.22	—
1976 年	—	—	27.46	—	42.39	—	40.71	37.90	—
1977 年	—	—	28.99	—	42.45	—	41.65	37.18	—
1978 年	—	—	28.81	—	39.82	37.72	41.54	34.89	—
1979 年	—	—	27.55	—	38.38	39.36	41.21	34.41	—
1980 年	30.14	—	28.09	—	37.83	41.66	42.99	37.04	—
1981 年	30.98	—	28.70	—	39.72	42.35	43.07	37.71	—
1982 年	31.38	—	29.77	—	39.83	42.80	43.71	39.62	—
1983 年	29.62	—	30.78	—	39.98	43.27	43.21	37.62	—
1984 年	29.55	—	30.13	—	40.61	44.27	44.71	37.34	—
1985 年	30.33	—	31.77	—	40.90	44.65	44.09	37.39	—
1986 年	30.50	—	32.98	—	42.36	44.46	43.39	36.57	—
1987 年	31.67	—	32.87	—	40.65	44.88	43.23	35.31	—
1988 年	31.11	—	32.57	—	41.80	44.23	42.44	35.03	—

续表

年份	美国	加拿大	澳大利亚	日本	芬兰	法国	德国	英国	瑞典
1989 年	31.21	—	32.21	—	42.19	43.64	43.10	34.32	—
1990 年	31.20	42.27	32.87	—	42.78	43.83		33.52	55.23
1991 年	31.91	43.18	33.80	—	43.75	44.58	42.79	33.60	53.97
1992 年	31.09	43.41	31.98	—	45.45	44.28	44.19	32.79	56.26
1993 年	31.47	42.64	31.39	—	45.57	44.55	44.61	30.99	48.63
1994 年	31.50	42.17	31.83	30.39	45.74	44.83	45.23	31.76	45.86
1995 年	32.67	42.33	—	30.88	54.18	49.03	45.12	33.62	55.03
1996 年	32.67	42.89	—	30.79	55.19	50.31	45.31	33.46	56.93
1997 年	33.37	43.58	—	30.88	53.84	50.25	45.13	33.76	56.31
1998 年	34.10	43.60	—	30.22	53.08	49.91	45.12	34.15	56.42
1999 年	39.62	43.48	35.31	30.14	51.69	50.41	46.03	35.74	55.83
2000 年	34.95	43.25	35.39	30.52	53.93	49.74	45.74	35.62	55.33
2001 年	32.26	41.68	35.26	30.35	51.33	49.64	43.97	36.40	53.07
2002 年	29.89	40.21	33.71	29.01	51.54	48.99	43.55	35.45	51.25
2003 年	29.27	40.20	34.59	29.21	50.81	48.62	44.16	34.21	51.60
2004 年	29.49	39.96	34.86	29.91	50.35	48.75	43.02	36.43	51.68
2005 年	30.86	40.13	34.95	30.96	50.65	49.31	43.07	36.55	53.11
2006 年	31.66	40.55	35.07	31.50	50.97	49.83	43.14	36.44	52.20
2007 年	31.65	40.39	34.46	31.73	50.65	49.32	43.24	36.72	51.66
2008 年	30.54	39.02	34.10	30.92	51.02	49.39	43.65	37.57	50.91
2009 年	28.23	39.60	33.22	29.98	50.48	49.28	44.51	35.37	50.49
2010 年	28.78	38.39	30.87	30.20	50.25	49.31	43.22	42.24	49.29
2011 年	29.08	38.33	30.58	31.47	51.54	50.43	43.81	36.53	48.39
2012 年	29.11	38.46	32.00	32.06	52.18	51.46	44.34	35.71	48.78
2013 年	31.30	38.52	32.99	33.03	53.23	52.47	44.40	36.64	49.14
2014 年	31.43	38.60	33.39	34.65	53.25	52.65	44.31	35.79	48.14
2015 年	31.67	40.01	33.89	35.42	53.15	52.50	44.52	35.92	48.39
2016 年	31.25	40.36	33.93	35.30	53.00	52.39	44.92	36.43	49.78
2017 年	32.12	40.39	33.75	35.40	52.10	52.89	44.98	37.14	49.65
2018 年	29.07	41.20	34.60	36.11	51.49	52.74	45.70	37.10	49.60
2019 年	29.95	41.56	34.80	35.64	51.27	51.90	46.10	36.99	48.82
2020 年	30.40	42.03	34.80	—	—	—	—	—	—

资料来源：2021 年国际货币基金组织数据库。

二、政府支出规模增长成因分析

（一）政府支出增长的模型

关于政府支出规模不断增长的原因，众多经济学家从不同角度、不同方面进行了诸多研究，得出了各种不同的结论。这些研究主要从宏观和微观两方面进行。宏观增长模型主要包括瓦格纳的“政府支出不断上升的规律”，皮考克和怀斯曼关于政府支出增长的理论，马斯格雷夫和罗斯托的“政府支出增长的发展模型”；微观增长模型主要有鲍莫尔的“政府支出非均衡增长模型”。

1. 瓦格纳法则

从 19 世纪末到 20 世纪初，瓦格纳是德国财政理论的代表人物，其社会政策财政理论体现在 1872 年出版的《财政学》中。瓦格纳认为，不同国家及时代比较，进步国家中央及地方政府活动呈现有规律的扩大的趋势。① 后人称他的研究成果为“政府支出不断上升的规律”或“瓦格纳法则”。瓦格纳法则主要包括两方面内容。①随着社会的发展，完善国内外法律规章以及维护社会秩序的需要随之递增，以保障市场机制发挥作用所必需的社会环境条件；同时，在经济工业化和随之而来的管理集中化、劳动力专业化的条件下，经济结构以及当事人之间的关系越来越趋于复杂化，而这一系列问题都要求政府部门活动的加强。②政府提供的公共物品或公共服务的范围越来越大，诸如交通、银行、教育、卫生保健等项目，促使政府进一步扩大支出。因为这些公共物品或公共服务具有一种天然垄断的属性，且投资数额大，外部效应显著，如果交给私人部门经营，很容易因私人垄断而导致社会的不稳定，因此，政府介入这些项目就是一件必然的事情。据此，瓦格纳得出结论：政府活动不断扩张所带来的政府支出的不断增长，是社会经济发展的一个客观规律。

瓦格纳所处的时代，正是德国激剧向资本主义社会过渡的时期，其上述研究结论的基础是经验性的。他对 19 世纪的许多欧洲国家以及日本、美国的政府部门增长情况作了考察，把政府支出对 GDP 的比率上升原因分为政治因素和经济因素。政治因素是指政府活动规模的扩大；对于经济因素，他初步想到并提出了市场失灵与外部效应的概念，还提出了收入弹性的观点。他认为，随着经济实现工业化，扩大了的市场与市场作

① 坂入长太郎. 欧美财政思想史［M］. 张淳，译. 北京：中国财政经济出版社，1987.

用力之间的关系将会更加复杂，而这种市场中的相互关系对商业法和契约法产生了需求，而后者又要求建立司法与行政制度；城市化与高居住密度将产生外部效应，拥挤又需要政府部门进行干预与调节，则提供法律服务、国家安全和社会治安服务、金融服务是市场经济发展的要求；另外，政府的教育、文化卫生和福利等支出的增长是由其需求的收入弹性决定的。因此，随着人们实际收入的上升（即 GDP 上升），对于这些项目政府支出的增长率将会超过 GDP 的增长率。

但是，瓦格纳关于政府支出增长的含义是指政府支出在 GDP 中份额的上升，指的是政府部门政府支出的相对增长，还是指它的绝对增长，至今也不清楚。按照马斯格雷夫的解释，把瓦格纳法则理解为政府部门政府支出的相对增长，则可以把瓦格纳“政府支出不断上升的规律”理解为“随着人均收入的提高，政府支出的相对比率也会提高”。

瓦格纳法则虽然描述了政府支出不断增长的趋势，但是也存在不足，未能充分有效地运用社会抉择理论分析政府支出的增长，难以更全面地解释政府支出增长的原因。

2. 皮考克和怀斯曼关于政府支出增长的理论

皮考克和怀斯曼在瓦格纳提出的“政府活动扩张法则”基础上，分析了英国自1890—1955 年政府支出的增长状况。他们发现，英国政府支出的增长是“阶梯式”的、“非连续”的。他们提出了一个更为复杂的解释：政府一贯喜欢多支出，而公民不愿意多缴税，因此，政府在决定预算支出规模时，应该密切注意公民关于赋税承受能力的反应，必须注意到公民的意愿。他们认为，政府支出的变化要受到公民意愿的影响，即政府支出的变化与社会抉择问题有着密切的联系。基于这种考虑，他们将导致政府支出增长的因素归结为内在因素和外在因素两种，并且认为外在因素是政府支出增长超过 GDP 增长速度的主要原因。

（1）内在因素。在正常情况下，经济发展、收入水平上升，以不变的税率征得的税收也会上升。而追求政治权力最大化的政府是愿意多支出的。除非既有的政府收入水平构成对其扩大支出欲望的约束，不然，政府支出的上升必然会同 GDP 的增长以及由此带来的政府收入的增长呈线性关系。

（2）外在因素。在社会发展过程中发生动荡时，如战争、饥荒或其他社会灾难，政府为应对急剧增加的支出，将被迫提高税率或增设新税种，不愿意多缴税的公民也会被迫接受提高了的税率或新税种。而在动荡过后，税率水平并不会回到原来的水平上，有些新税种也会继续保留，政府支出也并不会退回到先前的水平，政府支出能够继续维持在动荡时期的高额支出。一般情况是，一个国家在动荡结束后，总有大量的国债，政府支出会持续较高。

根据他们两人的分析，财政收入和政府支出总是同步增长的，政府支出增长的原因可以分为内在原因（GDP 上升、收入上升、税收上升）与外在因素（战争、饥荒或其他社会灾难）。外在因素是政府支出增长超过 GDP 增长速度的主要原因。

3. 马斯格雷夫和罗斯托的“政府支出增长的发展模型”

马斯格雷夫和罗斯托根据经济发展阶段理论来解释政府支出增长的原因。他们认为，在经济增长和发展早期阶段，政府投资在整个国家经济总体投资中占有较大的比率，因为政府部门要为社会全面发展提供基础设施，如道路交通系统、环境卫生系统、法律与秩序、健康与教育，以及其他用于人力资本的公共物品投资。他们认为，这些公共投资对于处在经济与社会发展早期阶段的国家进入“起飞”，以至进入发展的中期阶段来说是必不可少的。在发展的中期阶段，政府投资还应继续进行，但这时的政府投资只是对私人投资的补充。无论是在发展的早期还是中期，都存在市场失灵和市场缺陷，阻碍经济的发展。因此，为了弥补市场失灵和克服市场缺陷，需要加强政府的干预力度，政府支出当然会增加。

马斯格雷夫认为，在整个经济发展过程中，GDP 中总投资的比率是上升的，但政府公共投资占 GDP 的比率是下降的。罗斯托认为，一旦经济达到成熟阶段，政府支出将从基础设施的支出转向不断增加的教育、保健与福利服务的支出。而在“大量消费”阶段，旨在进行福利再分配的政策性支出的增长，会大大超过其他方面支出的增长，也会快于 GDP 的增长速度。

以上三个政府支出增长模型，是从宏观方面进行研究和分析的。除了通过政府支出宏观分析能预测并证实其随着 GDP 增长而增长外，实际上，也可以通过政府支出的微观分析来加深对政府支出增长问题的理解。人们建立政府支出微观模型的目的，就是为了发现那些引起公共需求变化的因素，并检验其对公共服务供应所产生的影响。除了从分析影响政府支出增长的各种微观因素（如公共物品产出水平、服务环境的改善、人口变化和政府部门所提供的物品的质量等）外，还可以从投入品价格上升来分析。其中，较为典型的分析，就是鲍莫尔的“政府支出非均衡增长模型”。

4. 鲍莫尔的“政府支出非均衡增长模型”

鲍莫尔在其建立的“政府支出非均衡增长模型”中，将国民经济区分为两个部门：生产率提高缓慢的部门和生产率不断提高的部门（有技术进步的部门）。前者如服务业和政府部门，后者如制造业。他假定两个部门的工资水平相等，且工资水平随着劳动生产率的提高而相应上调。据此，他对两个部门的有关数据进行了测算，并得出如下结论：①生产率提高缓慢的部门，其产品的单位成本不断增加，而生产率不断提高的部门，其产品的单位成本或维持不变，或不断降低；②如果社会对生产率提高缓慢的部门的产品需求富有弹性，该部门的产品产量将会越来越少，甚至可能完全停产；③如果要维持生产率提高缓慢部门的产品产量在整个国民经济中的比率，必须使劳动力不断涌入该部门；④如果要维持两个部门的均衡增长，政府部门的支出职能就要增加，同时也会导致整体经济增长率的不断降低。

据此，鲍莫尔得出了作为生产率偏低的政府部门的规模必然越来越大，负担必然越来越重的结论。其实，鲍莫尔模型没有考虑政府部门的效率下降，如果考虑这一点，则政府支出还会增长得更快。

可以看出，政府支出增长似乎是市场经济国家发展中的一条规律。而对社会主义国家来说，一般来说，政府支出比率在改革以前也呈现出扩张的趋势，改革时期之所以下降，是因为政府在摆脱包得过多、统得过死的局面。一旦经济体制迈上市场经济的运行轨道并达到一定阶段之后，上述下降趋势理应逆转，改革之初政府支出比率下降的趋势可能会在某一时期中止，转而趋于回升，在达到适度水平时则相对稳定。我国政府支出占 GDP 的比率在 1996 年已停止下降，1997 年开始回升，并呈现增长趋势。

（二）政府支出规模增长原因综合分析

总结前人的理论研究成果，分析当今世界各国政府支出变化的现实，特别是中华人民共和国成立以来我国财政支出规模的演变，我们可得出影响政府支出规模的若干主要因素。

1. 政治性因素

政治性因素主要体现在两个方面：一是政局是否稳定；二是国家机构的行政效率。前者皮考克和怀斯曼的分析已经略有所述。实际上，政局要保持稳定就必须加强国防的力量、增加行政管理支出，而保持强大的国防力量就使政府支出的规模超常规扩大；对于后者，若一国的国家机构人浮于事，效率低下，经费开支必然增多。

国家机构建立以后，统治阶级用它来保卫领土完整，捍卫国家主权，维护政局稳定，而有些国家则利用其对外战争，牟取海外利益。这就要求国家保持强大的武装力量和先进的军事装备，从而用于军事目的的政府支出也逐步上升。战争时期，军事支出的增长幅度远远大于战前；战争结束后，军事支出往往仍然很庞大，无法恢复到战前水平。从历史的经验看，在平时，即使个别年度的军事开支较上年有所减少，但总的趋势则是不断上升的。第一次世界大战和第二次世界大战以后，美国、苏联、英国、法国等大国都曾在口头上主张裁军，而实际上都在为争夺世界霸权而穷兵黩武，其他国家也在加紧扩充军备。这些事实便足以证明，政府公共支出继续膨胀是不可遏止的长期趋势。另外，国家自建立以来，随着社会的进步，经济、文化的发展，政治上的民主化进程要求权力分散，权力机构相互制衡；经济发展成为当今世界的普遍潮流，经济分工越来越细；社会保障制度也日趋完善。总之，国家职能不断健全，范围不断扩大。与此相对应，国家机构也就随之不断扩张，庞大的国家机器运转需要巨额的费用支持，因而政府支出也就不断增长。

2. 经济性因素

经济性因素主要指经济发展的水平、经济体制的选择、物价水平、征税能力和政府的经济干预对政府支出规模的影响。根据经济学基本原理，在一定时期内经济增长的速度、规模和效益，决定了政府财政收入增长的速度和规模，也就决定了政府支出规模的增长速度。另外，马斯格雷夫和罗斯托的分析，具体说明了经济不同发展阶段对财政支出规模的重要影响。关于经济体制的选择也会对政府支出规模产生影响，最为明显的例证就是我国经济体制改革前后政府支出规模的变化。

在纸币制度下，从物价水平的变化看，各国物价变动的长期趋势都是上升的。第二次世界大战期间及战后的 70 多年中，通货膨胀和物价上涨的速度更是逐年递增。加上货币持续贬值，政府支出的金额也随之相应增加。因此，各国政府支出之所以不断增加，不仅由于各方面的实际需要逐步扩增，而且也由于物价上涨的影响，这种情况在战争期间尤为突出。

各国政府强化税收征管，获取更多的收入，也是刺激公共支出继续膨胀的因素。各国政府主要是依靠课税来供应政府支出需要的，政府支出的多少主要取决于税款收入的多少。在国家税收发展的过程中，政府为了更好地满足公共需要，必须增加税收。不仅从以课征间接税为主扩大到以课征直接税为主，而且在直接税和间接税两方面，又扩大了课税的范围并提高了税率。随着课税制度不断加强，政府有可能获得更多的税收收入，因而就有可能增加政府支出。

政府经济干预的加强，促使政府支出规模的增长。19 世纪中叶以前，各国政府支出中经济项目很少，19 世纪后期开始，政府的经济支出才逐渐增加。而经济支出在政府支出中占据比较重要的地位，则是在 1929—1933 年世界经济大危机以后，当时以美国为首的西方国家为了挽救经济危机，积极采取各种干预措施，直接参与各种经济活动。由于大力推行经济干预政策，各国政府用于经济方面的政府支出数额大增；第二次世界大战期间，各国政府因公众要求保证民用必需品的供应，进一步实行经济统治的政策和措施，经济支出的规模又有所扩大；第二次世界大战后初期，有些国家推行国有化政策，将重要的银行、铁路、电力、煤矿以及其他大企业收归国有，同时对经济落后地区扩大投资和开发，这些也都是促使经济支出扩增的原因。同时，战后 70 多年来，各国经济的基本矛盾时常尖锐化，通货膨胀和物价上涨的速度逐年上升，经济危机的爆发更加频繁，各国政府对社会经济的干预不断加强，政府支出也就继续膨胀。

3. 社会性因素

社会性因素主要指社会福利事业的扩增、人口状况、文化背景等因素，也在一定程度上影响着政府支出规模。

在现代社会，发展各项社会事业，提高人民福利水平，成为各国政府职能的重要内容。国家为了保障社会安定、人民安居乐业，逐步实施各项社会福利措施，完善社会保障机制。随着这类事业规模的逐步扩大，用于社会福利的政府支出也相应增加。而社会福利支出可以分为两大类，一是用于举办文化教育、医疗保健、卫生、交通、住房和治安等项事业的支出，以提高人民的文化与健康水平，有利于促进劳动生产率的提高，被看作“人力投资”，因而有增加的趋势；二是用于直接补给居民的社会保险和社会救济支出，这项支出是 20 世纪 30 年代以后，由于经济危机日趋严重、失业人数不断增加、需要救济的贫困居民也大大增加，这就需要政府不断增加这类支出。尤其是进入 20 世纪 60 年代以来，社会福利支出得到了普遍推行和强化，在政府支出中的地位日益重要，在一些国家已经超出国防支出而居于首位，有的国家如芬兰、意大利、荷兰已达到 60%以上。

人口不断增加，也是政府支出膨胀的原因之一。发展中国家人口的不断增加，直接造成居民对文化、教育、医药卫生、社会福利等方面需要的扩大，而司法、警察、行政管理等方面的事务也必将大大增加。而在一些发达国家，人口老龄化问题，公众要求改变社会生活质量等，也会对支出提出新的需求，因而，政府在这些方面的支出规模上也都会相应地膨胀。可见，某些社会性因素也同样影响政府支出的规模。

三、改革开放以来我国政府支出规模变化实证分析

就我国改革开放以来政府支出规模变化而言，既有一般性，也有特殊性。自 1978 年

改革开放以来，我国经济体制发生了巨大变化，从高度集中的计划经济转为有计划的商品经济，继而走向社会主义市场经济。经济体制的改革，充分调动了生产要素的积极性，生产效率不断提高，1978—2018 年经济增长率年均 9.41%，2019 年为 6.1%，2020 年为 2.3%。人均 GDP 大幅度增加，从 1978 年的 385 元迅速提高到 2020 年的 72 447 元，是 1978 年的 188 倍多。① 根据瓦格纳法则，随着经济不断增长和人均收入增加，政府支出应不断提高。

（一）我国改革开放以来政府支出规模增长趋势

改革开放以来，我国政府支出绝对规模虽然在不断扩张，政府支出增长率也比较高，但政府支出在 GDP 中的比率曾一度下降，1994 年财税体制改革后逐步回升。

1. 政府支出增长率

鉴于我国政府支出的构成较为复杂，不仅包括财政预算内支出，2011 年以前还包括预算外支出，要客观反映我国的政府支出增长状况，需要综合考虑预算支出和预算外支出的整体状况。

（1）预算支出增长率。1979—2020 年，我国预算支出的规模不断扩大，年均增长率达 13.9%（见表 6-2）。这一时期的预算支出增长表现出以下三个特点：一是预算支出不断增加，从 1979 年的 1 281.8 亿元增加到 2020 年的 245 679.03 亿元，增长了 191.7 倍；二是预算支出增长率波动性较大，2008 年的增长率最高，达 25.7%，比 1980 年高出 21.5 个百分点，比平均值也高出近 10 个百分点，而 2020 年则为 2.8%；三是预算支出增长迅速，1979—2014 年预算支出增长率为年均，而名义 GDP 增长率为年均 13.8%。

表 6-2　1979—2020 年政府支出增长率

年份	预算支出总额（亿元）	预算支出增长率（%）	预算外支出总额（亿元）	预算外支出增长率（%）	名义 GDP 增长率（%）
1979 年	1 281.8	14.2	452.9	30.5	11.5
1980 年	1 228.8	-4.1	557.4	23.1	11.9
1982 年	1 230.0	8.0	734.5	22.2	8.9
1984 年	1 701.0	20.7	1 114.7	27.3	20.9
1986 年	2 204.9	10.0	1 578.4	14.8	14.0

① 资料来源：根据国家统计局历年《中国统计年鉴》计算。2020 年的 GDP 为国家统计局统计公报的初步统计，2020 年人口数为第 7 次人口普查的数据。

续表

年份	预算支出总额（亿元）	预算支出增长率（%）	预算外支出总额（亿元）	预算外支出增长率（%）	名义 GDP 增长率（%）
1988 年	2 491. 2	10. 1	2 145. 3	16. 5	24. 7
1990 年	3 083. 6	9. 2	2 707. 1	8. 2	9. 9
1992 年	3 742. 2	10. 5	3 649. 9	18. 0	23. 6
1994 年	5 792. 6	24. 8	1 710. 4	30. 1	36. 3
1996 年	7 937. 6	16. 3	3 838. 3	64. 7	17. 1
1998 年	10 798. 2	16. 9	2 918. 3	8. 7	6. 9
1999 年	13 187. 7	22. 1	3 139. 1	7. 6	6. 3
2000 年	15 886. 5	20. 5	3 529. 0	12. 4	10. 7
2001 年	18 902. 6	19. 0	3 850	9. 1	10. 6
2002 年	22 053. 2	16. 7	3 831	-0. 5	9. 8
2003 年	24 650. 0	11. 8	4 156. 4	8. 5	12. 9
2004 年	28 487. 0	15. 6	4 351. 7	4. 7	17. 8
2005 年	33 930. 3	19. 1	5 242. 5	20. 5	15. 7
2006 年	40 422. 7	19. 1	5 867. 0	11. 9	17. 1
2007 年	49 781. 4	23. 2	6 112. 4	4. 2	23. 1
2008 年	62 592. 7	25. 7	6 346. 4	3. 8	18. 2
2009 年	76 299. 9	21. 9	6 228. 3	-1. 9	9. 2
2010 年	89 874. 2	17. 8	5 754. 7	-7. 6	18. 2
2011 年	109 247. 8	21. 6	—	—	18. 4
2012 年	125 952. 8	15. 3	—	—	10. 4
2013 年	140 212. 1	11. 3	—	—	10. 1
2014 年	151 785. 6	8. 3	—	—	8. 5
2015 年	175 877. 8	13. 2	—	—	7. 0
2016 年	187 755. 2	6. 3	—	—	8. 4
2017 年	203 085. 5	7. 6	—	—	11. 5
2018 年	220 904. 1	8. 7	—	—	10. 5
2019 年	238 858. 4	8. 1	—	—	7. 3
2020 年	245 679. 03	2. 8	—	—	3. 0

资料来源：根据各年度《中国统计年鉴》数据整理计算得到。

（2）预算外支出增长率。在向社会主义市场经济体制转轨进程中，我国的预算管理制度不断进行调整，特别是预算外资金的范围和管理发生了很大变化（见表 6-2）。我们将改革以来预算外支出的变化分为以下三个阶段。

第一阶段，1979—1984 年：这一时期预算外支出增长率比较高，年均 25. 8%左右，不仅大于同期预算支出的年均增长率（9.7%），还高于名义 GDP 的年均增长率。同时，如果把 1979—1982 年的预算外收入增长率视同预算外支出增长率，那么，预算外支出增长率的波动很大。

第二阶段 1985—1992 年：这一时期的预算外支出增长率为年均 14.4%左右，虽然比同期预算支出增长率（9.6%）高出近 5 个百分点，但比同期名义 GDP 增长率（18.1%）低近 4 个百分点。而且，除 1990 年增长率较低外，其他年份的增长率比较平稳。

第三阶段 1993—2014 年：1993 年和 1997 年先后缩小了预算外资金的收支范围，当年预算外资金总额也大大降低了，但随后几年的预算外支出增长速度却非常快，有些年份高达 40.0%以上，远远高于同期预算支出的增长率和名义 GDP 的增长率。2011 年我国取消了预算外资金制度。

2. 政府支出比率

总体来看，我国改革开放后政府支出（包括预算内外支出）比率呈现出不断下降的趋势，1994 年财税体制改革后逐步回升。从 1978—1980 年的 37.8%，一直下降到 1996—2000 年的 17.1%。1990 年前，政府支出比率下降的速度比较缓慢，1991—1995 年下降得比较快，几乎一年一个百分点，直到 1996 年才停止，1996—2014 年预算支出比率开始稳中有升（见表 6-3）。

表 6-3　　1978—2020 年政府支出比率变化趋势

年份	预算支出总额（亿元）	预算外支出总额（亿元）	政府支出总额（亿元）	GDP 总额（亿元）	政府支出比率（%）	预算支出比率（%）
1978—1980 年	3 632.7	1 047.4	4 680.1	12 366.8	37.8	29.4
1981—1985 年	7 483.2	4 710.1	12 193.3	32 707.5	37.2	22.9
1986—1990 年	12 865.7	10 774.7	23 640.4	73 783.8	32.0	17.4
1991—1995 年	24 387.5	12 098.1	36 485.6	194 850.7	18.7	12.5
1996—2000 年	57 043.5	16 110.4	73 153.9	427 568.6	17.1	13.3
2001—2005 年	128 022.9	21 431.6	149 454.5	719 161.6	20.8	17.8
2006 年	40 422.7	5 867.0	46 289.7	219 438.5	21.1	18.4
2007 年	49 781.4	6 112.4	55 893.8	270 092.3	20.7	18.4
2008 年	62 592.7	6 346.4	68 939.1	319 244.6	21.6	19.6
2009 年	76 299.9	6 228.3	82 528.2	348 517.7	23.7	21.9
2010 年	89 874.2	5 754.7	95 628.9	412 119.4	23.2	21.8
2011 年	109 247.8	0	109 247.8	487 940.2	22.4	22.4
2012 年	125 952.8	0	125 952.8	538 580	23.4	23.4

续表

年份	预算支出总额（亿元）	预算外支出总额（亿元）	政府支出总额（亿元）	GDP 总额（亿元）	政府支出比率（%）	预算支出比率（%）
2013 年	140 212. 1	0	140 212. 1	592 963. 2	23. 7	23. 7
2014 年	151 785. 6	0	151 785. 6	643 563. 1	23. 6	23. 6
2015 年	175 877. 8	0	175 877. 8	688 858. 2	25. 5	25. 5
2016 年	187 755. 2	0	187 755. 2	746 395. 2	25. 2	25. 2
2017 年	203 085. 5	0	203 085. 5	832 035. 9	24. 4	24. 4
2018 年	220 904. 1	0	220 904. 1	919 281. 1	24. 0	24. 0
2019 年	238 858. 4	0	238 858. 4	986 515. 2	24. 2	24. 2
2020 年	245 679. 0	0	245 679. 0	1 015 986. 2	24. 2	24. 2

注：政府支出=政府预算支出总额+预算外支出总额；

政府支出比率=政府支出/GDP；

预算支出比率=预算支出/GDP（预算支出不包括国内外债务支出）。

数据来源：根据各年度《中国统计年鉴》和《中国财政年鉴》数据整理计算得到。

1991—2000 年，政府支出比率平均为 18%，这无论从我国经济发展现状、国民经济增长速度，还是与世界各国平均水平相比都处于较低水平。从经济发展现状看，我国还是发展中国家，需要大量的社会基础设施和经济基础设施，需要政府加大投入力度。从国民经济增长速度看，1978—1998 年间，我国实际人均 GDP 增长率平均为 8. 4%，按照瓦格纳法则，这种高速的人均 GDP 增长率都应当伴随着政府支出增长率的提高。可是，我国政府支出比率不但没有提高，反而下降并且是逐年下降，这不能不说是反常的。与其他国家相比，我国政府支出比率与世界各国相比都偏低，比经济发达国家的平均水平低 20~30 个百分点，比其他发展中国家的平均水平低 5~10 个百分点。

1998 年以后，我国开始实行积极的财政政策，政府支出的增长速度均明显提高，政府支出比率过低的现象也明显改善，1999 年、2000 年我国的政府支出比率分别达到 18%和 19. 3%，远远高于前两年的水平。2014 年为 23. 6%，2019 年为 24. 2%。

（二）我国政府支出结构的变化对政府支出规模的影响

改革开放以来，我国理论界开始对转轨经济下的财政职能展开讨论，并就此根据政府支出的性质将政府支出分为经济建设性支出、社会文教性支出、国防性支出、行政管理性支出和其他支出等，其中后四类统称为社会管理支出。1978 年以来我国政府支出结构的变化见表 6-4。

表 6-4　　1978—2006 年我国政府支出结构　　（%）

年份	经济建设	社会文教	国防	行政管理	其他
1978 年	64.1	13.1	15.0	4.7	3.2
1980 年	58.2	16.2	15.8	6.2	3.7
1985 年	56.3	20.4	9.6	8.5	5.3
1990 年	44.4	23.9	8.9	13.4	8.9
1991 年	42.2	25.1	9.4	12.2	10.8
1992 年	43.1	25.9	9.8	12.4	8.5
1993 年	39.5	25.4	10.1	13.7	12.3
1994 年	41.3	25.9	9.2	14.7	8.6
1995 年	41.9	25.7	9.5	14.6	8.5
1996 年	40.7	26.2	9.3	14.9	9.0
1997 年	39.5	26.7	9.1	14.7	10.2
1998 年	38.7	27.1	8.8	14.8	10.7
1999 年	38.4	27.6	8.7	15.3	10.6
2000 年	36.2	27.6	8.2	17.4	11.2
2001 年	34.2	27.6	7.6	18.6	12.0
2002 年	30.3	76.9	7.6	18.6	16.6
2003 年	28.0	26.2	7.7	19.0	19.0
2004 年	27.9	26.3	7.7	19.4	18.8
2005 年	27.5	26.4	7.3	19.2	19.7
2006 年	26.6	26.8	7.4	18.8	20.5

注：本表数字不包括国内外债务还本付息支出和用国外借款收入安排的基本建设支出。资料来源：国家统计局. 中国统计年鉴 2007 [M]. 北京：中国统计出版社，2007.

从上表中可以看出，改革开放后我国政府支出结构变化的突出特点，即经济建设在政府支出的份额呈下降趋势。从 1978 年到 2006 年，经济建设性支出占比从 64.1%下降到 26.6%，下降了 37.5 个百分点。经济建设性支出的下降，导致了政府支出规模增长速度放慢。应该说，随着社会主义市场经济的确立，我国政府的经济管理职能逐步弱化，社会管理职能日益增强，财政的经济建设性支出下降有其合理的方面。但同时也应看到，目前我国还是发展中国家，政府在基础设施建设、重大项目建设、经济结构调整等方面还起着主导作用，经济建设性支出下降过快会制约财政对重点产业发展的支持力度，并进而影响到整个国家社会经济协调发展。

（三）改革开放后我国政府支出比率下降的原因

回顾我国政府支出占 GDP 比例的变化，既有其合理性，也有体制改革过程中所产生的问题。改革开放后，我国政府支出比率下降的外部原因，是经济管理体制的变化带来的。经济体制改革改变了过去高度集中的计划管理体制，政府重新确定自己的职能，原有包办一切的工作方式已经在一定程度上有所改变，政府支出在一定程度上有所下降是合理的。政府对企业实行放权让利、大幅度提高农副产品收购价，以及较大幅度提高职工工资，恢复奖金制度等措施，使政府集中性财力下降，必然产生政府支出在 GDP 中所占比率下降的现象。

从我国经济体制改革过程分析：在改革开放初期，政府为全面推动经济体制改革，首先从财政改革入手，放权让利，降低财政集中程度，使财政支出占 GDP 比例降低，有其合理性；但随着改革的深入，也出现了一些不合理的因素，减少了政府收入，使政府财政支出比率过低，下降幅度过大，削弱了政府宏观调控能力，影响政府履行其职责。这些因素包括税制不合理，征管不严，存在偷漏税现象；预算外资金膨胀，乱收费屡禁不止，侵蚀税基；国有企业实行承包制，地方财政与中央财政实行大包干，在一定程度上切断了财政收入随经济增长而增长的机制，加剧了地方保护主义等。1994 年财税体制改革后，这种状况得到初步遏制，1996 年后财政支出比率开始回升。因此，可将改革开放后我国政府支出比率下降的现象，看作一种体制转轨时期的过渡，不完全具有普遍性。在某种程度上讲，也可将这种现象看作一种改革的成本或代价，是一种在特定时期的个案。

第二节　政府支出分类

在现代社会，政府履行职责，开展经济社会公共事务管理，涉及诸多领域，因而政府财政支出门类繁多。为了进行政府经济理论研究，加强政府支出管理，可选择不同标准，对政府支出进行分类。

一、政府支出按政府职能分类

政府支出为政府履行内外职能提供财力保障，因而按照政府职能划分，政府财政支出可分为经济建设费、社会文教费、国防费、行政管理费、债务支出和其他支出六大类。①经济建设费。即政府直接用于国家经济发展方面的支出，如基本建设投资；国有资本经营预算支出；农业支出；工业、交通、商业等部门的事业费；国家物资储备支出等。②社会文教费。社会文教费包括用于文化、教育、科学、卫生、出版、通信、广播、文物、体育、地震、海洋等方面的经费、研究费和补助费等。③国防费。国防费包括各种武器和军事设备支出、军事人员给养支出、有关军事的科研支出、对外军事援助支出、民兵建设事业费支出、武装警察部队经费、防空经费等。④行政管理费。行政管理费包括用于国家行政机关、公安机关（包括国家安全机关）、司法机关、检察机关、驻外机构的各种经费、业务费、干部培训费等。⑤债务支出。债务支出包括内外债还本付息支出。⑥其他支出。这种分类的优点是可以分析一定时期内政府履行其职能的重点，以及政府职能的变迁。如我国在计划经济管理体制下，基本建设支出占政府支出的比例较高，有些年份甚至高达40%。而在社会主义市场经济体制下，政府不再是市场投资的主体，基本建设投资在政府财政支出中所占比例一般不到10%，相反，社会文教费支出大幅度上升，体现了政府职能的转变。

二、政府支出按经济性质分类

按照经济性质分类，政府支出可分为购买性支出和转移性支出。购买性支出是指政府以购买者的身份在市场上采购所需的商品和劳务，用于满足社会公共需要。政府购买性支出遵循市场经济的基本准则，即实行等价交换。对市场运行而言，购买性支出对消费和生产具有直接影响，可广泛用于调节各项经济活动。一定时期内政府购买性支出的规模与结构，对市场物价、有关产业发展有重要调控作用。一般而言，发展中国家社会生产力水平低下，基础设施落后，国民经济面临工业化的繁重任务，政府财政支出中购买性支出占较大比率。转移性支出是指预算资金单方面无偿转移支出，如社会保障支出、财政补贴等。转移性支出由于是价值单方面无偿转移支出，就不可能遵循等价交换的原则，而是为了实现政府特定的经济社会政策目标。与购买性支出相比，转移性支出的重点在于体现社会公平，而对市场经济运行的影响则是间接的。在经济发达国家，市场发育程度高，社会基础设施比较完善，政府一般不直接参与经济活动，财政分配政策重点倾向于体现社会公平，因而转移性支出占较大比率。这种分类方法的优点是以此可分析政府预算政策在公平与效率之间的权衡和选择，政府对市场运行干预的广度、深度，以及国家所处的经济社会发展阶段。

三、政府支出按其功能分类

按其功能分类，政府支出具体包括以下内容：①一般公共服务支出。一般公共服务支出包括人大和政协事务、政府办公厅及相关事务、发展和改革事务、统计事务、财政事务、税务事务、审计事务、人力资源事务、纪检监察事务、知识产权事务、海关事务、工商行政管理事务、质量技术监督与检验检疫事务、档案事务、民族事务、港澳台侨事务、民主党派及工商联事务、群众团体事务、组织事务、宣传事务、统战事务、其他共产党事务、其他一般公共服务支出。②外交支出。外交支出包括外交管理事务、驻外机构、国际组织、对外合作与交流、边境勘界联检等。③国防支出。国防支出包括现役部队、国防后备力量动员、国防动员及其他支出。④公共安全支出。公共安全支出包括武装警察、公安、国家安全、检察、法院、司法、监狱、国家保密等支出。⑤教育支出。教育支出包括普通教育、职业教育、成人教育、广播电视教育、留学教育、特殊教育、进修及培训，以及其他支出。⑥科学技术支出。⑦文化体育与传媒支出。⑧社会保障和就业支出。⑨卫生健康支出。⑩节能环保支出。⑪城乡社区事务支出。⑫农林水事务支出。⑬交通运输支出。⑭资源勘探信息等支出。⑮商业服务业等支出。⑯金融支出。⑰援助其他地区支出。⑱自然资源海洋气象等支出。⑲住房保障支出。⑳粮油物资储备支出。㉑灾害防治及应急管理支出。㉒国债还本付息支出及发行费支出。㉓转移支付支出。㉔其他支出。这种政府支出划分方法，有利于体现政府各项支出在经济社会发展过程中所体现的功能、作用，可分析资源在不同领域的配置状况。

四、政府支出其他分类方法

（一）政府支出按部门划分

按部门分类，政府支出可分为工业部门、农业部门、商务部门、交通运输部门、科技部门、教育部门、文化部门、社会保障等部门支出。这种分类方法，一方面，可以分析政府的部门政策导向，一般而言，政府对哪些部门投入多，哪些部门事业就发展快；另一方面，将政府支出按部门分类，直接为编制部门预算服务。

（二）政府支出按预算编制方法划分

政府支出按预算编制方法，可分为经常性预算支出、资本性预算支出。经常性预算支出是指满足政府履行日常内外职能所需要的支出，这部分支出一般都是无偿性支出；资本性预算支出是指投入社会再生产领域，形成各类资产的支出，这些资产以后可为国家财政带来利税收入。将预算支出分为经常性预算支出、资本性预算支出，可分析政府履行基本公共管理职能与干预经济运行之间的关系。

（三）政府支出按预算管理体制划分

政府支出按预算管理体制划分，可分为中央预算支出、地方预算支出。中央预算支出是指中央政府满足全国性和跨区域性公共物品服务的支出，体现中央政府职能实现的程度；地方预算支出是指地方各级政府满足区域性公共物品服务支出。这种分类方法可以分析各级政府履行其职能的具体情况，以及政府间财政分配关系。

五、国际组织及有关国家政府支出分类简介

（一）美国联邦政府按功能分类的支出

美国联邦政府按功能分类的支出包括：国防、国际事务、一般科学、空间和技术、能源、自然资源与环境、农业、津贴、商业与住房信贷、交通运输、社区与区域发展、教育、培训、就业及社会服务、保健、医疗、收入保障计划、人力资源、物理资源、社会保障、退伍军人补贴及服务、司法费用、政府一般开支、净利息支出、未分配的补偿收入等。

（二）日本政府按功能分类的支出

日本政府按功能分类的支出包括：一般账户总支出、社保支出、地方拨款税收补助、赎回国债支出、国债服务支出、利息支付、公共事务支出、教育和科技支出、国民防御支出、用于 COVID-19 突发事件支出、食品供应、能源、经济援助、促进中小企业、退伍军人养老金、杂项开支、应急准备金等。

（三）联合国政府功能分类体系（COFOG）

功能分类是根据政府活动的目的进行分类的，如教育、社会保障、住房等。联合国政府功能分类体现在其国民账户核算体系和政府财务统计分析体系手册中。这一体系的目标是为国际比较提供一个分类标准，COFOG 具有三个详细级别。它包括 10 个主类、

69 个类和 109 个次类。其中，10 个主类包括：一般公共服务、防御、公共秩序和安全、经济事务、环境保护、住房和社区设施、健康和娱乐、文化和宗教、教育、社会保障。

（四）国际货币基金组织的政府财政统计分类体系（GFS）

在国际货币基金组织的政府财政统计分类体系中，其经济分类包括水平与服务支出(工资与薪金、雇员养老金、其他商品与服务)、补贴、经常性转移支付、利息、资本性支出（资本支出和资本转移)、贷款减还款的净额。

上述国际组织及有关国家政府支出分类，有其不同的分类背景、标准，与我国具体国情有较大差距，但可为我国改革政府支出分类制度，研究支出管理规律，提高支出效益提供参考。

第三节　政府支出绩效评价

一、政府支出绩效

政府支出是政府资源配置的重要手段。而在任何时候，相对人们的需要而言，资源都是稀缺的，就要求努力提高资源配置绩效。政府支出的绩效是指各项政府支出所发生的“成本”与所得“收益”的对比关系。提高政府支出绩效，实际上就是政府通过相应的经济活动，达到“低成本、高收益、高效率”这样一种最优效果。当然，政府支出绩效与微观经济主体支出的绩效相比，还存在较大差别，这是因为，政府除像微观经济主体一样，可直接从事某些经济活动外，还处在宏观调控主体的地位，具体表现在两方面。一是成本与收益的计算范围不同。对微观经济主体来说，只需要分析发生在其自身范围内的直接的和有形的成本和收益；而对政府来说，则不仅仅要分析其自身范围内直接的和有形的成本与收益，还需要分析与政府部门有关的长期的、间接的和无形的成本与收益。二是双方选择相关方案的标准不相同。对微观经济主体来说，其经营目标是追求自身利益，任何时候都不会选择亏本的方案；而政府则不同，其所追求的目标是实现社会整体利益的最大化，为达到这个总体目标，有时牺牲局部利益既是可能的，也是必要的。因此，在处理政府支出使用情况的过程中，政府就可能面对较为尴尬的境地，处理极为复杂棘手的问题。近年来，努力提高政府支出绩效，成为各国政府公共管理追求的重要目标。

二、政府支出绩效评价常用方法

与企业等微观主体经济活动绩效评价相比，政府支出绩效评价更为复杂。政府支出目标的多元化，导致政府支出项目的多样性，也决定了政府支出绩效衡量方法的多样化。目前，各国政府在分析政府支出绩效时，常采用以下几种方法。

（一）“成本-收益”分析法

“成本-收益”分析法是对政府支出项目或服务等提出实现建设目标的若干备选方案，并详细列出各种备选方案的边际社会成本和边际社会收益，以便分析比较项目或服务所带来的效益，并最终选择出最优的项目方案。

“成本-收益”分析法的目标是要使政府决策者面临项目或服务选择时，能够做出有效率的支出决策。而选择最优投资项目依赖于计算该项目的净现值（NPV）。净现值等于收益现值（PVB）减去成本现值（PVC）。设 r 代表社会贴现率，B_t 代表第 t 年的收益，C_t 代表第 t 年的成本，t 代表年限，T 代表该项目寿命的年限，则一个项目的净现值公式可以写成：

$$\text{NPV} = \text{PVB} - \text{PVC} = \sum_{t=1}^{T} \frac{B_t}{(1+r)^t} - \sum_{t=1}^{T} \frac{C_t}{(1+r)^t}$$

根据上式对所有备选方案的 NPV 进行测算，如果 NPV>0，则说明该项目可行，即政府支出绩效良好；如果 NPV<0，则说明该项目不可行，即政府支出绩效较差；如果 NPV=0，即 PVB=PVC，则计算内部收益率，如果大于银行贷款利率，该项目仍然可行。对于可行的 NPV，如果不存在具有更高 NPV 值的其他项目，则该项目就是理想选择方案。

可见，在“成本-收益”分析法中，NPV 是评价政府支出绩效的关键，将直接决定一个项目是该实施还是放弃。从公式可以看出，NPV 主要受 B_t、C_t 和 r 的影响，这样使用“成本-收益”分析法的关键就是如何确定 B_t、C_t 和 r。这里我们将简单介绍一下 B_t、C_t 和 r。

1. r 的确定

为计算政府选择的项目是否可行，必须贴现该项目未来的收益和成本，而很明显 r 即社会贴现率的取值至关重要。而在确定选择适当的 r 之前，我们必须理解贴现（Discounting）和现值（PV）两概念的内涵。

（1）贴现与现值。举例说明，假设你一年后需要 100 元，从现在开始投资，且每年能以 10%的利率获取利息，那么你现在投资的资金就是 100 元的现值。即：现值×1. 1=100 元，现值=100/1. 1=90. 91 元。也就是说，当年利率为 10%时，你只要投资 90. 91 元，1 年后就能获得 100 元回报。

假设这 100 元不是你一年后的需要，而是两年后的需要，其他不变，则：100=现值×1. 12，现值=100/1. 12=89. 29 元，这样，以利率 10%计算，89. 29 元两年后就可得到 100 元。

我们一般称现值的计算为贴现，就是指计算将来一定价值货币的现值，而用于计算的利率通常称为贴现率（i）。按贴现率 i（每期）计算，t 期后得到的 N 元的现值的总公式为：

$$PV=\frac{N}{(1+i)^{t}}$$

（2）社会贴现率（r）。社会贴现率不同于一般贴现率，它是政府支出绩效分析所使用的贴现率，是一个国家整个社会都愿意用将来消费换取现在消费的利率。实践中，适当的社会贴现率的选择是一个非常复杂而且争论很大的问题。而由于社会贴现率是投资于政府项目资金的机会成本，在金融市场不完善的环境中不一定等于政府借款的市场利率。为便于使用，社会贴现率仍然是以一般市场利率作为参照标准。

2. B_t 与 C_t 的确定

政府投资项目主要解决公共物品和外部效应问题，政府对投资项目的选择必须全面、深层次地考虑项目实施后引起的社会收益和社会成本问题，而政府投资项目的社会收益和社会成本又是相当复杂的，这就要求在项目确定前必须正确认识政府项目中的成本和收益的含义，只有这样，才能对政府投资项目的社会收益和社会成本进行全面深入的分析、鉴定和衡量。

（1）成本和收益。这里的成本不仅包括直接支出，而且包括间接支出，即机会成本。也就是说，这里的成本是指政府实施该项目过程中实际花费掉的人力、物力，同时包括直接或间接给社会、经济和人们生活带来的实际损失。这里的收益不仅包括政府项目的产品销售收入，而且包括由于该项目的实施带来的外溢收益，直接或间接给社会、经济和人们生活带来的实际效益，即带动了社会发展和人们生活水平和生活质量的提高。

（2）直接成本和直接收益。直接成本是指政府项目实施建设过程中的直接投入，包括建设、管理和维护该项目的所有人力、物力的成本，主要有建设该项目所投入的劳动力、资本金和外汇等。直接收益是指政府项目实施建设后所导致的产品数量直接增加、产品质量直接提高或生产率水平直接提升，以及促使社会成本得以降低，并由该项目产品直接使用者享有的收益。如省级高速公路的开通，其直接收益就是在一定时期内大大提高了商品和劳动力的流通速度，直接增加了物流和人流的数量和规模。

（3）间接成本和间接收益。间接成本是指由于政府项目的建设和经营，导致附带人力、物力的消耗，以及通过外部效应或连锁效应，间接给相关部门和项目带来的人力和物力的消耗，常常表现为给人们的工作、生活、学习带来不便、不愉快等，而且又无法直接用定量的方式进行估价。间接收益是指通过政府项目实施建设，给非使用者带来的无法控制的外溢或外部收益，主要包括政府工程项目的完成，使相关部门的产量得到提高，以及其他正外部效应产生的社会福利。

（4）有形成本收益和无形成本收益。有形成本收益是指通过市场价格可以计算获得的一切成本收益，并且，这些从市场价格获得的成本收益，必须同时符合会计账目入账所要求的相关条件。无形成本收益是指无法通过市场价格估价获得的一切成本收益，并且，也无法符合会计账目入账所要求的相关条件。对那些无法测度的无形成本收益，最安全的办法就是把它们从“成本–收益”分析法中排除出去，然后再计算为了保证决策逆转，需要多大的无形收益。

“成本–收益”分析法自20世纪40年代出现以来，就得到了世界各国的青睐，里根总统在1981年还签发了一项命令，要求美国全部新的规则都必须受“成本–收益”分析的检验。老布什总统1992年也签发了同样的命令。然而，在政府支出方面，由于相当多的政府支出的成本与收益都难以准确衡量，甚至有些就压根无法衡量，因此“成本–收益”分析的使用范围就受到了一定的限制。但总的来说，在政府支出方面，运用成本–收益分析法仍然可以获得良好的绩效。

（二）最低费用选择法

有些政府支出项目，如政治、国防之类的支出，其成本容易计算，但绩效却难以衡量，况且，这类支出所提供的商品或劳务，不可能以任何形式进入市场交换。这类政府支出项目，就不可能使用“成本–收益”分析法来测算政府支出绩效，而只能运用最低费用选择法来对其进行分析。与“成本–收益”分析法相比，最低费用选择法主要表现在不必使用货币单位来计量备选的政府支出项目的社会效益，只需要计算所有每项备选项目的有形成本，并且把所花费的成本最低作为政府支出项目择优选择方案的基本标准，在所有备选方案中，哪一个方案成本最低，就成为政府支出项目方案的首选方案。

从确定政府支出项目最终方案的程序看，使用最低费用选择法与“成本–收益”分析法大致相同。并且由于最低费用选择法免去了计算支出效益与无形成本的烦琐，此种分析法所分析的内容比起“成本–收益”分析法来要简单得多。其主要步骤如下：

（1）根据经济和社会发展要求，按照国家总体发展计划，相关政府部门确定建设项目目标，归集各自提出的多种备选方案。

（2）以现有货币单位为统一尺度，分别计算出已经归集的所有备选方案各种可能发生的有形费用，并分别予以加总。在计算费用的过程中，如果碰到了需要多年安排才能完成全部支出的项目，都要用贴现法折算出“费用流”的现值，以保证备选方案的可比性。

（3）按照计算的各种备选方案所有可能发生的费用的多少排出顺序，以供政府决策部门的决策者们进行择优选择。

一般来说，最低费用选择法被运用于政治、国防、文化、卫生等政府公共支出项目。实际上，对使用最低费用分析法来确定政府支出项目的最佳方案，从技术上看已经没有太大困难，而真正的困难在于所有备选方案的确定。因为，这里提出的备选方案应能无差别地实现同一个目标，要做到这一点，可能并不容易。

（三）公共定价法

还有些政府支出项目，例如公路、电信、邮政等，对于它们来说，同样是“易于衡量成本，难以计算绩效”，但通过这些支出所提供的商品或劳务，实际上都属于准公共产品，都可以部分或全部进入市场进行相关交易。在市场经济中，对于此类项目，则可以通过设计公共定价法来衡量它们的成本与收益，并可直接提高它们作为准公共物品的绩效。

实际上，在完善的市场经济条件下，所有微观经济主体都会自觉地采取措施，保证使自我利益（企业追求利润，消费者追求福利或效用）实现最大化。其间，市场价格成为各微观经济主体是否采取行动、如何采取行动的信号。同时，价格机制成了实现最优资源配置的主要市场机制。

对政府来说，由于其提供了大量满足社会公共物品需要的“排他性物品”，那么，这些物品（和服务）也同样就涉及与其他商品和服务一样的问题，即价格的确定。这种满足社会公共物品需要的“排他性物品”的定价问题就是公共定价。公共定价问题也是宏观经济学需要研究的重要问题。

从定价政策来看，公共定价实际上包括两个方面：一是纯公共定价，即政府直接制定自然垄断行业的价格；二是管制定价或价格管制，即政府规定竞争性管制行业（如金融、农业、教育和保健等行业）的价格。政府通过公共定价方法，目的不仅在于提高整个社会资源的配置效率，而且，更重要的是使这些物品和服务得到最有效的使用，提高政府支出的效益。

三、政府采购与政府支出效益

政府采购是一个国家的各级政府为了从事日常的政务活动或提供公共服务，以及事业单位和提供公共服务的团体为了开展业务活动，利用国家财政性资金和政府借款购买货物、工程及劳务的行为。政府采购制度最早形成于 18 世纪末的西方国家。1782 年，英国政府首先设立文具公用局，作为特别负责政府部门所需办公用品采购的机构。美国联邦政府的采购历史可以追溯到 1792 年，但完整意义上的政府采购制度则是现代市场经济发展的产物。

与私人采购相比，政府采购有以下特点：①资金来源的公共性。政府采购的资金来源是财政性资金，属政府筹集的税收等公共资金。②采购目的的非营利性。政府采购的目的不是为了营利，而是为了实现政府的职能，满足社会公共需要。③采购管理的公开性。政府采购是按国家有关法律法规进行的，整个采购过程全部公开，接受社会有关各方监督。④采购范围的广泛性。政府采购从汽车、办公用品到军火武器无所不包，涉及货物、工程及劳务等各个领域。⑤采购的数额巨大。政府始终是国内市场最大的客户。

政府采购一般遵循以下基本原则：①竞争性原则。通过竞争，投标人可以为用户提供最好的商品和劳务，并想方设法降低产品成本和投标价格，实现政府采购的政策目标。②公开性原则。公开性原则指政府采购的有关政策、法律、程序及过程都是公开的，以保证政府采购的客观公正性。③公平性原则。公平性指参加政府采购投标的人都公平竞争，机会均等，不能有任何的歧视。

政府采购的方法较多，根据《政府采购法》，政府采购采用了以下方式：①公开招标；②邀请招标；③竞争性谈判；④单一来源采购；⑤询价；⑥国务院政府采购监督管理部门认定的其他采购方式。公开招标应作为主要采购方式。

推行政府采购制度，有多方面的意义，从加强财政支出管理、提高支出效益的角度分析，主要有：①加强财政支出管理，有效发挥财政监督作用。财政部门通过政府采购过程，可以直接监督各部门、各单位财政资金的使用，及时解决存在的问题，发挥应有的监督功能。②提高财政资金使用效益。在政府采购中，通过投标人公平竞争，为招标单位提供价廉物美的商品和劳务，可大大降低采购成本，提高资金使用效益。据北京、上海、河北等地的试点经验，一般可节约15%~30%的资金。③发挥财政支出的宏观调控功能。在政府采购过程中，政府可通过选择采购的商品、投标人等方式实现国家的宏观政策目标。

本章回顾

1. 衡量政府支出规模相对增长时，一般来说，主要将政府支出金额与GNP或GDP进行对比，同时也可以把政府支出分成若干项目（转移性支出、购买性支出等）与GNP或GDP进行对比。对政府支出的规模，不同国家或同一个国家在不同时期都不是相同的，并明显地呈现出增长趋势。

2. 对于财政支出规模增长现象的理论解释主要有四种，包括宏观理论方面和微观理论方面。宏观增长模型主要包括瓦格纳的“政府支出不断上升的规律”、皮考克和怀斯曼的“政府支出增长的理论”、马斯格雷夫和罗斯托的“政府支出增长的发展模型”；微观增长模型主要有鲍莫尔的“政府支出非均衡增长模型”。

3. 从一定意义上说，导致政府支出增长的综合原因主要是政治性因素、经济性因素和社会性因素。

4. 改革开放以来，我国政府支出规模呈现出先下降后又逐步回升的现象。

5. 政府支出可按不同标准进行分类，主要包括按政府职能分类、按经济性质分类、按功能分类、按部门分类、按预算编制方法分类、按预算管理体制分类。

6. 政府支出的绩效是指各项政府支出所发生的“成本”与所得“收益”的对比关系。

7. 政府支出项目的多样性决定了政府支出绩效衡量方法的多样化。一般来说，对政府支出项目的衡量有多种方法，包括“成本-收益”分析法、最低费用选择法和公共定价法。

8. “成本-收益”分析法是对政府面临的项目或服务等目标提出实现建设目标的若干备选方案，并详细列出各种备选方案的边际社会成本和边际社会收益，以便分析比较项目或服务所带来的效益，最终选择出最优的政府投资项目。其目标是要使政府决策者面临项目或服务时，能够做出有效率的支出决策。

9. 最低费用选择法是指不必使用货币单位来计量备选的政府支出项目的社会效益，只需要计算所有每项备选项目的有形成本，并且把所花费的成本最低作为政府支出项目择优选择方案的基本标准，在所有备选方案中，哪一个方案成本最低，就成为政府支出项目方案的首选方案。

10. 满足社会公共物品需要的“排他性物品”的定价问题就是公共定价。公共定价问题也是宏观经济学需要研究的重要问题。

拓展学习

1. 陈共. 财政学［M］. 10 版. 北京：中国人民大学出版社，2020.

2. 高培勇，温来成. 市场化进程中的中国财政运行机制［M］. 北京：中国人民大学出版社，2001.

3. 中国财政科学研究院. 世界主要国家财政运行报告（2019）［M］. 北京：中国财政经济出版社，2020.

4. 大卫·N. 海曼，张进昌. 财政学理论在当代美国和中国的实践应用［M］. 北京：北京大学出版社，2011.

思考题

1. 政府支出规模呈现一种什么样的趋势？
2. 简述政府支出增长模型。
3. 如何认识政府支出增长的原因？
4. 怎样看待我国政府支出规模与结构特点？
5. 简述我国政府支出分类方式。
6. 我国政府支出绩效评价常用方法有哪些？

第七章
政府购买性支出和转移性支出

导言

本章分购买性支出和转移性支出两部分，论述了政府支出。政府购买性支出的主要内容包括政府投资、公共事业支出、行政管理支出和国防支出等。政府转移性支出包括两项重点内容，即社会保障和财政补贴。在本章学习中，可以进一步学习和掌握各类政府支出在履行政府公共管理中的功能和作用，理解政府支出管理改革的重要性、紧迫性。

学习目标

通过本章的学习，掌握政府购买性支出和转移性支出的性质，政府财政应承担的职责，了解各类支出目前的状况，以及深化改革的任务。具体而言，在政府投资领域，重点掌握政府投资的特点与作用。在公共事业支出中，掌握教育、科技、卫生、文化支出的性质与政府职责。在行政管理、国防支出方面，掌握支出的内容与意义。在社会保障支出中，掌握社会保障制度的概念、功能、内容，以及财政支出的范围。在财政补贴支出中，掌握其概念、分类及经济影响。

第一节　政府购买性支出

一、政府投资支出

（一）政府投资的特殊性

从一般意义上讲，投资指的是投资主体将一部分资金或者资本投入到社会再生产过程中，从而获得收益的经济活动。按照资金或者其他资本的来源不同，可以将投资分为政府投资和非政府部门的私人投资。政府投资一般具有公共性，但是并不是说政府投资等同于公共投资，有一些非政府的中间组织的公益性投资也具有公共属性，同时有的自然人所进行的投资并不是为了个人的利益，而是具有和政府投资相同的公共属性，因此也能够被归类于公共投资的范围，因此政府投资属于公共投资，但并不等同于公共投资，因为有的投资不是政府部门安排的，但是仍然属于公共投资。政府投资指的是政府部门等将一部分资金投入到生产经营活动中，以获取经济收益或者社会收益的活动，具有明显的公共性。广义的政府投资包括政府对科技、教育、卫生等非生产领域的固定资产投资。在社会主义市场经济条件下，政府投资的重点，逐步由生产领域转向非生产领域的各项社会事业。

1. 私人投资与政府投资

政府投资与私人投资相比，具有较多的共同点，两者都是以一定的资金为媒介，获取更多的利益。同时，政府投资也一定要遵循市场规律，在市场中公平竞争，然后由市场选择较为优质的投资资源，这两种投资类别都要经过一定的过程才能够获取利益，得到投资回报，最终完成投资过程。但是与私人投资相比，政府投资还是具有显著的不同，如投资主体、投资承担能力、投资所获取的利益的类别、投资的领域等存在明显区别，主要体现在以下三个方面。

（1）投资效益目标不同。投资效益主要包括经济效益和社会效益，但两者有时会发生冲突和矛盾。一般来说，私人投资以利润最大化为目标，追求微观、个体经济收益。而政府投资以社会效益为首要目标，如果社会效益和经济效益发生矛盾，则以社会效益为先。政府投资可以选择项目本身只有微利，甚至无利可图，但社会效益良好的项目。

（2）投资规模不同。对于私人投资而言，受积累和筹集资金能力的制约，其一般具有比较分散的特点，比较适合中小型项目投资。而且单个私人投资者承担市场风险的能力有限，一旦出现系统性风险或者较大市场波动时，私人投资一般比较难以承受。相对私人投资，政府投资以政府为主体，以国家财政为后盾，可利用税收、债券等手段筹集巨额资金，一般具有较强的市场风险承受能力，适合投资那些规模大、建设周期长、技术要求高的大型建设项目，如大型电站、全国性铁路网、航空航天工程、港口等大型基础设施项目。

（3）投资方式不同。在市场经济条件下，私人投资的方式灵活多样，如投资入股、企业并购和合作经营等。而政府投资的主要方式有：①政府无偿拨款方式直接投资。这种方式主要针对那些大型公益类基础设施投资项目，投资周期长，收益率低，风险较大。这种投资方式有利于投资资金迅速到位，保证国家对于战略性资产的所有权。同时，这种投资方式同我国政治体制相适应，有利于政府在短时期内集中有限的资金，建设国家急需的重点项目。但是，这种无偿拨款的投资方式，容易诱发各单位争项目、争投资，造成重复建设，浪费国家资源，不利于提高财政资金的使用效果。②政府入股投资方式。这种方式是在市场经济体制比较健全的情况下，政府通过注入资本金，按照现代企业制度，通过所持股份对企业经营活动进行控制，以达到政府经济社会政策目标。这种投资方式，可降低政府全额投资的资金压力，扩展政府对经济的宏观调控能力。同时，有利于吸引社会闲散资金，引导社会投资，提高资源配置效率。

（4）政府投资与私人投资的领域不同。在市场经济条件下，私人投资领域一般是产权关系明晰，具有排他性与竞争性，投资的外部性比较小，产品市场比较成熟，市场竞争充分，经济效益良好，能够满足私人投资个人利润最大化目标的领域。同时，私人投资以中短期项目和中小型项目为主。而政府投资主要集中于存在市场失灵，外部性比较大，性质上属于纯公共物品或准公共物品的领域。

2. 市场经济条件下政府投资的作用

政府投资对经济社会发展的作用，在国家不同经济社会发展阶段和不同经济管理体制下，存在较大差别。在市场经济体制下，市场机制较为健全，私人投资是市场主体，政府的投资比率相对下降。但这并不是说政府投资可以完全退出经济建设领域，政府部门的政府投资仍然具有十分重要的作用。政府投资具体作用表现在以下几个方面。

（1）政府投资是政府克服市场失灵，为社会提供公共物品与服务的重要途径。如前所述，由于公共物品的非竞争性与非排他性，在市场经济条件下，公共物品如果由私人提供，则会导致供给严重的不足，因此需要政府干预。政府通过政府投资，可以提供供电、供水、桥梁、道路等基础设施，电站、航空航天等大型公共工程等公共物品和服务，克服市场失灵，满足社会公共需要，促进国家经济社会发展。

（2）政府投资是政府调节国民经济运行，实施宏观经济管理的重要政策工具。在调节国民经济运行，优化区域经济结构、产业结构，实现政府宏观经济社会发展目标中，具有十分重要的作用。在其他条件不变的情况下，政府投资向哪些地区、产业倾斜，哪些地区、产业发展就会快一些。同时，通过政府投资控股或者参股的形式形成国有经济体系，掌握国民经济命脉，特别是对一些具有国际竞争力的高新技术产业，关系到国家安全的一些军用产业投资，有利于国家进行国家经济宏观管理，实现政府经济社会发展战略目标。

（3）政府投资是促进经济增长的重要条件之一。从一般经济学原理分析，在其他条件不变的情况下，投资增加会使产出增加，增加市场商品和劳务供给，满足社会需求。

（二）政府投资领域

根据政府投资性质，政府投资注重经济、社会综合性收益，不以利润最大化为目标。因而需要明确界定政府投资的范围，不断细化政府投资的领域，进而形成政府投资与私人投资的有机结合，实现国家经济和谐发展。按照前述政府投资的特点，在市场经济条件下，政府投资的领域主要包括以下几个方面。

1. 基础设施投资

基础设施投资是政府投资的重要构成部分；而基础设施是一个非常宽泛的概念，对于一个国家和地区来说，基础设施的投资是一种非常重要的投资。基础设施是为社会生产和居民生活提供公共服务的物质工程设施，是用于保证国家或地区社会经济活动正常进行的公共服务系统。它是社会赖以生存和发展的一般物质条件。基础设施可从狭义和广义两方面来理解。狭义的基础设施主要包括道路、桥梁、邮电、通信、水电煤气等公共设施。在城市，这些公共设施也称为市政设施、市政工程。而广义的基础设施除上述狭义基础设施外，还包括教育、科技、医疗卫生、体育、文化等社会事业即“社会性基础设施”。

基础设施是国民经济和社会发展的基础。在现代社会中，经济越发展，对基础设施的要求越高；完善的基础设施对加速社会经济发展，促进其空间分布形态演变起着巨大的推动作用。基础设施与工业和其他产业发展之间有着非常明显的依存关系，基础设施建设滞后，会给其他产业的发展造成严重的障碍，阻碍其他产业的发展。当然，基础设施建设过剩，也会造成资源浪费。同时，也不会给其他的产业带来额外的收益和促进作用。这样，基础设施和一般产业之间形成如图 7-1 所示中的一种关系。

建立完善的基础设施往往需要较长时间和巨额投资。基础设施必须优先发展，而且具有前提性，是生产经营活动中的“前提条件”。对新建、扩建项目，特别是远离城市的重大项目和基地建设，更需优先发展基础设施，以便项目建成后尽快发挥效益。

（1）基础设施特点及政府投资的必要性。①基础设施本身具有公共物品特征，有明显的非竞争性和非排他性。不少基础设施消费者使用的边际成本为零，如果由私人部门投资会造成严重的供给不足的现象。因此，必须以公共部门投资作为主体进行基础设施建设。②基础设施具有自然垄断的特征。如供电、供水、供气、邮电、通信等基础设

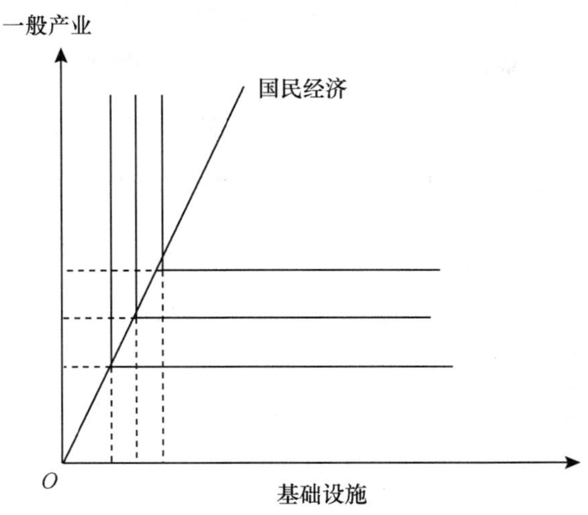

图 7-1　基础设施与一般产业之间的关系

施，放任私人投资，容易产生垄断经营，服务质次价高，损害社会公共利益。这就要求政府部门政府投资介入，降低企业运营成本，形成良性经济运营环境，为国家经济社会发展和人民生活提供优质公共服务。③基础设施建设周期长、投入大，技术要求高，有的项目本身只有微利，甚至无利可图，适合公共部门进行投资。单个私人投资者资金有限，抵御风险的能力较弱，在以利润最大化为目标的前提下，私人投资一般不愿投涉及公益性基础设施项目。

（2）政府公共设施投资的重点。根据基础设施特点，政府投资范围主要集中在两大类：①基础设施中属于纯公共物品的部分，以及部分准公共物品的基础设施。如普通公路、水利工程等设施，属于纯公共物品，一般应该由政府投资来完成，私人投资无力或不愿投资。准公共物品的基础设施可采用政府投资与私人投资相结合的方式。②基础设施中具有自然垄断性质的设施。例如输电线路、天然气管道等基础设施，这些基础设施具有明显的规模效益，小规模的基础设施越多，造成资源浪费越严重。同时，在一定区域内，一家企业经营这类设施的成本，比两家以上的企业经营成本低，但也容易出现垄断现象。因此这些领域也是政府投资的重点领域，政府投资必须占据主导地位。

（3）政府对于基础设施的政府投资的方式。政府对于基础设施的政府投资的方式较多，但是根据有无私人参与投资，可分为两类。①无私人投资主体参与的政府投资方式。这种方式完全由政府负担基础设施建设资金，政府及其他的公共部门完全承担基础设施建设的风险。这种建设方式，优点在于凭借政府财政权力，在短期内为基础设施的建设提供强大资金支持。其缺点是给有限的财政收入造成巨大压力，挤占大量的财政资源。并且，基础设施建设周期比较长，受价格以及其他经济因素影响大，也给政府财政预算安排带来巨大压力。②私人参与的投资方式。政府通过转让一部分利益，从而间接或者直接利用社会私人资金建设基础设施，并最终取得基础设施的所有权。这种方式可减轻政府财政压力，提高资金的使用效率。这种投资方式经常使用的类型主要有：BOT，移交—经营—移交方式（transfer-operate-transfer，TOT），建设—拥有—经营—转让（build-own-operate-transfer，BOOT）等PPP方式。

2. 基础工业和新兴战略性产业

基础工业主要包括能源工业、原材料工业等工业，其在工业发展中处于基础地位。基础工业产品是工业产业链的上游产品，基础工业发展的规模、结构和效益，对整个国家工业发展的规模、结构和效益具有决定性影响，且基础工业项目具有资本密集、技术密集的特点，有些能源工业、原材料工业，如石油、石化工业，关系到国家的经济社会安全，因而在国家工业化初期，由于私人资本积累能力有限，需要政府投资，促进工业化和国民经济迅速发展。在完成工业化任务后，政府投资可以逐步退出这些领域，形成以私人投资为主体的格局。

新兴战略性产业是指在一定时期内引领产业发展方向，具有重大技术创新潜能，有可能成为国家或地区未来支柱产业的新发展的产业。目前在国际上，新能源产业、可再生能源技术、节能减排技术、清洁煤技术及核能技术、新能源汽车，传感网、物联网、信息网络产业，微电子和光电子材料和器件、新型功能材料、高性能结构材料、纳米技术和材料，由生命科学推动的农业和医药产业发展，如新药物研发和先进医疗设备制造，空间、海洋和地球深部探索技术等都属于新兴战略性产业。新兴战略性产业发展关系到国家或地区的长远产业竞争力，以及国家经济和社会发展的整体战略利益。但新兴战略性产业发展初期投资风险大、私人投资无力或不愿涉及，需要政府投资先行，保证国家战略利益，在产业成熟后再走向市场，投资主体向私人投资转移。

3. 农业投资

（1）政府投资农业的必要性。农业之所以成为政府投资的重要领域之一，其原因在于农业自身的特殊性。①农业是国民经济的基础产业。在整个国民经济体系中，农业处于基础的地位。农业是人们的衣食之源，绝大多数粮食和食品生产，具有不可替代性。农业为工业提供原材料。只有农业劳动生产率提高了，才能向工业、服务业转移更多的剩余劳动者，促进工业和服务业的发展等。因此，农业的发展是整个国民经济稳定、协调和可持续发展的基础。②农业是高风险产业和弱质产业，需要政府投资支持。

在农业生产中，生产者面临自然和市场双重风险。由于农业自身特点，农业的生产比较容易遭受自然灾害的影响。同时，农产品也和工业品以及企业商品和劳务一样，必须面对激烈的市场竞争，这样，和其他产业相比，农业就成为高风险产业和弱质产业。因此，农业生产的特性必然要求政府投资支持农业发展，从而促进国民经济健康发展。

（2）政府投资农业的范围。尽管农业生产特征需要政府投资，但在市场经济条件下政府投资农业不能代替农民，以及其他农业生产者的主体地位。因此，政府投资农业的领域应主要集中在以下五个方面：①农业基础设施建设和生态环境治理；②农业科研与农村教育；③农业社会化服务体系建设；④扶贫开发；⑤农业自然灾害救济。

二、公共事业支出

（一）公共事业支出概念以及必要性

公共事业是指以实现公共利益为目的，向社会提供教育、医疗、科技、文化、体育等公共服务的活动，具有效用的整体性、非营利性、垄断性等特点。公共事业具有公共物品性质，即非排他性、非竞争性。其中，义务教育、公共卫生、公共文化等属于纯公共物品，完全具有非排他性、非竞争性。高等教育、一般性医疗、社会保障等，则部分具有非排他性、非竞争性，属准公共物品。公共事业的上述特性，决定了企业、个人等市场主体不愿或无力提供公共事业服务。但在市场经济体制下，大力发展各项公共事业及公共服务，对提高广大人民群众物质、文化水平，增进人民群众的社会福利，具有十分重要的意义。因而，发展教育、医疗、科技、文化、体育公共事业成为政府支出的重要内容。

（二）教育支出

一般而言，教育指凡是能增进人们的知识、技能、健康，以及形成或改变人们思想意识和道德品质的活动。有时，教育特指学校教育，指社会通过学校对受教育者的身心施加的一种有目的、有计划、有组织的影响，以使受教育者发生变化的活动。这里所论述的教育支出，兼顾上述两方面的内容。

1. 政府教育支出的范围

各国教育实践发展到今天，形成了一个庞大的教育体系。按照教育活动的层次划分，可分为学前教育、初等教育、中等教育和高等教育等教育活动。按照教育活动的主体划分，可分为学校教育活动和社会教育活动。按照是否颁发学历证书划分，可分为学历教育和非学历教育等。根据公共物品理论分析，教育活动既包括纯公共物品，也包括准公共物品。从理论上讲，义务教育即基础教育，具有纯公共物品的性质，这一部分所需的教育经费，应由政府财政负担。而中等教育、高等教育等教育活动，是一种准公共物品，这部分所需要的教育经费，应由政府和社会共同承担。同时，中等教育、高等教育等教育活动中的一部分，如职业技术教育、应用性较强的高等教育，除有一定的公共物品性质外，更接近于私人物品，可以走向市场化，由企业、个人投资。

2. 我国政府教育支出现状

“百年大计，教育为本”，教育的发达程度和投入水平也被列入衡量一个国家、一个民族素质、文明程度的主要指标。中华人民共和国成立以来，特别是改革开放四十多年来，我国政府高度重视教育事业，教育支出是公共财政支出的重要内容。1995年颁布，2009年、2015年、2021年修订的《教育法》要求各级人民政府教育财政拨款的增长应当高于财政经常性收入的增长，教育经费支出占国民生产总值的比例应当随着国民经济的发展和财政收入的增长逐步提高，保证教师工资和学生人均公用经费逐步增长。2008年全面实行城乡免费义务教育，对所有农村义务教育阶段学生免费提供教科书。

2019年，全国教育经费总投入为50 178.12亿元，比上一年的46 143.00亿元增长8.74%。其中，国家财政性教育经费（主要包括一般公共预算安排的教育经费，政府性基金预算安排的教育经费，国有及国有控股企业办学中的企业拨款，校办产业和社会服务收入用于教育的经费等）为40 046.55亿元，比上一年的36 995.77亿元增长8.25%。2019年全国一般公共预算教育经费（包括教育事业费、基建经费和教育费附加）为34 648.57亿元，比上一年增长8.30%。其中，中央财政教育经费为5 322.32亿元，比上年增长6.28%。2019年全国一般公共预算教育经费占一般公共预算支出238 858.37亿元的比例为14.51%，比上一年的14.48%提高了0.03个百分点。据统计，2019年全国国内生产总值为990 865.1亿元，国家财政性教育经费占国内生产总值比例为4.04%。

（三）科技支出

科技支出是政府用于发展科学技术的支出。在现代社会，科学技术是第一生产力，科技进步对经济增长的贡献率不断提高，对发达国家经济增长的贡献率已达到80%。各国政府都非常重视科学技术的发展，纷纷将增加科技投入作为提高国家持续竞争力的主要政策。特别是进入21世纪以后，加大政府科技投入，是公共财政的发展趋势。在我国提出建设创新型国家战略下，财政科技支出对提高国家自主创新能力，促进经济发展和社会繁荣具有现实意义。

1. 科技支出内容

现代科学技术活动内容广泛，可从不同角度进行分类。如按照科技活动的层次分类，科学技术可分为基础研究、应用研究和发展研究；按照科技性质分类，可分为自然科学和社会科学。从公共物品理论分析，基础研究和发展研究具有纯公共物品特征，具有明显的外部性特征，基础科学研究水平的高低直接决定一个国家科学技术发明，以及应用水平的高低，一项基础科学研究的突破，能够促进很多项科技的进步，但基础研究和发展研究投资大、周期长、见效慢、风险大，私人投资难以承担，因而成为政府财政支出的重点。科学技术的应用研究，在市场经济条件下，可以直接取得经济效益，可由企业、个人来承担，政府财政只需要对一些影响国家经济社会发展战略的重点项目给予一定支持。

在《2020年政府收支分类科目》中，科学技术款级科目主要包括：科学技术管理事务、基础研究、应用研究、技术研究与开发、科技条件与服务、社会科学、科学技术普及、科技交流与合作、科技重大专项和其他科学技术支出。其中基础研究支出中项级科目包括自然科学基金、重点试验室及相关设施、重大科学工程、专项基础科研、专项技术基础等①。

2. 我国政府财政科技支出现状

我国政府重视科学技术工作。改革开放以来，我国积极推进科技体制改革，充分发挥科技人员的积极性、创造性，科学技术取得了显著进步。1995年5月在《中共中央国务院关于加速科学技术进步的决定》中提出科教兴国战略，成立国家科技教育领导小组。近年来，按照有关法律法规的要求，财政科技经费支出增幅明显高于财政经常性收入增幅，初步建立了财政科技投入稳定增长机制。国家财政科技支出在2004年首次突破1 000亿元，2009年突破3 000亿元，绝对数量的增长速度较快。近年来政府财政科技支出见表7-1。

① 资料来源：财政部预算司网站。

表 7-1　　国家财政用于科学研究的支出

年份	财政科技支出（亿元）	财政支出（亿元）	科学研究支出占财政支出的比率（%）
1990 年	139.12	3 083.59	4.51
1991 年	160.69	3 386.62	4.74
1992 年	189.26	3 742.20	5.06
1993 年	225.61	4 642.30	4.86
1994 年	268.25	5 792.62	4.63
1995 年	302.36	6 823.72	4.43
1996 年	348.63	7 937.55	4.39
1997 年	408.86	9 233.56	4.43
1998 年	438.60	10 798.18	4.06
1999 年	543.85	13 187.67	4.12
2000 年	575.62	15 886.50	3.62
2001 年	703.26	18 902.58	3.72
2002 年	816.22	22 053.15	3.70
2003 年	975.54	24 649.95	3.96
2004 年	1 095.34	28 486.89	3.85
2005 年	1 334.91	33 930.28	3.93
2006 年	1 688.50	40 422.73	4.18
2007 年	2 135.70	49 781.35	4.29
2008 年	2 611.00	62 592.66	4.17
2009 年	3 276.80	76 299.93	4.29
2010 年	4 196.70	89 874.16	4.67
2011 年	3 828.02	109 247.79	3.50
2012 年	4 452.63	125 952.97	3.54
2013 年	5 084.30	140 212.10	3.63
2014 年	5 314.50	151 785.56	3.50
2015 年	5 862.57	175 877.77	3.33
2016 年	6 564.00	187 755.21	3.50
2017 年	7 266.98	203 085.49	3.58
2018 年	8 326.65	220 904.13	3.77
2019 年	9 470.79	238 858.37	3.97

数据来源：由 1991—2020 年《中国统计年鉴》数据整理计算得到。

（四）卫生支出

卫生事业有时也称为医疗卫生事业，主要包括医疗、卫生、医学研究、突发事故救护等内容，是专门从事疾病预防、治疗、保健，提高人们健康水平的活动。卫生支出是指政府财政用于医疗卫生事业的支出。在现代社会中，人们的健康状况日益显示出对国民经济发展和社会进步的重要意义。

1. 政府卫生支出范围

如上所述，医疗卫生包含范围较广，从性质上分析，有些医疗卫生属纯公共物品性质，如公共卫生；有的则属准公共物品，如基本医疗；有的则更接近于私人物品，如整形美容医疗等。公共卫生一般包括疾病预防控制，如传染病医院、精神病医院、福利医院等为病人提供的医疗服务、妇幼保健、卫生监督等部门。公共卫生服务主要是为社会提供公共服务，改善环境卫生，教育人们关于个人卫生的知识，防治疾病，延长人们寿命，改善身体健康和机能，如预防传染病、接种防病疫苗、妇幼保健等，涉及面广，资金需要量大，不以营利为目的，其受益对象是全体社会公众，具有明显的外部效应，属公共物品，私人不可能也不愿意提供这类服务。因而公共卫生服务不可能像医疗服务那样进入市场进行交换，其利益也是由社会公众无差别地享受的，因此，公共卫生服务所需要的经费主要应由政府财政提供。同时，政府也应提供居民部分基本医疗支出。

在《2020 年政府收支分类科目》中，款级支出科目包括：公立医院、基层医疗卫生机构、公共卫生、中医药、计划生育服务、行政事业单位医疗、财政对基本医疗保险补助、医疗救助、优抚对象医疗等。其中，公共卫生项级支出科目有：疾病预防控制机构、卫生监督机构、妇幼保健机构、精神卫生机构、应急救治机构、供采血机构、其他专业公共卫生机构、基本公共卫生服务、重大公共卫生服务、突发公共卫生事件应急处理、其他公共卫生支出等。这大体反映了我国政府医疗卫生支出范围实际状况①。

2. 我国政府卫生支出

中华人民共和国成立后，我国政府重视医疗卫生事业的发展，通过政府财政支出，建立了较为完善的医疗卫生体系，城乡居民健康水平有了较大幅度提高。近年来，各级财政积极调整财政支出结构，努力增加医疗卫生投入，并注重向需方倾斜、向公共卫生

① 资料来源：财政部预算司。

倾斜、向基层倾斜，推动深化医药卫生体制改革，着力支持医疗保障体系、公共卫生服务体系、医疗服务体系和药品供应保障体系建设，促进逐步解决群众看病难、看病贵问题。据统计，2020 年全国卫生总费用预计达 72 306.4 亿元，其中：政府卫生支出 21 998.3 亿元（占 30.4%），社会卫生支出 30 252.8 亿元（占 41.8%），个人卫生支出 20 055.3 亿元（占 27.7%）。人均卫生总费用 5 146.4 元，卫生总费用占 GDP 百分比为 7.12%。

（五）公共文化支出

文化是人类在社会实践过程中所获得的能力和创造的成果，广义的文化包括人类物质生产和精神生产的能力，物质和精神的全部产品。狭义的文化指精神生产的能力和精神产品，包括一切社会意识形态，有时又专指教育、科学、艺术、卫生和体育等方面的知识和设施。公共文化支出是政府在繁荣和发展文化事业方面的支出。文化活动的内容繁多，涉及面广，可从不同角度进行分类。从工作对象看，可分为艺术、文献和文物、新闻出版、广播、电视、电影事业等；从活动范围看，可分为农村文化活动、城镇文化活动、城市文化活动。城市文化活动包括社区文化活动、企业文化活动、学区文化活动等。因此，繁荣和发展文化事业是提高人民生活质量和水平的重要内容。

如前所述，文化事业种类繁多，从性质上看，包括纯公共物品、准公共物品和私人物品的文化活动。凡在提供和享受方面具有竞争性和排他性的文化产品，属于私人物品。如广播、电影、电视节目的制作、播放；文艺团体的演出、图书音像的出版等。而纯公共物品和准公共物品范畴的文化服务，指涉及全体社会公众利益的文化事业，具体包括两个方面。①公共文化设施建设。如公共图书馆、博物馆、文化馆、文物保护等。②文化市场调节和管理。如文化市场管理和监督，打击违反法律法规和社会道德规范的行为；保护知识产权；支持民族传统文化的挖掘、整理；扶持代表国家或地区水准的文艺团体等。提供公共物品和部分准公共物品范围内的文化服务是政府文化支出职责。在《2020 年政府收支分类目录》中，涉及文化支出的内容有政府用于公用文化设施、艺术表演团体及文化艺术活动方面的支出，文物支出等。

近年来，我国政府增加了财政文化支出。2020 年全国文化旅游体育与传媒支出 4 233 亿元，同比增长 3.6%。2021 年文化支出的方向是支持发展文化事业和文化产业。持续推进城乡公共文化服务体系一体建设，提高文化惠民工程的覆盖面和实效性。完善相关资金基金管理机制，引导推出更多精品力作，支持繁荣发展社会主义文艺。加强文物保护利用和非物质文化遗产保护传承，推动国家文化公园建设，弘扬中华优秀传统文化。支持北京冬奥会、冬残奥会筹办和国家队备战，加快体育强国建设①。

三、行政管理支出

（一）行政管理支出的概念及性质

行政管理支出是财政用于国家各级立法机关、行政管理机关和司法机关行使其职能所需的费用支出。这是保障各级政权机构正常运转所需的支出，是政府依法行使国家权力、组织和管理国家事务所必需的开支，是维持国家机器正常运转的基本条件。从性质上讲，行政管理支出是国家公共权力机关自身的支出，相当部分支出不直接为企业、居民和其他社会组织提供公共服务。因而一方面，这些支出是公共权力机关履行职责必需的支出；另一方面，行政管理支出规模过大，增长速度过快，在经济发展水平和国民收入一定的条件下，必然挤占经济建设支出和科技、教育、文化、卫生等各项公共事业和公共服务支出，影响经济和社会发展，以及人民生活的改善。在保障公共权力机关履行职责的条件下，需要尽可能节约行政管理支出。

（二）我国行政管理支出的内容

在 2006 年政府收支科目改革以前，我国行政管理支出的内容主要有行政管理费、外交外事支出和公检法司支出。具体内容如下：

行政管理费包括：人大经费、政府机关经费、政协经费、共产党机关经费、民主党派机关经费、社会团体机关经费。

外交外事支出主要包括：驻外机构经费、出国费、招待费、其他外事费等。

公检法司支出包括：公安支出、国家安全支出、检察院支出、法院支出、司法支出、劳教支出等。

2006 年政府收支科目改革以后，我国行政管理支出主要包括一般公共服务支出，以及外交、国防、公共安全、教育、科学技术、文化旅游体育与传媒、社会保障和就业、卫生健康、节能环保、城乡社区事务、农林水、交通运输、资源勘探工业信息等事

① 资料来源：财政部网站。

务、商业服务业等事务、金融支出、援助其他地区、自然资源海洋等事务、住房保障、粮油物资储备、灾害防治及应急管理等支出中包含的行政管理支出。其中，一般公共服务支出包括人大事务、政协事务、政府办公厅（室）及相关机构事务、发展与改革事务、统计信息事务、财政事务、税收事务、审计事务、海关事务、人力资源事务、纪检监察事务、商贸事务、知识产权事务、民族事务、港澳台事务、档案事务、民主党派及工商联事务、群众团体事务、党委办公厅（室）及相关机构事务、组织事务、宣传事务、统战事务、对外联络事务、其他共产党事务、网信事务、市场监管事务、其他一般公共服务支出。

（三）我国行政管理支出

我国行政管理支出对公共权力机关履行职责，对社会提供公共服务，促进经济社会发展发挥了积极作用。但是，也应当看到，改革开放以来，我国的行政管理支出占财政支出比率迅速上升，将近20%。增长速度过快，行政运行成本过高，在一定程度上助长了各种消极腐败行为，对国家经济社会产生消极影响，1978—2006 年我国行政管理费情况见表 7-2。

表 7-2　　1978—2006 年我国行政管理费情况表

年度	行政管理费（亿元）	行政管理费占财政支出比率（%）
1978 年	52.85	4.71
1980 年	75.57	6.15
1985 年	170.96	8.53
1990 年	414.43	13.44
1991 年	413.84	12.22
1992 年	463.28	12.38
1993 年	634.14	13.66
1994 年	847.46	14.63
1995 年	996.26	14.60
1996 年	1 185.08	14.93
1997 年	1 359.18	14.72
1998 年	1 600.29	14.82
1999 年	2 020.35	15.32

续表

年度	行政管理费（亿元）	行政管理费占财政支出比率（%）
2000 年	2 767. 43	17. 42
2001 年	3 500. 76	18. 52
2002 年	4 101. 89	18. 60
2003 年	4 690. 89	19. 03
2004 年	5 520. 76	19. 38
2005 年	6 511. 22	19. 19
2006 年	7 571. 18	18. 73

资料来源：《历年中国统计年鉴》，2006 年以后政府的支出统计项目中行政管理费科目已经取消。

四、国防支出

（一）国防支出的基本概念与性质

国防支出指国家财政用于国防建设和保卫国家安全的支出，以及履行政府对外职能的支出。国防支出是政府财政最早的支出项目之一。当人类社会发展到出现了国家，有了政府，有了财政，就有国防支出。国防支出是满足全体社会成员安全需要的支出。通过国防支出加强国防建设，建立现代的国防力量，维护国家独立，保障领土完整、安全和主权不受侵犯，从而为国内经济建设、社会发展，以及人民生活创造良好的外部环境。国防安全是社会公共利益的重要内容。

从性质上看，国防支出具有纯公共物品属性。国防支出消费完全具有非排他性和非竞争性，以及效用的整体性，即国防是面向全体社会成员提供的公共服务。因而国防服务不能通过市场配置，由私人来提供。从社会再生产的角度分析，国防消费是消费性支出，是社会财富的消耗。因此，国防支出可从两个方面来认识，一方面，国防支出是政府履行职责，为国家和人民提供国防安全所必需的支出，有其必要性、合理性；另一方面，在经济发展水平一定的条件下，国防支出和经济社会发展支出、人民生活支出之间存在此消彼长的关系。需要妥善处理国防建设和经济建设、人民生活之间的关系。历史上有些国家穷兵黩武，对外发动侵略战争，不仅给遭受侵略的国家和人民带来了深重的灾难，而且使本国人民也深受其害。

（二）国防支出的内容

根据《2020年政府收支分类科目》，我国国防支出中款级支出科目包括现役部队支出、国防科研事业支出、专项工程支出、国防动员支出，以及其他国防支出。其中，国防动员款级支出科目包括的项级支出科目有：兵役征集支出，经济动员支出，人民防空支出，交通战备支出，国防教育支出，预备役部队、民办和其他国防动员支出。

（三）我国的国防支出现状

在一定的经济社会发展水平和财政收入条件下，一个国家国防支出的规模，主要取决于国家所处的国际形势和本国的国防政策。2019年中国政府发表《新时代的中国国防》白皮书指出，中国始终不渝奉行防御性国防政策。依照宪法和法律，中国武装力量肩负对外抵抗侵略、保卫祖国，对内维护社会大局稳定、保卫人民和平劳动的神圣职责。建设与国家安全和发展利益相适应的巩固国防和强大军队，是中国现代化建设的战略任务，是中国各族人民的共同事业。新时期中国国防的目标和任务，主要有以下内容：①维护国家主权、安全、发展利益；②维护社会和谐稳定；③推进国防和军队现代化；④维护世界和平稳定。

从绝对量及相对量来看，我国国防支出处于较低水平上，2000年国防支出为1 207.54亿元，占GDP的1.2%。到2019年，我国国防支出为12 122.1亿元，占GDP的比例仍为1.2%。近年来，我国国防支出占GDP的比率见表7-3。

表7-3　2000—2019年中国国防支出情况

年份	国防支出（亿元）	国防支出占GDP比率（%）
2000年	1 207.54	1.20
2001年	1 442.04	1.30
2002年	1 707.78	1.40
2003年	1 907.87	1.39
2004年	2 200.01	1.36
2005年	2 474.96	1.32
2006年	2 979.38	1.36
2007年	3 354.91	1.24
2008年	4 178.76	1.31

续表

年份	国防支出（亿元）	国防支出占 GDP 比率（%）
2009 年	4 951. 10	1. 42
2010 年	5 333. 37	1. 29
2011 年	6 027. 91	1. 24
2012 年	6 691. 92	1. 24
2013 年	7 410. 62	1. 25
2014 年	8 289. 50	1. 29
2015 年	9 087. 84	1. 32
2016 年	9 765. 80	1. 31
2017 年	10 432. 37	1. 25
2018 年	11 280. 46	1. 23
2019 年	12 122. 10	1. 23

数据来源：由 2001—2020 年《中国统计年鉴》数据整理计算得到。

第二节　政府转移性支出

一、社会保障支出

（一）社会保障制度的基本内涵

1. 社会保障制度的涵义

世界各国社会保障制度经历了较长时间的演变，从维持人的最基本生活需要开始，逐渐演变为保障人的全方位的生活，现代的社会保障制度就是一种综合性的保障体系。社会保障制度是在政府管理之下，以国家为主体，依据一定的法律和规定，通过国民收入再分配，以社会保障基金为依托，对居民在暂时或者永久性丧失劳动能力，以及由于各种疾病、失业、工伤、生育等原因使生活发生困难时给予的物质帮助，以保障居民最基本的生活需要。社会保障制度是通过集体投保、个人投保、国家资助、强制储蓄的办法筹集资金，国家对生活水平达不到最低标准者实行救助，对暂时或永久失去劳动能力的人提供基本生活保障，逐步增进全体社会成员的物质和文化福利，保持社会安定，促进经济增长和社会进步。

2. 社会保障制度的功能

社会保障制度的功能指的是社会保障在实施过程中所发挥的效应以及作用。在国家经济社会发展的过程中，社会保障的作用越来越重要。其功能主要体现在保障功能、稳定功能、调节功能和互助功能等方面。

（1）保障功能。即通过社会保障制度，为居民在暂时或者永久性丧失劳动能力，以及由于各种疾病、失业、工伤、生育等原因生活发生困难时，给予物质帮助，以保障居民最基本的生活需要。这是社会保障制度的基本功能。社会保障制度的保障功能，体现了社会的文明和进步。

（2）稳定功能。社会保障制度被称为经济社会发展的“稳定器”，可有效缓解经济社会运行中各种危机对社会的震荡，维护社会的稳定。这主要是通过几个方面实现的。①通过对社会成员基本生活需求的保障，建立起了社会安全机制，可以减少因此产生的社会动荡。②完善的社会保障制度可以自动调节经济社会运行，发挥稳定器功能。

（3）调节功能。调节功能是指通过社会保障基金的收支，对国民收入进行再分配与调节，以克服社会分配不均，缩小社会的贫富差距。社会保障缴纳主要来自税收，即社会保障税，而那些低收入者可能会成为社会保障的净受益者，可以将社会保障看作是高收入阶层将一部分财富转移给低收入阶层的一种制度安排，因而具有收入调节功能。

（4）互助功能。社会保障的资金筹集包括税收、缴费、捐献等多种手段，通过养老保险支出、医疗保险支出等支付给需要的人。这种分配机制是一种风险分散或者责任共担机制，风险分散、责任共担本身就是以互助为基础，并在互助中使风险得到化解。因此，社会保障制度不仅具有社会稳定功能，而且具有社会互助功能。

3. 政府建立社会保障制度的必要性

在当代世界，各国政府纷纷建立了各种社会保障制度，除市场失灵的基本原因外，其必要性主要体现在以下三方面。

（1）收入分配差距导致个人基本生活保障水平的不同。每个人自然禀赋各异，工作努力程度不同，有的人收入较高，有的人收入较低，甚至有的人在工作的时候就几乎没有储蓄。那么，这些低收入人群在退休、失业、患病时生活水平就会下降，可能出现连基本生活都难以维持的状况。这就需要政府干预，通过社会保障制度，为每一个居民提供基本的生活保障，调节收入分配差距，维护社会稳定和正常秩序，促进社会经济发展。

（2）保障社会公平。如果仅依靠个人通过商业保险或储蓄，为自己生活提供保障，理性预期的人都会为自己的养老、医疗、失业等投保，以防止自己将来发生不测，为生活提供保障。但是也有一些人可能不会投保，当他们出现失业、工伤等情况之后，政府还不得不为他们支付一部分救济资金，以保障其生存需要。这些免费搭车行为，必然损害其他人利益。在这种情况下，政府部门必须通过强制储蓄，即要求每一个居民参加社会保障，为自己的未来投保，以体现社会公平。

（3）商业保险市场存在逆向选择和道德风险。保险人在投保之后，就会掉以轻心，造成保险公司赔付的概率增加，这种现象就被称为道德风险。而且在这个市场中，那些意外风险高的人愿意投保，这被称为逆向选择问题，也会造成保险公司损失概率上升的结果，这些问题导致商业保险制度供给不足，需要政府介入，建立完善的社会保障制度，为人们的基本生活需要提供保障。

（二）社会保障制度的主要内容

现代社会保障制度内容繁杂，社会保险、社会救助和社会福利等构成较为完整的社会保障体系。在整个社会保障体系中，以社会保险为主导，社会救助、社会福利和商业保险为补充，为城乡居民提供社会保障服务。目前，我国社会保障制度也主要是以社会保险为主，还有社会救济、社会福利、社会抚恤等。

1. 社会保险

社会保险是一种为丧失劳动能力、暂时失去劳动岗位或因健康原因造成损失的人口，提供收入或补偿的社会和经济制度。社会保险由政府举办，强制某一群体将其收入的一部分作为社会保险税（费）形成社会保险基金，在满足一定条件的情况下，被保险人可从基金获得固定的收入或损失的补偿。它是一种再分配制度，它的目标是保证物质及劳动力的再生产和社会的稳定。社会保险的主要项目包括养老保险、医疗保险、失业保险、工伤保险、生育保险等。

由此可见，社会保险是综合性的社会保障体系。这种保险制度的特征有：①强制性。社会保险是由国家通过立法形式强制实施的一种保障制度，凡属于法律规定范围之内的劳动者个人和所在的单位，都必须参加社会保险，并按照规定履行缴税（费）义务。劳动者个人作为被保险人的一方，对于是否参加社会保险，以及参加的项目和待遇标准，均无权自由选择或者更改。②互济性。社会保险实行“一人为大家，大家为一人”的互济原则，对企业和职工双方形成保护机制。单位和个人所缴纳的保险税费用，在纵向上和横向上协调使用。因此，具有很强的互济性。③保障性。社会保险是社会劳动者的一项基本权利，它对其成员具有普遍保障责任，一旦他们失去劳动能力或者工作机会，其基本生活能够得到保障；社会保险以政府财政作为后盾，所以被保险人的权利可以得到有效保障。④储备性。社会保障基金无论是对于参保者个人，还是对于社会来说，都具有储蓄的性质。

社会保险制度经过不断发展，目前主要包括养老保险、医疗保险、失业保险、工伤保险和生育保险等。现做简要介绍。

（1）养老保险。养老保险是指对达到法定年龄退出劳动领域的劳动者，为保障其基本生活需要，由社会保障基金提供的生活补偿费用。养老保险的前提是劳动者在劳动年龄阶段为社会付出了剩余劳动，缴纳了税费，做出了一定贡献，因此，在退出劳动领域之后，社会需要对其生活进行保障。

（2）医疗保险。医疗保险是指社会劳动者因疾病、受伤或生育需要治疗时，由社会提供必要的医疗服务和物质保障的一种制度。医疗保险是社会保险体系的重要组成部分，它与其他社会保险既有联系又有区别。医疗保险保障公民的身体健康，与养老、失业、工伤、生育等其他保险一起，共同对劳动者的生、老、病、死、残起着保障作用。医疗保险的特点有：①具有普遍性。医疗保险的覆盖对象，原则上应是全体居民，因为疾病风险是每个人都难以回避的，而养老、失业、工伤、生育风险的对象主要是劳动者，不是每个人都会遇到失业，发生工伤的概率更小。因此，医疗保险是社会保险体系中覆盖面最广、作用最频繁的险种。②涉及面广，具有复杂性。医疗保险不仅与国家的经济发展阶段及生产力发展水平有关，还涉及医疗保健服务的需求和供给。为了确保医疗保险基金的合理使用和正常运转，医疗保险还存在着设计必要的制度机制，以便对医疗服务的享受者和提供者的行为进行合理引导和控制。这些都是其他社会保险所没有的。③属于短期性、经常性的保险。由于疾病的发生是随机性的、突发性的，医疗保险提供的补偿也只能是短期性、经常性的，不像其他社会保险如养老保险或生育保险那样，是长期性的、可预测性的或一次性的。因此，医疗保险在财务处理方式上，也与其他社会保险不同。④医疗费用难以预测和控制。医疗费用因受多种因素影响，其费用变化较大，难以掌握。⑤基金实现专款专用。按一定方式筹集起来的医疗保险基金，只有当被保险人患病、非因工负伤等需要支付医疗费时，才按享受待遇的有关规定进行结算，同时享受医疗服务，并且享受的医疗服务待遇与其工资水平无关，只与实际病情有关，不得提现使用，真正实现了专款专用。

（3）失业保险。失业保险是指劳动者发生非自愿性失业后，由国家或社会保险机构按劳动法规定的期限，对失业者发放一定数额失业救济费的一种社会保险制度。失业保险最早起源于比利时。1901 年比利时始创的失业保险，均为自愿性的保险，类似现在的失业救助。以立法形式颁布的失业保险，首创于英国 1911 年国民保险法中包括的失业保险，以后被大多数国家所采用，它分为强制保险和任意保险。

（4）工伤保险。工伤保险是指国家和社会为在生产、工作或在规定的某些特殊情况下遭受意外伤害、职业病伤害的劳动者提供医疗服务、生活保障、经济补偿、医疗和职业康复，为因这两种情况造成死亡的劳动者的供养亲属提供遗属抚恤等物质帮助的一种社会保险制度。最早实施工伤保险的是德国，于 1884 年通过了《工人灾害赔偿法》。现代工伤保险中，保险事故即广义工伤，包括狭义工伤和职业病。历史上最早的工伤保险立法，仅以工伤为保险事故，而不包括职业病。把职业病作为工伤保险事故的，始于英国 1906 年的法律。

工伤保险在维持劳动力能力方面具有重要作用：①工伤保险是保障市场经济条件下工伤职工基本权益的重要条件；②工伤保险是推进国有企业改革和国有经济结构调整的重要措施；③工伤保险是健全社会保障体系的重要内容；④工伤保险是促进建立工伤事故和职业病危害防范机制的重要手段；⑤有利于保护和发展社会生产力；⑥有利于妥善处理事故和恢复正常生产，维护社会安定。

（5）生育保险。生育保险是指妇女劳动者因怀孕、生育子女而暂时丧失劳动能力时，从国家和社会得到医疗服务和现金补助的制度。1988 年以来，我国的一些地区开始进行企业生育保险制度的改革。1994 年，在总结各地经验的基础上，我国政府有关部门制定了《企业职工生育保险试行办法》，其中规定，生育保险费由企业缴纳，职工个人不缴费。生育保险支付待遇主要包括因生育发生的医疗费用和产假期间按月发放的生育津贴等。2010 年生效后经 2018 年修订的《社会保险法》，也对生育保险做了规定。各个国家根据自己的情况把一些项目合并或者把某些项目拆开。如有的国家把“残障保险”涵盖在“工伤保险”中，有的国家把“生育保险”和“疾病保险”合并为“疾病和生育社会保险”等。

2. 社会救济

社会救济是指国家和社会为保证每个公民享有基本生活权利，而对贫困者提供物质帮助。社会救济主要包括自然灾害救济、失业救济、孤寡病残救济和城乡困难户救济等。国家和社会以多种形式对因自然灾害、意外事故和残疾等原因而无力维持基本生活的灾民、贫民提供救助，包括提供必要的生活资助、福利设施，急需的生产资料、劳务、技术、信息服务等。社会救济的目标是维持居民最低生活水平需要。最低生活水平有两层含义：第一层含义是绝对贫困的临界点，保证维持生命所需的最低限度的衣、食、住、行等条件；第二层含义是相对贫困的临界点，相对于其他公民拥有的消费资料和服务的贫困。最低生活水平标准一般以恩格尔系数来反映，即一个家庭用于饮食的支出占家庭总支出的比例。

3. 社会福利

社会福利是指国家依法为所有公民普遍提供旨在保证一定生活水平和尽可能提高生活质量的资金和服务的社会保障制度。一般社会福利主要指社会服务事业及设施。社会福利制度一般来讲具有以下四个特点：①社会福利是社会矛盾的调节器；②每一项社会福利计划的出台，总是带有明显的功利主义目的，总是以缓和某些突出的社会矛盾为终极目标；③社会福利的普遍性，社会福利是为所有公民提供的，利益投向呈一维性，即不要求被服务对象缴纳费用，只要公民属于立法和政策划定的范围之内，就能按规定得到应该享受的津贴服务；④社会福利较社会保险而言，是较高层次的社会保险制度，它在国家财力允许的范围内，在既定的生活水平的基础上，尽力提高被服务对象的生活质量。

社会福利可从广义和狭义两方面理解。广义的社会福利是指提高广大社会成员生活水平的各种政策和社会服务，旨在解决广大社会成员在各个方面的福利待遇问题。狭义的社会福利是指对生活能力较弱的儿童、老人、单亲家庭、残障人士、慢性精神病人等的社会照顾和社会服务。本书中所讲的社会福利一般是指狭义的社会福利。这种社会福利主要包括三个方面的内容。①公共福利事业，如教育、文化、体育等。公共福利事业一般是免费向社会成员提供，或者收取较低的费用。②专门的福利事业，如儿童福利院、敬老院、残障人士康复中心等。③局部性或者有选择性福利措施，即国家为照顾某一地区或者一定范围内居民的福利措施，如对寒冷地区的采暖补贴等。

4. 社会抚恤

我国《宪法》第四十五条规定，国家和社会保障残废军人的生活，抚恤烈士家属，优待军人家属。保障优抚对象的生活是国家和社会的责任。社会优抚制度的建立，对于维持社会稳定，保卫国家安全，促进国防和军队现代化建设，推动经济发展和社会进步具有重要的意义。社会优抚是针对军人及其家属所建立的社会保障制度，是指国家和社会对军人及其家属所提供的各种优待、抚恤、养老、就业安置等待遇和服务的保障制度。社会抚恤主要包括死亡抚恤、伤残抚恤、社会优待以及退役安置等。

（1）死亡抚恤。死亡抚恤是优抚保障制度中最基本的内容。军人若在服役中为国阵亡，必然使其家属尤其是被赡养人蒙受巨大的损失。因此，国家有责任抚慰其家属，保障其生活，提供既有褒扬意义又有物质补偿性的抚恤金。死亡抚恤金由政府颁发，根据不同的标准，金额不同。

（2）伤残抚恤。这种抚恤也是社会优抚的基本构成之一。军人在服役过程受伤致残，会给其本人以及家属带来生活困难，国家应该通过社会抚恤保障其生活，对其本人及家属进行褒扬及抚恤。抚恤一般分为三个类别，战时负伤致残、平时负伤致残、因病致残。因此，在进行伤残抚恤时，也有所不同。

（3）社会优待。社会优待是指国家根据立法规定与社会习俗，对优抚对象提供资金和服务的优待性保障制度。社会优待的目标是保证现役军人尤其是义务兵及其家属维持一定的生活水平，并随着社会发展不断提高他们的生活质量。社会优待手段既包括资金保障，也包括服务保障。

（4）退役安置。退役安置是国家和社会依法向退出现役的军人提供资金和服务保障，使之重返并适应社会的一种优抚保障制度。退役安置是为了帮助曾经生活与工作在军队系统中的军人，在退役后做好重返社会的必要准备。退役安置对退役军人既提供资金保障，又提供服务保障。

（三）社会保障制度的运行模式

1. 社会保障运行模式分类

社会保障运行模式分类方法较多，最重要的分类方法是按照政府责任大小划分的。

（1）有限政府模式。有限政府模式是政府承担的社会保障责任种类和份额有明确界定的模式。目前，大多数国家采用这种模式。这一模式强调责任与义务对等原则，在追求公平的同时，也注意到效率，具有较强的可持续性及可操作性。19 世纪 80 年代“铁血宰相”德国俾斯麦，基于当时德国的社会背景，开创了与工业社会相适应的社会保险制度，从而开启了现代社会保障发展的大门。德国的这种社会保障模式，又被称为“俾斯麦”模式。在这种模式中，政府的作用是有限的，私营企业与工人供给的比例非常高，这是典型的有限政府模式。后来，很多国家如奥地利、法国、比利时等纷纷效仿。美国也采取了这种有限政府模式，说明该模式具有较强的可持续性。

（2）责任政府模式。责任政府模式对应的就是贝佛里奇式的福利性国家。在福利国家，政府是社会保障的天然责任主体，政府应该承担社会保证资金筹集、支付与实施的责任。在英国之后，西欧、北欧的一些国家宣布进入高福利国家。从严格意义上讲，福利国家社会保障政府的责任也是有限的。20 世纪 70 年代中期以后，欧洲国家普遍出现经济增长缓慢、人口结构老龄化的趋势，福利国家在经历 1/4 世纪的扩张之后，开始显现危机。福利国家出现财政赤字、失业率高等问题，被称为“福利病”“福利陷阱”等。此后，福利国家大多进行制度研究与改进。

（3）政府包办模式。政府包办模式就是政府承担社会保障的全部责任，个人不需要承担任何责任。这种模式在计划经济时期具有普遍适应性。在苏联计划经济时代，人民的经济生活水准较高。我国在计划经济时期，也采取的是这种政府包办的模式。但是，政府包办模式具有其内在缺陷，不可持续发展。

2. 社会保障资金运营模式

社会保障资金的运营模式包括现收现付式、完全基金式和部分基金式。现收现付式是指当期社会保障所缴税费全部用于当期支出，没有结余或结余很少；完全基金式是指当期社会保障所缴税费全部用于为受保人建立的社会保障基金，如养老保险基金，满足将来向受保人支付社会保障支出的需要。而部分基金式介于现收现付式和完全基金式之间。

（四）中国社会保障制度的改革与发展

1. 中国社会保障制度发展沿革

第一阶段，从 20 世纪 50 年代初到 70 年代末。中国颁布了《劳动保险条例》，主要特点是“低工资、多就业、高补贴、高福利”，企业对职工的生、老、病、死、残承担无限责任，并通过层层行政程序转为国家兜底。

第二阶段，从 20 世纪 80 年代初到 90 年代初。国有企业由国家统负盈亏转为自负盈亏，为维护困难企业职工的保险待遇，保障待业职工的基本生活，缓解新老企业之间劳动保险畸轻畸重的问题，全国大部分地区自上而下、由点到面地逐步推行了养老、医疗等保险的“社会统筹”。

第三阶段，从 20 世纪 90 年代初中期开始到现在。中国在 90 年代中期开始了第三个阶段的改革，围绕“一个中心、两个确保、三条保障线”的目标，建设新的社会保障机制。基本养老保障模式从现收现付向“社会统筹与个人账户相结合”的体制转变。1995 年《国务院关于深化企业职工养老保险制度改革的通知》提出，到 20 世纪末，基本建立起适应社会主义市场经济体制要求，适用城镇各类企业职工和个体劳动者，资金来源多渠道、保障方式多层次、社会统筹与个人账户相结合，权利与义务相对应，管理服务社会化的养老保险体系。1998 年，国务院出台《关于建立城镇职工基本医疗保险制度的决定》，在此基础上，劳动和社会保障部将社会保险体系建设的基本思路定位在“低水平、广覆盖、多层次、双方负担、统账结合”。许多省、自治区建立了包括养老、失业、生育、医疗和大病在内的多层次社会保障体系。2015 年，我国统一了企业、行政事业单位养老保险制度。

2. 我国社会保障制度现状

改革开放以来，我国社会保障事业有了新的发展。20 世纪 90 年代后期，中国经济加快了由计划经济向社会主义市场经济的转变，与之相适应，社会保障事业的改革和发展也加快了步伐。养老保险、失业保险在制度上不断完善，基本实现了全国政策的统一。医疗保险在试点的基础上，形成了一套比较完善的方案。同时，社会保障制度立法工作也得到了加强。失业保险在覆盖范围上，开始从国有企业扩大到包括国有企业、私营企业，以及其他企业的所有城镇企业和事业单位，经过多年的努力，我国社会保障制度建设已取得了显著成绩。2010 年我国颁布实施《社会保险法》，并于 2018 年进行了修订。

二、财政补贴支出

（一）财政补贴的基本内涵

财政补贴是指国家财政为了实现特定的政治经济和社会目标，向企业或个人提供的一种补偿。财政补贴也是政府财政资金单方面的价值转移，属转移性支出。在现代市场经济条件下，由于政府职能和管理目标的多元化，政府财政补贴的种类和范围也涉及政治、经济和社会等诸多方面，功能各异。如企业补贴主要是在一定时期内，对因政府政策原因生产或经营某些产品销售价格低于成本的企业，或因其他政策亏损给予经济补偿。它是国家财政通过分配，调节国民经济和社会运行的一种手段，目的是为了支持生产发展，调节供求关系，稳定市场物价，维护生产经营者或消费者的利益。在一定时期内，财政补贴适当运用，有益于调节政治、经济和社会中出现的利益矛盾，起到稳定物价、保护生产经营者和消费者的利益、维护社会安定，促进经济社会健康发展的作用。

财政补贴作为财政宏观调控职能的一种重要手段，不同于其他财政范畴，有其相应的特点。

1. 财政补贴的政策性

财政补贴是政府为了实现特定的政治、经济、社会政策目标而实施的，是一种单方面的价值转移，不具有普遍性。因而财政补贴管理需要掌握补贴的数量，过多、过滥的财政补贴，不仅不能发挥政策效益，反而浪费国家财政资金。政府需要对财政补贴严格管理，以实现其政策目标。

2. 财政补贴的时效性

财政补贴是一种短期甚至即期的调控政策工具，即在一定时期和条件下实施，如企业政策性亏损补贴、居民价格补贴等，当实施补贴的经济社会条件发生变化，政府就会及时取消政策补贴；反之，长期存在的财政补贴项目，就会僵化财政支出结构，形成财政负担或拖累，相关企业、个人产生对财政的依赖思想，对国家经济社会发展带来消极影响。

3. 财政补贴的灵活性

财政补贴和其他财政政策工具如税收、国债等相比，具有更强的灵活性。财政补贴的对象、补贴的数额、补贴的时间等事项，政府可以根据国家经济社会发展的需要灵活选择。

（二）财政补贴的作用

财政补贴是一种转移性支出。从政府角度看，是无偿支付；从接受者角度看，意味着实际收入增加，经济状况较之前有所改善。财政补贴和相对价格的变动相联系，可以改变资源配置结构、供给结构、需求结构，因而财政补贴是影响相对价格结构，从而可以改变资源配置结构、供给结构和需求结构的政府无偿支出。财政补贴的经济效应主要有以下四点。

1. 财政补贴能够增加市场购买力，促进消费，拉动经济增长

虽然财政补贴的接受者具有收入效应与替代效应，但是一般来说，在财政补贴额度一定的情况下，居民生活价格等特定产品财政补贴，会刺激消费者有效需求，提高其消费能力，进而拉动市场总需求，促进整个国民经济发展。特别是当经济处在衰退阶段，政府财政补贴支出增加，能够发挥“四两拨千斤”的作用，从而使经济走向恢复性增长，进入正常循环。

2. 财政补贴能够刺激投资，优化经济结构，促进经济增长

财政对企业进行补贴，会降低企业的投资成本，增加投资收益，进而促进社会总投

资的上升，促进国民经济增长。特别是我国处于经济转型时期，财政补贴政策可以改善投资结构，推动产业结构优化升级，发展高新技术产业，提高产业市场竞争力，进而有利于国家经济转型，促进国家经济科学发展。另外，财政对私人投资补贴还可以克服“挤出效应”。如政府扩大财政建设性支出，在货币供应量不变的前提下，那么这些支出会引起货币需求量上升，利率就会上升，私人投资的成本就会上升，降低他们的投资动机，进而造成政府支出挤出私人投资的效应，被称为“挤出效应”。如果政府采用财政补贴的方式对那些私人的投资者进行补贴，消化他们的一部分融资成本，那么就会增加他们的投资，进而促进整个国民经济顺利发展，最终消除挤出效应。

图 7-2 中 *IS* 曲线表示的是财政政策的效果，*LM* 曲线表示的是货币政策的效果，当政府扩大财政支出用于基础设施建设等项目的时候，相当于扩张的财政政策，*IS* 曲线向右平移至 *IS*’，如果这个过程中不出现利率升高的情况，则会增加国民收入至 Y_2，但是在这个过程中利率会有所上升，从 r_0 上升到 r_1，私人投资下降，出现挤出效应，国民收入最终回到 Y_1，如果政府部门进行贴息，就会导致私人融资成本下降，将会刺激私人投资，增加国民收入。

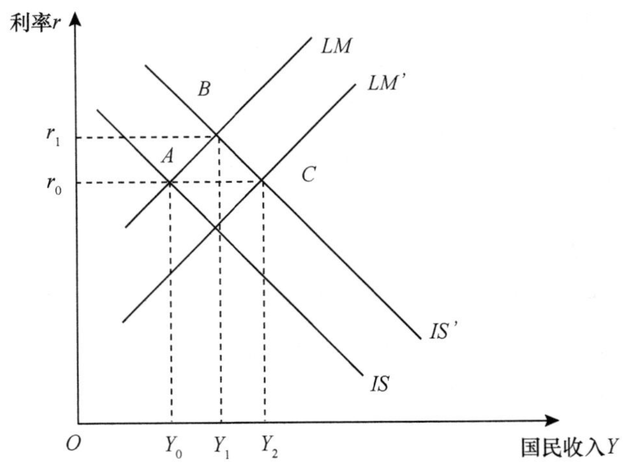

图 7-2　挤出效应与财政贴息的效应

3. 配合价格政策，发挥宏观调控功能

财政补贴和价格政策相互配合，可有效发挥调控功能，实现政府宏观经济政策目标。当政府定价或管制商品和劳务价格一时难以调整时，可通过财政补贴进行有效配合，克服价格不合理形成的资源配置扭曲，为价格改革赢得时间，充分发挥财政补贴和价格政策相互配合的功能，为政府宏观经济管理服务。

4. 促进国际贸易发展

对外贸易是一国国民经济的重要组成部分，离不开国家财政大力支持，世界各国为提高本土产品的竞争力，占领国际市场，在世界贸易组织（WTO）规范范围内，采用各种财政补贴方式，如低息贷款、提供廉价的运输条件等，支持本国对外贸易发展。

（三）财政补贴的内容

如前所述，政府在实现其政治、经济和社会政策目标过程中，运用财政补贴范围较为广泛，因而财政补贴的内容可按照不同的分类方法进行分类。①按照补贴的形式划分，可以分为价格补贴、企业亏损补贴、居民生活补贴、利息补贴。②按照补贴的作用分为稳定、改善人民生活的农副产品和日用工业品补贴，支援农业生产的农用生产资料价格补贴，以及由于价格不合理而形成的工业企业生产亏损补贴、收费标准偏低的城市公用企业的亏损补贴等。③按照补贴的主体，可以分为中央财政支付的价格补贴、地方财政负担的价格补贴。④按照补贴的环节，可以分为生产环节的补贴、流通环节的补贴和消费环节的补贴。⑤按照补贴和预算的关系，可分为明补和暗补。明补是指通过预算安排的财政补贴。暗补是指不通过预算支出，而在收入阶段以收入退库方式给予企业或个人的补贴，如我国国有企业亏损补贴长期采用退库的方式。

（四）我国财政补贴现状

1. 我国财政补贴变迁

中国从 1953 年起实行财政补贴政策。20 世纪 50—60 年代，财政补贴的范围小、数量少，国家财政能够及时调整补贴政策，使补贴与当时的财政承受能力基本相适应。从 1979 年起，为了改革不合理的价格和支持农业生产发展，国家多次较大幅度地提高了农产品收购价格，但考虑到稳定人民群众生活，对主要农产品的销售实行了“价格基本稳定，购销价差由财政补贴”的政策。同时，对一些与人民日常生活相关的工业消费品，以及煤炭石油等基础工业产品，也实行了亏损补贴政策，致使财政补贴总额猛增。当时国家预算对财政补贴在预算收支两方面均列有类级科目。收入中列有“国营企业计划亏损补贴”，即通过收入退库形式拨补由于价格因素造成的政策性企业亏损。其中主要有工业、商业、粮食、邮电、农牧等各类企业的计划亏损。在支出中列有“价格补贴支出”，包括粮油加价款、农业生产资料价格补贴、城镇居民的肉食价格补贴等 20 多个款项。在各类事业行政经费支出科目中，还列有给职工的主要副食品价格补贴等项支出。此外，在其他支出类中还列有财政贴息支出。1990 年企业亏损补贴达 510.24 亿元，政策性补贴支出为 380.8 亿元，而当年政府财政支出为 3 083.59 亿元，两者合计占支出的 28.9%，财政补贴成为财政支出的沉重负担。随着工资制度改革、企业制度改革、价格制度改革等各项改革的进一步深入，相当部分财政补贴被取消。到 2005 年，政策性补贴支出为 998.47 亿元，企业亏损补贴为 193.26 亿元，合计占当年财政支出 33 930.28 亿元的 3.5%。2006 年政府预算收支科目改革后，《中国统计年鉴》中不再公布财政补贴数据。

2. 我国财政补贴存在的问题

（1）财政补贴支出标准设计有时不够合理。目前，由于我国财政补贴制度设计不够健全，有的补贴支出项目常年保持有增无减的状态，从而导致部分补贴项目成为长期财政支出项目，违背了财政补贴政策的弹性原则。与此同时，补贴的具体标准如何确定、补贴项目如何评价等制度不够完善，也直接影响到财政补贴支出的有效安排。

（2）财政补贴效益有待提高。我国目前财政补贴支出项目较多，涉及面广，政策性强，但补贴效益有待进一步提高。需要建立健全财政补贴支出绩效评价制度，不断完善各项补贴制度，努力提高补贴效益。

（3）财政补贴资金管理不够规范，容易发生各类违法违纪行为。由于有些财政补贴制度立法层次不高，法律效力不强，在政策的实施过程中，政府财政补贴容易被滥用。从财政补贴支出主体角度来看，我国从中央政府到地方政府，都有相应的财政补贴支出管理权限。财政补贴往往成为地方政府推动当地经济发展的重要资金来源，地方政府有权决定补与不补，补多补少，并可增加补贴项目，有时将补贴款挪作他用，客观上造成了国家难以从宏观上控制补贴的范围和数量，以及难以对各类违法违纪行为进行治理。

（五）我国财政补贴制度的完善

我国正处在经济转轨、社会转型的关键时期，财政补贴还存在上述问题，需要采取有效措施，完善我国财政补贴制度。

1. 合理制定财政补贴范围，有效控制补贴规模

根据我国经济社会发展实际情况，借鉴国外财政补贴制度发展经验，合理制定财政补贴范围，重点领域包括农产品生产与流通、资源环境保护、重要国有企业、社会公益事业等。坚持有保、有压方针，维护和完善市场机制，贯彻政府政策目标。尽可能缩小补贴规模，明确财政补贴支出主要方向。

2. 明确财政补贴支出标准，提高补贴效益

从社会经济效益来看，财政补贴是以实现政府宏观经济社会政策目标为导向，以增进社会福利为目的的一种公共支出，在大多数情况下，其产出价值很难像企业那样，能够通过财务方法计算出来，往往只能采用一定考核指标进行定性的绩效评价。结合当前我国财政绩效评价的实践经验，在规范财政补贴项目的前提下，明确项目补贴方式，强化财政补贴项目绩效评估，进而确定不同项目补贴标准，建立各种补贴项目补贴标准的测算指标体系，使补贴支出更加公平合理，提高补贴效益。

3. 加强财政补贴法律制度建设

我国财政补贴支出规模较大，必须强化财政补贴的各项管理立法工作，建立完善的法律制度，以实现财政补贴的规范、公平、透明，使其逐步走向法治化轨道。针对目前我国财政补贴管理不规范、补贴决策权分散、补贴支出膨胀等问题，进一步完善各项法律制度，加强人大监督力度，充分发挥财政补贴政策功能，为实现国家经济社会发展战略目标服务。

第三节 我国政府支出管理制度改革

一、改革开放以来我国政府支出结构管理改革

改革开放以来，随着政府职能的逐步转变和市场在资源配置中决定性作用的增强，我国政府在合理控制财政支出总量的同时，不断优化财政支出结构，取得了初步成效。

1. 降低基本建设投资支出

在计划经济体制下，基本建设投资支出一直是我国财政支出中份额最大的部分。经济体制转轨时期，基本建设投资支出占财政总支出的比率不断下降，这是由于建设型财政逐步转变为公共型财政，社会对公共服务支出的需要不断上升，特别是在教育、医疗、社会保障等方面的需求日益迫切，这必然会造成基本建设投资支出份额的不断降低，这也是政府职能转变的必然结果。2017 年财政预算内固定资产投资占社会固定资产投资的比例仅为 6.1%。

2. 降低行政管理成本支出

政府行政成本是政府向社会提供一定的公共服务所需要的行政投入或耗费的资源，

是政府行使职能的必要支出，它与政府规模大小、政府机构和公务人员数量等密切相关。一般来说，政府规模越大、机构数量越多、公务人员越多，行政成本就越高；反之则越低。我们通常用财政支出占国内生产总值的比率来衡量行政成本支出，政府总支出越多，说明政府规模越大，行政成本越高；反之则越低。如 2020 年，中央本级“三公”经费财政拨款支出合计 29.86 亿元（包括基本支出和项目支出安排的经费），比预算数减少 25.31 亿元。

3. 提高公共服务支出，改善民生

在社会公共服务支出中，不管是纯公共物品，还是准公共物品，都具有很强的社会效应和外部效应，近年来随着建设型财政不断向公共型财政转变，社会对公共服务的需求不断增长，政府公共服务支出份额不断提高。2020 年全国财政支出 245 588.03 亿元，教育支出 36 337.18 亿元，占 14.8%，社会保障和就业支出 32 580.57 亿元，占 13.3%，医疗卫生支出 19 201.22 亿元，占 7.82%。

二、改革开放以来我国政府支出方式管理改革

在计划经济体制向社会主义市场经济体制转轨过程中，我国对政府支出方式进行了一系列改革，适应了转变政府职能，发展社会主义市场经济的需要。

1. 国库集中收付制度

国库集中收付制度又叫国库单一账户制度，是指政府建立国库单一账户体系，对所有的财政性资金进行集中管理，政府的全部收入和支出都要通过这一账户来缴纳或支付。相比于传统的分散收付的国库管理方式，国库集中收付制度从根本上解决了财政资金多环节拨付、多头管理、多头存放的弊端，有利于财政部门对财政资金进行统一调度和管理，大大降低了财政资金的运行成本，提高了财政资金使用效率。

2001 年 9 月党的十五届六中全会《中共中央关于加强和改进党的作风建设的决定》明确提出要“推行和完善国库集中收付制度”，2001 年正式开始实施。2002 年，改革范围进一步扩大，中央 23 个部门及所属 612 个基层预算单位均成为改革试点。截至 2005 年年底，所有中央部门全部纳入了国库集中收付制度，地方 36 个省、自治区、直辖市和计划单列市全面推行了国库集中支付改革。2006 年，财政部、中国人民银行联合发布了《中央国库现金管理暂行办法》《中央国库现金管理商业银行定期存款业务操作规程》，奠定了中央国库现金管理制度框架。2007 年，我国正式启动了财税库银电子缴库横向联网工作以及公务卡改革，中央本级开始试点电子支付化。2013 年，财政部、中

国人民银行发布《国库集中支付业务电子化管理暂行办法》，在全国全面推进电子化支付管理工作。经过十多年的改革实践，我国国库集中收付制度逐步走向成熟，对我国的财政资金管理产生了重大影响。2019 年 12 月 25 日，财政部、中国人民银行发布《国库集中支付电子化管理接口报文规范（2019）》。

2. 收支两条线

收支两条线主要针对司法部门、行政执法部门的行政事业性收费、罚没收入等非税收入，具体是指将收入上缴国库或财政专户统一管理，支出也根据实际情况纳入财政预算进行统筹安排，实现收入与支出两条线管理。1990 年，中央发布了《关于坚决制止乱收费、乱罚款和各种摊派的决定》，首次提出“收支两条线”概念。1993 年，中央先后转发了财政部《关于治理乱收费的规定》和《关于对行政性收费、罚没收入实行预算管理的规定》，确定了收费资金实行“收支两条线”的管理模式，要求对尚未纳入预算管理的行政性收费、专项收费及事业性收费实行财政专户储存，“收支两条线”管理制度改革自此开始全面推进。

3. 政府采购

政府采购是政府部门为了开展日常政务活动或为公众提供所需的公共物品和服务，以公开招标、投标等方式购买商品、服务或工程的一种制度。1998 年，国务院赋予财政部拟定和执行政府采购政策的职能，标志着我国政府采购制度改革正式开始。1999 年 4 月，财政部颁布了《政府采购管理暂行办法》。2002 年 6 月 29 日，第九届全国人民代表大会常务委员会第二十八次会议通过了《政府采购法》，并于 2003 年 1 月 1 日起正式实行。此后，财政部相继出台了《政府采购货物和服务招标投标管理办法》等四十多个配套规章制度，逐步形成了以《政府采购法》为核心的政府采购法律制度体系。2014 年 8 月修订《政府采购法》，2014 年 12 月 31 日，国务院第七十五次常务会议通过了《政府采购法实施条例》，并于 2015 年 3 月 1 日起开始施行。

4. 政府购买公共服务

政府购买公共服务是指政府本身不参与公共服务项目的运营，而是通过签订合同契约的方式向民间组织或机构提供财政资金，由他们来运营公共服务项目，实现特定的公共服务目标。2013 年 9 月 26 日国务院办公厅发布《关于政府向社会力量购买服务的指导意见》。2020 年 1 月 3 日，财政部发布《政府购买服务管理办法》，自 2020 年 3 月 1 日起施行。

三、改革开放以来我国政府支出绩效管理改革

2000年，财政部明确提出“积极探索建立财政支出绩效考评工作体系”的工作思路。2001年，湖北省率先进行财政支出绩效评价试点工作。2003年，《中共中央关于完善社会主义市场经济体制若干问题的决定》中明确要求，改革预算编制制度，完善预算编制、执行的制衡机制，加强审计监督，建立预算绩效考评体系，这标志着我国中央政府层面财政支出绩效评价工作正式列入工作日程。同年，财政部教科文司率先对中央教科文部门7个项目资金进行支出绩效评价的小规模试点。2003年，财政部制定了《中央级教科文部门项目绩效考评管理试行办法》等文件，对中央级行政经费支出、经济建设、中央政府投资项目等几个领域的项目支出绩效评价工作进行规范。2004年，财政部制定了《中央经济建设部门项目绩效考评管理办法（试行）》《中央政府投资项目预算绩效评价工作的指导意见》，对绩效考评的定义、考评范围、考评原则、考评内容和方法、考评的工作程序等进行了规范。2004年进一步扩大到了11个项目。2005年财政部颁布《中央部门预算支出绩效考评管理办法（试行）》，将中央预算支出绩效考评的范围从单个项目向中央单位部门预算拓展，把财政部门定位于统筹规划、政策指导、结果运用的监管职能，而将绩效考评的具体实施交由部门自行负责。2009年6月，为推动全国绩效评价工作，财政部印发了《财政支出绩效评价管理暂行办法》（财预〔2009〕76号），全国绝大多数省市结合本地实际建立了相关的财政支出绩效评价制度。2011年4月，财政部修订并再次印发《财政支出绩效评价管理暂行办法》（财预〔2011〕285号），进一步完善了财政支出绩效评价的相关规定，北京、天津、云南等省市也及时对各自的绩效评价制度进行了相应修订。2018年9月1日，《中共中央　国务院关于全面实施预算绩效管理的意见》发布。2020年2月25日，财政部发布《项目支出绩效评价管理办法》，这标志着我国政府财政支出绩效管理迈上了一个新台阶。

四、我国政府支出制度改革存在的主要问题及完善

（一）我国政府支出制度改革存在的主要问题

1. 政府与市场边界不够清晰

社会主义市场经济条件下，虽然市场在资源配置中起决定性作用，但由于在某些领域存在市场失灵问题，发挥政府对经济的干预和调控作用是必须的。但是近年来政府的

某些职能范围与支出责任未能根据社会主义市场经济发展的要求做出相应调整，导致政府在资源配置领域的定位不够明确，有时会出现政府职能尤其是财政支出的越位、缺位现象。

2. 行政成本偏高

改革开放以来，我国行政管理成本的增长速度过快，结构变化也不尽合理。在政府支出占国内生产总值比率不断下降的情况下，行政管理支出占国内生产总值的比率却不断增长。这在一定程度上影响了其他项目尤其是急需投资的公共服务项目的财政支出，导致财政支出结构不够合理，不能满足社会发展建设的需要。

3. 公共服务能力不足

长期以来，我国政府更多地关注国民收入总量的增长，把有限的人力、物力、财力资源重点投入到经济建设及与经济建设直接相关的领域，强调政府的经济职能而弱化了其公共服务职能，对公共物品和服务的供给重视不足，有些地方出现了政府公共服务支出不足的现象，制约了社会事业的发展。

4. 政府采购问题较多

我国的政府采购制度改革虽然取得了可喜的成绩，但同时也存在着一些不足之处，改革之路仍然任重道远。在法律制度方面，《政府采购法》对采购范围界定较窄，在集中采购的委托关系、采购代理机构的选择、集中采购机构的隶属关系等方面还存在自相矛盾的地方，难以满足实际采购操作中的需要。

5. 政府支出绩效有待提高

虽然《预算法》中规定了各级人大及财政、审计机关对预算单位的财政收支活动进行监督评价，但对财政支出绩效管理规定不够明晰，缺乏开展财政支出绩效管理的法律保障，不利于绩效管理工作的全面深入开展。在制度建设方面，未能建立起一套完整统一的绩效管理制度体系，相关制度规范不够全面，配套措施缺乏，具体落实方案和相关操作规程较少，预算绩效管理工作缺乏完善的制度规范保障。

（二）我国政府支出制度的完善

1. 正确界定政府的财政支出范围和规模

根据社会主义市场经济的要求和政府职能的需要，我们应该正确界定政府与市场各自的分工范围，明确政府财政支出的范围，划分各级政府的财政支出内容，控制好财政支出的规模。财政支出的范围和规模必须紧紧围绕政府履行职责的实际需要来安排，重点集中在代表社会共同利益和长远利益的公共性领域，逐步退出应由市场配置资源的经营性和竞争性领域，矫正目前存在的政府支出越位、缺位现象，做好简政放权，把该放的权力放掉，把该管的事务管好，处理好行政权力的“进退”问题，实现财政归位。

2. 降低行政成本支出

降低行政成本是财政改革的目标之一，首先，应该根据社会主义市场经济规律的要求，积极推进政府机构改革，按照精简、统一、效能的原则，精简政府工作人员，降低行政运行成本，重新界定企事业单位的业务性质，对那些必须由国家兴办、财政供给的单位，在优化资源配置的基础上，结合单位自身的收费和收益情况进行规范化管理，把一切收支统一纳入预算管理中。同时，要加强政府行政支出的预算管理，细化预算科目，执行定额管理，在预算执行过程中，不能随意变动预算计划，充分考虑到预算的调整、追加追减所带来的不良影响，严格履行预算安排，控制招待费、“三公”消费等不合理的支出，建设一个务实、清廉、高效的政府。

3. 提高公共服务能力

提高政府的公共服务支出不仅是社会主义市场经济发展的客观需求，也是经济社会协调发展的迫切要求。首先，应该切实考虑不同区域、不同职业、不同年龄人群的公共需求，不断扩大公共服务项目的范围，提高公共服务质量，不仅要加强城镇的公共服务建设，更要加强广大农村的公共服务建设，缩小东部发达地区和中西部地区的公共服务建设的差距，保证最低收入人群能够获得最基本的公共服务。其次，要合理划分中央和地方的公共服务职责，中央政府在承担公共服务政策制定职能的同时，应保障地方政府公共服务支出资金的充足，重点落实地方基础设施建设、义务教育、医疗卫生、社会保障等重中之重的部分，通过专项转移支付的方式，给予地方政府尤其是欠发达地区以资金支持，实现公共资源的均衡配置，切实提高财政资金的使用效率。

4. 加快政府采购制度改革

我们应该进一步加强和完善政府采购工作，以科学发展观为指导，从国家和人民的根本利益出发，健全政府采购的法律体系，扩大《政府采购法》的适用范围，解决现有法律条例中不合理的部分，及时修改《政府采购法》和《招标投标法》之间的矛盾之处，为建立科学的政府采购运行机制提供有力的法律保障。进一步扩大政府采购的规模和范围，根据实际需要不断调整政府采购的目录，提高工程采购在政府采购中的比率。完善政府采购预算制度，正确界定预算的范围和对象，规定预算的程序和方法，规范预算编制机构的行为，加强预算编制环节、预算执行环节、资产管理环节间的沟通和协调，保证政府采购预算的科学性和合理性。

5. 加强政府支出绩效管理

加强政府支出绩效管理是继续完善社会主义市场经济体制的客观需要，也是满足政府公共物品和服务供给的迫切需求。财政支出绩效管理包括绩效目标管理、绩效跟踪管理、绩效评价实施管理、绩效评价结果反馈和应用管理四个阶段。首先，应该规范财政支出绩效管理的各个流程，制定统一的绩效报表，规定财政支出绩效管理各环节的具体程序和方法。其次，采取项目跟踪、数据抽查等方式，动态追踪项目的目标实现程度、资金支出进度和项目实施进程，并加以绩效拨款控制，将其与预算执行有效结合起来。最后，绩效评价报告撰写与提交应在部门决算时，或下一年度部门预算编制开始之前完成，起到对下年度预算编制的参考作用，结果反馈与应用阶段则应早于预算编制阶段，并与其紧密衔接，形成整个管理流程的良性循环。

本章回顾

1. 政府投资指的是政府部门等将一部分资金投入到生产经营活动中，以获取经济收益或者社会收益的活动，具有明显的公共性。

2. 私人投资与政府投资的区别。①投资效益目标不同。②投资规模不同。③投资方式不同。④政府投资与私人投资的领域不同。

3. 市场经济条件下政府投资的作用。①政府投资是政府克服市场失灵，为社会提供公共物品与服务的重要途径。②政府投资是政府调节国民经济运行，实施宏观经济管理的重要政策工具。③政府投资是促进经济增长的重要条件之一。

4. 政府投资领域。①基础设施投资。②基础工业和新兴战略性产业。③农业投资。

5. 公共事业是指以实现公共利益为目的，向社会提供教育、医疗、科技、文化、体育等公共服务的活动。

6. 行政管理支出是财政用于国家各级立法机关、行政管理机关和司法机关行使其职能所需的费用支出。

7. 国防支出指国家财政用于国防建设和保卫国家安全的支出，以及履行政府对外职能的支出。

8. 社会保障制度是在政府管理之下，以国家为主体，依据一定的法律和规定，通过国民收入再分配，以社会保障基金为依托，对居民在暂时或者永久性丧失劳动能力，以及由于各种疾病、失业、工伤、生育等原因生活发生困难时，给予物质帮助，以保障居民最基本的生活需要。

9. 社会保障制度的功能。①保障功能。②稳定功能。③调节功能。④互助功能。

10. 社会保障制度的主要内容。①社会保险。②社会救济。③社会福利。④社会抚恤。

11. 社会保障运行模式分类。①有限政府模式。②责任政府模式。③政府包办模式。

12. 财政补贴是指国家财政为了实现特定的政治经济和社会目标，向企业或个人提供的一种补偿。

拓展学习

1. 陈共. 财政学 [M]. 10 版. 北京：中国人民大学出版社，2020.

2. 高培勇，温来成. 市场化进程中的中国财政运行机制 [M]. 北京：中国人民大学出版社，2001.

3. 中国财政科学研究院. 世界主要国家财政运行报告（2019）[M]. 北京：中国财政经济出版社，2020.

4. 大卫・N. 海曼，张进昌. 财政学理论在当代美国和中国的实践应用 [M]. 北京：北京大学出版社，2011.

思考题

1. 政府投资与私人投资有何区别？

2. 市场经济条件下政府投资的作用有哪些？

3. 什么是社会保障制度？社会保障制度有哪些功能？

4. 简述社会保障制度的主要内容。

5. 什么是财政补贴？财政补贴的作用有哪些？

第八章
政府收入概述

导言

本章讲述政府收入的一般理论。首先，介绍政府收入的概念、内容，组织政府收入的原则；其次，分析政府收入规模的决定因素，按照不同的标准对政府收入进行分类，有助于深入了解各类政府收入的属性；最后，介绍政府收入效应，政府收入对企业、个人等经济主体经济行为产生的效应，可以分为替代效应和收入效应两种不同的类型。本章的核心是我国政府收入规模增长变化的趋势及其主要影响因素。

学习目标

通过本章的学习，应掌握政府收入的概念、内容，组织政府收入的原则，政府收入分类和收入效应。理解政府收入与经济增长之间的关系，把握组织政府收入的数量界限，了解我国政府收入的现状、存在的问题及改革的方向。在学习中能够理论联系实际，加深对所学内容的理解和认识，提高学习效果。

第一节　政府收入规模

为了履行公共管理职责，政府需要占用一定数量的社会资源，即从社会成员所创造的价值中分配一部分用于满足社会公共需要，这就形成了政府收入。在现代市场经济条件下，取得收入是政府经济运行的起点，是政府履行公共管理职责的物质保障。政府收入规模的大小，是资源在公共部门和私人部门配置中的重要体现，科学合理地确定政府收入规模，对实现政府职能、促进国民经济和社会健康发展，具有十分重要的意义。

一、政府收入概论

（一）政府收入的概念

政府收入一般也称为财政收入或公共收入，是指政府为实现其职能而筹集的社会资源的总和。在现代市场经济条件下，政府收入主要表现为一定数量的货币。在自然经济条件下，政府收入除货币外，还有力役、田赋等实物收入，其在政府收入中占据重要地位。政府收入可从两方面来理解：一是体现为政府组织收入的过程，包括从税款等收入征集到报解、纳入国库等一系列环节；二是表现为一定数量的货币。

政府收入的具体范围，受财政管理体制制约，在不同时期有不同的界定。我国政府在2011年已取消了预算外资金。在此之前，政府收入主要是指预算内财政收入，因而和目前的统计口径有较大差距。市场经济法制相对完善的发达国家，一般没有或者很少有预算外资金，政府收入和预算收入没有差距或者差距不大。

（二）政府收入与社会资源配置

在社会资源合理配置过程中，政府通过组织收入，参与国民收入分配，在资源配置中发挥重要作用，主要体现在以下几个方面。

首先，政府组织收入的数量，在决定资源在公共部门和私人部门配置中具有决定性作用。虽然非营利组织也能通过募捐、服务收费等方式筹集一部分收入，但政府财政收入通常占GDP的30%左右，因而在公共部门资源配置中发挥着举足轻重的作用。

其次，组织政府收入是政府进行公共支出的前提条件。政府生产和提供公共物品的过程中，需要占用和消耗一定数量的社会资源，形成政府的公共支出，而公共收入是保证政府公共支出的必要前提。如果政府收入难以满足支出需要，政府就不能履行公共管理职责。

最后，政府收入也是政府进行宏观经济调控的重要手段。政府通过组织政府收入，可以调节市场经济中各经济主体的利益，从而达到宏观经济调控的作用。如通过差别税率，可调节不同部门或地区的经济活动，促进资本流动；对于一些私人不愿投资的部门，政府可以采取某些税收优惠措施，甚至可以采取负税（补贴）的方式来吸引资本流入；对经济落后的地区，可以实行低税率优惠，鼓励投资，促进地区经济的协调发展；通过行政规费，补偿部分行政成本，调节人们的行为，实现政府宏观管理目标等。

（三）政府收入的组织原则

组织政府收入的过程是政府参与国民收入分配、再分配的过程，直接涉及个人、企业及政府等市场主体的切身利益。在一定时期国民收入总量确定的条件下，政府收入的多少，必然和其他方面收入份额形成此消彼长的关系。恰当处理这种利益关系，有利于促进国民经济和各项社会事业的发展，维护社会稳定。因而政府在组织收入过程中，应遵循以下原则。

（1）发展经济，培养财源的原则。如前所述，组织政府收入属于国民收入分配范畴，根据经济学基本原理，生产决定分配，分配对生产具有反作用，因而国民经济发展的规模、速度以及效益，决定了政府收入的规模和增长速度。如果离开了经济的发展，政府收入就成为无源之水。因此，只有扩大经济发展规模，提高经济发展速度和经济效益，培植广阔的财源，才能保证政府收入持续、稳定增加。

（2）社会各阶层利益兼顾的原则。政府组织财政收入，参与国民收入的再分配，直接关系到国家与各方面的物质利益关系，同时制约其他分配形式。因此，组织政府收入需要遵循利益兼顾的原则，处理好国家与有关各方面的物质利益关系。在我国经济体制转轨、社会转型的历史时期，社会利益主体呈现多元化倾向，新兴行业、部门和社会阶层不断出现，已不是简单的国家、集体和个人三者之间的物质利益关系，而是表现为更加复杂多样的景象。因而政府在组织财政收入的过程，需要兼顾各方利益，如高收入阶层、中低收入阶层利益，各个不同行业、不同部门、不同地区利益，大型企业、中型企业、小型企业和微型企业之间的利益，中央和地方之间的利益等。

（3）合理负担的原则。合理负担原则是组织政府税收收入时应遵循的重要原则，纳税人的税收负担要与其负担能力相适应，要坚持横向公平和纵向公平。横向公平是指具有相同纳税能力的人应当缴纳相同的税收，纵向公平是指具有不同纳税能力的人应当缴纳不同的税收。对企业的税收还应保证机会均等，改善不平等的竞争环境，鼓励企业公平竞争，从而使社会经济有序发展。在市场经济条件下，政府面对所有企业要实行统一的税收制度，完善个人所得税制度，以保证市场经济公平竞争的本性和税制的公平合理。目前我国正在酝酿进行税制改革，目的就是不断改革和完善我国的税收制度，充分发挥税收对经济的宏观调控作用。

具体而言，合理负担原则要求按照人们的负担能力来承担税收，一般使用收入水平、资产和消费水平等作为负担能力的衡量标准。收入水平高的人多向政府缴纳税费，收入水平低或者没有负担能力的人就可以少缴税或不缴税；对于生活困难的人，政府通过政府转移支付进行补助，以体现合理负担的原则。

（4）公平与效率兼顾的原则。政府在组织收入时，面临公平与效率的选择，公平原则强调量能负担，机会均等，公平竞争，可能以牺牲一定的效率为代价；效率原则强调投入与产出的关系，实现资源的有效配置和经济增长，但可能会拉开贫富之间的差距，从而破坏公平原则。处理这个矛盾时，要兼顾公平的需要和效率的提高，不能片面追求效率或公平，既要保证经济的稳定发展，又不能过分拉大贫富差距，这样才能有利于经济发展和社会安定。

这里的效率包括两层含义：一是指组织收入过程本身的效率，即较少的征收费用、便利的征收方法等；二是指组织政府收入对经济运行效率的影响，即政府组织收入必须有利于促进经济效率的提高。因而在组织政府收入过程中，首先，组织收入过程本身必须有效率，用尽可能少的征收费用获得尽可能多的政府收入。征收机关在保证及时、足额取得政府收入的前提下，要尽量节约开支，降低税收成本，同时选择便利纳税人的征纳方法，从而提高征税的效率。其次，通过组织政府收入提高经济效益、合理运用税收等手段，促进资源配置和刺激经济增长，避免扭曲资源配置、阻碍经济发展等无效率局面的出现。

二、政府收入规模的决定因素分析

（一）政府收入规模的含义

政府收入规模是指政府在一定时期内（通常指一个财政年度内）可以组织的财政收入数量或者资金总额。因为政府组织财政收入参与国民收入分配和再分配，所以可用绝对规模和相对规模两个指标来反映。

政府收入的绝对规模是指政府在一定时期内组织的财政收入总量。政府为了履行公共服务职责，需要一定数量的收入，在既定的经济社会发展水平下，政府收入总是存在客观的最高数量限制和最低数量限制。如果财政收入超出最高数量限制，就会对社会经济产生不良影响，甚至扰乱社会经济秩序，进而阻碍国民经济的发展；如果财政收入低于最低数量限制，则会导致政府不能履行职能。适量的政府收入是介于这个上限与下限之间的政府收入额。

相对规模是指政府收入占国民收入或国民生产总值的比率，这个比率具体反映了公共部门和私人部门的资源配置关系。合理确定这一比率，对有效配置资源、优化经济结构以及有效发挥政府职能具有十分重要的意义。在研究各国政府财政收支规模、比较财政职能发挥状况时，通常采用这一指标。

（二）政府收入规模的决定因素

从根本上讲，政府一定时期内能够组织多少收入，是由经济发展水平决定的。同时，由于政府经济决策的复杂性，政府收入的规模和增长速度还要受到政治、社会等条件的制约和影响。具体而言，主要影响因素包括经济技术发展水平、收入分配政策、市场价格以及其他因素。

1. 经济技术发展水平

首先，经济发展水平是影响政府收入规模最重要的因素。这是经济学基本原理。政府财政收入的来源主要是一定时期内社会成员新创造的价值，即国民生产总值中扣除生产过程中因消耗机器设备等转移价值后的余额。因而经济发展的规模、速度和效益，决定政府收入的规模、增长速度。经济发展水平越高，在一定时期内创造的 GDP 越多，可供政府分配的对象越多，政府收入增长较快，政府收入占 GDP 的比率也高；反之，政府收入增长缓慢，政府收入占 GDP 的比率也较低。从目前世界各国政府收入情况来看，市场经济发达国家政府收入占 GDP 的比率在 30%~35%，高于一般发展中国家 20% 的水平。政府收入规模还会受到其他各种主客观因素的影响，但经济发展水平对政府收入的影响是基础性、决定性的，直接影响和制约着政府收入的规模水平，或者说经济发展水平决定政府收入。因此，政府在组织政府收入时应以促进经济发展、培植财源为前提，而不是竭泽而渔。

其次，生产技术水平是影响政府收入规模的重要因素。在现代经济增长中，科学技术是第一生产力，其与资本、劳动力、土地等生产要素相融合，成为推动经济发展的重要力量。较高的经济发展水平总是以较高的生产技术水平为支撑的，生产技术水平对政府财政收入的影响可从两方面分析：一是技术进步促进经济增长速度加快，GDP 规模增加，为政府收入提供充分的财源；二是技术进步带来物质消耗降低、经济效益提高以及产品新创造价值比率的扩大，而财政收入主要来自产品新增价值，因此扩大财政收入。目前，发达国家科技进步对经济增长的贡献率在 80%左右，而我国科技进步对经济发展的贡献率为 60%左右，远远低于发达国家。因此我国需要大力发展科学技术，使科学技术真正成为第一生产力，促进社会经济的发展，进而提高政府的财政收入。

2. 收入分配政策

政府的收入分配政策是制约和影响政府收入规模的另一个重要因素。经济决定财政，生产发展水平是制约财政收入规模的根本因素，但在经济发展水平既定的条件下，政府还可以通过分配政策调节政府收入的规模，因此，在不同的国家（即使经济发展水平相同）和同一个国家的不同时期，政府收入的规模也会不同。

在收入分配政策中，集权与分权是两种不同的选择。在经济发展水平一定的条件下，在分配政策上实行集权政策，政府就需要集中较多的收入，政府收入规模及占GDP的比率就会提高；反之，实行分权的收入分配政策，政府收入规模就可能适当缩小，占GDP的比率有所降低。同时，分配政策与政治体制的集权和分权有直接的关系，政治体制偏向集权的国家，政府承担的职能相对较重，需要提供较多的社会福利等，也就决定了政府收入规模相对较高；政治体制偏向分权的国家，政府提供的公共物品（服务）的范围相对较小，政府收入规模也随之降低。例如，英国、法国等的政治体制偏向于集权，使得政府收入的规模相对较高，尤其是瑞典等北欧国家的政府收入规模最高，这些国家由政府提供的社会福利范围最大；美国是联邦制国家，政治体制偏向于分权，政府拨付的社会福利水平较低，使得政府收入规模相对较低。当然，作为分配政策选择，集权与分权各有利弊，主要取决于政府当时所面临的政治、经济和社会形势，以及所需要的政策选择。

一般而言，税收政策在政府的收入分配政策中具有举足轻重的地位，政府往往通过调整税收政策，实现收入分配政策对国民收入分配格局的影响。例如，当政府增加税种设置、提高原税种的税率、扩大征税范围、降低起征点和免征额，或减少税收、减免税等时，会使国民收入分配倾向于政府，进而较快地增加政府收入；当政府减少税种设置、降低原税种的税率、缩小征税范围、提高起征点和免征额，或增加税收、减免税等时，国民收入分配会倾向于企业和居民个人，政府的收入规模减小。

3. 市场价格

在市场经济条件下，政府收入是以货币来计量的，而货币收入必然受价格对币值的影响，因此，价格变动引起的GDP分配必然影响政府的收入规模。

市场价格的变动对政府收入的影响，首先表现在价格总水平升降的影响。受市场供求关系等多种因素的影响，一定时期内的市场价格常常波动不定，当价格持续大幅度地上涨时就会形成通货膨胀，持续下降时就会形成通货紧缩。而在当代信用货币制度下，中央银行垄断纸币发行，通货膨胀和物价上涨则更为常见。因而在现实生活中，价格波动对政府收入的影响，可从以下三个方面进行分析：①当政府收入增长率高于物价上涨率时，政府收入是名义增长、实际也增长，实际增长率就是政府收入增长率减去物价上涨率；②当政府收入增长率低于物价上涨率时，政府收入是名义增长、实际负增长，即政府收入实际下降，下降的幅度是物价上涨率减去政府收入增长率；③当政府收入增长率与物价上涨率一致时，政府收入是名义增长、实际不增不减，即和基期政府收入规模一致。当 GDP 因物价上涨形成名义增长、实际无增长时，政府通过价格再分配机制实现的收入，也就是通常所说的通货膨胀税。

价格影响政府收入规模的第二个因素，是现行的政府收入制度。不同的主体税制会影响价格分配，进而影响财政收入的增减。例如，当一个国家物价上涨时，如果该国采用累进所得税为主体税制，那么纳税人的税率会随着名义收入的增加而提高，政府收入名义增长，实际也增长；如果实行以比例税率为主的流转税制为主体税制，那么税收收入的增长率同物价上涨率一致，政府收入名义增长，实际无增长；如果实行以定额税率为主体的税制，那么税收收入的增长率总低于物价的上涨率，政府收入名义增长，实际下降。一个国家的主体税制在一个较长时间内保持相对稳定，因而价格对其政府收入的影响也是长期性的。

另外，产品比价关系变动也影响政府收入。价格总水平的变动一般是和产品的比价变动同时发生的。产品比价变动影响财政收入的原因是：①产品比价变动会引起货币收入在企业、部门以及个人等经济主体之间的转移，造成 GDP 的再分配，导致财源分布结构的变化；②各经济主体所缴纳的税收比率不同，当财源分布结构变化时，相关企业、部门以及个人所缴纳的税收就会有增有减，使税收总额发生改变，进而影响政府的收入规模。

4. 其他因素

除上述主要因素外，还有一些其他因素，也影响一定时期内的政府收入规模。

首先，政府收入的管理水平，会影响政府收入规模的大小。如政府收入的主要组成部分是税收收入，在既定的收入政策下，征管机构效率的高低，会对征收成本以及政府收入的规模产生重要的影响。

其次，战争、自然灾害以及严重的经济危机等特殊情况，也会影响政府收入的规模。当出现以上特殊情形时，政府支出会急剧增长，这就要求政府收入的规模相应地有所扩大。最初是以债务的形式实现，但是，当战争、灾难和危机之后，政府一般会选择提高征税额，使政府收入的规模比之前有较大的提高，且难以恢复到之前的水平。

三、政府收入规模的实证分析

中华人民共和国成立后，在高度集中的计划经济体制下（1953—1978 年），国家通过财政部门集中全社会可集中的剩余产品价值，用于国家工业化建设，发展国营经济（国有企业）。国营企业实现的利润连同折旧全部上缴国家财政，对农村集体经济实行农产品统筹统销，“文化大革命”期间取消了企业奖金制度。财政收支是指令性国民经济和社会发展计划的组成部分，成为国家运用计划手段配置社会资源、直接进行经济和社会建设的重要工具，因而财政收入占 GDP 的比率较高，一般在 30%，最高年份达 39.3%。

改革开放以后，我国改革高度集中的计划经济体制，大力发展商品经济、市场经济，进入经济体制转轨、社会转型的历史时期。在国有经济内部，对国有企业实行简政放权，经过“利改税”、承包制等一系列探索后，进行股份制改造，建立现代企业制度，将国有企业发展成为独立核算、自主经营、自我积累、自我发展的市场经济主体。同时，大力发展个体经济、私营经济和“三资”企业等外资经济，实行对外开放政策，积极参与国际竞争，成为世界贸易组织的成员。这样使我国经济运行机制发生了重大变化，社会主义市场经济体制基本建立，市场在资源配置中起决定性作用。在此背景下，我国政府财政收入的绝对规模和相对规模也发生了重大变化（见表 8-1），需要进行一些具体分析。首先，随着改革开放后经济的快速增长以及物价水平的上涨，财政收入的绝对规模也相应快速增长，由 1978 年的 1 132.26 亿元，增长到 2020 年的 182 913.88 亿元，是 1978 年财政收入的 161 倍，反映了随着国家经济发展，政府财政实力增强的基本情况。财政收入的相对规模变化趋势则可分为两个阶段：1978—1995 年和 1995—2020 年。

表 8-1　　1978—2020 年我国政府财政收入占 GDP 比率

年份	财政收入（亿元）	GDP（亿元）	财政收入占 GDP 的比率（%）
1978 年	1 132.26	3 678.70	30.78
1980 年	1 159.93	4 587.60	25.28
1985 年	2 004.82	9 098.90	22.03
1989 年	2 664.90	17 179.70	15.51
1990 年	2 937.10	18 872.90	15.56
1991 年	3 149.48	22 005.60	14.31
1992 年	3 483.37	27 194.50	12.81
1993 年	4 348.95	35 673.20	12.19
1994 年	5 218.10	48 637.50	10.73
1995 年	6 242.20	61 339.90	10.18
1996 年	7 407.99	71 813.60	10.32

续表

年份	财政收入（亿元）	GDP（亿元）	财政收入占 GDP 的比率（%）
1997 年	8 651. 14	79 715. 00	10. 85
1998 年	9 875. 95	85 195. 50	11. 59
1999 年	11 444. 08	90 564. 40	12. 64
2000 年	13 395. 23	100 280. 10	13. 36
2001 年	16 386. 04	110 863. 10	14. 78
2002 年	18 903. 64	121 717. 40	15. 53
2003 年	21 715. 25	137 422. 00	15. 80
2004 年	26 396. 47	161 840. 20	16. 31
2005 年	31 649. 29	187 318. 90	16. 90
2006 年	38 760. 20	219 438. 50	17. 66
2007 年	51 321. 78	270 092. 30	19. 00
2008 年	61 330. 35	319 244. 60	19. 21
2009 年	68 518. 30	348 517. 70	19. 66
2010 年	83 101. 51	412 119. 30	20. 16
2011 年	103 874. 43	487 940. 20	21. 29
2012 年	117 253. 52	538 580. 00	21. 77
2013 年	129 209. 64	592 963. 20	21. 79
2014 年	140 370. 03	643 563. 10	21. 81
2015 年	152 269. 23	688 858. 20	22. 10
2016 年	159 604. 97	746 395. 10	21. 38
2017 年	172 592. 77	832 035. 90	20. 74
2018 年	183 359. 84	919 281. 10	19. 95
2019 年	190 390. 08	986 515. 20	19. 30
2020 年	182 913. 88	1 015 986. 20	18. 00

资料来源：由《2020 年中国统计年鉴》数据整理计算得到。

1978—1995 年，财政收入占 GDP 的比率逐年下降。这一时期我国实施放权让利的财政政策，以启动经济体制改革。在国家和国有企业关系方面，通过恢复企业奖金制度、建立企业基金，实施“利改税”、承包制等改革，扩大企业自主权，增加企业可支配收入，增强企业自我积累、自我发展的能力。在中央和地方关系方面，实行“分灶吃饭”“划分税种、核定收支、分级包干”以及“大包干”等体制，给地方政府更多的财政管理权，增加地方可支配财力，因而政府财政集中程度降低，造成财政收入占 GDP

的比率逐年下降的局面。同时，由于财政收入增长慢于 GDP 的增长，而财政支出的增长又快于财政收入的增长，形成两种明显的反差，直接导致了政府连年赤字，国债规模不断扩大；并且由于预算内资金短缺，各部门就寻找另外的资金来源，致使预算外资金迅速膨胀，进而引发了很多社会矛盾。另外，随着财政收入下降，居民储蓄急剧增长，银行贷款呈快速上涨趋势，并代替了部分的财政职能，从而弱化了财政职能。对这一时期财政收入占 GDP 比率下降，可从两方面来看：首先，在经济体制改革初期，财政收入占 GDP 的比率有所下降是合理的。如政府财政不实行放权让利，就难以推动国有企业改革，高度集中的计划经济体制难以打破，其他领域的改革推行困难重重，政府减少一部分财政收入，可以看作是改革的成本。其次，在政府收入放权让利的同时，其他领域的改革未能配套，如财政支出范围未进行调整等，因而造成收入比率下降幅度过大，如 1995 年仅为 10.18%，已严重影响政府宏观调控能力，造成国债发行规模增加、通货膨胀等问题，应引以为戒。

从 1995 年开始，财政收入占 GDP 的比率开始逐步上升，以税收为主的财政收入大幅增长。为了解决改革开放以来财政收入占 GDP 比率持续下降、中央政府宏观调控能力不足、债务规模扩大、通货膨胀严重等问题，1994 年以加强中央宏观调控能力，提高中央财政收入占全国财政收入的比率、财政收入占 GDP 的比率，建立有利于市场经济发展的新型财政管理体制和运行机制为目标，我国开始实行工商税制改革和分税制改革。分税制改革有效地调动了中央和地方共同组织税收收入的积极性，彻底扭转了财政收入下降的局面。从 1996 年开始，政府财政收入开始逐年增加，进入了一个超常规增长的历史时期。2008 年、2009 年、2010 年我国财政收入占 GDP 的比率分别达到 19.21%、19.66%、20.16%。

按照国际货币基金组织（IMF）颁布的《政府财政统计手册 2001》的口径，政府财政收入中不包括国有土地使用权出让收入。我国政府财政收入，除一般公共预算收入以外，还应包括政府性基金收入（不含国有土地使用权出让收入）、国有资本经营预算收入、社会保障基金收入。按此口径计算，2012—2020 年我国与国际可比的政府财政收入分别为 150 160.40 亿元、165 356.10 亿元、181 730.80 亿元、199 415.20 亿元、210 479.30 亿元、230 551.60 亿元、258 909.00 亿元、275 194.60 亿元、260 012.90 亿元，占当年 GDP 的比率分别为 27.88%、27.73%、28.81%、28.22%、27.81%、28.27%、28.27%、27.78%、25.59%（见表 8-2）。从这些数据可以看出，我国的政府收入规模逐步接近世界各国的平均水平，增长速度也较快。

表 8-2　　2012—2020 年我国政府收入及其占 GDP 的比率

项目 \ 年份	2012 年		2013 年		2014 年	
	绝对数（亿元）	占 GDP 比率（%）	绝对数（亿元）	占 GDP 比率（%）	绝对数（亿元）	占 GDP 比率（%）
一、一般公共预算收入	117 253.52	21.77	129 142.9	21.78	140 349.74	21.81
其中：税收收入	100 614.28	18.68	110 497.00	18.63	119 158.00	18.52
二、政府性基金收入	37 534.90	6.97	52 238.61	8.81	54 093.38	8.41
其中：国有土地使用权出让收入	26 691.52	4.96	41 249.52	6.96	42 605.90	6.62
三、国有资本经营预算收入	1 495.90	0.28	1 651.36	0.28	2 023.44	0.31
四、社会保险基金收入	31 411.00	5.83	34 515.56	5.82	39 186.46	6.09
政府收入合计	187 695.32	34.85	217 548.43	36.69	235 653.02	36.62
IMF 口径的政府财政收入	150 160.40	27.88	165 356.10	27.73	181 730.80	28.81

项目 \ 年份	2015 年		2016 年		2017 年	
	绝对数（亿元）	占 GDP 比率（%）	绝对数（亿元）	占 GDP 比率（%）	绝对数（亿元）	占 GDP 比率（%）
一、一般公共预算收入	152 216.65	22.10	159 552.08	21.38	172 566.57	20.74
其中：税收收入	124 892.00	18.13	130 354.00	17.46	144 360.00	17.35
二、政府性基金收入	42 330.14	6.14	46 618.62	6.25	61 462.49	7.39
其中：国有土地使用权出让收入	32 895.30	4.78	37 456.63	5.02	52 059.01	6.26
三、国有资本经营预算收入	2 560.16	0.37	2 601.84	0.35	2 578.69	0.31
四、社会保险基金收入	44 660.34	6.48	48 272.53	6.47	55 380.16	6.66
政府收入合计	241 767.29	35.10	257 045.07	34.44	291 987.91	35.09
IMF 口径的政府财政收入	199 415.20	28.22	210 479.30	27.81	230 551.60	28.27

项目 \ 年份	2018 年		2019 年		2020 年	
	绝对数（亿元）	占 GDP 比率（%）	绝对数（亿元）	占 GDP 比率（%）	绝对数（亿元）	占 GDP 比率（%）
一、一般公共预算收入	183 351.84	19.95	190 382.23	19.30	182 913.88	18.00
其中：税收收入	156 400.52	17.01	157 992.21	16.02	154 310.06	15.19
二、政府性基金收入	75 404.50	8.20	84 515.75	8.57	93 488.74	9.20
其中：国有土地使用权出让收入	65 095.85	7.08	72 584.42	7.36	84 142.29	8.28

续表

项目 \ 年份	2018 年		2019 年		2020 年	
	绝对数（亿元）	占 GDP 比率（%）	绝对数（亿元）	占 GDP 比率（%）	绝对数（亿元）	占 GDP 比率（%）
三、国有资本经营预算收入	2 899. 95	0. 32	3 960. 42	0. 40	4 777. 82	0. 47
四、社会保险基金收入	72 649. 22	7. 90	80 844. 09	8. 19	72 115. 65	7. 10
政府收入合计	334 305. 51	36. 37	359 702. 49	36. 46	353 296. 09	34. 77
IMF 口径的政府财政收入	258 909. 00	28. 27	275 194. 60	27. 78	260 012. 90	25. 59

数据来源：由财政部公布的 2012—2020 年地方与中央执行情况报告及 2021 年国际货币基金组织数据库（https://www. imf. org/en/Publications/WEO/weo-database/2021/April/weo-report? c=924, &s=GGR, GGR_NGDP, &sy=2012&ey=2020&ssm=0&scsm=1&scc=0&ssd=1&ssc=0&sic=0&sort=country&ds=. &br=1）整理计算得到。

第二节　政府收入分类

一、政府收入分类的含义

政府收入分类是指按一定方法从不同的角度对政府收入进行科学、系统的划分和归类。对政府收入进行分类，其意义主要有两点：①在理论上研究不同类别财政收入的内在规律，如税收收入规律、公债收入规律等；②研究不同类型财政收入的特点，加强收入管理，如非税收入管理等。因而，不同的收入分类有不同的作用。例如，按照收入形式分类，可以明确收入来源，有效地管理政府收入；按照收入产业部门分类，能够分析财政收入结构，同时了解各产业发展的情况；按照财政管理体制分类，可以明确各级政府的财权，保证中央政府和地方政府实现各自的职能，完善政府收入管理制度。

二、按照收入形式分类

政府收入按形式分类，可分为税收收入、债务收入、国有资产收入、行政事业性收费收入、罚没收入、政府性基金收入以及捐赠收入等，其中税收收入是最主要的收入形式。这种分类是一种实用性较强的分类方法，通常也称为按财政收入项目分类的方法，常用于我国的政府财政统计工作。

1. 税收收入

税收是国家为了履行公共管理职责，凭借政治权力，强制并无偿地向社会成员收取实物或货币以取得财政收入的工具。税收是历史上最早产生的财政范畴之一，经过几千年的大浪淘沙，目前仍然是政府最主要的收入，许多国家税收收入占政府收入的比率达到90%以上。税收是凭借政治权力强制征收的，体现对国民收入的特殊分配，征收的主要目的是保障政府履行公共管理职责、提供公共物品所需财力。市场经济条件下，依法纳税是社会成员分摊公共物品成本的方式，以享受政府提供的公共物品和服务。

同其他政府收入形式相比，税收具有鲜明的特征，即强制性、无偿性和固定性。这三个特征是税收范畴固有的，是所有社会形态下税收的共性，也是鉴别一种政府收入是否是税收的基本尺度。税收的强制性是指税收征收时国家凭借政治权力，以法律形式强制规定纳税人必须纳税，否则会受到法律的制裁。税收的强制性既和国家作为公共权力机关的特点有关，也是国家在提供公共物品，满足社会需要，避免“免费搭车”现象的一种选择。税收的无偿性是指国家征税以后，税款为国家所有，对具体纳税人而言，既不需要偿还，也不需要支付任何报酬。税收的固定性是指国家征税前以法律形式规定了课税对象、纳税人、税率等税制。税收的固定性一方面保证了政府财政收入及时、足额入库，保证财政支出需要；另一方面也保障了纳税人的合法权益，政府必须依法征税，不得随意加征、预征，以保证人民生活和经济社会发展的正常秩序。

2. 债务收入

政府债务收入是政府以债务人的身份，凭借国家信誉，按照信用原则，以有偿方式从国内、国外取得的收入，主要形式有发行政府债券、贷款等。政府债务收入具有有偿性、自愿性以及灵活性的特征。在历史上，债务收入是一种临时性收入；而在当代世界各国，无论实行何种社会制度，经济发展水平如何，债务收入几乎都成为政府筹集财政收入的重要手段。债务收入在平衡财政收支、弥补财政赤字、调节经济运行等方面，都具有十分重要的作用。一般而言，政府债务产生的债务负担，主要依靠未来政府税收收入来偿还，因此，债务收入又称为税收的预付。

3. 国有资产收入

国有资产收入是政府凭借对国有资产所有权取得的收入。国有资产收入是政府非税收入的重要组成部分，是政府财政收入的重要来源之一。按照与市场的关系，我国的国有资产可分为经营性国有资产和非经营性国有资产。经营性国有资产收益是指国有企业投入生产活动的国有资产获得的股息、红利、利润上交等收入。非经营性国有资产收益主要是行政事业单位的国有资产因租赁、处置等原因而获得的租金、处置收入等。在社会主义市场经济条件下，国有经济在国民经济中占有重要地位，掌握着关系国民经济命脉和国家安全的产业，国有资产收入是政府收入的重要组成部分。

4. 行政事业性收费收入

行政事业性收费收入是以政府提供某种产品和服务为前提，根据受益的大小和服务的成本来征收的费用。受益者通过缴费的形式，承担部分甚至全部公共物品的成本，其付出和受益具有明显对称性。这种收入形式既符合公平原则，又有利于提高配置效率。行政事业性收费收入由行政性收费和事业性收费两大部分组成。行政性收费是指国家行政机关、司法机关以及相关法律授权的机构，依法行使管理职能而收取的费用，包括管理费、登记费、资源费、审查费以及证照费等。行政性收费的主要目的是配合政府机构和执法机关的管理行为，如对某些活动进行统计、监督等，并不是为了增加政府收入。事业性收费是指事业单位为社会提供公共服务时所收取的费用，如基础设施使用费、学费、医疗费用、专利技术使用费等。有些事业性收费纳入政府预算管理，成为政府收入的一部分。

5. 罚没收入

罚没收入是指国家司法机关和行政执法机关或经国家授权的其他单位，依照国家法律法规和行政规章，对各类违法行为罚款、没收非法所得取得的收入，是国家财政非税收入的主要组成部分。罚没收入具有强制性、无偿性。罚没收入虽然可为政府增加一部分收入，但其主要功能是配合司法机关和行政执法机关的执法行为，提高打击违法犯罪行为的效果，收入功能居次要地位。

6. 政府性基金收入

政府性基金收入是指各级政府及其所属部门根据法律法规规定，为支持特定公共基础设施建设和公共事业发展，向公民、法人和其他组织无偿征收的具有专项用途的财政资金。政府性基金收入实行中央一级审批制度，遵循统一领导、分级管理的原则。政府性基金收入属于政府非税收入，全额纳入财政预算，实行“收支两条线”管理。政府性基金收入具有专款专用性、无偿性特点。

7. 捐赠收入

捐赠收入是指各级政府、事业单位、社会团体接收国际组织、外国政府以及国内企业、非营利组织和个人捐赠的资金和物资。捐赠坚持自愿原则，不得强行摊派。

三、按照收入产业部门分类

将政府收入按照产业部门分类，有两种情况：一种是以政府收入的来源产业为标准分类；另一种是以政府收入的部门为标准分类。两者各有特点。

1. 以政府收入来源产业为标准分类

以政府收入来源的产业为标准，可将政府收入划分为来自第一产业、第二产业和第三产业的政府收入。现代产业结构将产业分为第一产业、第二产业和第三产业，第一产业包括农业、畜牧业、林业、渔业等部门；第二产业包括采矿业、制造业、建筑业、燃气、电力等工业部门；第三产业是广义的服务业，包括商业、金融业及保险业、运输业、服务业、通信业公益事业等部门。

在我国目前的政府收入结构中，农业是国民经济的基础，也是财政收入的基础。2006年我国取消农业税后，政府直接来自农业的收入不多，但由于农业在国民经济中的基础地位，农业对第二、第三产业财政收入有较大影响。在现阶段，第二产业提供的政府收入比率最高，是政府收入的支柱。我国第三产业已经处于快速发展阶段，随着我国完成工业化、城镇化历史任务，向信息社会迈进，第三产业将逐步成为政府收入的重要来源。

2. 以政府收入的部门为标准分类

以政府收入的部门为标准，可将政府收入划分为来自农业部门收入、工业部门收入、商业流通部门收入、建筑业收入、邮电通信业收入、其他服务业收入等。按照部门进行分类是传统意义上的分类，其中工业和农业是国民经济中的两大部门。

按照各个具体生产部门对财政收入的分类，可以较为详细地考察各个部门对政府收入的贡献，也可以反映国民经济部门结构是否合理、资源配置是否有效，为政府开展宏观经济管理提供较为准确的依据。

四、按照财政管理体制分类

根据财政管理体制，可将政府收入划分为中央政府收入、地方政府收入以及中央政府和地方政府共享收入。我国现行的财政管理体制是分税制，根据政府的事权和支出范围，中央政府收入主要是中央税，地方政府收入主要是地方税，中央政府和地方政府共享收入体现为中央与地方共享税。

1. 中央政府收入

中央政府收入管理权限归中央政府，主要是政策性强、税源集中、收入规模较大的税种。目前，我国中央税主要包括关税、消费税、海关代征的增值税和消费税、车辆购置税等。按照公共物品的理论，中央政府承担着全国性公共物品和协调区域性公共物品的有效提供，因此，中央财政在国家财政体系中处于主导地位，中央政府收入要保证中央政府履行职责需要。

2. 地方政府收入

地方政府收入管理权限归地方政府，主要是财源分散、与地方经济利益联系紧密的税种。目前，我国的地方税包括城镇土地使用税、耕地占用税、土地增值税、房产税、车船税、契税等。各级地方政府主要承担着地方性公共物品和某些区域性公共物品的有效提供。因此，地方财政在国家财政体系中居于重要地位，地方政府收入对保证各级地方政府履行职责，调动地方政府发展经济、增加财政收入的积极性具有十分重要的意义。

3. 中央政府和地方政府共享收入

中央政府与地方共享收入即中央与地方共享税，收入管理权限由中央政府和地方政府共同享有，主要是与中央和地方关系密切、能兼顾双方利益的税种。目前，我国的中央和地方共享税主要包括增值税、个人所得税、企业所得税、资源税和证券交易印花税等。

根据中央政府和地方政府职责范围，在财政管理体制中划分了中央政府和地方政府的公共支出范围，并且按照事权与财权相统一的原则，将收入划分为中央政府收入、地方政府收入以及作为中央政府和地方政府按比例共同分享的收入。这样，各级政府都有稳定的政府收入，可以充分调动中央政府和地方政府的积极性，实现各自的职责。

第三节　政府收入效应

一、政府收入效应的含义

政府收入效应是指企业、个人等经济主体因政府组织收入而对其经济选择或经济行为产生的影响。政府在组织收入的过程中，当国民生产总值或国民收入一定时，政府财政收入的增加或减少，和企业、个人等经济主体取得的收入呈此消彼长的关系。因而当政府通过法律强制性地向社会成员征收税收等收入时，必然影响国民收入的再分配，减少企业、个人等经济主体用于消费、储蓄和投资的收入量。同时，对具体商品和劳务而言，政府因实施产业政策、区域经济政策以及调整经济运行周期的政策等原因，对不同类型的商品和劳务实行不同的税率、减免税等制度，影响到商品和劳务价格的高低。消费者在购买商品和劳务时，会对所要购买的商品进行比较与选择，从而对消费者的消费行为产生影响。

二、政府收入效应分类

政府收入对企业、个人等经济主体行为产生上述效应，从而影响其切身利益。从总体上分析，政府收入对企业、个人等经济主体的经济行为产生的效应，可以分为替代效应和收入效应两种不同的类型。

1. 替代效应

替代效应是政府对不同的商品和劳务实行不同的税收政策，如税率高低不同、减免税有别等，影响商品和劳务的相对价格，消费者为了自身利益，在购买消费品时则会以无税或轻税商品和劳务替代征税或重税的商品和劳务，即减少征税或重税商品和劳务的购买量，增加无税或轻税商品和劳务的购买量。

如图 8-1 所示，横轴和纵轴分别代表购买商品 X 和 Y 的数量。假定纳税人收入固定，全部收入用于购买商品 X 和 Y，两种商品的价格不变，则图中直线 AB 表示纳税人购买两种商品的数量组合，此时纳税人对商品 X 和 Y 的需要均得到满足。纳税人的消费偏好由一组呈下凹状的无差异曲线组成，每条曲线是具有相同满足程度的两种商品不同组合的轨迹，图中 AB 与无差异曲线 I_1 相切，切点是 P_1。在 P_1 切点上，纳税人得到的满足程度最大，在收入一定时，购买 X_1 数量的 X 商品，Y_1 数量的 Y 商品。

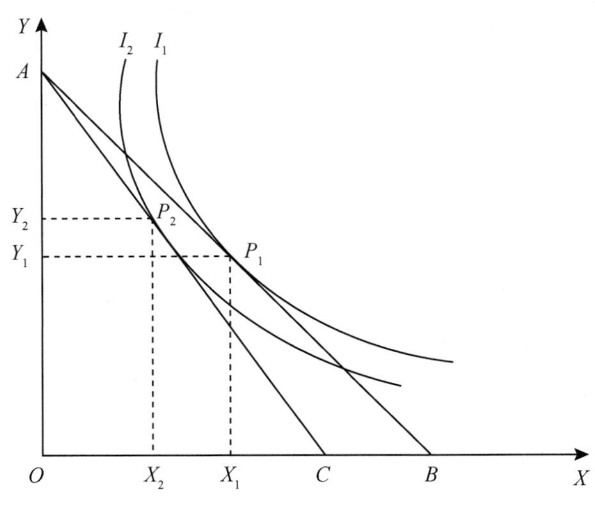

图 8-1　替代效应

在其他条件不变的情况下，如政府只对商品 X 征税，而对商品 Y 不征税时，消费者则会减少 X 的购买量，购买两种商品的组合线由 AB 移至 AC，与 AC 相切的无差异曲线为 I_2，切点为 P_2。在 P_2 切点上，商品 X 的购买量为 X_2，Y 的购买量为 Y_2，此时纳税人的税后收入得到的满足程度最大。从图 8-1 可以看出，在政府征税后消费者的选择中，对征税的商品 X，$X_2<X_1$，对不征税的商品 Y，$Y_2>Y_1$，即政府只对商品 X 征税，不对商品 Y 征税，会使消费者减少商品 X 的购买数量，相对增加商品 Y 的购买量，改变两种商品的组合比例，产生了替代效应。替代效应既降低了纳税人的满足程度，又改变了两种商品购买数量的组合。

消费者根据政府税收等收入政策做出的替代效应，是维护自身利益的理性行为。在政府经济政策制定与实施中，可利用消费者的替代选择，实现政府调节产品结构、产业结构等宏观政策目标。如增加对污染环境、过度消耗资源商品的税负，增加其含税价格，可抑制此类商品的消费，引导企业生产，走可持续发展的道路。

2. 收入效应

收入效应是指在政府组织收入过程中，消费者将一部分收入缴纳给政府，其收入下降，从而降低一定时期内商品的购买量和消费水平。

如图 8-2 所示，横轴和纵轴仍分别代表购买商品 X 和 Y 的数量。仍然假定政府不征税或征税前消费者购买两种商品的组合线为 AB，AB 与无差异曲线 I_1 相切于 P_1，在切点 P_1 上，纳税人得到的满足程度最大。假设政府对纳税人的收入征收一次性税收，并假定消费者对商品 X、Y 的消费倾向不变，即两者的组合比例不变，当政府对消费者的收入征税后，消费者的收入水平下降，在对 X、Y 商品消费倾向不变时，消费者购买

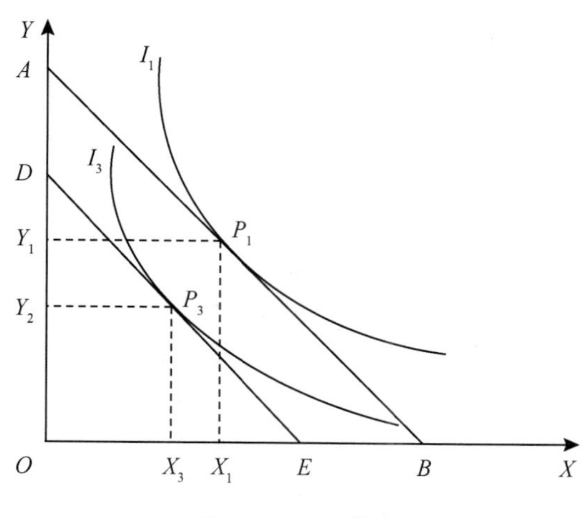

图 8-2　收入效应

两种商品的组合线从 AB 平行移至 DE，DE 与另一条无差异曲线 I_3 相切，切点为 P_3。在 P_3 切点上，商品 X 的购买量为 X_3，Y 的购买量为 Y_3，此时纳税人的税后收入得到的满足程度最大。这时 $X_3<X_1$、$Y_3<Y_1$，因而由于政府课征一次性税收而对纳税人产生的影响，表现为因收入下降减少商品的购买量或降低消费水平，但是两种商品消费数量的减少比例相等，这就是收入效应。当然，在上述条件不变的情况下，如政府给消费者减免税，消费者收入增加，则 AB 线会向反方向平行移动，并同比例增加对 X 和 Y 商品的消费。

收入效应体现了政府收入对消费者消费行为的总体影响。政府在制定收入政策、确定税负总水平时，需要充分考虑对城乡居民消费行为的制约，恰当处理公共服务与居民个人消费的关系，保证居民消费水平随着经济发展而不断提高。

本章回顾

1. 政府收入从动态的角度来看，是政府为取得公共支出所需资金而进行的经济活动，表现为政府筹集资金的过程或阶段；从静态的角度来看，政府收入是政府为了履行财政职能、满足财政支出的需要依法集中的货币资金的总和。

2. 政府收入按形式分类，可分为税收收入、债务收入、国有资产收入、行政事业性收费收入、罚没收入、政府性基金收入以及捐赠收入等，其中税收收入是政府最主要的收入形式。

3. 衡量政府收入的指标有绝对指标和相对指标。绝对指标用政府收入总额来表示，相对指标则选择政府收入占当年 GDP 的比率来表示。

4. 影响政府收入规模的因素包括经济发展水平与生产技术水平对财政收入规模的制约、收入分配政策和价格因素。

5. 政府收入的部门结构分析主要是从三次产业结构对财政收入的贡献的角度进行分析。第一产业是国民经济的基础，其发展会影响整个国民经济的发展，因此是财政收入的基础。第二产业是国民经济的主导，对财政收入的状况起决定作用。第三产业产值在国民生产总值中的比率，随着经济发达程度不同而发生变化。一般来看，随着社会生产力发展和科学技术的进步，第三产业产值占国民生产总值的比率越来越高，来自于第三产业的财政收入占全部财政收入的比率会越来越高。

6. 按照政府收入对企业、个人等经济主体的经济行为产生的效应，可以分为替代效应和收入效应两种不同的类型。

拓展学习

1. 陈共. 财政学［M］. 10 版. 北京：中国人民大学出版社，2020.

2. 高培勇. 公共经济学［M］. 3 版. 北京：中国人民大学出版社，2012.

3. 刘佐. 2020 年中国税制概览［M］. 北京：经济科学出版社，2021.

4. 大卫·N. 海曼，张进昌. 财政学理论在当代美国和中国的实践应用［M］. 北京：北京大学出版社，2011.

思考题

1. 影响政府收入规模的因素有哪些？
2. 分析我国政府收入规模变化的趋势及原因。
3. 经济发展水平和技术进步如何影响政府收入规模的变化？
4. 我国政府收入主要有哪些分类方式？
5. 简述政府收入效应。

第九章
政府税收收入

导言

税收是国家为了履行公共管理职责，凭借政治权力，强制并无偿地向社会成员收取实物或货币以取得财政收入的工具。目前，税收是政府最主要的收入。

学习目标

通过本章的学习，应掌握税收制度的概念、税收制度要素、税收分类方法；掌握流转税、所得税、财产税、资源税和行为税的概念、特点和功能，以及我国增值税、消费税、企业所得税、个人所得税、房产税、契税、车船税、资源税、耕地占用税、土地增值税、城镇土地使用税和印花税等主要税种的定义、课税对象、纳税人和税率等具体规定，熟练计算主要税种的应纳税额；了解国内外税制改革的现状和趋势。

第一节　税收制度要素

一、税收制度的含义

税收制度是国家各种税收法律法规和征收管理办法的总称，具体包括税收法律、条例、法规、实施细则、征收管理办法等。在组织政府收入过程中，税收制度具有十分重要的意义。税收制度是国家依照法定程序制定的征税依据和规范，调节国家和纳税人之间的权利义务关系，即征纳关系。对各级政府而言，税收制度是征税的法律依据，要依法征税、依率计征，做到有法必依、执法必严、违法必究，保证政府税收及时、足额征收。对纳税人而言，税收制度是依法纳税的依据，要按照税法规定，履行纳税义务。同时，依法维护纳税人合法权益。由于税收是现代世界各国政府主要财政收入，税收制度是否健全、科学、合理，对政府经济运行有着举足轻重的影响。

二、税收制度要素的内容

世界各国的税收制度都是由各种税收制度要素构成的，对各种税收制度要素的具体规定，决定了税收的具体形式。一般而言，税收制度要素的内容主要包括纳税人、课税对象、税率、计税依据、纳税环节、纳税期限、减免税、违章处理等。其中，纳税人、课税对象和税率是税收制度的基本要素。

（一）纳税人

纳税人又称为纳税主体，是税法规定的负有纳税义务的单位和个人。纳税人可以是自然人也可以是法人。自然人一般是指公民或居民个人。法人是指依法成立并能独立行使法定权利和承担法定义务的社会组织。在我国，法人包括企业、事业单位、行政机构和社会团体。与纳税人有关的一个概念是负税人。负税人是指最终负担税款的单位和个人，它与纳税人有时是一致的，有时是分离的。如在税负转嫁的情况下，纳税人并不一定是负税人。如果不存在税负转嫁，即税款由纳税人自己负担，则此时纳税人与负税人一致；如果存在税负转嫁，即纳税人将税收负担转移给他人承担，则此时纳税人和负税人不一致。在市场经济条件下，税负转嫁往往是较为普遍存在的经济现象，只要有可能，纳税人就会千方百计地把自己负担的税收转嫁给其他人，这时就会出现纳税人与负税人不一致的情况。

为了简化纳税手续，有效控制税源，税法还规定了扣缴义务人、税务代理人等概念。扣缴义务人是指税法规定的，在经营活动中负有代扣税款并向国库缴纳税款义务的单位和个人。扣缴义务人必须按照税法规定认真履行义务，否则应负法律责任。税务代理人是指经过有关部门批准，依照税法规定在一定的代理权限内，以纳税人、扣缴义务人自己的名义代为办理各项税务事宜的单位或个人。同时，税务代理人应享有相关法律规定的各项权利，履行一定的义务，承担相应的法律责任。

（二）课税对象

课税对象是指税法规定对什么征税，是征纳税双方权利义务共同指向的客体或标的物。课税对象反映了一种税种征税的基本范围和界限，是不同税种相互区别的主要标志。如在税收制度分类中，按照课税对象的性质，可将税制分为商品税、所得税、财产税、资源税和行为税。

对课税对象规定的具体项目称为税目，它是与课税对象相联系的另一个概念。税目具体规定了一个税种的征税范围，体现了征税的度。设计税目的方法包括列举法（按照每种商品或经营项目分别设置税目）和概括法（按照商品大类或行业设置税目）。列举法界限明确，方便运用，但是税目过多，不易查找；概括法税目少，方便查找，但是税目过粗，界限也不清晰。因此，在具体的应用中，应将这两种方法结合起来，既有利于征管，又有利于贯彻国家政策。

与课税对象相关的概念还有税源。税源是指缴纳某一种税的经济来源。税源和课税对象有时一致，有时不一致。如所得税的课税对象和税源一致，是生产经营所得和其他所得。而财产税的课税对象是土地、房屋等财产，税源往往是纳税人当期的收入。

（三）税率

税率是应征税额与课税对象的比例。税率是税收制度的核心。税率高低，对征纳双方都具有十分重要的意义。对政府而言，税率高低关系到税收收入的多少，以及是否能够保证政府履行公共管理职责的需要；对纳税人而言，税率高低直接关系到一定时期内税后收入的增减，即实际负担能力，影响到消费、储蓄、投资、劳动等各方面的决策，涉及纳税人切身利益。因而，税率设置是税制建设的重要内容。

为了管理和研究工作需要，可对税率按照不同标准进行分类。在国内外税收制度建设中，一般来说，税率分为比例税率、累进税率和定额税率。

1. 比例税率

比例税率是指对同一课税对象，不论课税对象数量的大小，按照同一比例征税。比例税率具体包括以下类别。

（1）单一比例税率：一种税只采用一种税率，如企业所得税。

（2）差别比例税率：一种税种规定不同比率的比例税率。按使用范围可分为产品差别比例税率（即对不同的产品规定不同的税率，如消费税）、行业差别比例税率（即按行业的区别规定不同的税率，如原营业税）、地区差别比例税率（即按照不同的地区实行不同的税率，如原农业税）。

（3）幅度比例税率：国家规定最低税率和最高税率，各地可以在此幅度内自行确定一个比例税率。

（4）有起征点或免征额的比例税率：对同一征税对象规定达到起征点后全额课征，或扣除免征额后按同一比例税率课征。

比例税率的优点是同一征税对象不同纳税人税收负担相同，体现横向公平，有利于同等条件下开展竞争；计算简便，有利于税收的征收管理。缺点是税收负担与负担能力不相适应，不能体现纵向公平，不能体现负担能力大者多征、小者少征的原则，调节收入有局限性。

2. 累进税率

累进税率是指按征税对象数额的大小，划分若干等级，每个等级由低到高规定相应的税率，征税对象数额越大税率越高，即税率随征税对象数额增大而提高。累进税率具体可分为超额累进税率和全额累进税率。

（1）超额累进税率。超额累进税率是指把征税对象按照数额大小划分为若干等级，每个等级分别规定相应的税率，分别计算税额，将各级税额相加所得的和为应纳税额。其特点是以征税对象的超额部分，按照达到的等级税率计算征税，税负增长基本均衡。但超额累进税率计算较为烦琐，在实际税收征管工作中一般采用速算扣除数的办法。我国现行个人所得税中的工资薪金所得采用超额累进税率，具体见表 9-1。

表 9-1　　个人所得税超额累进税率与速算扣除数

级数	全年应纳税所得额	税率（%）	速算扣除数
1	不超过 36 000 元的部分	3	0
2	超过 36 000 元至 144 000 元的部分	10	2 520
3	超过 144 000 元至 300 000 元的部分	20	16 920
4	超过 300 000 元至 420 000 元的部分	25	31 920
5	超过 420 000 元至 660 000 元的部分	30	52 920
6	超过 660 000 元至 960 000 元的部分	35	85 920
7	超过 960 000 元的部分	45	181 920

注：根据 2018 年 8 月 31 日公布的《关于修改〈中华人民共和国个人所得税法〉的决定》第七次修正，现行个人所得税“合并全年收入，按年计算税款”，纳入综合所得范围，包括工资薪金、劳务报酬、稿酬和特许权使用费等四项所得。

（2）全额累进税率。全额累进税率是指对征税对象的全额按照与之对应等级的税率计算税额，在征税对象数额提高一级时，对征税对象全额要按照提高一级的税率征税。

与超额累进税率和全额累进税率相似，税收制度还有全率累进税率与超率累进税率之分。全率累进税率和全额累进税率的原理相同，只是税率累进的依据不是征税对象的数额，而是某种比率，如销售利润率、资金利润率等。超率累进税率和超额累进税率原理相似。

全额累进税率和全率累进税率的优点是计算简单，缺点是两个等级的临界点处会出现税负增加超过应税所得额增加的现象，使税收负担不合理。超额累进税率和超率累进税率的缺点是计算较复杂，优点是累进程度缓和，税收负担较为合理。

3. 定额税率

定额税率即固定税率，是税率的一种特殊形式，按照单位征税对象直接规定固定税额，一般适用于从量计算的税种。具体分为：

（1）幅度定额税率。税法只规定一个税额幅度，由各地根据本地区实际情况，在税法规定的幅度内确定一个执行税额。如资源税等税种中的具体税率，由省级人民政府在税法规定幅度内根据本地实际情况确定。

（2）分类定额税率。把课税对象分为不同类别制定不同定额税率。如消费税种将啤酒分为甲类啤酒、乙类啤酒，规定不同税额。

（3）地区差别定额税率。即根据各地区经济社会发展水平、自然条件等确定税额。我国现行城镇土地使用税按大、中、小城市和县城、建制镇、工矿区分别规定每平方米土地使用税年应纳税额。

定额税率的优点包括：一是计算简便，便于征收管理。二是税额不受征税对象价格变化的影响，负担相对稳定。但是，税额不随征税对象价格的增加而增加，在调节收入和适用范围上存在局限性。三是有利于鼓励企业提高产品质量和改进包装。因为采取定额税率，企业改进包装后，售价提高而税额不增，因此优质优价产品的税负相对较轻。

此外，在税收理论研究和管理工作中，还经常用到名义税率、实际税率、边际税率、平均税率等概念。如按照纳税人实际负担，可将税率分为名义税率和实际税率。名义税率是税法规定的税率，即应纳税额与征税对象的比例；实际税率是实际缴纳税额与实际征税对象的比例，反映纳税人的实际税收负担率。在实际征收过程中，由于减免税等因素的影响，会造成实际税率与名义税率不一致。边际税率是指在征税级距一定的条件下，纳税人增加或减少一个单位的课税对象，引起征税级距的变化，征税对象数量增量所负担的税额和征税对象数量增量之比；平均税率是全部应纳税额与课税对象之间的比率。在比例税制情况下，平均税率与边际税率一致；在累进税制情况下，边际税率高于平均税率；在累退税制情况下，边际税率低于平均税率。

（四）计税依据

计税依据即税基，是指计算应纳税额的依据或标准。计税依据可分为从价计征和从量计征两种形式。从价计征税收的计税依据是课税对象的金额，即课税对象的数量乘以其价格，如增值税等；从量计征税收的计税依据是课税对象的重量、容积、数量等，如资源税、消费税等。

（五）纳税环节

纳税环节是指课税对象在生产、交换、分配和消费等经济运行过程中，税法确定纳税人应缴纳税款的环节。根据政府组织财政收入以及对经济社会活动调节的需要，纳税环节可以有不同选择。选择只在一个环节上征税，称为“一次课征制”；选择在两个环节征税，称为“两次课征制”；选择在两个以上环节上都征税，称为“多次课征制”。

确定纳税环节是课税制度的重要问题，它关系到税制体系的建设和税收职能作用的发挥；关系到税款能否及时足额缴入国库，能否满足政府公共管理需要；关系到地区间税收收入的分配；关系到企业的经济核算是否便利纳税人纳税等问题。确定纳税环节应遵循以下原则：

（1）有利于发挥税收组织政府收入功能，保证政府收入及时、足额入库。

（2）有利于发挥税收调控功能，在经济社会发展的各个环节、层面实施调节和控制，实现政府宏观政策目标。

（3）有利于纳税人依法纳税，方便纳税人，降低税制遵从成本。

（六）纳税期限

纳税期限是税法规定的纳税人缴纳税款的期限。它是税收的固定性、强制性在时间上的体现。由于纳税人取得纳税收入或发生纳税义务的阶段性、重复性，不可能取得一次纳税收入或发生一次纳税义务就立即缴纳一次税。为了方便纳税人，加强税收监督管理，同时保证财政收入，应根据各种税的特点和纳税人的情况，分别规定不同的纳税期限。具体做法可分为按期纳税和按次纳税两种。按期纳税是以纳税人发生的纳税义务的一定期限（如1天、3天、5天、10天、1个月等）作为纳税期限，按次纳税是以纳税人发生纳税义务的次数作为纳税期限。另外，由于纳税人对纳税期限内的应税收入和应纳税款，需要一定的时间进行结算及办理纳税手续，因此还需规定一个报缴税款的期限，到期未缴就会作为违章处理。如《增值税暂行条例》规定，增值税的纳税期限分别为1日、3日、5日、10日、15日、1个月或者1个季度。纳税人的具体纳税期限，由主管税务机关根据纳税人应纳税额的大小确定；不能按照固定期限纳税的，可以按次纳税。纳税人以1个月为一期纳税的，自期满之日起10日内报税等。

（七）减免税

减免税是税收制度中对某些纳税人和课税对象给予鼓励和照顾的一种规定。减税是对应纳税额少征收一部分，免税是对应纳税额全部免征。按照具体内容可将减免税划分为政策性减免税和照顾性减免税，按照时间可将减免税划分为长期减免税和定期减免税。

税收法律制度具有普遍征收的特点，即对于所有应税收入、行为等征税。但在经济社会发展中，纳税人及其课税对象具体情况千差万别，需要对一些个别性、特殊性的情况进行灵活性补充。因此，减免税是税法的普遍性、严肃性和必要灵活性的结合，体现因地制宜、因事制宜的原则，可对特殊情况实行特殊调节。因而，减免税是税法构成的一个特殊组成部分，要严格按照税收法规和税收管理体制的规定执行。减免税主要包括以下三项内容。

（1）起征点。起征点是课税对象达到征税数额开始征税的界限。课征对象的数额没有达到起征点的不征税，达到或超过起征点的要对课税对象的全部数额征税。起征点的高低，关系到征税面的扩大或缩小，起征点确定后，就可以把收入低于起征点的人排除在征税范围之外，有利于贯彻合理负担的税收政策。

（2）免征额。免征额是税法规定在课税对象总额中免予征税的数额，是按照一定标准从全部课税对象中预先确定减除的部分。免征额部分不征税，只对超过免征额的部分征税。免征额的高低体现征税面和税收负担量的变化，规定免征额是对不同收入纳税人的普遍照顾，能够降低税收负担。免征额也往往是对纳税人取得应税收入所付出成本的必要扣除，可以减轻纳税人负担，鼓励增加收入。

（3）减税免税规定。减税免税规定是对特定的纳税人和特定的课税对象所做的减征税款或全部免征税款的规定。其具体分为两种类型：一类是根据国家政策所做的统一的减免税规定，这类减免税在税法上有明确的范围和期限，一般采用列举项目，统一实行；另一类是针对某些纳税人的临时性或个别性的减税免税规定，这类减免税在税法中做出具体或统一的规定，会随着客观情况的变化而进行调整和补充，以保证减税免税的灵活性。

（八）违章处理

违章处理是对纳税人违反税法行为所采取的处罚措施。它是税收法律制度实施的保证，体现了税收的强制性、税法的严肃性。税收经过几千年的历史演变，目前仍是各国政府组织财政收入最重要的手段，在很大程度上是由于违章处理的强制性保证了政府财政收入的及时足额入库，有效解决了公共物品供给中的“免费搭车”问题。我国现行税法对违章处理的规定，主要体现在《税收征收管理法》《税收征收管理法实施细则》《刑法》等法律制度中。常见的税务违法行为主要包括偷税、欠税、骗取出口退税、抗税等。

偷税是指纳税人采取伪造、编造、隐匿、擅自销毁账簿和记账凭证，在账簿上多列支出或者不列、少列收入，或者经税务机关通知申报而拒不申报或者进行虚假的纳税申报，不缴或者少缴税款的行为。

欠税是指纳税人、扣缴义务人未按纳税期限办理纳税申报和报送纳税资料，或者不缴、少缴应纳税款等行为。

骗取出口退税是指企事业单位对所生产或者经营的商品采取假报出口等欺骗手段，骗取国家出口退税款的行为。

抗税是指纳税人以暴力、威胁等方法拒不缴纳税款的行为。

对于上述违反税法的行为，《税收征收管理法》《税收征收管理法实施细则》《刑法》等法律制度具体规定了加收滞纳金、追缴税款、罚款、追究刑事责任等处罚办法。

三、税收制度与税法

税法即税收法律制度，是调节国家与纳税人之间在征税方面权利与义务关系的法律规范，因而税法是税收制度的核心。从严格意义上讲，只有完成了立法程序，由立法机关批准的税收制度才是税收法律，即税法。如我国《企业所得税法》《个人所得税法》和《税收征收管理法》，都是经过全国人民代表大会批准的税收法律。在现代法治社会，政府依法行政、依法理财，由各级政府以及财政税收主管部门依法制定的有关税收方面的行政法规、部门规章、管理规范等，也具有法律效力，纳税人必须遵守。

在税收制度改革和建设中，税收法制建设具有举足轻重的地位。税收是国家凭借政治权力征收实物或货币，以履行公共管理职责，满足社会公共需要的手段，其本质反映国家参与剩余产品分配所形成的分配关系。因而需要以法律形式规范国家与纳税人之间的征纳关系，既保证政府依法取得足额财政收入，为居民提供公共物品服务，促进经济社会发展，提高人民生活水平，又依法保护纳税人的合法权益，纳税人根据税法缴纳税收，税务机关不得超越税收法律权限横征暴敛。税法是征纳双方共同遵守的法律规范。

从我国税收法律制度建设的实际情况分析，我国的税收法律制度建设任重而道远。目前，在我国税收制度中，除《企业所得税法》《个人所得税法》《车船税法》和《税收征收管理法》等是经过全国人民代表大会批准的税收法律外，还有部分税种是以国务院行政法规的形式实施的，尚未完成立法程序，给税收管理带来了很多问题，如行政法规不够稳定、规范和科学，难以有效打击各类税收违法行为、履行税收职能、维护社会公共利益。从税收管理实际看，在保证立法质量的前提下，需要进一步加快税收法制化进程，尽快完成剩余税种制度的立法程序，真正实现依法征税、依法纳税、依法治税，为建设法治政府、法治国家做出贡献。

第二节 税收收入分类

现代国家的税制一般由多个税种组成，各税种既相互区别又密切相关，是政府调节经济社会运行的重要政策工具。为了进一步研究各类税收的运行规律，加强税收管理，需要按照不同的标准、从不同的角度对税收收入进行分类。

一、按照课税对象性质分类

按照课税对象的性质，可将税收收入划分为流转税、所得税、财产税、资源税、行为税五大类。这是世界各国普遍采用的一种税收分类方式。改革开放后，我国进行了“利改税”、1994 年税制改革等一系列的税制改革，建立了基本与市场经济相适应的税制体系。其中，流转税和所得税占重要地位。

（一）流转税

流转税也称为商品税，是以商品流转额和非商品流转额为征税对象的税种。流转额指商品的销售额。非商品流转额是指服务业的营业收入。在我国现行税制中，流转税主要包括增值税、消费税、关税等。和其他税种相比，流转税的优点主要有：

（1）课征普遍。在现代市场经济条件下，商品、劳务的生产、交换和消费活动普遍存在，为流转税提供了丰富的税源，可以普遍征收。

（2）有利于政府组织财政收入。流转税以商品流转额和非商品流转额为征税对象，不受企业、个人生产商品和劳务成本、盈利的影响，即只要有销售收入或营业收入，就需要照章纳税，而不论其是否有盈利，因而能够保证政府的财政收入。

（3）税负易于转嫁，有利于发挥税收宏观调控功用。

（4）计征简便。流转税一般采用比例税率，征收简便，便于加强税收征管。

当然，流转税也有不足之处：流转税一般采用比例税率，以商品流转额和非商品流转额为课税对象，不能有效调节收入差距，不利于体现社会公平原则。

（二）所得税

所得税是以纳税人的所得额为课税对象的税种。企业所得额包括生产经营所得和其他所得等。个人所得额包括工资薪金所得、劳务报酬所得、个体工商户生产经营所得等。所得税最早起源于英国，目前是发达国家的主体税种。我国现行所得税主要包括企业所得税、个人所得税等。与其他税种相比，所得税的优点主要有：

（1）有利于体现社会公平。所得税以纳税人销售收入等收入扣除必要的成本、费用后的净所得为计税依据，一般实行累进税率，所得多多征税，所得少少征税，没有所得不征税，有利于体现社会公平，符合量能负担原则。

（2）税负不易转嫁。所得税属于直接税，税负不易转嫁，可以直接调节纳税人的收入，起到公平税负的作用。

（3）征税环节单一，不存在重复征税。

（4）具有“内在稳定器”的特征。所得税在采用累进税率时，税负具有弹性，具有“内在稳定器”的特征。

所得税也有其不足之处：

（1）所得税收入不够稳定。所得税以纳税人所得额为课税对象，受纳税人收入水平和企业盈利状况的影响，财政收入不稳定。

（2）所得税的累进性，在一定程度上会抑制生产劳动的积极性。

（3）所得税计算较复杂，征管难度较大，容易出现偷漏税等情况。

（三）财产税

财产税是以纳税人拥有的财产为课税对象的税种统称。财产包括不动产和动产两类，各国的财产税主要是以对不动产征税为主，如土地和地上附属物。我国现行税制中财产税主要包括房产税、契税等。其他国家征收的遗产税、赠予税也属于财产税。财产税的特点有：

（1）税源固定，有利于地方政府征收管理。财产税主要以一定区域的房产、土地的价值为课税对象，税源难以转移、隐藏，适合地方政府征收管理。

（2）财产税不易转嫁，税负一般由纳税人承担。

（3）财产税可调节纳税人的财产收入水平，体现社会公平。

不过财产税难以对所有财产征收，主要对房地产等不动产征收，可构成市、镇等地方政府的主体税种，在整个国家税收体系中居辅助地位。

（四）资源环境税

资源税是以各类自然资源为课税对象的税种。环境税，也叫环境保护税，是对在我国领域和中国管辖的其他海域，直接向环境排放应税污染物的企事业单位和其他生产经营者课征的税种。资源税可分为一般资源税和级差资源税。一般资源税是以自然资源的开发利用为前提，不管资源的好坏和收益的多少，对开发利用者所获取的绝对收益进行征税；级差资源税是根据开发自然资源的优劣条件及收益状况，对所形成的级差收入进行征税。我国现行税制中的资源税类主要包括资源税、城镇土地使用税、土地增值税、耕地占用税等。资源税的特点有：

（1）对特定资源征收。资源税一般是对特定资源征收，不是对所有资源征税。自然资源种类繁多，只能对税法列举的资源征税。

（2）调解级差收入，体现社会公平。资源税采用差别税率，以解决因资源条件造成的利润分配不公。

（3）调节资源收益，节约利用自然资源，实现国家经济社会可持续发展。

在人类社会面临严重的自然资源枯竭、环境污染，人们生存环境受到威胁的今天，资源税的上述特点，对税收调控政策功能的发挥具有重要现实意义。

（五）行为税

行为税是以纳税人的某些特定的行为为课税对象的税种。政府开征行为税的目的，主要是对纳税人的某些特定行为进行调节，以实现政府经济社会目标，而组织财政收入的功能次之，在国家税收体系中处于辅助地位。在我国现行税制中，印花税等税种属于行为税。与其他税种相比，行为税的特点有：

（1）课税对象单一。行为税往往是对某一特定行为征收，如我国曾征收的烧油特别税，是对直接将原油作燃料燃烧的行为征收，因而课税对象单一。

（2）税源分散。只有发生特定行为的单位和个人，才缴纳行为税，税源较为分散。

二、按照税收管理体制分类

按照税收管理体制，可将税收收入分为中央税、地方税和共享税。这种划分有利于按税种确定各级政府收入，稳定政府收入来源，建立分税制财政管理体制。在国际上，也有的国家执行彻底的分税制，将税收收入分为中央税、地方税，而没有共享税。我国于 1994 年建立了分税制财政管理体制，税收收入分为中央税、地方税和共享税，并设立了国家税务局和地方税务局两个系统，国家税务局系统全国实行垂直管理，地方税务局省级以下垂直管理。中央税、共享税由国家税务局征收，地方税由地方税务局征收。目前，国家税务局和地方税务局已合并。

（一）中央税

中央税是指按照税收管理体制规定，收入归中央政府筹集、支配和使用的税种。中央税属于中央固定收入，由于中央政府承担着全国性公共物品以及协调区域性公共物品的重任，为保证中央政府履行职责需要，中央税一般是税源集中、收入规模较大的税种，如关税、消费税等。因此，中央税在财政体系中处于主导地位，所占比率较大。

（二）地方税

地方税是指按照税收管理体制，收入归地方政府筹集、支配和使用的税种。地方税属于地方财政固定收入，其特点是税源分散，与地方经济利益联系紧密，如城镇土地使用税、土地增值税、房产税、契税等。各级地方政府主要承担地方性公共物品和提供某些区域性公共物品的责任，因此，地方税在财政体系中同样处于重要的地位，能够保证地方政府具有相对稳定的财政收入。

（三）中央和地方共享税

中央和地方共享税是指属于中央政府和地方政府共同享有，按一定比例分成的税种。共享税通常与经济发展直接相关，既能兼顾各方面经济利益，又有利于调动地方组织收入的积极性，如增值税、资源税等。

三、按照税负能否转嫁分类

按照税负能否转嫁为标准，税收可以分为直接税和间接税。这种分类方法是西方国家普遍实行的一种税收分类法。

（一）直接税

直接税是指税负一般不能转嫁出去，由纳税人直接负担的税种，如所得税、财产税等。因而，直接税具有所得税和财产税的特点。

（二）间接税

间接税是指税负可以由纳税人转嫁出去，由他人负担的税种，如消费税和关税等。因而，间接税也具有流转税的主要特点。

四、按照税收与价格的关系分类

按照税收与价格的关系，可将税收分为价内税和价外税。

（一）价内税

价内税是指税金构成商品或劳务价格组成部分的税种，如消费税、关税等。实行价内税的商品和劳务，税金包括在价格之内，销售时消费者只支付一个价格，那么在价格一定时，税收和价格成为此消彼长的关系，政府可以利用税收调节价格，形成高价高税、低价低税等不同搭配，以充分发挥税收的调控功能。不过，在市场经济条件下，商品和劳务的价格是由市场供求关系决定的，变化较为灵活，而税收政策的调整需要一定的程序和时间，为两者的配合调控带来了一定的困难。

（二）价外税

价外税是指税金不构成商品或劳务价格组成部分，而是作为其价格之外的一个附加额的税种，如零售环节以前的增值税等。实行价外税的商品和劳务在销售时，消费者需要支付货款和税款两部分，在消费者索取的发票上也分别注明货款和税款。实行价外税有利于税收、价格分别独立发挥作用。对消费者而言，实行价外税有利于其了解国家税收政策导向，增强纳税意识，根据国家税收政策调整其生产消费行为。

五、按照计量单位分类

按照税收计征标准的不同，可将税种分为从价税和从量税。

（一）从价税

从价税是指以征税对象的价格或金额为计税依据的税种，一般实行比例税率或累进税率，如增值税和关税等。从价税的特点是，税额受商品和劳务价格的影响，在税率一定的条件下，价格高则税收高，价格低则税收低。特别在通货膨胀情况下，价格波动对政府财政收入以及企业、居民负担有较大影响。

（二）从量税

从量税是指以征税对象的重量、件数、容积、面积、体积等数量作为计税依据的税种，一般实行定额税率，如资源税、车船使用税和耕地占有税等。从量税的特点是计算简便，但是如果不分等级定税，就会造成税收负担的不公平。同时，从量税如果分级过细，也会造成税额制定工作的烦琐。

六、按照税收缴纳的对象分类

按照缴纳税收形式的不同，可将税种分为货币税、实物税和力役税。所有国家历史上都存在过实物税和力役税，但是随着商品经济的发展，税收收入形式逐步由实物税、力役税向货币税发展，目前世界各国的税种一般是货币税。

（一）货币税

货币税是指纳税人以货币形式缴纳的税收。在现代市场经济条件下，纳税人以货币形式向政府纳税。在历史上，货币税是随着商品经济的发展，货币广泛流通以后出现的，但在奴隶社会、封建社会，货币税只占政府财政收入的很小比例。从税收管理的角度讲，税款以货币的形式，便于国家税收的管理和纳税人缴纳税款，并和价格相互配合，充分发挥税收调节经济的职能。

（二）实物税

实物税是指纳税人以实物形式缴纳的税收。在奴隶社会、封建社会等自然经济占主体地位的时期，实物税是税收的主要形式，如中国奴隶社会的“贡”“彻”“粟米之征”“布帛之征”等，封建社会的“田赋”等。实物税可直接满足政府对某些实物的需要，不必要在市场采购。但实物税在征收、储存、运输和分配等方面成本较高。

（三）力役税

力役税是指纳税人直接以提供无偿劳动的形式缴纳的税收。在奴隶社会、封建社会，力役税也是政府采用的税收收入形式。例如，唐代的“庸赋”规定，每丁年均必须为国家无偿服役 20 天。

第三节　现行我国税收制度及改革

一、流转税制度

（一）流转税的含义、特点和功能

流转税是以商品流转额和非商品流转额为课税对象的各种税收制度的总称。商品流转额是指在商品交换过程中发生的金额。对销售方来说，指销售额；对采购方来说，是指商品的采购金额。非商品流转额主要是指各类劳务收入，如服务业的营业额。流转税是随着商品交换、商品经济的产生和发展而出现的，历史悠久，目前仍是世界各国的主要税种之一，在筹集政府财政收入、调节经济社会运行等方面，具有十分重要的作用。目前我国税制中的增值税、消费税、关税等都属于流转税，流转税在我国税制体系中处于主体地位。

（二）增值税

我国于 1979 年引进、试点增值税，1984 年第二步“利改税”和整个工商税制改革时正式建立增值税并公布《增值税暂行条例》及其实施细则。1994 年税制改革时，增值税作为改革的重点逐步走上规范化的道路。2004 年 7 月 1 日起，在东北和中部等部分地区先后进行了增值税改革试点，2009 年 1 月 1 日起在全国范围内实施增值税转型改革。从 2012 年 1 月 1 日起，在上海市交通运输业和部分现代服务业开展营业税改征增值税试点，2013 年 8 月 1 日起扩大到全国范围。2017 年我国完成了“营改增”改革，将营业税并入增值税，取消了营业税。

1. 增值税的概念与类型

增值税是以商品价值和劳务价值中的增值额为课税对象而征收的一种税。我国《增值税暂行条例》规定，凡在我国境内销售货物或者提供加工、修理修配劳务，销售服务、无形资产、不动产以及进口货物的单位和个人，都是增值税的纳税人。增值税一般以在我国境内销售货物或者提供加工、修理修配劳务，销售服务、无形资产、不动产以及进口货物为征税对象。增值税的税率“营改增”后调整为 13%、9%、6%三挡，境内

单位和个人跨境销售国务院规定范围内的服务、无形资产，税率为零。

增值税的计税依据，是商品和劳务价款中的增值额。根据对购进固定资产价款处理的不同，可将增值税分为三种类型：一是生产型增值税，指计算纳税人的应纳税额时，不允许扣除任何外购固定资产的已纳税金。就国民经济整体而言，大致相当于国民生产总值，所以称为生产型增值税。二是收入型增值税，指在计算纳税人的应纳税额时，对外购固定资产的已纳税金只允许将当期计入产品价值的折旧费所应分摊的那部分税金扣除。就国民经济整体而言，相当于国民收入，所以称为收入型增值税。三是消费型增值税。准许一次全部抵扣当期的用于生产应税产品的固定资产已纳税额。就国民经济整体而言，计税依据只包括全部消费品，所以称为消费型增值税。2009 年我国增值税实现了由生产型向消费型的转变。

2. 增值税应纳税额的计算

（1）基本计算方法。我国《增值税暂行条例》规定，除小规模纳税人外，纳税人销售货物或者提供应税劳务、销售服务、无形资产、不动产，应纳税额为当期销项税额抵扣当期进项税额后的余额。应纳税额计算公式为：

$$应纳税额=当期销项税额-当期进项税额$$

因当期销项税额小于当期进项税额而不足抵扣时，不足部分可以结转下期继续抵扣。进项税额是纳税人因购进货物或应税劳务所支付或负担的增值税额，也就是购买货物或应税劳务时取得的增值税专用发票上注明的增值税额。正确核定进项税额，严格按税法规定抵扣进项税额，对保证增值税制的贯彻实施和国家财政收入有重要意义。为此，《增值税暂行条例》及其实施细则对进项税额的抵扣范围、条件、数额和方法都进行了明确的规定。销项税额是纳税人根据实现的计税销售额和税法规定的适用税率计算出来，并向购买方收取的增值税额。《增值税暂行条例》及其实施细则对当期销售额进行了详细规定。销项税额的计算公式为：

$$销项税额=当期销售额\times适用税率$$

如果销售额为含税价格，则：

$$当期销售额=\frac{当期含税销售额}{1+适用税率}$$

（2）进口货物应纳税额的计算。纳税人进口货物，按照进口货物的组成计税价格和规定的税率计算应纳税额，并且不得抵扣任何进项税额（即不得抵扣发生在我国境外的各种税金）。应纳税额计算公式为：

$$应纳税额=组成计税价格\times税率$$

$$组成计税价格=关税完税价格+关税+消费税$$

进口货物的关税完税价格是指以海关审定的成交价格为基础的到岸价格。进口货物先征收关税，对应征收消费税的还要再征收一道消费税，然后再以关税完税价格、关税和消费税之和为税基征收增值税。进口货物的增值税由海关征收。

（3）小规模纳税人应纳税额的计算。根据《增值税暂行条例》规定，小规模纳税人不允许使用增值税专用发票，只能使用普通发票，其进项税额不允许抵扣。采用简易办法计算增值税应纳税额。简易办法是指不分别计算销项税额和进项税额，而是以不含税销售额和规定的征收率直接计算应纳税额。小规模纳税人应纳税额的计算公式为：

$$应纳税额=当期销售额\times征收率$$

如果销售额为含税价格，则：

$$当期销售额=\frac{当期含税销售额}{1+征收率}$$

另外，纳税人出口适用税率为零的货物，向海关办理出口手续后，凭出口报关单等有关凭证，可以按月向税务机关申报办理该项出口货物的退税，具体办法由国家税务总局规定。

（三）消费税

我国在 1994 年设立消费税，当时设置了 11 个税目，分别为烟、酒、化妆品、护肤护发品、贵重首饰及珠宝玉石、鞭炮及焰火、汽油、柴油、汽车轮胎、摩托车、小汽车。2006 年 4 月 1 日，将 11 个税目改为 14 个税目，取消了护肤护发品，增加了实木地板、一次性筷子、高尔夫球及球具、高档手表、游艇。2009 年、2014 年、2015 年又进行了修订。目前为 15 个税目。

1. 消费税的概念与特点

消费税是对特定消费品和消费行为征收的一种税。我国现行《消费税暂行条例》规定，在我国境内生产、委托加工和进口本条例规定的消费品的单位和个人，应依法缴纳消费税。根据不同的标准，可对消费税进行不同的分类。按征税范围的大小分类，消费税可分为一般消费税和特别消费税；按征税对象分类，消费税可分为直接消费税和间接消费税；按计税价格分类，消费税可分为价内税和价外税。

消费税是各国流转税制的主体税种之一，与其他流转税种相比，具有以下几个显著特点：消费税按销售额或销售量计税；征收项目有较强的选择性，税率差异大，可充分发挥对消费的调节功能；征税环节具有单一性；一般没有减免税的规定等。消费税的上述特点决定了其在国家税收制度中具有独特的作用，主要体现在：

（1）有利于稳定、可靠地筹集组织财政收入。

（2）有利于调节消费结构，引导消费方向，体现国家的产业政策和消费政策。

（3）有利于调节各类社会成员的收入，缓解贫富悬殊和分配不公。

2. 消费税纳税人及课税对象

在我国境内生产、委托加工和进口应税消费品的单位和个人，以及国务院确定的销售《消费税暂行条例》规定的应税消费品的其他单位和个人，为消费税的纳税义务人。

我国现行消费税的课税对象是税法上列举的特定消费品，不是对所有消费品征税。这些特定消费品大体包括五大类，共 15 个税目。第一类，过度消费会对人类健康、社会秩序、生态环境造成一定危害的消费品，如烟、酒、鞭炮、焰火等。第二类，非生活必需品或奢侈品，如贵重首饰、珠宝玉石、高尔夫球及球具等。第三类，高能耗及高档次消费品，如小汽车、摩托车、高档手表、游艇等。第四类，不可再生或具有不可替代性的资源消费品，或者需要抑制其消费行为的消费品，如成品油、木制一次性筷子、实木地板等。第五类，税基宽广、消费普遍、征税后不影响居民基本生活并具有一定财政意义的消费品，如化妆品、汽车轮胎等。

从征税环节来看，以上列举的五大类 15 个税目的应税消费品除金银首饰在零售环节征税外，其余均在生产经营的起始环节（包括生产环节、进口环节）征税，即实行一次课征制。这样规定的目的是便于征收管理，加强对税源的控制，防止税款流失。

3. 税率

现行消费税采用比例税率和定额税率两种形式，以适应不同应税消费品的实际情况。具体税率如下：

（1）比例税率。现行消费税规定，适用比例税率的应税消费品包括烟（卷烟除外）、酒及酒精（粮食白酒、薯类白酒、黄酒和啤酒除外）、化妆品、高尔夫球及球具、高档手表、游艇、木制一次性筷子、实木地板、贵重首饰及珠宝玉石、鞭炮、焰火、汽车轮胎、摩托车和小汽车。比例税率从 1%~56%不等。

（2）定额税率。现行消费税规定，适用定额税率的应税消费品包括成品油税目和酒及酒精税目中的黄酒和啤酒两个子目。

（3）复合税率。复合税率是比例税率和定额税率同时并用的一种税率形式。现行消费税适用复合税率的应税消费品包括卷烟、粮食白酒和薯类白酒三个子目。

4. 应纳税额的计算

现行消费税的计征方法分为从价定率、从量定额和复合计税三种。纳税人的计税销售额或计税销售数量以及适用税率（或单位税额）确定后，可以据此计算纳税人的应纳税额。计算公式为：

应纳税额=应税消费品的计税销售额×适用税率

应纳税额=应税消费品的计税销售量×单位税额

应纳税额=应税消费品的计税销售额×适用税率+应税消费品的计税销售量×单位税额

纳税人出口应税消费品，按税法规定办理退（免）税。根据税率的不同，其计算公式为：

应退消费税税款=出口货物的工厂销售额×税率

或：

应退消费税税款=出口数量×单位税额

二、所得税制度

所得税是以所得额为课税对象的税种。所得税产生于距今100多年前，目前已成为发达国家的主体税之一。企业所得税和个人所得税都属于所得税体系。

（一）企业所得税

1. 企业所得税的概念

企业所得税是对我国境内的内、外资企业和其他组织取得收入的生产经营所得和其他所得征收的一种税。其中，所得额或纯收益额是指纳税人从事生产、经营等项活动取得的总收入，减去为取得这些收入所花费的各项成本、费用、税金和损失后的余额。

2. 课税对象

企业所得税以纳税人来自我国境内和境外的生产、经营所得和其他所得为课税对象，具体包括生产、经营所得和其他所得。按照国际惯例，我国企业所得税对纳税人的所得实行居住地和来源地双重管辖权。

3. 纳税人

企业所得税的纳税人是指我国境内取得收入的企业和其他非企业性社会组织（包括

各类内资企业和各类外资企业，但不包括个人独资企业和合伙企业）。

企业所得税的纳税人可划分为居民企业和非居民企业两大类。居民企业是指依法在中国境内成立，或者依照外国（地区）法律成立但实际管理机构在中国境内的企业；非居民企业是指依照外国（地区）法律成立且实际管理机构不在中国境内，但在中国境内设立机构、场所的，或者在中国境内未设立机构、场所，但有来源于中国境内所得的企业。

居民企业应当就其来源于中国境内、境外的所得缴纳企业所得税。非居民企业在中国境内设立机构、场所的，应当就其所设机构、场所取得的来源于中国境内的所得，以及发生在中国境外但与其所设机构、场所有实际联系的所得，缴纳企业所得税。非居民企业在中国境内未设立机构、场所的，或者虽设立机构、场所但取得的所得与其所设机构、场所没有实际联系的，应当就其来源于中国境内的所得缴纳企业所得税。

4. 税率

企业所得税法对税率进行了具体规定：居民企业的适用税率统一规定为25%，非居民企业的适用税率规定分两种情况。

（1）在我国境内设立非法人性质的机构、场所，且有来源于我国境内的所得的非居民企业，以及发生在我国境外但与其在我国境内所设机构、场所有实际联系的所得的非居民企业，适用税率为25%，与居民企业的法定税率相同。

（2）在我国境内未设立机构、场所，或者虽设立了机构、场所但取得的所得与该机构、场所没有实际联系的非居民企业，适用税率为20%。

另外，对符合条件的小型微利企业，减按20%的税率征收企业所得税；对国家需要重点扶持的高新技术企业，减按15%的税率征收企业所得税。

5. 应纳税额的计算

正确计算应纳税所得额之后，乘以适用税率，减除依法减免和抵免的税额，即可算出应纳税额，用公式表示为：

应纳税额=应纳税所得额×适用税率-依法减免的税额-依法抵免的税额

企业所得税实行按年计算、分月或分季预缴、年终汇算清缴、多退少补的缴纳办法。故其应纳税额的计算分为预缴所得税额计算和年终汇算清缴所得税额计算两部分。以居民企业为例：

（1）按月（或按季）预缴所得税的计算方法。纳税人预缴所得税时，应按纳税期限的实际数预缴，按实际数预缴有困难的，可以按上一年度应纳税所得额的1/12或1/4

预缴，或经当地税务机关认可的其他方法分期预缴所得税。预缴方法一经确定，不得随意更改。

月（季）预缴所得税额的计算公式为：

预缴所得税额＝上一年度应纳税所得额×25%×1/12（或1/4）

（2）年终汇算清缴，应纳所得税额的计算。年终汇算清缴，应纳所得税额的计算公式为：

全年应纳所得税额＝全年应纳税所得额×25%－减免和抵免的税额

多退少补所得税额＝全年应纳所得税额－月（季）已预缴所得税额

（二）个人所得税

1. 个人所得税的概念

个人所得税是对我国居民的境内外所得和非居民来源于我国境内的个人所得征收的一种税。现行的个人所得税主要有以下特点：在征收制度上实行分类征收制，在费用扣除上定额、定率扣除并用，在税率上累进税率、比例税率并用，在申报缴纳上采用自行申报和源泉扣缴两种方法。我国《个人所得税法》自1980年颁布后，经过了多次修订，2011年进行了第6次修订。2018年进行了第7次修订。

2. 纳税人

个人所得税的纳税人指在我国境内有住所，或者无住所但在境内居住累计满183天，以及无住所又不居住或居住累计不满183天但有来源于我国境内所得的个人。

根据我国现行《个人所得税法》，在中国境内有住所，或者无住所而一个纳税年度内在中国境内居住累计满183天的个人，为居民个人。在中国境内无住所又不居住，或者无住所而一个纳税年度内在中国境内居住累计不满183天的个人，为非居民个人。居民个人从中国境内和境外取得的所得，依法缴纳个人所得税。非居民个人从中国境内取得的所得，依法缴纳个人所得税。

3. 课税对象

个人所得税的课税对象为个人取得的各项应税所得。现行《个人所得税法》列举了9项个人应税所得，具体是：①工资、薪金所得；②劳务报酬所得；③稿酬所得；④特许权使用费所得；⑤经营所得；⑥利息、股息、红利所得；⑦财产租赁所得；⑧财产转让所得；⑨偶然所得。居民个人取得第一项至第四项所得（以下简称综合所得），按纳税年度合并计算个人所得税；非居民个人取得第一项至第四项所得，按月或者按次分项计算个人所得税。纳税人取得第五项至第九项所得，依法分别计算个人所得税。

4. 税率

个人所得税按照不同应税项目分别实行超额累进税率和比例税率。

综合所得，适用3%~45%的超额累进税率；经营所得，适用5%~35%的超额累进税率；利息、股息、红利所得，财产租赁所得，财产转让所得和偶然所得，适用比例税率，税率为20%。个人所得税税率表见表9-2、表9-3。

表9-2 个人所得税税率表（综合所得适用）

级数	全年应纳税所得额	税率（%）
1	不超过36 000元的部分	3
2	超过36 000元至144 000元的部分	10
3	超过144 000元至300 000元的部分	20
4	超过300 000元至420 000元的部分	25
5	超过420 000元至660 000元的部分	30
6	超过660 000元至960 000元的部分	35
7	超过960 000元的部分	45

注：1. 本表所称全年应纳税所得额是指居民个人所得综合所得以每一纳税年度收入额减除费用60 000元以及专项扣除、专项附加扣除和依法确定的其他扣除后的余额。

2. 非居民个人取得工资、薪金所得，劳务报酬所得，稿酬所得和特许权使用费所得，依照本表按月换算后计算应纳税额。

表9-3 个人所得税税率表（经营所得适用）

级数	全年应纳税所得额	税率（%）
1	不超过30 000元的部分	5
2	超过30 000元至90 000元的部分	10
3	超过90 000元至300 000元的部分	20
4	超过300 000元至500 000元的部分	30
5	超过500 000元的部分	35

注：本表所称全年应纳税所得额是指依照《个人所得税法》第六条的规定，以每一纳税年度的收入总额减除成本、费用以及损失后的余额。

三、财产税制度

（一）财产税的含义、特点和功能

财产税是对纳税人所拥有的财产课征的税种。财产主要包括不动产和动产。不动产指的是不能移动或移动后会损失其经济价值的财产，如土地和地上附着物；动产指的是除不动产以外的各种可能移动的财产，包括有形动产和无形动产。在各国财产税征收管理实践中，并不是对所有财产都征税，主要是对土地、房产等不动产征收。与其他类型税种相比，财产税具有税源稳定、税负难以转嫁的特征。因为土地、房产一般不能移动，形成某一区域稳定的税收来源。且财产税通过提高租金等方式转嫁所纳税款较为困难，属直接税。鉴于财产税的上述特征，实行分税制的国家一般将财产税归入地方税范畴。

在国家经济社会发展过程中，财产税可成为地方税主体税种，为地方政府特别是城市政府提供充裕的税源。首先，财产税具有税源稳定的特点，适合地方政府管理；其次，财产税能够调节财富不均，鼓励勤劳致富，限制不劳而获，体现社会公平；最后，财产税有利于资源合理配置，促进财产的有效利用。我国的现行税制中，房产税、契税等属于财产税。

（二）房产税

1. 房产税的概念

房产税是以房产为征税对象，依据房产价格或房产租金收入向房产所有人或经营人征收的一种财产税。房产税税源稳定是地方财政收入的重要来源。房产税的征收对调节房产所有权的收入，调控房地产价格水平，提高房屋的使用效益都有十分重要的意义。

2. 房产税的课税对象

房产税的课税对象是房产。房产是指有屋面和围护结构（有墙或两边有柱），能够遮风避雨，可供人们在其中生产、学习、工作、娱乐、居住或储藏物资的场所。我国现行房产税只是对城市、县城、建制镇和工矿区的房产征收，征税范围不包括农村。

3. 房产税的纳税人

凡在我国境内拥有房屋产权的单位和个人都是房产税的纳税义务人。产权属于全民所有的，由经营管理单位纳税；产权出典的，由承典人纳税；产权所有人、承典人不在房产所在地的，或者产权未确定及典租纠纷未解决的，由房产代管人或者使用人纳税。纳税单位和个人无租使用房产管理部门、免税单位及纳税单位的房产，应由使用人代为缴纳房产税。

4. 税率

房产税采用比例税率。计税依据不同，适用的税率不同。经营、自用房，按房产余值计算，从价计征，税率 1.2%。出租房屋，按房产租金计算，从租计征，税率 12%。从 2001 年 1 月 1 日起，个人按市场价格出租的居民住房，用于居住的，可暂减按 4%的税率征收房产税。从价计征时，其计税依据是按房产原值一次性减除 10%～30%后的余值。减除幅度由省级人民政府确定。从租计征时，计税依据是租金。

5. 房产税应纳税额的计算

房产税计税依据有两种。与之相适应的应纳税额的计算也分两种，即从价计征和从租计征。

（1）从价计征的计算。

应纳税额＝应税房产原值×（1－扣除率）×税率

（2）从租计征的计算。

应纳税额＝房产租金收入×税率

6. 房产税的征收管理

房产税实行按年计算、分期缴纳的征收方法，具体纳税期限由省、自治区、直辖市人民政府确定。房产税在房产所在地缴纳，房产不在同一地区的纳税人应按房产的坐落地点分别向房产所在地的税务机关纳税。房产税的减免税事项按照《房产税暂行条例》办理。

（三）契税

契税是在土地使用权、房屋所有权的权属转移过程中，向取得土地使用权、房屋所有权的单位和个人征收的一种税。《契税法》于 2020 年 8 月 11 日第十三届全国人民代表大会常务委员会第二十一次会议通过，自 2021 年 9 月 1 日起实施。

1. 契税的课税对象

契税的课税对象是指在我国境内发生土地使用权和房屋所有权权属转移的土地和房屋，包括国有土地使用权出让、土地使用权转让、房屋买卖、房屋赠予、房屋交换。

另外，以土地、房屋权属作价投资、入股，以土地、房屋权属抵债，以获奖方式承受土地、房屋权属的，视同土地使用权转让、房屋买卖或者房屋赠予征税。

2. 纳税人

契税的纳税人是指在我国境内转移土地、房屋权属，承受（指以受让、购买、受赠、交换等方式取得土地、房屋权属的行为）的单位和个人。需要特别注意的是契税纳税人是买方而不是卖方，这与其他税收不同。

3. 税率

契税税率为3%~5%。契税的适用税率，由省、自治区、直辖市人民政府在此幅度内按照本地区的实际情况确定，并报财政部和国家税务总局备案。

4. 应纳税额的计算

计算公式为：

应纳税额=计税依据×税率

5. 契税的征收管理

《契税法》对契税的减免税、纳税义务发生的时间、纳税地点等纳税事项进行了明确规定。

（四）车船税

车船税是对在我国境内车船管理部门登记的车辆、船舶（简称车船）依法从量定额征收的一种税。征收车船税可以加强对车、船的管理和使用；开辟地方财源，为地方财政筹集资金；也可以调节收入，促进社会公平。2011年2月25日中华人民共和国主席令第43号公布了《车船税法》，该法从2012年1月1日起实行，2019年进行了修订。

1. 课税对象

车船税的课税对象或课税范围是依法在公安、交通、农业、渔业等具有车船管理职能的部门登记的车船，具体分为车辆和船舶两大类。

2. 纳税人

在我国境内，车船的所有人或者管理人为车船税的纳税人。从2007年1月1日起，外商投资企业和外国企业在华机构、外籍个人也应缴纳车船税。

3. 税率

车船税对车辆实行的是有幅度的分类定额税率，对船舶实行的是分类分级、全国统一的定额税率。

4. 应纳税额的计算

车船税应纳税额的计算公式为：

载客汽车和摩托车的应纳税额=辆数×适用年税额

载货汽车、其他车辆的应纳税额=自重吨位数×适用年税额

（挂车按照货车税额的50%计算）

机动船舶的应纳税额=净吨位数×适用年税额（游艇按艇长度征收，每米600~2000元）

拖船和非机动驳船的应纳税额=净吨位数×适用年税额×50%

5. 车船税的征收管理

车船税的征收管理依照《税收征收管理法》《车船税法》及《车船税法实施条例》的规定执行。车船税按年征收，分期缴纳。车船税由纳税人所在地的税务机关征收。《车船税法》及《车船税法实施条例》对减免税等事项进行了明确规定。

四、资源税制度

（一）资源税

资源税是以各类自然资源为课税对象的税种。资源税包括一般资源税和级差资源税。一般资源税就资源开发的收益课征税收。在资源归国家所有的条件下，一般资源税体现了国家所有权的权益。级差资源税重在调节非主观努力形成的级差收益，为纳税人提供平等的竞争机会，并起到保护资源、减少浪费、提高资源利用效率的作用。我国现行税制中，除资源税外，耕地占用税、土地增值税、城镇土地使用税都是资源税类税种。在2010年6月1日前，资源税全部采用从量定额的征收方法，计算简单，便于管理，但是与价格脱节。自2010年6月1日起，在新疆开采原油、天然气缴纳资源税的纳税人，原油、天然气资源税改为从价计征，税率为5%。2011年9月21日新修订了《资源税暂行条例》，该条例自2011年11月1日起施行，对原油、天然气在全国范围内采用从价定率的计税方式，税率是5%~10%。2014年12月1日起在全国范围内煤炭资源税由从量计征改为从价计征，煤炭资源税税率幅度为2%~10%。2016年7月1日起，在河北省开展水资源税改革试点。2019年8月26日第十三届全国人民代表大会常务委员会第十二次会议通过了《资源税法》，该法自2020年9月1日起施行。

在国家经济社会发展中，资源税的征收和管理具有十分重要的功能。①促进资源合理利用，实现经济社会可持续发展。②调节资源开发的级差收益，鼓励企业间公平竞争。③为政府组织更多的财政收入。

1. 课税对象

资源税是对在我国领域和我国管辖的其他海域开发应税资源的单位和个人，就其应税资源的销售额或数量为计税依据而征收的税种。我国现行资源税的征收范围包括能源矿产、金属矿产、非金属矿产、水气矿产和盐。另外，我国还在进行水资源税的试点。

2. 纳税人

凡在我国领域和我国管辖的其他海域开发应税资源的单位和个人，为资源税的纳税义务人，单位包括国有企业、集体企业、私营企业、股份制企业、外商投资企业、外国企业和行政单位、事业单位、军事单位、社会团体及其他单位，个人包括个体经营者和其他个人。

3. 税率

资源税实行比例税率、定额税率。资源税“税目税率表”中规定实行幅度税率的，具体适用税率由省、自治区、直辖市人民政府统筹考虑该应税资源的品位、开采条件以及对生态环境的影响等情况，在“税目税率表”规定的税率幅度内提出，报同级人民代表大会常务委员会决定，并报全国人民代表大会常务委员会和国务院备案。“税目税率表”中规定征税对象为原矿或者选矿的，应当分别确定具体适用税率。资源税“税目税率表”见表 9-4。

表 9-4　资源税税目税率表

税目			征税对象	税率
能源矿产	原油		原矿	6%
	天然气、页岩气、天然气水合物		原矿	6%
	煤		原矿或者选矿	2%～10%
	煤成（层）气		原矿	1%～2%
	锂、钍		原矿	4%
	油页岩、油砂、天然沥青、石煤		原矿或者选矿	1%～4%
	地热		原矿	1%～20%或者 每立方米 1～30 元
金属矿产	黑色金属	铁、锰、铬、钒、钛	原矿或者选矿	1%～9%
	有色金属	铜、铅、锌、锡、镍、锑、镁、钴	原矿或者选矿	2%～10%
		铝土矿	原矿或者选矿	2%～9%
		钨	选矿	6. 50%
		钼	选矿	8%
		金、银	原矿或者选矿	2%～6%
		铂、钯、钌、锇、铱、铑	原矿或者选矿	5%～10%
		轻稀土	选矿	7%～12%
		中重稀土	选矿	20%
		铍、锂、锆、锶、铷、铯、铌、钽、锗、镓、铟、铊、铪、铼、镉、硒、碲	原矿或者选矿	2%～10%

续表

税目			征税对象	税率
非金属矿产	矿物类	高岭土	原矿或者选矿	1%~6%
		石灰岩	原矿或者选矿	1%~6%或者每吨（或者每立方米）1~10元
		磷	原矿或者选矿	3%~8%
		石墨	原矿或者选矿	3%~12%
		萤石、硫铁矿、自然硫	原矿或者选矿	1%~8%
		天然石英砂、脉石英、粉石英、水晶、工业用金刚石、冰洲石、蓝晶石、硅线石（矽线石）、长石、滑石、刚玉、菱镁矿、颜料矿石、天然碱、芒硝、钠硝石、明矾石、砷、硼、碘、溴、膨润土、硅藻土、陶瓷土、耐火黏土、铁矾土、凹凸棒石黏土、海泡石黏土、伊利石黏土、累托石黏土	原矿或者选矿	1%~12%
		叶蜡石、硅石灰、透辉石、珍珠岩、云母、沸石、重晶石、毒重石、方解石、蛭石、透闪石、工业用电气石、白垩、石棉、蓝石棉、红柱石、石榴子石、石膏	原矿或者选矿	2%~12%
		其他黏土（铸型用黏土、砖瓦用黏土、陶粒用黏土、水泥配料用黏土、水泥配料用黏土、水泥配料用黄土、水泥配料用泥岩、保温材料用黏土）	原矿或者选矿	1%~5%或者每吨（或者每立方米）0.1~5元
	岩石类	大理岩、花岗岩、白云岩、石英岩、砂岩、辉绿岩、安山岩、闪长岩、板岩、玄武岩、片麻岩、角闪岩、页岩、浮石、凝灰岩、黑曜岩、霞石正长岩、蛇纹岩、麦饭石、泥灰岩、含钾岩石、含钾砂页岩、天然油石、橄榄岩、松脂岩、粗面岩、辉长岩、辉石岩、正长岩、火山灰、火山渣、泥炭	原矿或者选矿	1%~10%
		砂石	原矿或者选矿	1%~5%或者每吨（或者每立方米）0.1~5元
	宝玉石类	宝石、玉石、宝石及金刚石、玛瑙、黄玉、碧玺	原矿或者选矿	4%~20%

续表

税目		征税对象	税率
水气矿产	二氧化碳气、硫化氢气、氦气、氡气	原矿	2%~5%
	矿泉水	原矿	1%~20%或者 每立方米 1~30 元
盐	钠盐、钾盐、镁盐、锂盐	选矿	3%~15%
	天然卤水	原矿	3%~15%或者每吨 （或者每立方米） 1~10 元
	海盐		2%~5%

4. 应纳税额的计算

资源税的应纳税额按照应税产品的销售额、课税数量和规定的比例税率、单位税额计算。其计算公式为：

应纳资源税额＝应税产品销售额×比例税率

或：

应纳资源税额＝课税数量×单位税额

5. 资源税的征收管理

资源税的征收管理，依照《税收征收管理法》《资源税法》的规定执行。资源税纳税人应向应税产品的开采或者生产者所在地主管税务机关缴纳。《资源税法》对减免税等事项进行了明确规定。

（二）耕地占用税

耕地占用税是对占用耕地建设建筑物、构筑物或者从事非农业建设的单位和个人，按其占用耕地面积一次性定额征收的一种税。征收耕地占用税有利于加强土地管理，保护农用耕地，也有利于增加农业收入，稳定发展农业生产。凡占用耕地建设建筑物、构筑物或者从事非农业建设的单位和个人，为耕地占用税的纳税人，应当依照《耕地占用税法》规定缴纳耕地占用税。耕地占用税是从量定额税种，以纳税人实际占用的耕地面积为计税依据，按照规定的税额一次性征收。耕地占用税的课税对象是建房或从事其他非农业建设占用的耕地。耕地是指用于种植农作物的土地。

耕地占用税的计税依据是纳税人实际占用的耕地面积（平方米），其应纳税额的计算公式为：

应纳税额=应税耕地面积×适用单位税额

耕地占用税的征收管理，依照《税收征收管理法》《耕地占用税法》的规定执行。《耕地占用税法》对减免税等事项进行了明确规定。

（三）土地增值税

1. 土地增值税的概念

土地增值税是对转让国有土地使用权、地上建筑物及其附着物并取得收入的单位和个人，就其转让房地产所取得的增值额征收的一种税。土地增值税有利于增加财政收入，防止国有土地收益的流失，也有利于抑制土地、房地产的投机，规范房地产市场秩序。土地增值税还有利于健全地方税体系，完善分税制。

2. 课税对象

土地增值税的课税对象是国有土地使用权、地上的建筑物及其附着物有偿转让时产生的增值。

3. 纳税人

土地增值税的纳税人是在我国境内有偿转让国有土地使用权、地上建筑物及其附着物并取得收入的单位和个人。

一切行政、企事业单位和个人，不论是国有企业、集体企业、私营企业、股份制企业、个体工商户，还是外商投资企业，也不论是专营还是兼营房地产开发业务的，只要出售房地产，就是土地增值税的纳税义务人，应当依照土地增值收益按规定税率缴纳土地增值税。

4. 税率

土地增值税实行四级超率累进税率，见表 9-5。

表 9-5　　土地增值税四级税率所对应的速算扣除率表

级数	级距	税率（%）	速算扣除率（%）
1	增值额未超过扣除项目金额 50%的部分	30	0
2	增值额超过扣除项目金额 50%、未超过扣除项目金额 100%的部分	40	5
3	增值额超过扣除项目金额 100%、未超过扣除项目金额 200%的部分	50	15
4	增值额超过扣除项目金额 200%的部分	60	35

5. 应纳税额的计算

土地增值税按照纳税人转让房地产所取得的增值额和规定的税率计算征收。土地增值税的计算公式为：

应纳税额＝∑（每级距的土地增值额×适用税率）

但在实际工作中，分步计算比较烦琐，一般可以采用速算扣除法计算，即计算土地增值税税额，可按增值额乘以适用的税率减去扣除项目金额乘以速算扣除系数的简便方法计算，公式如下：

应纳税额＝增值额×适用税率－扣除项目金额×速算扣除率

增值额是指纳税人转让房地产所取得的收入减除税法规定的扣除项目金额后的余额。计算增值额的扣除项目有取得土地使用权所支付的金额，开发土地的成本、费用，新建房及配套设施的成本、费用或者旧房及建筑物的评估价格，与转让房地产有关的税金，财政部规定的其他扣除项目。

6. 土地增值税的征收管理

土地增值税的征收管理，依照《税收征收管理法》《土地增值税暂行条例》及《土地增值税暂行条例实施细则》的规定执行。《土地增值税暂行条例》及《土地增值税暂行条例实施细则》对纳税地点、减免税、反避税等事项进行了明确规定。

（四）城镇土地使用税

1. 城镇土地使用税的概念

城镇土地使用税是对在我国境内使用城镇土地的单位和个人，就其实际使用的土地面积从量定额征收的一种税。征收城镇土地使用税，有利于调节土地级差收入，公平税负，有利于促进土地资源合理配置和节约使用，也有利于增加财政收入，完善地方税体系的建立，理顺国家与土地使用者之间的分配关系。

2. 课税对象

城镇土地使用税的课税对象是纳税人实际使用的土地，以土地面积为计税依据。城镇土地使用税的征税范围是城市、县城、建制镇和工矿区。

3. 纳税人

城镇土地使用税的纳税人为在城市、县城、建制镇和工矿区范围内使用土地的单位和个人。其中，单位包括国有企业、集体企业、私营企业、股份制企业、外商投资企业、外国企业以及其他企业和事业单位、社会团体、国家机关、军队以及其他单位，个人包括个体工商户以及其他个人。

4. 税率

城镇土地使用税采用地区差别定额幅度税率，按大、中、小城市和县城、建制镇、工矿区分别规定每平方米土地使用税的年应纳税额，具体标准见表 9-6。

表 9-6　　城镇土地使用税税率表

级别	每平方米税额（元）
大城市	1.5~30
中等城市	1.2~24
小城市	0.9~18
县城、建制镇、工矿区	0.6~12

5. 应纳税额的计算

城镇土地使用税以纳税人实际占用的土地面积为计税依据。因此，城镇土地使用税的应纳税额应按纳税人实际占用的土地面积，依照规定的税额标准按年计算。其计算公式为：

全年应纳税额=实际占用应税土地面积（平方米）×每平方米适用税额

6. 城镇土地使用税的征收管理

城镇土地使用税的征收管理，依照《税收征收管理法》《城镇土地使用税暂行条例》的规定执行。《城镇土地使用税暂行条例》对纳税期限、减免税等事项进行了明确规定。

五、行为税制度

（一）行为税的含义、特点和功能

行为税是以特定行为为课税对象的税种。行为税具有课税对象单一、税源分散、税种灵活的特点。政府开征特定行为税的目的主要是对纳税人的特定行为进行调节，达到国家一定的政治、经济、社会目的，一般带有“寓禁于征”的性质，即开征行为税的主要目的往往不是为了增加财政收入。我国曾征收过的烧油特别税、固定资产方向调节税以及现行的印花税，都属于行为税。

（二）印花税

1. 印花税的概念

印花税是对在我国境内书立应税凭证、进行证券交易的单位和个人征收的一种税。在我国境外书立在境内使用的应税凭证的单位和个人，应当依法缴纳印花税。印花税因完税方法是在应税凭证上购买和粘贴一定数量的印花税票而得名。印花税以应税凭证为课税对象，征税范围广，并采用粘贴印花税票的方式自行完税。印花税在征收管理中采取轻税重罚的政策。印花税有利于促进经济行为规范化，增强纳税人的自觉纳税意识，也有利于筹集财政收入。

2. 课税对象

印花税的课税对象是税法列举的各种应税凭证和证券交易。应税凭证是指印花法所附“印花税税目税率表”列明的合同、产权转移书据和营业账簿；证券交易是指转让在依法设立的证券交易所、国务院批准的其他全国性证券交易场所交易的股票和以股票为基础的存托凭证。

3. 纳税人

印花税的纳税人是指在我国境内书立应税凭证、进行证券交易的单位和个人。

4. 税率

印花税的税率为比例税率。印花税的税目税率见表 9-7。

表 9-7 印花税税目税率表

税目		税率	备注
合同（指书面合同）	借款合同	借款金额的万分之零点五	指银行业金融机构、经国务院银行业监督管理机构批准设立的其他金融机构与借款人（不包括同业拆借）的借款合同
	融资租赁合同	租金的万分之零点五	
	买卖合同	价款的万分之三	指动产买卖合同（不包括个人书立的动产买卖合同）
	承揽合同	报酬的万分之三	
	建设工程合同	价款的万分之三	
	运输合同	运输费用的万分之三	指货运合同和多式联运合同（不包括管道运输合同）
	技术合同	价款、报酬或者使用费的万分之三	不包括专利权、专有技术使用权转让书据

续表

<table>
<tr><th colspan="2">税目</th><th>税率</th><th>备注</th></tr>
<tr><td rowspan="4">合同
（指书面合同）</td><td>租赁合同</td><td>租金的千分之一</td><td></td></tr>
<tr><td>保管合同</td><td>保管费的千分之一</td><td></td></tr>
<tr><td>仓储合同</td><td>仓储费的千分之一</td><td></td></tr>
<tr><td>财产保险合同</td><td>保险费的千分之一</td><td>不包括再保险合同</td></tr>
<tr><td rowspan="4">产权转移书据</td><td>土地使用权出让书据</td><td>价款的万分之五</td><td rowspan="4">转让包括买卖（出售）、继承、赠予、互换、分割</td></tr>
<tr><td>土地使用权、房屋等建筑物和构筑物所有权转让书据（不包括土地承包经营权和土地经营权转移）</td><td>价款的万分之五</td></tr>
<tr><td>股权转让书据（不包括应缴纳证券交易印花税的）</td><td>价款的万分之五</td></tr>
<tr><td>商标专用权、著作权、专利权、专有技术使用权转让书据</td><td>价款的万分之三</td></tr>
<tr><td colspan="2">营业账簿</td><td>实收资本（股本）、资本公积合计金额的万分之二点五</td><td></td></tr>
<tr><td colspan="2">证券交易</td><td>成交金额的千分之一</td><td></td></tr>
</table>

5. 应纳税额的计算

印花税应纳税额，根据计税依据乘以适用税率计算。

（1）应税合同的计税依据，为合同所列的金额，不包括列明的增值税税款。

（2）应税产权转移书据的计税依据，为产权转移书据所列的金额，不包括列明的增值税税款。

（3）应税营业账簿的计税依据，为账簿记载的实收资本（股本）、资本公积合计金额。

（4）证券交易的计税依据，为成交金额。

应税合同、产权转移书据未列明金额的，印花税的计税依据按照实际结算的金额确定。计税依据按照前面已描述的计算方法仍不能确定的，按照书立合同、产权转移书据时的市场价格确定；依法应当执行政府定价或者政府指导价的，按照国家有关规定确定。证券交易无转让价格的，按照办理过户登记手续时该证券前一个交易日收盘价计算确定计税依据；无收盘价的，按照证券面值计算确定计税依据。

6. 印花税的征收管理

印花税依照《税收征收管理法》《印花税法》的规定执行。《印花税法》对纳税地点、纳税义务发生时间、减免税等事项进行了明确规定。

本章回顾

1. 税收制度是国家各种税收法律法规和征收管理办法的总称，具体包括税收法律、条例、法规、实施细则、征收管理办法等。

2. 税收制度要素的内容主要包括纳税人、课税对象、税率、计税依据、纳税环节、纳税期限、减免税、违章处理等。其中，纳税人、课税对象和税率是税收制度的基本要素。

3. 纳税人又称为纳税主体，是税法规定的负有纳税义务的单位和个人。

4. 课税对象是指税法规定对什么征税，是征纳税双方权利义务共同指向的客体或标的物。

5. 税率是应征税额与课税对象比例。一般来说，税率分为比例税率、累进税率和定额税率。

6. 流转税也称为商品税，是以商品流转额和非商品流转额为征税对象的税种。流转额指商品的销售额。非商品流转额是指服务业的营业收入。在我国现行税制中，流转税主要包括增值税、消费税、关税等。

7. 所得税是以纳税人的所得额为课税对象的税种。企业所得额包括生产经营所得和其他所得等。个人所得额包括工资薪金所得、劳务报酬所得、生产经营所得等。

8. 财产税是以纳税人拥有的财产为课税对象的税种统称。财产包括不动产和动产两类，各国的财产税主要是以对不动产征税为主，如土地和地上附属物。

9. 资源税是以各类自然资源为课税对象的税种。资源税可分为一般资源税和级差资源税，一般资源税是以自然资源的开发利用为前提，不管资源的好坏和收益的多少，对开发利用者所获取的绝对收益进行征税；级差资源税是根据开发自然资源的优劣条件及收益状况，对所形成的级差收入进行征税。我国现行税制中的资源税主要包括资源税、城镇土地使用税、土地增值税、耕地占用税等。

10. 行为税是以纳税人的某些特定的行为为课税对象的税种。

11. 按照税收管理体制，可将税收收入分为中央税、地方税和共享税。

12. 按照税负能否转嫁为标准，税收可以分为直接税和间接税。

13. 按照税收与价格的关系，可将税收分为价内税和价外税。

14. 按照税收计征标准的不同，可将税种分为从价税和从量税。

15. 按照缴纳税收形式的不同，可将税种分为货币税、实物税和力役税。

拓展学习

1. 陈共. 财政学［M］. 10 版. 北京：中国人民大学出版社，2020.

2. 高培勇. 公共经济学［M］. 3 版. 北京：中国人民大学出版社，2012.

3. 刘佐. 2020 年中国税制概览［M］. 北京：经济科学出版社，2021.

4. 大卫·N. 海曼，张进昌. 财政学理论在当代美国和中国的实践应用［M］. 北京：北京大学出版社，2011.

思考题

1. 什么是流转税？其有何优缺点？

2. 什么是所得税？其有何优缺点？

3. 什么是财产税？其有何特点？

4. 什么是增值税？其有哪些类型？

5. 什么是资源税？其有哪些功能？

第十章
政府非税收入

导言

在市场经济条件下，非税收入也是政府收入的重要来源，特别是非税收入在地方政府财政收入中占有较为重要的地位。政府非税收入涉及面广、政策性强，既关系政府财政收入的多少，也影响到企业和个人的切身利益，需要严格管理。

学习目标

在本章的学习中，应掌握国有资产的概念、国有资产管理体制的内容、国有资产经营方式及收益形式，理解建立国有资产管理体制的基本原则，了解中华人民共和国成立以来我国国有资产收益管理的演变过程；掌握公共使用费、公共定价方法；理解和掌握行政规费、罚没收入、彩票收入等政府非税收入。

第一节　国有资产经营与处置收益

一、国有资产

国有资产是指在法律上由国家代表全体人民拥有所有权的各类资产。具体来讲，是指国家以各种形式投资及其收益、拨款、接受馈赠、凭借国家权力取得或者依据法律认定的各类财产或财产权利。

我国的国有资产，最早可追溯到革命根据地时期的“公营企业”。目前掌握国民经济命脉、构成经济运行主导力量的庞大国有资产存量，则是中华人民共和国成立后通过社会主义改造、大规模社会主义建设，特别是政府财政多年投资积累形成的。其具体包括以下途径：①没收官僚资本，改造民族资本，建立原国营企业所形成的国有资产；②国家以各种形式的投资和拨款所形成的各类资产；③国有资产收益所形成的资产；④凭借国家权力及法律取得的资产等。据统计，2019 年，全国国有企业资产总额为 233.9 万亿元、负债总额为 149.8 万亿元、国有资本权益为 64.9 万亿元。2019 年，全国国有金融企业资产总额为 293. 2 万亿元、负债总额为 262. 5 万亿元，形成国有资产为 20. 1 万亿元。2019 年，全国行政事业性国有资产总额为 37. 7 万亿元、负债总额为 10. 7 万亿元、净资产为 27. 0 万亿元。其中，行政单位资产总额为 11. 8 万亿元，事业单位资产总额为 25. 9 万亿元。① 国有企业占有的庞大的国有资产，目前仍是政府财政收入的重要支柱，除上缴各类税收外，还要向政府缴纳国有资产收益。

二、国有资产管理体制

国有资产管理体制是在中央与地方之间及地方各级政府之间划分国有资产管理权限，建立国有资产经营管理机构与体系的一项根本制度。它是我国经济管理体制、财政管理体制的重要组成部分。通过建立科学、合理的国有资产管理体制，可以有效解决国有资产管理的产权代表方式、经营机构、经营形式以及相应的权、责、利关系等重大问题，贯彻国家有关国有资产管理的各项方针政策、法律法规，实现国家经济发展战略目标。

建立与社会主义市场经济相适应的国有资产管理体制，具有十分重要的意义。通过建立健全国有资产管理体制，划分各级政府国有资产管理权限，建立国有资产经营管理运行机制，选择恰当的经营方式，明确国有资产所有者、经营者、生产者之间的责、权、利关系，有利于保证国有资产的保值、增值，有效防范国有资产流失，努力提高国有资产运行效益，为国家提供更多的财政收入，并有利于发挥国有经济的主导地位，保证国民经济的性质与正确的发展方向，为国家宏观经济管理服务。

（一）建立国有资产管理体制的基本原则

探索建立适应市场经济发展的国有资产管理体制，是建设中国特色社会主义的重要组成部分。既要总结我国几十年来社会主义经济建设的经验教训，又要借鉴市场经济发达国家国有资产管理的理论与实践。根据社会主义市场经济发展的客观要求，以及近年来对国有资产管理改革的探索，建立合理的国有资产管理体制应遵循以下基本准则。

（1）政企分开。政企分开是指将政府的宏观经济管理职能、社会管理职能与企业的生产经营职能相分离。政府不直接干预企业的生产经营活动，不直接参与企业的人、财、物和供、产、销的管理。政府通过经济、法律、行政等政策工具，间接调控企业的微观经济活动，使之符合国家宏观经济管理要求。企业在国家法律法规规定的范围内，

① 资料来源：全国人大网站。

自主经营、自负盈亏、照章纳税、自我积累、自我约束、自我发展。

（2）政府的社会公共管理职能与国有资产出资人职能分开。国务院国有资产监督管理委员会成立后，作为政府直属特设机构，专门履行出资人的职责，不再承担政府社会公共管理职能。政府将两种职能分离，有利于国有资产管理部门专门行使国有产权管理，做到管资产和管人、管事相结合，实现国有资产的保值增值，为政府经济社会政策目标服务，避免政府国有资产职能与一般社会公共管理职能之间的矛盾与冲突。因为政府公共管理职能要求为所有市场主体创造公平的竞争环境，不能形成行政性垄断经营，在国有资产管理部门同时行使上述职能的条件下，要达到这一目标往往是困难的。

（3）所有权与经营权相分离。即在国有资产管理中，将所有权的管理与国有资产经营管理相分离，由不同的部门及职能组织行使，相互制约、相互监督，提高国有资产的运行效益。所有权与经营权相分离也是社会化大生产和商品经济的产物。

（4）分级所有、分级管理。即在中央、省市自治区和设区的市及自治州三级政府中，分别设立国有资产监督管理委员会，管理本级国有资产。但发生战争、严重自然灾害或者其他重大、紧急情况时，国家可以依法统一调用、处置企业国有资产。坚持这一准则，可进一步加强各级政府对国有资产的监管力度，维护国有资产权益。

（5）正确处理所有者、经营者、生产者（企业职工）之间的物质利益关系。要提高国有资产运行效益，就必须通过国有资产管理体制，建立所有者、经营者、生产者（企业职工）之间的制约机制，正确处理他们之间的物质利益关系，充分调动各方面的积极性，搞好国有资产的经营管理。国家作为国有资产的所有者，必须依法取得国有资产收益，拥有资产最终处置权，监督国有资产经营者的行为，维护国家利益；国有资产经营者必须承担国有资产保值、增值的责任，在国家授权和法律法规规定的范围内，面向市场，有效运用国有资产，开展生产经营活动，追求利润的最大化。对完成各项考核指标、业绩优良的经营者，按合同或有关规定兑现其报酬。有突出贡献者给予奖励甚至重奖。对业绩不佳、没有完成经营目标，甚至造成国有资产流失的，要按规定给予处罚，情节恶劣、损失严重的，要追究其法律责任。在制定科学、合理的国有资产管理体制，保护所有者利益，调动经营者积极性的同时，要维护生产者即企业职工的合法权益。

（6）实现资产运营效益最大化的原则。资产运营效益最大化就是以最小的国有资产投入，在经营中取得最大的经济、社会和生态效应。这是国有资产经营最基本的原则。在社会主义市场经济条件下，国有经济掌握着国民经济命脉，在经济运行中发挥主导作用，也是国家财政收入的重要支柱，因而国有经济的战略地位客观上要求建立科学、合理的国有资产管理体制，最大限度地提高国有资产运行效益，为实现国家经济社会发展战略目标服务。

（二）国有资产管理体制的内容

根据《企业国有资产法》等法律法规，现行国有资产管理体制主要包括以下内容。

1. 中央与地方国有资产管理权限的划分

（1）国务院代表国家对关系国民经济命脉和国家安全的大型国有及国有控股、国有参股企业，重要基础设施和重要自然资源等领域的国有及国有控股、国有参股企业，履行出资人职责。国务院履行出资人职责的企业，由国务院确定、公布。

（2）省、自治区、直辖市人民政府和设区的市、自治州级人民政府分别代表国家对由国务院履行出资人职责以外的国有及国有控股、国有参股企业，履行出资人职责。国务院，省、自治区、直辖市人民政府，设区的市、自治州级人民政府，分别设立国有资产监督管理机构。国有资产监督管理机构根据授权，依法履行出资人职责，依法对企业国有资产进行监督管理。

2. 国有资产管理部门的职责

（1）国务院国有资产监督管理机构是代表国务院履行出资人职责、负责监督管理企业国有资产的直属特设机构。省、自治区、直辖市人民政府国有资产监督管理机构，设区的市、自治州级人民政府国有资产监督管理机构是代表本级政府履行出资人职责、负责监督管理企业国有资产的直属特设机构。上级政府国有资产监督管理机构依法对下级政府的国有资产监督管理工作进行指导和监督。

（2）国有资产监督管理机构的主要职责是：①依照《公司法》等法律法规，对所出资企业履行出资人职责，维护所有者权益；②指导推进国有及国有控股企业的改革和重组；③依照规定向所出资企业派出监事会；④依照法定程序对所出资企业的企业负责人进行任免、考核，并根据考核结果对其进行奖惩；⑤通过统计、稽核等方式对企业国有资产的保值增值情况进行监管；⑥履行出资人的其他职责和承办本级政府交办的其他事项。国务院国有资产监督管理机构除规定职责外，可以制定企业国有资产监督管理的规章、制度。

3. 国有资产管理部门资产监管的内容

（1）企业负责人管理。国有资产监督管理机构应当建立健全适应现代企业制度要求的企业负责人的选用机制和激励约束机制，依照有关规定，任免或者建议任免所出资企业的企业负责人：①任免国有独资企业的总经理、副总经理、总会计师及其他企业负责人；②任免国有独资公司的董事长、副董事长、董事，并向其提出总经理、副总经理、总会计师等的任免建议；③依照公司章程，提出向国有控股的公司派出的董事、监事人选，推荐国有控股的公司的董事长、副董事长和监事会主席人选，并向其提出总经理、副总经理、总会计师人选的建议；④依照公司章程，提出向国有参股的公司派出的董事、监事人选。

（2）企业重大事项管理。国有资产管理机构对企业重大事项的管理主要包括以下内容：①指导国有及国有控股企业建立现代企业制度，审核批准其所出资企业中的国有独资企业、国有独资公司的重组、股份制改造方案和所出资企业中的国有独资公司的章程。②依照法定程序决定其所出资企业中的国有独资企业、国有独资公司的分立、合并、破产、解散，增减资本，发行公司债券等重大事项。③依照法定程序审核、决定国防科技工业领域其所出资企业中的国有独资企业、国有独资公司的有关重大事项时，按照国家有关法律、规定执行。④依照《公司法》的规定，派出股东代表、董事，参加国有控股的公司、国有参股的公司的股东会、董事会。⑤国有控股的公司、国有参股的公司的股东会、董事会决定公司的分立、合并、破产、解散，增减资本，发行公司债券，任免企业负责人等重大事项时，国有资产监督管理机构派出的股东代表、董事，应当按照国有资产监督管理机构的指示发表意见、行使表决权。⑥决定其所出资企业的国有股权转让。⑦依照国家有关规定组织协调所出资企业中的国有独资企业、国有独资公司的兼并破产工作，并配合有关部门做好企业下岗职工安置等工作。⑧依照国家有关规定拟订所出资企业收入分配制度改革的指导意见，调控所出资企业工资分配的总体水平。⑨国有资产监督管理机构出资企业中的国有独资企业、国有独资公司经国务院批准，可以作为国务院规定的投资公司、控股公司，享有《公司法》第十二条规定的权利；可以作为国家授权投资的机构，享有《公司法》第二十条规定的权利。⑩可以对所出资企业中具备条件的国有独资企业、国有独资公司进行国有资产授权经营。⑪国家出资企业的关联方不得利用与国家出资企业之间的交易，谋取不当利益，损害国家出资企业利益。⑫国有独资企业、国有独资公司和国有资本控股公司合并、分立、改制，转让重大财产，以非货币财产对外投资，清算或者有法律、行政法规以及企业章程规定应当进行资产评估的其他情形的，应当按照规定对有关资产进行评估。国有资产管理机构对国有企业重大事项管理过程中，有些事项需要报请同级人民政府批准。

（3）企业国有资产管理。国有资产监督管理机构从以下五个方面对企业国有资产进行管理：①依照国家有关规定，负责企业国有资产的产权界定、产权登记、资产评估监管、清产核资、资产统计、综合评价等基础管理工作。②协调其所出资企业之间的企业国有资产产权纠纷。③建立企业国有资产产权交易监督管理制度，加强企业国有资产产权交易的监督管理，促进企业国有资产的合理流动，防止企业国有资产流失。④对其所出资企业的企业国有资产收益依法履行出资人职责；对其所出资企业的重大投融资规划、发展战略和规划，依照国家发展规划和产业政策履行出资人职责。⑤国有独资企业、国有独资公司的重大资产处置，需由国有资产监督管理机构批准的，依照有关规定执行。

（4）企业国有资产监督。各级人民代表大会常务委员会通过听取和审议本级人民政府履行出资人职责的情况和国有资产监督管理情况的专项工作报告，组织对《企业国有资产法》实施情况的执法检查等，依法行使监督职权；国务院和地方人民政府应当对其授权履行出资人职责的机构履行职责的情况进行监督；国务院和地方人民政府审计机关依照《审计法》的规定，对国有资本经营预算的执行情况和属于审计监督对象的国家出资企业进行审计监督；国务院和地方人民政府应当依法向社会公布国有资产状况和国有资产监督管理工作情况，接受社会公众的监督；任何单位和个人有权对造成国有资产损失的行为进行检举和控告。

（5）法律责任。企业国有资产监督管理机构和国有企业有关人员在国有资产管理过程中，拥有法律赋予的权利，同时，还要承担相应的法律责任。①履行出资人职责的机构有不按照法定的任职条件，任命或者建议任命国家出资企业管理者等行为的，对其直接负责的主管人员和其他直接责任人员依法给予处分。②履行出资人职责的机构的工作人员玩忽职守、滥用职权、徇私舞弊，尚不构成犯罪的，依法给予处分。③履行出资人职责的机构委派的股东代表未按照委派机构的指示履行职责，造成国有资产损失的，依法承担赔偿责任；属于国家工作人员的，并依法给予处分。④国家出资企业的董事、监事、高级管理人员有利用职权收受贿赂或者取得其他非法收入和不当利益等行为，造成国有资产损失的，依法承担赔偿责任；属于国家工作人员的，并依法给予处分。⑤在涉及关联方交易、国有资产转让等交易活动中，当事人恶意串通，损害国有资产权益的，该交易行为无效。⑥国有独资企业、国有独资公司、国有资本控股公司的董事、监事、高级管理人员违反企业国有资产法规定，造成国有资产重大损失，被免职的，自免职之日起五年内不得担任国有独资企业、国有独资公司、国有资本控股公司的董事、监事、高级管理人员；造成国有资产特别重大损失，或者因贪污、贿赂、侵占财产、挪用财产或者破坏社会主义市场经济秩序被判处刑罚的，终身不得担任国有独资企业、国有独资公司、国有资本控股公司的董事、监事、高级管理人员。⑦接受委托对国家出资企业进行资产评估、财务审计的资产评估机构、会计师事务所违反法律、行政法规的规定和执业准则，出具虚假的资产评估报告或者审计报告的，依照有关法律、行政法规的规定追究法律责任。⑧违反《企业国有资产法》规定，构成犯罪的，依法追究刑事责任。

三、国有资产收益

国有资产收益是指国家凭借对国有资产的所有权，从国有资产经营收入中所获得的经济利益。其来源是国有企业或国家参股企业的劳动者在剩余劳动时间内为社会创造的剩余产品价值。

国有资产收益是国家财政的重要收入来源之一。与税收收入等不同，国有资产收益是国有资产所有权在经济利益上的具体体现，而不是以国家公共权力为依据的课征。在传统计划经济体制下，国有资产收益以利润上缴形式，曾为国家提供了50%以上的财政收入，是占国家第一位的财政收入。在1983年、1984年“利改税”后，部分国有资产收益实际上以税收形式上缴国家财政。1994年财税体制改革后实行税利分流政策，统一了内资企业所得税，2008年统一了内外资企业所得税。目前，国有资产收益的形式与数量主要取决于国有资产管理体制与经营方式。

（一）国有资产经营方式

国有资产经营是指国有资产的所有者和代理人为了保证国有资产的优化配置、合理利用，提高运行的经济效益、社会效益及生态效益，实现国有资产的保值增值，充分发挥在国民经济中的主导地位而进行的一系列筹划、决策活动。由于国有资产规模、结构、分布行业的复杂性，以及国有经济主导地位的战略要求，国有资产经营必须选择恰当的经营方式，以实现其经营的最终目的。改革开放以来，在我国，根据现阶段生产力发展的要求，根据以公有制为主体，多种经济成分并存，共同繁荣、共同发展的战略布局，按照所有权与经营权相分离的原则，对国有资产的具体经营形式进行了艰苦的探索。目前，常见的国有资产经营方式有以下五种。

1. 国有资产的股份制经营

国有资产的股份制经营是指国家通过与其他投资主体联合兴建股份制企业，收购其他企业股份或对原国有制企业进行股份制改造等形式，运用国有资产，建立规范的现代企业制度，实现产权明晰，所有权与经营权分离，企业拥有法人财产权，构建所有者、经营者、生产者之间的制衡关系，建立企业内部科学管理制度，真正实现企业自主经营、自负盈亏、照章纳税，具有自我积累、自我约束、自我发展能力目标的经营方式。在股份制经营方式中，国家以所有者的身份，通过企业股东大会、董事会、监事会，有效监督、管理国有资产运营，提高经营效益，维护国有资产合法权益。根据国家占有股份的多少，实行股份制经营的企业可具体分为国有独资企业、国有控股企业及国家参股企业。股份制是现代企业制度的主要形式，是社会化大生产与现代市场经济发展的产物，也是我国国有大中型企业经营采取的主要形式。股份制主要优点是产权明晰、两权分离、管理科学，实行法人财产权，国家对其投资承担有限责任，因而它是市场经济条件下国有资产有效经营方式之一。

2. 国有资产的集团经营

国有资产的集团经营指国家授权有关企业集团对其所属企业的国有资产实行统一管理、经营。这也是市场经济条件下国有资产经营的重要方式。随着我国社会主义市场经济体制的逐步建立，改革开放政策的深入，企业面临着更加激烈的国内外市场竞争，经营风险增大，过去国有企业散、乱、差的状况很难适应市场经济发展的需要，因而通过优化资产结构，收购兼并弱势企业，组建大型企业集团，大大增强了国有企业在国内外市场的竞争能力，特别是与国外大型跨国公司抗衡的实力，从而优化了资源结构，提高了资产运行效益。

3. 国有资产的委托经营

国有资产的委托经营是指在不改变国有资产所有权及资产最终处置权的前提下，国家将国有资产委托给有关主管部门、地方政府及其他组织经营管理的方式。因为国民经济有些行业具有天然垄断性或明显的行业特点，如邮电、铁路、民航、供水、供电、供热、供气等，适合国家经营。国家将这类国有资产委托给有关行业主管部门管理，有利于加强国家宏观调控，强化行业管理，保证国有资产的保值增值。

4. 国有资产的承包经营

国有资产的承包经营是指在坚持国有资产所有权不变的前提下按所有权与经营权相分离的原则，以承包经营合同形式确定国家与企业间的责、权、利关系。在承包合同范围内，企业自主经营、自负盈亏。承包制有多种形式，如行业投入产出承包、盈亏承包、“两保一挂”承包等。比较普遍实行的是“两保一挂”，即保上缴财政任务、保技术改造任务、工资总额与经济效益挂钩。承包制的基本原则是“包死基数、确保上交、超收多留、歉收自补”。承包基数的确定，在1994年税制改革以前，一般是在原来上缴的所得税和调节税的基础上，加上一定的增长比例作为承包基数。1994年税制改革以后，根据“税利分流”的原则核定承包基数。基数定死以后，企业要保证完成上缴任务，超目标完成的收入，对企业实行分档分成。没有完成承包任务时，要用自有资金补齐。

5. 国有资产的租赁经营

国有资产的租赁经营是指在不改变国有资产所有制性质的前提下，国家将部分国有资产出租给有关承租人经营。承租人必须按租赁合同规定缴纳租金，在合同规定的范围，对国有资产自主经营，并承担相应的法律责任。国有资产的租赁经营，以租赁合同的形式，明确规定一定时期内国家与承租人之间的权、责、利关系，有利于调动经营者的积极性，维护国有资产的合法权益。同时，由于租赁经营是国有资产管理部门与承租人通过一对一谈判，签订租赁合同的形式进行的，成本较高，因而一般不适合规模较大的国有资产经营，而较适合中小企业的国有资产经营。

以上国有资产经营方式各有特点和不足，需要在国有资产经营管理中根据不同情况，灵活选择实现国有资产经营目标。

（二）国有资产收益的形式

在社会主义市场经济条件下，国有资产的经营方式不同，因而国家财政来自国有资产经营的收益形式也就不同。目前，我国国有资产收益的形式主要有以下四种。

1. 股息、红利收入

股息、红利收入是指在实行国有资产股份制经营方式中，国有股份在一定时期内根据企业经营业绩为国家财政提供的收入。国家是国有股的股东，凭借其所有权，从企业获得股息收入，根据企业的效益获得红利收入。国家通过取得股息、红利，监督国有资产运行状况及效益，维护国有产权的合法权益。

2. 上缴利润

上缴利润是国有企业将实现利润的一部分按规定或根据承包合同，上缴国家财政，是国有产权在经济上的体现。上缴利润的真正来源是企业职工在剩余劳动时间里为社会创造的剩余产品价值。国有企业利润上缴，在我国不同经济体制、不同历史时期含义有所差别。在传统的计划经济体制下，国有企业上缴利润构成了我国财政收入的主要来源和形式，并且国有企业不征所得税，因而上缴的利润基本是企业销售收入实现后扣除有关成本费用及流转税后的余额。1983 年、1984 年我国实行第一、第二步“利改税”，对国有企业开征所得税，在 1987 年实行承包经营责任制时，上缴利润中包含了所得税与调节税，实际上是利税合一的分配制度。1994 年分税制改革后，实行税利分流，税后承包，即对国有企业与其他类型一视同仁征税，而只对所得税后的利润承包，因而企业上缴利润不再包含所得税。在建立国有资本经营预算制度后，国有企业将税后利润的一部分上缴国有资本经营预算，比例在 5%~30%不等。

3. 租金收入

租金收入是指租赁经营国有资产的承租人按租赁合同规定，向国家缴纳的租金。租金是承租人有偿使用、支配国有资产的报酬。它是根据国有资产价值量的大小、使用效益、市场供求状况及市场利率等因素决定的。从经济性质上讲，租金仍是企业劳动者在剩余劳动时间内为社会创造价值的一部分。

4. 其他收入形式

除以上几种最常见的国有资产收益形式外，还有一些其他收入形式，如资源补偿费收入、资产占用费收入、国有股权转让收入、国有资产转让收入等，不再一一详述。

第二节　公共设施使用费收入

一、公共设施使用费与公共定价

公共设施使用费是指政府对所提供的部分公共设施向使用者收取一定的费用。在地方财政收入中，特别是在城市财政收入中，公共设施使用费是收入来源之一。

公共定价是指政府对提供某些特定商品和劳务所收取费用的决策。之所以称为公共定价，是因为这些商品和劳务具有公共物品的特征，以满足社会公共需要为目的，不同于完全由市场机制决定供求关系的私人物品。在市场经济条件下，大部分公共物品由政府无偿提供，尤其是纯公共物品，如国防、外交、一般行政管理等，其资金主要来源于强制、无偿征收的税收。而这些商品和劳务需要收费，是因为其受益者是某些特定群体或个人，效用既具有公共物品性质，也具有私人物品特点，即准公共物品。通过收费，弥补部分或全部支出成本，与无偿提供相比，可减少浪费，提高资源配置效率。这些收费商品和劳务，可由政府直接生产和供给，也可由私人组织生产和供给，而价格由政府管制。

对部分公共物品合理定价，进行收费，构成政府财政收入的来源之一。特别是地方政府，公共设施使用费占财政收入比例较高。根据国际货币基金组织编制的《政府统计年鉴》等有关资料，有些国家地方政府来自公共设施使用费的收入，占财政收入的20%~25%。但各个国家财政预算制度不同，公共设施使用费纳入政府预算的范围也各异。在我国，有一部分行政性收费已纳入预算管理，其余部分作为经营性收费，不纳入行政性收费管理。

（一）公共定价原理

公共定价，政府首先要明确根据什么来决定特定公共物品价格，即收费的高低。政府提供这些特定公共物品需要付出相应成本，收费作为其销售价格，就要考虑能否弥补成本乃至取得利润，才能保证这些特定商品和劳务的有效供给，以及实现政府经济社会政策目标，在成本基础上，再综合分析市场需要等因素对定价的影响。

根据微观经济学原理，企业生产一种商品或劳务利润最大化的条件是，该商品或劳务的边际利润等于边际成本，当市场处于充分竞争状态时，其销售价格就等于边际成本。对公共定价而言，理想状态当然也是按边际成本定价，但由于公共物品生产和供给的特殊性，完全按边际成本定价还有问题。因为需要政府定价或者进行价格管制的公共物品，相当部分是具有自然垄断性质的基础设施、基础产业等，如供电、供水、供气、邮政、通信等公共企业提供的服务。自然垄断性质的商品和劳务生产具有规模效益递增的特点，总成本随着产量提高而下降，且边际成本永远小于平均成本。自然垄断与公共定价相应关系如图 10-1 所示。

在图 10-1 中，边际成本与需求线相交于 A 点，其价格为 P_1，需求量为 Q_1，平均成本与需求线交于 B 点，其价格为 P_2，需求量为 Q_2。如果公共物品按边际成本定价，由于 $P_1<P_2$，尽管消费者可得到一个较大的消费数量，但生产企业会发生亏损，需要政府提供财政补贴，加重财政负担。而以平均成本定价，生产企业收支平衡，但市场供给量减少 Q_1-Q_2，价格上升 P_2-P_1，公共物品使用效益下降。还有一种选择是将价格提高到 P_3，供给数量减少到 Q_3，生产企业收费不仅可弥补其成本，而且还有利润，但这时市场商品和劳务可供量远远低于有效需求，消费者承担较高的价格，不一定达到满足社会公共需要的目的。可见，在公共定价时，政府面临着按边际成本定价、平均成本定价和

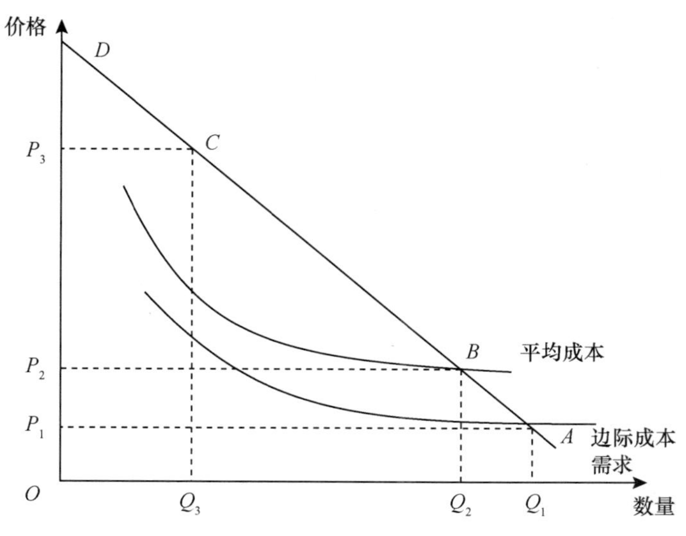

图 10-1　自然垄断与公共定价

高于平均成本定价三种不同选择。至于如何具体决策，则取决于政府宏观经济社会政策、财政运行状况、市场供求关系等因素。

（二）公共定价法

根据上述原理，政府在选择公共定价标准后，具体可采用以下定价方法。

（1）单一定价法。即根据消费者消费公共物品的数量与质量，确定一个单位价格收费的方法。如自来水公司根据每个居民户的用水数量，按每吨水一定价格收取水费，而不再考虑用水限额等问题。

（2）二部定价法。即根据公共物品成本组成，分两部分确定其价格的方法。基础设施等公共物品成本，按构成可分为资本成本与经营成本。资本成本是该公共设施在建造时的成本，属固定成本；经营成本是指公共设施在使用过程中发生的成本，属变动成本，也就是说，经营成本随着使用数量的增加而增加。二部定价法就是在公共定价时分为两部分，一部分是承担资本成本的准入费，另一部分是承担经营成本的使用费，准入费在一定时期是固定的，使用费则随着使用量的增加而增加。如公共电话系统的使用者，每个月需缴纳固定数额的月租费，还要根据通话次数收取使用费。

（3）高峰负荷定价法。有一部分公共设施在使用时间上是不均衡的，存在集中使用的高峰期，在此期间，存在资源配置的拥挤成本问题，而其他时间设施可能不完全充分利用。对这类设施，在采用二部定价的基础上，在使用高峰期再加收部分费用，可以缓解高峰期供给紧张状况，均衡资源有效配置。如对在用电高峰期的电力消耗加收一定费用，对在车流高峰期通过某一高速公路路段的车辆提高收费标准等。

二、公共设施收费的功能

公共财政的主要职能是提供公共物品，克服市场失灵，满足社会公共需要。在政府所提供的公共物品中，大部分是无偿提供，政府利用税收等手段，筹集资金，满足这些公共物品支出需要。但有一部分公共物品，特别是具有自然垄断性质的准公共物品，对其使用者收费，弥补部分或全部成本支出，比无偿使用更有利于提高资源配置效率，满足社会公共需要。公共收费具有以下功能。

（一）体现政府宏观经济社会政策目标

如前所述，在公共定价时，政府可按照边际成本定价，也可按照平均成本定价，或者高于平均成本，根据利润最大化原则定价。至于政府最后决定按什么方式定价，在政府财力状况一定时，则取决于政府宏观经济社会政策目标。对那些与广大居民生活关系密切、使用范围广的基础设施服务，按边际成本定价，亏损由政府财政补贴，有利于体现社会公平；对具有拥挤成本，或资源稀缺，需要抑制消费、防止浪费的公共物品，可按二部定价法、高峰负荷定价法予以定价，提高资源配置效率。这样，公共定价可成为实现政府宏观经济社会政策目标的重要工具。

（二）提高资源配置效率

对具有自然垄断性质的基础设施服务，实行政府经营，公共定价，或者授权私人经营，政府实行价格管制，同垄断经营相比，可增加市场有效供给，提高资源配置效率，更好地满足社会公共需要。在垄断经营条件下，垄断企业凭借垄断地位，生产的数量远远低于资源有效利用时的数量，不能满足社会公共需要，价格高于资源有效利用时的价格，企业可获得垄断利润，达到利润最大化的目的，但消费者的利益受到损失，社会资源配置效率下降。而实行公共定价，可在一定程度上有效克服这一问题。

（三）稳定市场物价

各种大型公共服务设施或自然垄断性产业具有规模效益递增的特点，投资额大、资金周转时间长、见效慢，技术要求高，管理难度大，通过公共定价可以稳定价格，保证其收益，抑制盲目投资、恶性竞争，也有利于防范投入大幅下降，市场供给不足，不能满足社会公共需要。同时，这些公共设施与人民生活关系密切，与市场其他商品和劳务价格关联程度高，相当部分属上游商品价格，通过政府公共定价或者价格管制，稳定其收费，有利于保持整个市场价格稳定，治理通货膨胀，改善人民生活。

三、公共设施收费管理

对部分政府提供的公共物品实行收费，关系到人民生活及整个国家经济社会健康发展，政策性强、技术要求高、管理难度大。根据我国公共收费管理现状，结合市场经济国家经验，公共收费管理需要加强以下几个方面。

（1）依法收费，依法理财。公共收费依据与税收不同，但收费也是政府履行经济社会管理职能的体现，公共收费是政府财政收入的来源之一，在地方财政收入中占有较大比率，公共收费关系到广大人民生活与整个国民经济运行，因而在市场经济体制下必须坚持依法收费，依法理财。政府各种收费项目，应有明确的法律依据，收费标准、范围应事前向社会公布，没有法律依据不得收费。在执行中，有关部门不得擅自扩大收费范围、提高收费标准。各种公共收费应纳入国家财政管理体制依法集中管理，而不能所有政府职能机构都收费。重要收费项目应经过各级立法机关审批。

（2）以政府预算管理为核心，加强公共收费管理。政府预算承担着为政府履行职责，提供公共物品服务筹集收入、安排支出的重任，是国家财政运行的核心环节，凡是体现政府行政管理性质的公共收费，都应纳入预算管理，统一安排，而不能由各部门自收自支；属于公共企业经营性公共收费，不纳入预算，但对收费标准、收费范围以及收费使用和企业财务状况，财政部门要加强监督，严格控制财政补贴。

（3）加强公共收费监督。公共收费涉及社会公共利益，关系到政府财政收支状况，需要加强监督，改善管理水平，保证实现公共收费政策目标。公共收费监督主要包括财政监督、审计监督、立法机关监督和社会舆论监督等方面。财政监督是指财政部门在其职责范围内对收费项目设立、收费标准、收费范围、收入组织和资金使用等方面进行监督；审计监督包括政府审计和社会审计，主要对公共收费的合法性、真实性进行监督；立法机关监督主要通过审查、批准政府预算，以监督有关公共收费的情况；社会舆论监督主要对公共收费项目是否损害社会公众利益进行监督，反映社情民意。

第三节　行政规费收入和其他政府非税收入

一、行政规费含义

行政规费是指政府机关为某些特定的单位和个人提供相应服务所收取的费用，如办理结婚证、护照等收取的工本费、手续费等。这些收费主要是配合国家对有关行为、活动的统计、管理，并适当弥补政府管理成本费用，不以增加政府收入为目的。

二、行政规费收入管理

行政规费收入依据《预算法》、国务院有关规定，由以下几个环节构成。

（1）收费立项审批管理。行政性收费必须经过国务院或省级以上政府及其财政、发展改革委员会（简称发改委）部门批准，其他部门无权批准行政性收费。未经批准，行政单位一律不得凭借自身拥有的行政管理职能自行收费。行政性收费立项由财政部门会同发改委审批；收费标准由发改委会同财政部门审批。建立政府性基金的决定权在国务院，由财政部具体负责审批。

（2）收费票据管理。行政性收费（基金）必须使用由省级以上财政部门统一印制或监制的行政性收费专用票据。财政部门负责票据的印刷、发放、核销、稽查和其他监督管理工作。

（3）银行账户管理。2011 年我国取消预算外资金制度后，行政收费纳入国库集中收付系统，在国库单一账户体系中核算，按照非税收入统一管理。

（4）预算管理。有行政规费收入的单位，必须编制年度预算收入计划，按照预算管理体制上缴财政部门。各项支出根据财政部门批准的预算执行，年终办理决算不得坐收坐支。

（5）监督管理。财政部门利用单位预算、财政专户以及票据发放等手段，对单位的行政规费收支活动进行经常性监督和管理。监察、审计、发改委、金融等部门要认真履行各自的职责，相互协调配合，对各单位行政规费收支活动的有关问题进行监督检查，对违反管理规定的，依法给予查处。

三、当前行政规费管理中存在的问题

（一）行政规费管理的法制建设相对滞后

我国《预算法》明确规定，行政规费的收支活动属于财政预算范畴；国务院有关决定明确，行政规费属于财政性资金，实行财政专户收支两条线管理。但行政规费管理的法规制度还不够完善，对行政规费的内容、性质、收支范围、管理模式缺乏明确规定，难以依法进行管理。

（二）行政规费规模有时过度膨胀

目前，行政规费规模出现过度膨胀现象，导致国家税收收入比例下降，降低了政府收入质量，不利于社会主义市场经济的发展。

（三）有些地区行政规费管理不力，使用效益不高

近年来，国家对行政规费管理进行了多项改革，实行专户储存、收支两条线、调整行政规费范围等，但总体来看，效果仍不够理想。

（四）行政规费管理不够规范，存在乱收费现象

行政规费管理不够规范，以及诱发的某些行政事业单位乱收费行为，是滋生各种消极腐败现象的制度基础，与规范政府行为、发展社会主义市场经济的要求背道而驰。

四、我国行政规费制度的改革

建立与社会主义市场经济体制相适应的现代财政体制，是我国现阶段财政改革的目标。这样，就需要形成与市场机制一致的财政运行机制，规范的财政收入机制是其重要内容之一。规范的财政收入运行机制，要求各项收入的组织，以国家法律法规为依据，各级财政预算统揽所有政府收支，接受社会监督，各项收入及时足额入库，纳税人合理负担，保证政府提供公共物品，满足社会公共需要。① 很显然，大量行政规费的存在，管理不力，不适应现代财政体制建设的需要。改革和完善行政规费管理制度是新一轮财

① 高培勇，温来成．市场化进程中的中国财政运行机制［M］．北京：中国人民大学出版社，2001.

税体制改革的重点，也是转变政府职能、理顺财政分配关系、加强党风廉政建设的重大举措。行政规费的改革和发展方向是逐步把行政规费彻底纳入规范化、法制化轨道。另外，我国现行分税制财政管理体制，也为彻底解决行政规费问题提供了制度基础，关键是进一步完善。

如前所述，行政规费制度改革的思路与方向已明确，至于具体步骤，还需要充分考虑体制惯性、各方既得利益等因素，周密设计，稳步推进。近期内行政规费的改革重点主要有以下四个方面。

（1）对现有的行政规费进行清理。以市场经济体制下政府事权范围为标准，取消所有与政府职能无关的行政规费和未经批准的行政规费；对一些具有税收性质或便于用税收方式征收的行政收费，实行“费改税”；对仍需保留的各项行政规费，严格实行收支两条线管理。

（2）在对行政规费进行清理的基础上，制定科学严格的行政规费支出范围和标准。为行政规费管理的制度化、规范化、法制化提供依据。

（3）加强法制建设，制定《国家行政规费管理条例》。依法加强行政规费管理，及时查处各类违纪违法案件，维护国家财政分配秩序。

（4）进一步完善分税制分级财政体制，改革现行预算体系，大力推行部门预算，为建立统一的国家预算积极创造条件。

五、其他政府非税收入

（一）罚没收入

罚没收入是指法院、检察院、海关、工商、税务、质监等国家司法机关和行政执法机关对各类违法行为给予罚款取得的收入、没收财物的变价款收入等。罚没收入的主要目的是配合国家有关政策的贯彻执行，组织收入的功能是次要的。

罚没收入实行收支两条线管理。各部门和单位按照国家有关规定收取或取得罚款和罚没收入，必须严格按照国务院或者财政部规定全额上缴国库或财政专户，不得隐瞒、截留、挤占、坐支和挪用。各部门和单位按照国家规定收取或取得罚款和罚没收入全额上缴国库或财政专户，必须统一纳入部门预算编制范围。财政部门将根据各部门和单位履行职能的需要，合理核定其预算支出，进一步明确部门预算支出范围和细化部门预算支出项目，收支不挂钩。同时，要增强服务意识和保障意识，确保部门正常经费的足额安排和及时拨付。各部门和单位应当按照部门预算规定的支出项目，安排和使用资金。

（二）彩票收入

发行彩票是国家筹集公益资金的一种重要手段。我国自 1987 年发行彩票以来，已经走过 30 多年的历程。2019 年，我国彩票业销售额达到 4 220. 53 多亿元。2019 年中央财政当年收缴入库彩票公益金 570. 72 亿元，加上 2018 年度结转收入 150. 69 亿元，共 721. 41 亿元。经全国人大审议批准，2019 年中央财政安排彩票公益金支出 717. 58 亿元。考虑收回结余资金等因素，收支相抵，期末余额 3. 99 亿元。[①] 目前，经国务院批准发行的彩票有两种，分别是福利彩票和体育彩票。

近年来，福利彩票和体育彩票发行方式不断更新，发行规模不断扩大，促进了社会福利事业和体育事业的发展。彩票发行的审批权集中在国务院。财政部负责起草、制定国家有关彩票管理的法规、政策；管理彩票市场，监督彩票的发行和销售活动；会同民政部和国家体育总局研究制定彩票资金使用的政策，监督彩票资金的解缴、分配和使用。民政部、国家体育总局根据国家有关法规、政策和制度，分别研究制定福利彩票和体育彩票的发行、销售和资金管理的具体办法并组织实施；负责研究制定本系统彩票发展规划；研究提出发行额度并经审核批准后组织实施；确保及时足额向财政专户解缴彩票公益金；加强对彩票发行与销售机构的管理，努力降低成本，扩大发行规模。国务院对年度彩票发行规模仍实行额度管理。民政部、国家体育总局发行彩票要向财政部提出额度申请，财政部审核汇总后报国务院，经国务院批准后由财政部将发行额度分别下达给民政部和国家体育总局，由民政部和国家体育总局据此制定具体分配方案并组织实施。年度执行中，财政部可根据彩票市场情况，会同民政部、国家体育总局提出调整彩票发行额度的意见，报请国务院批准后执行。

彩票资金构成比例由国务院决定，各彩票品种按照彩票游戏销售额计提彩票奖金、彩票发行费、彩票公益金的具体比例，由财政部按照国务院的决定确定。经国务院批准，财政部可在奖金比例不超过 75%的范围以内，根据彩票发行销售需求状况及不同彩票品种的特征，确定具体彩票游戏的资金构成比例。彩票发行机构、彩票销售机构的业务费提取比例，由彩票发行机构、彩票销售机构根据彩票发展需要提出方案，报同级民

① 资料来源：财政部网站。

政部门或者体育行政部门商同级财政部门核定后执行。①

根据国务院批准的彩票公益金分配政策，彩票公益金在中央和地方之间按 50∶50 的比例分配，专项用于社会福利、体育等社会公益事业，按政府性基金管理办法纳入预算，实行财政收支两条线管理，专款专用，结余结转下年继续使用。地方留成彩票公益金，由省级财政部门商民政、体育等有关部门研究确定分配原则。中央集中彩票公益金在全国社会保障基金、中央专项彩票公益金、民政部和体育总局之间分别按 60%、30%、5%和 5%的比例分配。

本章回顾

1. 国有资产是指在法律上由国家代表全体人民拥有所有权的各类资产，具体来讲，是指国家以各种形式投资及其收益、拨款、接受馈赠、凭借国家权力取得或者依据法律认定的各类财产或财产权利。

2. 国有资产管理体制是在中央与地方之间及地方各级政府之间划分国有资产管理权限，建立国有资产经营管理机构与体系的一项根本制度。

3. 建立国有资产管理体制的基本原则。①政企分开；②政府的社会公共管理职能与国有资产出资人职能分开；③所有权与经营权相分离；④分级所有、分级管理；⑤正确处理所有者、经营者、生产者（企业职工）之间物质利益关系；⑥实现资产运营效益最大化原则。

4. 国有资产管理体制的内容。①中央与地方国有资产管理权限的划分；②国有资产管理部门的职责；③国有资产管理部门资产监管的内容。

5. 国有资产收益是指国家凭借对国有资产的所有权，从国有资产经营收入中所获得的经济利益。其来源是国有企业或国家参股企业的劳动者在剩余劳动时间内为社会创造的剩余产品价值。

6. 目前，常见的国有资产经营方式有国有资产的股份制经营、国有资产的集团经营、国有资产的委托经营、国有资产的承包经营、国有资产的租赁经营。

7. 现阶段国有资产收益上缴的主要形式有股息、红利收入，上缴利润，租金收入，其他收入形式。

8. 公共设施使用费是指政府对所提供的部分公共设施向使用者收取一定的费用。

① 资料来源：财政部网站。

在地方财政收入中，特别是在城市财政收入中，公共设施使用费是收入来源之一。

9. 公共定价是指政府对提供某些特定商品和劳务所收取费用的决策。

10. 行政规费是指政府机关为某些特定的单位和个人提供相应服务所收取的费用，如办理结婚证、护照等收取的工本费、手续费等。这些收费主要是配合国家对有关行为、活动的统计、管理，并适当弥补政府管理成本费用，不以增加政府收入为目的。

11. 罚没收入指法院、检察院、海关、工商、税务、质监等国家司法机关和行政执法机关，对各类违法行为给予罚款取得的收入、没收财物的变价款收入等。罚没收入的主要目的是配合国家有关政策的贯彻执行，组织收入的功能是次要的。

12. 彩票收入。发行彩票是国家筹集公益资金的一种重要手段。

拓展学习

1. 陈共. 财政学［M］. 10版. 北京：中国人民大学出版社，2020.

2. 高培勇. 公共经济学［M］. 3版. 北京：中国人民大学出版社，2012.

3. 高培勇，温来成. 市场化进程中的中国财政运行机制［M］. 北京：中国人民大学出版社，2001.

思考题

1. 建立国有资产管理体制的原则是什么？

2. 目前我国政府来自国有资产收益的收入有哪些？

3. 如何实行公共定价？

4. 我国行政规费管理由哪些环节构成？

第十一章 政府国内债务收入

导言

在现代市场经济条件下，政府凭借国家信用，向国内企业、组织和个人举借债务，筹集资金发展经济，举办各项社会事业，是非常普遍的现象，几乎世界各国政府都举债。但是，举债规模过大，也会产生财政风险，因而需要对政府债务严格管理。

学习目标

通过本章的学习，应掌握政府债务收入的概念、公债分类、公债发行方法、公债市场、公债偿还方法，以及公债风险的含义，理解公债规模、公债风险在债务管理中的地位和意义；熟练运用监测公债规模的指标公式；了解我国公债发行、流通、偿还的现状，把握公债管理制度改革的基本趋势。

第一节 政府债务分类

一、债务收入含义

政府债务收入就是政府举借的债，是政府及政府所属机构以债务人的身份，按照有借有还并偿付利息的信用经济原则，向国内外企业、组织和个人举借的债务。要正确理解政府债务收入的概念，必须将其与几个相关概念区分开，诸如公债与私债、公债与国债、公债与政府信用等。

（一）公债与私债

根据债务人的不同，债务可以划分为公债与私债。公债的债务主体是政府，包括中央政府和地方财政以及政府所属机构。私债的债务主体是私人部门，包括法人和自然人。公债和私债都是债，都具有自愿性和偿还性等特征，但两者仍然存在本质区别。首先，举债的目的不同。公债的举债目的是筹集资金用于经济建设，弥补财政赤字和满足社会共同需要；私债的举债目的是满足债务人生产、生活及投资需要，通常具有营利性。其次，公债的债信基础是政府的政治权力和政府掌握的各种社会资源与财富，公债的债信基础较为可靠，而私债的债信基础较薄弱。此外，由于政府具有凌驾于社会和个人之上的政治权力，因而在某些特定情况下，公债的发行可以是强制性的。

（二）公债与国债、地方债

公债包括中央政府债务和地方政府债务。其中，中央政府发行的公债通常称为国债，国债是中央政府组织财政收入的一种形式，其收入列入中央政府预算，由中央政府调度使用。地方债是指地方政府举借的债务。

（三）公债与政府信用

政府信用是指政府以债务人的身份取得的信用，或以债权人的身份提供信用及其信用活动。其中，政府以债务人的身份通过发行公债券和其他借款方式取得信用的主要形式，包括在国内发行国库券、公债券、建设债券等，国库向中央银行借款或透支，国家向外国政府、私人企业和国际金融组织借款等。政府以债权人的身份提供信用，是指政府作为债权人以有偿发放贷款的方式供应财政资金或组织财政支出。由此可见，公债是政府信用的一种形式。

二、公债按债务发行地域分类

公债按债务发行地域分类，可以划分为国内公债和国外公债。

国内公债是指在国内发行的公债。国内公债的债权人通常是本国的企业、组织（团体）和居民个人。国内公债的发行、债券流通和偿还是在本国范围内进行的，它并不影响国内资源总量，也不存在本国资源向国外转移的问题。但是，发行国内公债可以导致国内资源的重新配置。国内公债的发行和本息偿还一般以本国货币支付。

国外公债是指本国政府在国外发行的公债。国外公债的债权人一般是外国政府、国际金融组织、外国银行、企业、团体和居民个人。与国内公债不同，国外公债的发行和偿还本息通常会影响到本国资源存量的增减变化。

债权人所在地域不同，实际上意味着公债资金来源的地域性差异，这正是将公债区分为国内公债和国外公债的实际意义所在。国内公债和国外公债的来源不同，决定了两类公债所产生的作用和影响不同。一般来说，发行国内公债不会影响本国的国际收支。

发行国外公债，由于吸收了一定量的国外资金，利用了外资，从而有利于促进国内经济发展。但是，对于国外公债偿本付息的同时意味着将本国的资源转移到国外，并且，如果国外公债发行过多，还本付息压力过大，会引起本国国际收支不平衡，甚至导致债务危机。

三、公债按债务期限分类

按照公债债务期限的长短，可以将公债分为有期公债和无期公债。

（一）有期公债

有期公债是指政府规定有还本付息期限的公债。对于有期公债，根据偿还期限的长短，还可以划分为短期公债、中期公债和长期公债三种。

（1）短期公债。按照目前世界上大多数国家的划分标准，短期公债通常是指偿还期为 1 年或 1 年以内的公债。政府发行短期公债，通常是由于在一个财政年度内，国库财政资金暂时入不敷出，而发行短期公债以解决临时周转之用。短期公债偿还期短，发行规模、利息和还本付息期限等均可由政府灵活掌握，流动性比较强。因此，有些国家也称短期公债为流动公债。

（2）中期公债。中期公债通常是指偿还期为 1 年以上 10 年以内的公债。中华人民共和国成立初期发行的“人民胜利折实公债”（偿还期 5 年）、“国家经济建设公债”（偿还期 10 年）以及 1981 年开始发行的“国库券”（偿还期 1981—1984 年为 5~9 年）等均属于中期公债。

与短期公债相比，中期公债偿还期限长，有利于政府吸收、利用闲置资金。在许多国家，政府通常通过发行中期公债弥补财政赤字或进行经济建设投资。

（3）长期公债。长期公债一般是指偿还期限在 10 年以上的有期公债。长期公债期限长，但偿还期限有限度。世界各国发行的长期公债，偿还期限短则 10 年、20 年，长则 40 年、50 年，甚至更长。长期公债还本期限较长，但政府通常按预先确定的利率逐年支付利息，这样，既可以免于失信之弊，又可以长期、有效地降低社会资金的流动性，减少公债调换的频率。

（二）无期公债

无期公债也称永久公债，即政府永远不归还本金，只需按期支付利息。这类公债的债权人只有权按期索取利息，无权要求清偿本金，因这类债券通常是上市债券，所以债权人也有随时售卖以取回资金的便利。不过，由于无确定的偿还期限，致使债权人常常因债券价格波动而遭受经济损失。在政府方面，作为债务人，有权通过在市场上买入该种债券并予以注销的方式收回此类公债，但在法律上，却只有按期支付利息的义务。迄今为止，只有英国和法国等少数几个国家曾经发行过无期公债。

四、公债按债务形式分类

按照公债本位对公债进行分类，可以将公债划分为货币公债和实物公债。这里的公债本位是指由政府指定的或由债权债务双方协议确定的在公债发行、债券流通和公债偿本付息过程中执行计量标准职能的物品或商品、货币。迄今为止，在公债活动中被指定作为公债本位、执行计量标准职能的主要有实物和货币两类。因此，按照公债的本位，可以将其分为实物和货币公债两大类。

（一）货币公债

货币公债即以货币为本位的公债。根据货币的种类，可以将其进一步划分为本币公债和外币公债。本币公债即以本国货币为本位的公债，外币公债则是以外国货币为本位的公债。通常情况下，一国政府所发行的国内公债都是本币公债，而国外公债通常以债权国的货币或国际上的某种具有代表性的国家货币为本位，即外币公债。

货币公债具有公债资源的普遍性和计算方法的简便性等特点，这是由货币作为一般等价物的商品所决定的。但是在纸币流通制度下，当货币币值波动幅度较大时，同一货币额的公债所代表的实际价值在发行期和偿还期之间会产生较大差距，公债的债权人往往因此遭受经济损失。因此，为了保证债权人的经济利益，在通货膨胀较严重时，对公债都要采取保值的措施，有些国家有时也发行实物公债。

（二）实物公债

实物公债即以某种实物为本位的公债。按照实物执行公债计量标准职能的方式，还可以将实物公债进一步分为单一实物公债和折实公债。

单一实物公债是直接以某一种实物为本位的公债，执行公债计量标准职能的实物具有单一性，即只有一种实物执行该职能，作为本位的实物自身的计量单位就是公债的计量单位。

折实公债通常是将若干种类的实物及其相应的数量折合成一种综合的、在一定范围内通用的公债计量单位，这种“折合”实际上是借助于各该类商品的市场价格完成的。如1950年我国发行的“人民胜利折实公债”就是此类公债，它将公债的基本单位确定为“分”，分值以当时上海、天津、汉口、西安、广州、重庆六城市的大米（天津为小米）3千克、面粉0.75千克、煤炭16千克的批发价格，用加权平均法计算。折实公债适用范围比直接以实物为本位的公债更为广泛，既能维护公债信誉，又易于推销。

与货币公债相比，实物公债具有债值稳定、债信较高的特点，但是计算方法比较复杂，适应性较差。因此，许多国家往往是在币值不稳定、物价波动幅度较大、波动频繁的情况下，发行实物公债，以维持政府债务、增强公债的吸引力。

五、公债按债务是否流通分类

按照公债是否被允许上市或是否可以流通为标准，可以将公债划分为上市公债和非上市公债。

上市公债也称可转让公债，是指可以在金融市场上自由流通、买卖的公债。认购者购入公债后，可随时视本身的资金需求状况和金融市场行情而将债券拿到市场上出售，也就是说，这种债券的认购者不一定是债券的唯一或最终持有者。世界各国政府目前发行的大多是上市公债，西方发达国家上市公债的比例甚至达到70%左右。

不能在金融市场上自由流通和买卖的公债称为不上市公债，即不可转让公债。持有者即使急需资金也不可能将持有的公债拿到市场上脱手转让，但通常情况下可以在一定时间之后向政府要求贴现。由于不上市公债不具有流动性，所以发行空间较小，一般在政府公债中所占比率不大。

六、其他分类方法

按照应募条件，可以将公债划分为强制公债和自由公债。公债的应募条件是政府为了便于推销公债而对应募者所规定的条件，其主要内容是规定应募者应当具备的承购公债的条件和必须承购的最低额度。

（一）强制公债

强制公债是指政府发行的规定有应募者范围及其最低承购额度的公债。应募者的范围依据公债应募条件中所给的标准确定。应募者的最低承购额度一般按相对数计算，即按收入或财产的最低比例确定。

按照强制公债的具体推销办法，又可以将其进一步分为直接性强制公债和间接性强制公债。直接性强制公债是指按照政府先确定的条件直接强制推销给应募者的公债；间接性强制公债是指政府以公债券代替货币，用于支付雇员薪金或购买物品。

强制公债的强制性接近于税收。不过，强制公债仍然具有有偿性，一旦债务期满，政府仍然需要还本付息，政府同强制公债的应募者的关系仍是债务和债权关系，而不是政府与纳税人之间的无偿的关系。

强制公债的发行往往与应债环境较差，或与人们应债的潜力较低有关。在这种情况下，若依据自愿原则，社会难以完全吸收政府所发行的公债。政府若不分时间、场合，经常或大量地发行强制公债，结果必将失信于民，增加以后公债发行的难度。因此，一旦应募环境得到改善，公众应债能力得到提高，政府轻易不发行强制公债。自由公债将成为政府筹措资金、调控经济的重要手段。

（二）自由公债

自由公债也称为自由认购公债，即不附带任何强制性条件，由应募者自由认购的公债。真正意义的自由公债通常是指政府在金融市场上出售的公债。政府对这部分公债的发行一般不施加任何附带条件，由应募者自由认购。

从形式上看，发行自由公债时，政府所处的借贷地位与企业或个人是相同的，处于对等地位。但是，由于政府拥有政治权力，在公债活动中，政府可以给予债权人税收优惠或某种投资便利，这是企业和个人不可能比的。此外，政府经济实力雄厚，债信较高，除非政治原因，否则，政府一般不会因为负债而破产，对于投资者来说，公债收益稳定，风险较小。因此，现代世界各国大多数发行自由公债，强制公债较为少见。

第二节　政府债务发行及流通

一、公债发行的条件

公债的发行是指公债售出或被银行、企业和个人认购的过程。公债发行是公债管理的起点和基础环节。

公债发行条件是指国家对所发行公债及其与发行有关诸多方面以法律形式所做的明确规定。发行条件主要包括发行权限，发行对象和发行额度，发行价格、利率和票面金额，发行时间与公债凭证，公债的流动性与安全性等。

（一）发行权限

公债的债务主体是政府。作为公债债务主体，除了按约定条件承担还本付息的义务外，还意味着具有发行公债的权利。从各国公债的发行实践看，公债的债务主体并不一定拥有发行公债的全权，一般来说，国债（即中央政府债务）的发行权属于国家的最高立法机关或行政机关。而地方公债发行权限或者由国家最高立法机构或行政机构授权，或者在国家宪法等有关法律许可范围内由地方当局自己予以规定和行使，但往往都要受最高立法机关或最高行政当局的制约。

（二）发行对象和发行额度

公债的发行对象也就是公债认购者范围。一般来说，凡未被列入公债发行对象的，即不属于公债认购者范围，不得认购该类公债。确定公债发行对象的依据，一般有政府对债务收入投向、特定范围内公债认购者的承受能力等，而这两个因素又是决定公债发行额度的重要因素。

政府发行公债数量的多少，一般取决于发行者对资金的需求量、市场的承受能力、未来的债务负担、发行者的信誉，以及债券的种类等因素，此外，还取决于政府贯彻实施有关财政政策的客观需求。公债发行额度一经确定，合理确定公债发行对象便是决定能否完成公债发行计划的重要因素。公债发行对象与发行额度是两个密切相关的发行条件。

（三）发行价格、利率和票面金额

公债的发行价格是债券票面价值的货币表现。在债券市场上，受债券供求关系的影响，公债券的发行价格围绕公债券票面价格上下波动，而造成这种变动的基本原因则是利率。一般情况下，公债券发行价格与公债利率成正比，与市场利率成反比。在债务发行时规定的公债利率如果高于或低于市场利率时，债券发行价格就可能高于或低于票面值。依据公债发行价格与其票面之间的对比关系，通常将公债的发行价格分为三类：第一类是平价发行，即公债发行价格与公债票面值相同，公债利率与市场利率相当；第二类是溢价发行，即公债发行价格高于债券票面值；第三类是折价发行，即公债发行价格低于票面值。

公债利率是指公债利息与本金的比率。对于发行者来说，公债利率的高低影响其未来利息支付水平，构成未来的支出；对于投资者来说，年利率就是年收益率。利率越高，发行者成本越高，认购者收益越大；反之，利率越低，发行者成本越低，认购者收益越小。公债利率的确定要考虑发行的需要，也要兼顾偿还的可能，权衡政府的经济承受能力和发行收益及成本的对比。利率有固定利率和浮动利率两种形式。公债利率的确定有两种方式，一种是由债务人决定，即政府直接决定利率；另一种是由市场决定，通常是由发行者公布每一次公债的期限、规模等条件，然后由国债一级自营商或机构投资者投标竞价，决定公债利率。此外，公债利率还可以由债务人和债权人协商确定。

公债票面金额是指由政府核定的一张公债券所代表的价值。因为该价值印制在公债券的正反两面，所以称票面价值或票面金额。公债票面金额的大小应根据公债的性质、发行对象及其购买力的大小来决定，上市的公债还应适应证券市场交易的习惯，以利于市场交易。

（四）发行时间与公债凭证

公债何时发行、应募者缴款的截止日期，以及有关公债凭证问题的规定，也是公债发行的基本条件。在我国，规定公债发行截止日期是历年历次公债条例均须载明的条款。

公债凭证即给债权人以何种凭证以及何时给凭证问题。公债凭证一般采用三种形式，即登记公债、公债券和公债收款单。登记公债是对应募者认购公债的事项逐一登记在公债登记簿上，作为其债权依据，即记账式公债。目前我国公债发行也采用在证券交易所等交易市场电子账户登记的方式发行电子式公债。公债券作为债权凭证表明，持有人凭此向债务人索取利息、索回本金以及享有其他相关权益。公债收款单即在认购者交毕认购款时，由公债发行部门开具并作为债权凭证，它是介于登记公债与公债券之间的一种公债凭证形式。

（五）公债的流动性与安全性

公债流动性主要是指公债券能否转让、能否贴现和能否作为货款抵押品等方面的规定。公债的安全性主要是指公债券能否记名、挂失等方面的规定。若公债券可记名、挂失，则可增强债权人持有公债券的安全性，但在一定程度上会影响公债的流动性。所以通常情况下，对不允许上市流通或某些认购金额比较大的债权人所持有的公债券可允许其记名、挂失。

二、公债发行方法

公债发行方法是指采用何种方法和形式来推销公债。公债发行方法很多，可以从不同角度根据不同标准对公债发行方法进行分类。

（一）直接发行法和间接发行法

按照政府在公债发行过程中同应募者之间的联系方式，可以将公债发行方法分为直接发行法和间接发行法。直接发行法是政府直接向应募者发行公债，中间不经过任何中介机构，政府直接承担组织发行工作，直接承担发行风险的方法。间接发行方法则是政府不直接承担发行业务，而委托给专业的中介机构进行公债发行的方法。

（二）公募法与非公募法

从公债发行对象的角度，可以将公债发行方法分为公募法与非公募法。

公募法是指政府向社会公众公开募集，不指定具体公债发行对象的公债发行方法。它包括直接公募法、间接公募法和公募招标法三种。

直接公募法是指政府国库或其他代理机关自任发行公债之职，或者由总发行机关委托全国邮政局代办理发行业务，向全体国民公开招募，其发行费用与损失皆由政府负担。直接公募法还可分为强制招募法和自由认购法两类。

间接公募法是指政府将发行事项委托给银行机构、集团，规定一定的条件，由各银行分摊认领一定金额，然后转向公众募集。同时，政府按推销额向接受委托的银行支付一定比例的手续费。间接公募法通常采用两种方式，即委托募集和承包募集。

公募招标法就是政府提出一个最低的发行条件，向全社会证券承销商招标，应标条件最优者中标，负责包销发行，政府按包销额的一定比例支付给中标者手续费。招标发行方式按照中标价格的确定方式，分为美国式（多种价格）招标和荷兰式（单一价格）招标；按照招标的标的物分为价格招标、利率招标；按照招标阶段性划分，可以分为多次招标的复式招标和一次招标的单式招标；按照招标发行额划分，可以分为全额招标和差额招标。招标发行公债对发行者和投资者双方都是公平的，也更贴近市场，并且在一级市场中引入了竞争，使政府能更准确地根据竞标情况了解行情，降低发行成本，同时也能防止政府在债券市场上过度筹资。

非公募法也称私募法，是指不向社会公众公开募集，而是对有些特别的机构发行公债的方法。其通常包括银行承受法和特别发行法。银行承受法也称银行承办法，是指政府发行的公债，由银行全部承受，并只能由最初的认购者持有。特别发行法是指政府向由政府管理的某些非银行金融机构直接发行的公债。这种发行方法具有非公开性，是政府内部资金的调剂。

（三）市场销售法和非市场销售法

从政府是否通过市场发行公债的角度，可以将公债发行方法分为市场销售法和非市场销售法两种。

市场销售法是指通过证券市场销售公债的方法，银行承受法和公募法等属于市场销售法。非市场销售法则是指不通过债券市场发行公债的方法，这种发行方法具有行政分配的特点，特别发行法、强制招募法、交付法等属于非市场销售法。交付法是政府在需要支付经费时，不是用现金而是以公债代替现金支付。政府通常在公债调换、支付某些事业费等财政经济活动中，通过支付公债券而实现公债发行的目的。

三、公债规模

公债规模是一个国家政府在一定时期内举借债务的数额及其制约条件。公债规模是一个事关国家全局的宏观经济问题，必须把公债规模放在国民经济发展的大环境中进行研究，把握好公债规模与宏观经济政策、经济增长率、金融市场化程度、政府管理债务水平等因素之间的关系。

（一）影响公债规模的因素

一个国家在不同的历史时期维持经济良性发展的债务规模是不同的。不同国家在同一时期所需的债务规模也是不同的。影响债务规模的因素很多，主要有以下六个方面。

（1）经济发展水平。经济发展水平是影响公债规模的主要因素。经济发展水平的高低是政府债务规模大小的决定因素。对于债务人政府来说，经济发展水平越高，意味着社会所创造的财富越多，政府从社会所创造的国民收入中能够筹集到的税收等其他财政收入也就越多，这无疑会提高政府的偿债能力。此外，对于债权人来说，经济发展水平越高，意味着他们的收入水平越高，从而手中闲散的资金也就越多，而这些闲置资金的存在是公债收入的最终来源。

（2）安定政治背景。在不同的经济发展水平和同样的生产关系情况下，不同的政治背景决定着不同的公债发行限量。一般来说，当政治背景允许发行强制性公债时，公债规模就相对大一些，例如在西方国家，战时强制发行了远比平时规模大得多的公债；反之，当公债进行经济发行时，其规模要相对小一些。此外，如公众舆论的压力，以及像美国国会对公债发行规模规定最高限额等，也将成为影响公债规模的因素。

（3）国家职能范围。国家职能范围的大小，在某种程度上决定了一国财政赤字的规模，而财政赤字的存在则是公债产生的最初动因。公债最初是作为弥补财政赤字手段而产生的。直到 19 世纪以前，国家支出都未区分经常费用和临时支出，各种临时支出发生的预算支出虽然通常由公债融资来解决，但以经常收入支付一切经常开支的均衡财政，被视为健全财政标准。到 19 世纪末，德国出现了以瓦格纳和施泰因为代表人物的社会政策学派。瓦格纳在总结德国政府支出逐渐增长的基础上提出了“政府支出不断膨胀规律”的观点。他认为，产生这一规律，一是由于扩充和加强国家职能内容的支出增加引起的内涵性支出膨胀，二是由于国家新职能的产生而导致的外延性支出膨胀。既然支出膨胀不可避免，租税收入不足以支付支出开支，那么发行公债就在所难免。

（4）财政政策选择。一个国家在特定时期实行何种财政政策也会在一定程度上影响公债的规模。财政政策通常包括紧缩性财政政策和扩张性财政政策。如果实行紧缩性财政政策，财政赤字规模就小，公债规模也会相对减小；但如果实行扩张性财政政策，拉动总需求必然以扩大公债发行为条件。我国 1998 年、2009 年两次实行积极的财政政策，主要就是靠发行公债来支持的。

（5）金融市场状况。公债作为货币政策的一种重要工具，主要是通过公开市场业务来操作的，而公开市场业务能否顺利进行要看金融市场的发育状况。中央银行开展公开市场业务要以一定规模的公债为条件。就公开市场业务而言，如果公债规模过大导致公债难以卖出，或者公债规模过小，中央吞吐的公债规模量不足以影响货币供应量，公开市场业务都难以发挥应有的作用。

（6）公债管理水平。政府在债务管理方面的水平高低也会影响公债的规模。如果政府的债务管理水平很高，具体表现在公债发行费用很低，公债的种类结构、利率结构、期限结构合理，公债资金使用效率较高等方面，相对较小规模的公债就能产生较高的经济效应和社会效应；反之，如果政府管理公债的水平较差，那么就需要较大量的公债才能产生同样的效益。因此，公债规模还受政府债务管理水平的影响。

（二）公债规模的衡量

通常来说，判断公债适度规模的标准有五个方面：①从应债能力方面看，社会上是否有足够的资金来承受债务的规模；②从偿债能力方面看，政府是否有足够的财力在之后偿还逐渐累积的债务；③从政府债务对中央银行货币供应的影响看，政府债务将在多大程度上影响价格总水平；④从政府债务对私人投资的影响看，政府债务有多大的“挤出效应”；⑤从政府债务工具是证券市场的基本金融商品的角度看，证券市场需要和能够容纳多少政府债券。

四、公债市场

（一）公债市场的含义

公债市场是证券市场的重要组成部分，它是政府债券进行交易的场所。公债市场通常由发行市场（一级市场）和流通市场（二级市场）组成。公债一级市场和二级市场是紧密联系、相互依存的。一级市场是二级市场的基础和前提，只有具备了一定规模和质量的发行市场，二级市场的交易才有可能进行。同时，二级市场又能促进一级市场的发展，二级市场为一级市场所发行的债券提供了变现的场所，从而增强了投资者的投资热情，有利于新债券的发行。

1. 公债发行市场

在公债发行市场上，一方是公债发行者，即政府，通过发行公债筹集资金；另一方是众多的政府公债投资者，他们把闲置的资金用来购买公债。此外，在现代信用制度下，债券的发行通常通过中介来完成。因此，在公债发行市场上，由政府、中介机构和投资者三个方面构成。

公债发行市场是政府发行新债的场所。我国政府 1981 年恢复发行国内公债之初，主要采取行政摊派方式，由政府部门直接向认购人（主要是企业单位和居民个人）出售债券。我国真正意义上的公债发行市场始于 1991 年，该年 4 月财政部第一次组织承销团，有 70 多家中介机构参加了公债承销。1993 年建立了一级自营商制度，当时有 19 家金融机构参加，承销了 1993 年第 3 期凭证式国债。一级自营商是指具备一定的条件并由财政部认定的银行、证券公司和其他非银行金融机构，它们可以直接向财政部承销和投标竞销公债，并开展分销、零售业务，促进公债发行，维护公债发行市场顺畅运转。1994 年公债发行着重于品种多样化，推出了半年和一年短期公债和不上市的储蓄公债。1996 年开始采取招标发行方式，通过竞价确定发行价格，市场化程度大为提高。

我国公债发行市场经过多年的发展已经基本形成，主要方式有以招标方式向一级承销商出售可上市公债、以承销方式向商业银行和承销商销售不上市的储蓄国债（凭证式国债）、以定向私募方式向社会保障机构和保险公司等出售定向国债。这种发行市场是多种发行方式搭配使用并适应我国目前实际的一种发行市场结构。

2. 公债流通市场

公债流通市场是指已发行公债的买卖、转让的市场。公债流通市场按其所依赖的市场组织状况可分为有组织的场内交易和场外交易市场。有组织的场内交易市场是公债流通市场最为规范的形式，它是经过国家批准的于一定时间按一定规则买卖特定上市公债的市场。场外交易市场泛指交易所集中交易市场以外的公债交易市场，这种市场往往是在公债投资者之间自发形成的。

公债流通市场的交易方式通常有现货交易、期货交易、回购交易和期权交易等四种。现货交易是指公债买卖成交后，按成交价格及时进行实物交割和资金清算的交易方式，是公债交易中最普通最常见的交易方式。期货交易是指公债买卖双方预先约定价格和交易品种并在未来的约定时间进行交割的交易方式，期货交易必须在交易所内竞价买卖，禁止场外交易，更不得私下对冲交易。回购交易是指公债买卖双方按预先签订的协议，约定在卖出一种公债一定时期后，再以预先约定的价格或收益率，由最初的卖方再将该种公债购回的交易方式。期权交易是指买卖双方在某一时期内或某一到期日之前，以特定的价格买卖相关公债现货或期货合约权利的交易方式。

我国从 1981 年恢复发行国债到 1988 年的 7 年期间，基本上不存在公债二级市场。从 1988 年开始，我国首先允许 7 个城市进行国库券的流通转让试点。同年 6 月，又批准了 54 个大中城市进行国库券转让的试点。1990 年 12 月，上海证券交易所开业，进一步推动了国库券地区间交易的发展。全国证券自动报价系统的开通更加快了证券交易的速度，使国债的流通转让提高到一个新的高度。

我国自 1991 年兴起公债回购市场，1995 年曾对回购市场进行调整，整顿后公债回购市场逐步走向正规。我国曾于 1992 年 10 月推出公债期货市场，推出伊始，投资者反应冷淡，随着证券市场的发展以及人们金融意识的增强，上海证券交易所于 1993 年 10 月正式推出规范式的公债期货合约，从此公债期货为广大投资者认同。由于我国发行期货市场条件不成熟，加上法律建设滞后，1994 年下半年至 1995 年上半年间曾发生多起严重违法事件，在监管部门陆续采取提高证券比率、实行涨跌停板制度、规定最高持占量措施后，仍难走上正轨，国务院于 1995 年 5 月开始暂停国债期货的交易。直到 2013 年，我国才恢复了国债期货交易。

（二）公债市场功能

（1）公债市场为政府的债券发行和交易提供了有效的渠道。一方面，它使得政府能够通过债券的发行来吸收社会闲散资金，用于投资活动和进行公共建设方面的开支；另一方面，它又使得债券持有者在必要时能够通过债券市场迅速地脱手转让而获利，从而大大增强了债券吸引力。

（2）公债市场可以进一步引导资金流向，实现资源要素的优化配置。资金统一由公债市场实现资金的再分配，通过利益和风险引导筹资者和投资者，因而使债权债务关系依赖于利益的变化。资金不断流向效率高、经营好的筹资者手中，优胜劣汰，进而实现资源的优化配置。

（3）公债市场是传播和获取经济信息的重要场所。公债市场行情可以了解各种债券及金融状况，债券交易者通过相互转手买卖，可以彼此了解各行业的情况，并可以从债券价格行情中选择投资目标。公债市场是观察金融状况好坏的晴雨表。由于债券交易的需要，交易所有大量专门人员长期从事商情研究和分析，并且经常和各类工商企业直接接触，所以能了解各产业各企业的动向。

（4）公债市场能够为社会闲置资金提供良好的投资场所。由于政府债券风险小，投资收益回报稳定，所以成为投资者青睐的理想对象。

（三）中国公债市场发展

中华人民共和国成立初期，为恢复和发展国民经济，首先于 1950 年发行“人民胜利折实公债”。由于当时物价波动较大，以货币计算不能维护债权人的利益，所以以实物为计算标准，折合成人民币的价值。这次公债发行对于稳定物价、稳定币值、弥补财政赤字起到了很好的作用。1954—1958 年，我国发行了“国家经济建设公债”。20 世纪 50 年代我国对外举借公债对象主要是苏联。1959—1978 年，由于种种原因，我国政府没有举借债务。

改革开放以后，我国进行大规模的经济建设，大幅度提高职工的工资和提高农副产品的收购价格，结果导致政府财政出现较大赤字。为了弥补赤字，1981 年国务院颁布了《国库券条例》，并开始发行公债。1981 年计划发行国库券 40 亿元，实际发行 48.66 亿元。自发行后第六年，采取抽签方式分 5 年归还本息。国库券发售对象为地方政府、企业及主管部门、机关团体、事业单位和个人，认购实行分配发行、适当认购和自愿认购相结合的办法，具有一定的摊派性质。

1982—1984 年，公债发行没有什么变化，只是数额有变化。

1985—1987 年，发行的公债与以前相比发生了变化：利息率在 1984 年利率基础上，1985 年与 1986 年逐年提高一个百分点；国库券可以抵押，个人认购的国库券可以贴现；还本付息办法改为一次性偿还；个人认购国库券在千元以上的不再发实物券，而发给收据，可以记名、挂失，简化了手续，节约了发行费用。

1989 年计划发行公债 230 亿元，实际发行 223.91 亿元。其中：国库券 56.07 亿元，利率为 14%，3 年期满，一次性偿还本息；特种国债 42.84 亿元，利率为 15%，5 年期满，一次性偿还本息；保值公债 125 亿元，3 年期满，一次性还本付息，利率高于银行 3 年定期储蓄利率一个百分点，并享受保值补贴利率优惠。

1990 年国库券发行额、利率和期限均与 1989 年相同，并可抵押转让。特种国债改为 45 亿元，除债券可抵押外，其他均同于 1989 年。

20 世纪 90 年代以后，公债发行的市场化进程加快，公债的二级市场开始形成并获得发展，公债规模也开始大幅度上升。特别是从 1994 年起，财政出现赤字不再向银行透支，赤字全部由公债弥补，因而公债数额激增。1994 年公债发行突破 1 000 亿元，达到 1 028.57 亿元。

20 世纪 90 年代中期以后，我国宏观经济运行发生新的变化，市场供大于求的局面成为不可逆转的趋势。1997 年亚洲金融危机爆发，国家在 1998 年以后实施积极的财政政策，公债规模进一步扩大，整个“九五”期间国家公债发行近 2 万亿元，进入 21 世纪，到 2003 年，我国积极财政政策逐渐淡出，开始实行稳健的财政政策，公债发行规模 2003 年仍达到 6 029 亿元。2007 年美国次贷危机演变为全球性的金融危机，2008 年 11 月，我国政府为了应对金融危机，又开始实施积极财政政策，国债规模进一步扩大。2014 年国债发行额为 17 876.57 亿元，2014 年年末国债余额实际数为 95 655.45 亿元。2020 年年末国债余额为 208 905.87 亿元。

在地方政府债券方面，我国 2014 年修改《预算法》，允许省级政府在国务院报请全国人大或人大常委会批准的额度内发行地方政府债券，2015 年发行专项债券 1 000 亿元，发行一般债券 5 000 亿元，发行转换债券 3. 2 万亿元。2020 年年末全国地方政府债务余额为 256 615 亿元。

综上所述，加强公债管理，完善公债市场，提高公债使用效率，将是我国今后公债市场发展面临的主要问题。

第三节　政府债务偿还及风险管理

一、公债偿还

公债偿还是指国家依照事先约定，对到期公债支付本金和利息的过程，它是公债运行的终点。公债的偿还主要涉及两个问题：一是偿还的方法，二是偿还的资金来源。

（一）公债偿还的方法

公债偿还的方法大致有以下四种。

（1）买销法。买销法又称购销法或买进偿还法，是由政府委托证券公司或其他有关机构，从流通市场上以市场价格买进政府所发行的公债。这种方法对政府来说，虽然要向证券公司等支付手续费，但不需要花费偿还的广告宣传费用，偿还成本较低，操作简单，同时以市场价买进债券，可以及时体现政府的政策意图。

（2）比例偿还法。比例偿还法是政府按公债数额，分期按比例偿还。这种方法是政府直接向公债持有者偿还，不通过市场，所以又称为直接偿还法。这种方法包括平均比例偿还、逐年递增比例偿还、逐年递减比例偿还等具体形式。比例偿还法的优点是能够严格遵守信用契约，缺点是偿还期限相对固定，政府机动灵活性小。

（3）抽签偿还法。抽签偿还法是指政府通过定期抽签确定应清偿公债的方法。一般以公债的号码为抽签依据，一旦公开抽签确定应清偿公债的号码之后，该号码的公债都同时予以偿还，这种方法也是一种直接偿还方法。我国 1981—1984 年发行的国库券都是采用抽签比例偿还方法的。

（4）一次偿还法。一次偿还法是指政府定期发行公债，在公债到期后，一次还清本息。我国目前发行中的中短期国库券，都是规定发行限期届满一次还本付息。

（二）公债偿还的资金来源

政府公债的偿还需要有一定的资金来源。偿还债务的资金来源主要依靠当年预算直接拨款、预算盈余、发行新债偿还旧债以及偿债基金等。

当年预算直接拨款就是将每年的公债偿还数额作为财政支出的一个项目而列入当年预算支出，由正常的财政收入保证公债的偿还。从表面上看，这似乎是确保公债按期偿还的稳妥办法，但实践中也会遇到种种问题。这是因为如果政府财政每年有能力拨出专款用作公债偿还支出，也就可能没有必要发行公债或者不必要每年发行那么多公债。举债通常的情况是政府财政资金紧张，入不敷出，有余力偿还公债的情况比较少见。为了保证公债到期偿还，政府又必须寻求正常财政收入之外的财源，即再发行公债以筹措偿债资金，进而形成“预算列支，举债筹资”的局面。

预算盈余偿还是指以预算盈余资金作为偿债资金来源的做法。这种做法的前提是政府预算盈余。从世界各国目前的财政收支状况看，这个前提条件基本不具备，因而这种方法不具有实践价值。

发行新债偿还旧债，即政府通过发行新债券，为到期的债务筹措偿还资金，也就是以借新债的收入作为还旧债的资金来源。这既有理论上的合理性，也有实践上的必然性。通过发行新债券的办法为到期债务筹措还本资金，便成为各国政府偿还公债的基本手段。从各国的财政实践看，当今世界各国公债的累计额十分庞大，每年到期债务已远非正常的财政收入所能负担，偿还到期债务的资金来源不得不依赖不断地举借新债。

建立偿债基金，即从预算收入中每年划出一定数量的专款，作为清偿债务的基金，这部分基金逐年积累，专门管理，以备偿债之用。设置偿债基金偿还公债有明显优点，主要是为偿还债务提供了一个稳定的资金来源，从长远看，可以平衡各年的还债负担；同时，设置偿债基金可以把政府的正常预算和债务收入、使用和偿还分离出来，有利于掌握各类不同来源的资金结构、投向和使用效果。目前，大多数国家政府设置了偿还基金。

二、债务管理常用监测指标

目前国际上监测公债适度规模的指标通常有公债依存度、公债负担率、借债率和偿债率四个。

（一）公债依存度

公债依存度是指一国当年的公债收入与财政支出的比率关系。其计算公式是：

$$公债依存度=\frac{当年公债收入额}{当年的财政支出额}\times 100\%$$

公债依存度反映了一个国家的财政支出有多少是依靠发行公债来维持的。当公债的发行过大，公债的依存度过高时，表明财政支出过分依赖公债收入，财政处于脆弱状态，并对财政未来的发展构成潜在的威胁。根据这一指标，国际上公认的控制线（或安全线）是国家财政的公债依存度为 15%～20%，中央财政的国债依存度是 25%～30%。

（二）公债负担率

公债负担率也称为负债率，衡量一定时期公债累积额与当年 GDP 的比率情况。其计算公式是：

$$公债负担率=\frac{当年公债余额}{当年\ GDP}\times 100\%$$

这个指标从国民经济总体和全局出发，而不仅仅是从财政收支上来考查和把握公债的数量界限。欧盟要求其成员国负债率不得高于 60%。

（三）借债率

借债率是指一个国家当年公债发行额与当年 GDP 的比率。其计算公式是：

$$借债率=\frac{当年公债发行额}{当年\ GDP}\times 100\%$$

这个指标反映了当年 GDP 增量对当年公债增量的利用程度，反映当期的债务状况。这个指标的高低反映一国当年对公债利用程度的高低，也说明国民负担的高低。世界各国经验表明，该指标一般为 3%～10%，最高不得超过 10%。

（四）偿债率

偿债率是指一年的公债还本付息额与财政收入的比率关系。其计算公式是：

$$公债偿债率=\frac{当年公债还本付息额}{当年财政收入总额}\times 100\%$$

这个指标反映了一国政府当年所筹集的财政收入中有多大份额用来偿还到期债务。

关于这一指标，一般认为应控制在 8%～10%。

另外，我国目前地方政府债务管理使用的监管指标是债务率。其计算公式是：

$$年度债务率=\frac{年度地方政府债务余额}{年度地方政府可用财力}\times 100\%$$

地方政府可用财力是一般公共预算收入与政府性基金预算收入之和。目前，财政部设置的地方政府债务风险警戒线是债务率不得超过 100%。

三、债务风险判断及管理

公债风险是指政府在运用公债组织收入和安排支出过程中，由于财政制度和财政手段的缺陷，以及多种不确定的经济因素所造成损失和困难的可能性。这种可能性风险是否会转化为现实的危机，关键在于国民的应债能力和政府能否按期偿还债务。

（一）债务风险判断

债务风险判断可以从以下两方面来考查。

（1）债务规模指标。这里主要用借债率、偿债率、债务依存度、公债负担率等指标来衡量。借债率是反映国民负担大小的衡量指标，如上所述，如果这个指标超过 10%，就被认为国民负担过重，国民就可能无法承担如此规模的债务负担，债务风险就可能会发生。

偿债率是反映政府有多大能力支付当年的公债本金和利息。同样，这个指标超过 10%，就意味着政府债务负担过重，由此可能会发生政府不能有效偿还债务的风险。

国际上公认债务依存度的安全警戒线为 20%～30%。我国 1990 年以后，随着公债规模的迅速扩大，公债依存度迅速上升。1992 年以后，我国中央财政债务依存度一直超过 50%。由于 2015 年以前我国公债的发行、运用和偿还集中于中央财政，所以债务依存度体现的融资风险也集中在中央财政，使得中央财政处于脆弱状态，其结果必然严重弱化中央政府对宏观经济的调控能力。

公债负担率反映政府债务对宏观经济影响的程度。据国家审计署审计，截至 2012 年年底，全国政府负有偿还责任的债务余额与当年 GDP（518 942 亿元）的比率为 36. 74%。政府负有担保责任的债务和可能承担一定救助责任的债务大多有相应的经营收入为偿债来源，只有在被担保人和债务人自身偿债出现困难时，政府才需承担一定的偿还或救助责任。审计结果显示，2007 年以来，各年度全国政府负有担保责任的债务和可能承担一定救助责任的债务当年偿还本金中，由财政资金实际偿还的比率最高分别为 19.13%和 14.64%。考虑以上因素后，2012 年年底全国政府性债务的总负债率为 39.43%，低于国际通常使用的 60%的负债率控制标准参考值。据财政部统计，2020 年我国政府债务的负债率为 45.8%。

以上指标都可以用来判断债务风险，但它们的侧重点是不一样的。借债率主要是从借债的角度，考查政府究竟能借多大规模的债务，这取决于国民经济的发展规模，而不是政府借债的意愿；偿债率是从还债的角度考查政府究竟有多大的还本付息能力，这要看政府财政收入的大小，即政府在一定时期经济规模的份额；债务依存度反映财政支出在多大程度上依赖公债，体现公债对财政支出的牵制；公债负担率反映国民总的负债水平。这几个指标相互联系，可以从不同的角度测度债务风险的情况。

（2）国民经济运行的状况。当一国国民经济运行良好时，政府财政收入就能保持较快增长，居民收入也会稳步上升，这就给政府保持适度规模的债务提供了一个良好的环境；当一国经济运行处于非均衡时，由于经济运行过程中反映的各种矛盾会严重影响政府财政收入的迅速增长，而这时政府要调控宏观经济运行的非均衡，往往要运用庞大的财力，这又会导致政府发行更大规模的债务，如此一来，政府债务规模很可能就会过大，从而引发政府债务风险。因此，政府债务风险最根本源于一国经济运行的长期非均衡。

（二）债务风险的管理

防范和化解政府债务风险就是将政府财政制度和财政手段本身的缺陷，以及多种不确定经济因素造成损失和困难的可能性消除或降低到最小限度。为此，必须加强对政府债务风险的管理。债务风险管理是研究风险发生规律和风险控制技术，包括风险识别、风险估测、风险评价、选择风险管理技术和风险管理效果评价等五个环节。

（1）政府债务风险识别。政府债务风险识别是风险管理的第一步，是指对所面临的以及潜在的风险加以判断、分类和鉴定风险性质的过程。对风险的识别主要通过对各种政府债务指标加以客观分析，及时识别各种风险出现的苗头。

（2）政府债务风险估测。风险估测是指在风险识别的基础上，通过对所收集的大量资料加以分析，运用数理统计方法，估计和预测风险发生的概率和损失程度。这是一项复杂而艰巨的工作，但在政府风险管理中是不可缺少的一环。尽管有许多不确定因素会影响估测的准确性，但对风险进行定量化研究比仅凭几个指标的对比分析要可靠得多。

（3）政府风险评价。风险评价是用一系列定量指标来衡量风险的高低，以便确定风险是否需要防范和规避。对风险的处理，需要发生一定的费用，如果所发生的费用超过风险的损失，这样的处理措施就不值得采取，只有通过风险评价，才能判定为处理风险所支出的费用是否有效益。风险管理者绝不应企图期望面临处理的所有风险降到零，这在实际中是得不偿失的。

（4）选择风险管理技术。根据风险评价的结果，为实现风险管理目标，需要选择与实施最佳风险管理技术。实际工作中，通常采用几种管理技术优化组合，使其达到最佳状态。风险管理技术分为两大类：一是控制型技术；二是财务型技术。控制型技术是为了避免、消除和减少意外事故发生的机会，采取限制已经发生损失继续扩大的一切措施，重点在于改变引起意外事故和扩大损失的各种条件。财务型技术是在实施控制技术后，对无法控制的风险所进行的财务安排，这一技术的核心是将消除和减轻风险的成本均匀地分布在一定时期内，以便减少因随机性的巨大损失发生而引起财务上的波动，通过财务处理，可以把风险成本降低到最低程度。

（5）风险管理效果评价。风险管理效果评价是指对风险管理技术适用性及其收益性情况的分析、检查、修正与评估。由于风险的性质具有可变性、人们认识具有阶段性，以及风险管理技术处于不断完善的过程中，因此对风险识别、估测、评价以及技术的选择需要定期检查、修正，使选择的风险管理技术适应变化情况的需要，从而保证管理技术的最优使用。在某一特定时期内，风险管理技术选择是否最佳，其管理效果如何，需要进行科学的评估。风险管理效益的大小，取决于是否能以最小的风险成本取得最大的安全保障。成本的大小等于采取某项管理所支付的各项费用与机会成本之和，而保障程度的高低取决于由于采取了该项管理技术后减少的风险直接损失和间接损失之和。如果前者大于后者，说明该项管理技术是不可取的；如果前者小于后者，说明该项技术是可取的，但不一定是最佳的。

本章回顾

1. 政府债务收入就是政府举借的债，是政府及政府所属机构以债务人的身份，按照有借有还并偿付利息的信用经济原则，向国内外企业、组织和个人举借的债务。

2. 公债按发行地域分类，可以划分为国内公债和国外公债。

3. 按照公债债务期限的长短，可以将公债分为有期公债和无期公债。

4. 按照公债本位对公债进行分类，可以将公债划分为货币公债和实物公债。

5. 按照公债是否被允许上市或是否可以流通为标准，可以将公债划分为上市公债和非上市公债。

6. 按照应募条件，可以将公债划分为强制公债和自由公债。

7. 公债的发行是指公债售出或被银行、企业和个人认购的过程。公债发行是公债管理的起点和基础环节。

8. 公债发行条件是指国家对所发行公债及其与发行有关诸多方面以法律形式所做的明确规定。发行条件主要包括发行权限，发行对象和发行额度，发行价格、利率和票面金额，发行时间与公债凭证，公债的流动性与安全性等。

9. 公债发行方法是指采用何种方法和形式来推销公债。公债发行方法很多，可以从不同角度根据不同标准对公债发行方法进行分类。

10. 按照政府在公债发行过程中同应募者之间的联系方式，可以将公债发行方法分为直接发行法和间接发行法。

11. 从公债发行对象的角度，可以将公债发行方法分为公募法与非公募法。

12. 从政府是否通过市场发行公债的角度，可以将公债发行方法分为市场销售法和非市场销售法两种。

13. 公债规模是一个国家政府在一定时期内举借债务的数额及其制约条件。

14. 公债规模的衡量。通常来说，判断公债适度规模的标准有五个方面：一是从应债能力方面看，社会上是否有足够的资金来承受债务的规模；二是从偿债能力方面看，政府是否有足够的财力在之后偿还逐渐累积的债务；三是从政府债务对中央银行货币供应的影响看，政府债务将在多大程度上影响价格总水平；四是从政府债务对私人部门投资的影响看，政府债务有多大的“挤出效应”；五是从政府债务工具是证券市场的基本金融商品的角度来看，证券市场需要和能够容纳多少政府债券。

15. 公债市场是证券市场的重要组成部分，它是政府债券进行交易的场所。公债市场通常由发行市场（一级市场）和流通市场（二级市场）组成。

16. 公债市场功能：公债市场为政府的债券发行和交易提供了有效的渠道；公债市场可以进一步引导资金流向，实现资源要素的优化配置；公债市场是传播和获取经济信息的重要场所；公债市场能够为社会闲置资金提供良好的投资场所。

17. 公债偿还是指国家依照事先约定，对到期公债支付本金和利息的过程，它是公债运行的终点。公债的偿还主要涉及两个问题：一是偿还的方法，二是偿还的资金来源。

18. 公债偿还的方法大致有买销法、比例偿还法、抽签偿还法、一次偿还法。

19. 公债偿还的资金来源主要依靠当年预算直接拨款、预算盈余、发行新债偿还旧债以及偿债基金等。

20. 目前国际上监测公债适度规模的指标通常有公债依存度、公债负担率、借债率和偿债率四个。

21. 公债依存度是指一国当年的公债收入与财政支出的比率关系。

22. 公债负担率衡量一定时期公债累积额与同期国民生产总值的比率情况。

23. 借债率是指一个国家当年公债发行额与当年 GDP 的比率。

24. 偿债率是指一年的公债还本付息额与财政收入的比率关系。

25. 公债风险是指政府在运用公债组织收入和安排支出过程中，由于财政制度和财政手段的缺陷，以及多种不确定的经济因素所造成损失和困难的可能性。

26. 防范和化解政府债务风险就是将政府财政制度和财政手段本身的缺陷，以及多种不确定经济因素造成损失和困难的可能性消除或降低到最小限度。

拓展学习

1. 高培勇. 国债运行机制研究 [M]. 北京：商务印书馆，1995.

2. 马海涛，温来成. 地方政府专项债券研究 [M]. 北京：中国财政经济出版社，2020.

3. 李燕. 政府预算管理 [M]. 2 版. 北京：北京大学出版社，2016.

4. 温来成. 政府经济学 [M]. 北京：北京大学出版社，2013.

思考题

1. 政府债务收入是什么？
2. 影响公债规模的因素有哪些？
3. 如何确定公债发行条件？
4. 怎样认识公债规模？
5. 公债市场的功能是什么？
6. 公债发行的方法有哪些？
7. 公债偿还的方法有哪些？
8. 如何进行债务风险判断及管理？

第十二章
政府预算管理

导言

政府预算管理是政府的一项重要职能，对国民经济的健康运行至关重要。政府预算是经法定程序审批的，政府在一个财政年度内的基本财政收支计划。政府预算规范和安排财政收支活动，直接体现政府的作为和政策意向，直接关系到社会经济运行的好坏，因而必须预先做出周密的计划和安排。对政府预算进行科学、规范的管理尤为重要，有利于充分发挥政府职能，促进国民经济增长。政府预算管理是现代国家公共财政体制建设的基本内容，也是衡量一国财政管理现代化水平的重要标志之一。

学习目标

通过对本章的学习，应掌握政府预算管理的基本概念、基本知识和基本原理，并能够运用这些知识，对我国政府预算管理的实践和改革进行判断和分析。

第一节　政府预算概述

一、政府预算含义

政府预算是指一个国家的各级政府编制的年度财政收支计划。从形式上看，政府预算是按资金的性质，分门别类地将财政资金编制在一个或两个以上的财政收支表格中；就内容而言，政府预算反映政府活动的范围、方向和规模；就效力来说，政府预算必须经过立法机关的审批才能生效，并具有法律效力。

计划经济时期，各级地方政府不具有独立编制和审查本级政府预算的权力，全国各级政府预算的编制和审批权都集中在中央政府，形成了高度集中的政府预算。1980 年实行“划分收支、分级包干”的财政管理体制以来，各级政府的预算管理权限逐步扩大，原来由中央政府统一组织全国各级政府预算的局面开始被打破，地方政府的预算具有了相当独立性。2015 年 1 月 1 日起实行的《预算法》规定，中央预算由全国人民代表大会审查和批准，地方各级政府预算由本级人民代表大会审查和批准。这表明，分级管理的各级政府预算已经纳入法制化和规范化管理的渠道。

二、政府预算发展

政府预算最早产生于英国。1215 年英王约翰签署《大宪章》，国王税收权部分被剥夺；1689 年通过的《权利法案》重申，财政权永远属于议会，法案不经议会批准通过，国王或政府不得强迫任何人纳税，征税收入和使用预算支出都必须经议会批准。正式的预算制度，到 19 世纪才建立。其他欧美国家的政府预算制度确立较晚，一般是在 18 世纪、19 世纪建立了资产阶级政权之后才形成的。如美国直到 1800 年才规定，财政部要向国会报告它的财政收支，但只是财政收支的汇总情况。南北战争后的 1865 年，国会成立了一个拨款委员会，专门主管财政收支问题。1908—1909 年，美国财政收支连续出现赤字，这才促使美国政府考虑建立联邦预算制度。第一次世界大战后，美国国会在 1921 年通过了《预算审计方案》，正式规定总统每年要向国会提出预算报告。到 20 世纪初，几乎所有的国家都建立了政府预算制度。

我国早在公元前 21 世纪就出现了国家——夏朝，并伴随着国家的出现产生了政府财政，但我国的政府预算直到 20 世纪初才形成。由于清政府的腐败和挥霍无度，财政收不抵支，只得向国外大量举债，外国政府要求清政府公开财政，编制财政收支计划，迫使清政府不得不编制预算。1908 年，清政府颁布《清理财政章程》，于 1910 年起试编政府预算，由清理财政局主持编制预算工作，这是我国两千多年以来封建王朝第一次编制政府预算。

中华人民共和国成立之后，1949 年 12 月 12 日召开中央人民政府第四次会议，毛泽东同志出席了这次会议，并指出，国家的预算是一个重大的问题，里面反映着整个国家的政策，因为它规定政府活动的范围和方向，明确了国家预算的性质和任务。中央人民政府开始着手编制新中国第一个预算。1950 年政务院通过《关于统一国家财政经济工作的决定》，统一了国家财政收支。1951 年 8 月，政务院发布《预算决算暂行条例》，规定了国家预算的组织体系，各级政府的预算权，各级政府预算编制、审查、核定与执行的程序，决算的报批与审定程序，从此建立了新中国的政府预算制度。

三、政府预算的分类

早期的政府预算十分简单，只是政府收支的一览表。随着经济和财政活动的日趋复杂，出现了许多预算形式。根据不同的划分标准，政府预算主要有以下类型。

（一）按预算组织形式划分：单式预算与复式预算

单式预算是将财政收入和支出汇编在一个预算内，形成一个收支项目安排对照表，而不区分各项收支性质的预算组织形式。单式预算的优点在于，有利于反映预算的整体性、统一性，可以明确体现政府财政收支规模和基本结构。我国在1950—1991年实行单式预算。但单式预算有其不足，即不能反映各项预算收支的性质，如资本性支出与消耗性支出的区别，不利于预算管理和监督，也不利于体现政府在不同领域活动的性质、特点。

复式预算与单式预算相对应，是根据预算收支的性质，将政府收支在两个或两个以上的预算表格中反映。复式预算的产生是政府职能变化、预算收支规模增大、收支性质趋于复杂、需要进一步加强预算管理和监督的产物。复式预算最早出现在丹麦，瑞典、英国、法国、印度等国陆续采用，目前在许多国家实行。常见的复式预算是将政府预算分为经常性预算和资本预算。经常性预算主要反映政府日常性收支，收入以税收为主要来源，支出用于国防、外交、行政管理等。资本预算反映了政府在干预经济过程中的投资等活动，这部分支出可形成一定量的资本，在较长时间内为社会提供公共服务。资本预算的收入包括国有资产经营收益、资产处置收入、债务收入、经常预算结余转入等，支出有各类投资、贷款等。在性质上，资本预算收支体现了政府干预经济活动的广度和深度。

复式预算在不同国家有不同的名称与形式。日本中央复式预算包括一般会计预算、特别会计预算和政府关联机构预算。一般会计预算是指政府一般性财政收支，特别会计预算有事业特别会计预算、管理特别会计预算、保险特别会计预算、融资特别会计预算、整理特别会计预算五大类。

英国的复式预算分为统一基金预算和国家借贷基金预算。法国的复式预算包括经常性业务和临时账户。因此，各国复式预算具有明显的国别特色。

复式预算的优点在于体现了不同预算收支的性质和特点，政府通过编制两个或两个以上的预算，分别进行管理，有利于提高预算编制质量，加强预算资金监督与管理，满足不同类型的社会公共需要。复式预算也有其不足，由于全部政府收支编入两个或两个以上的预算，在反映政府预算的整体性、统一性方面不如单式预算，有些收支在不同预算之间划分有一定困难。此外，复式预算也不能完全反映政府预算赤字的真正原因，在预算分为经常性预算和资本预算的条件下，财政赤字主要表现为资本性预算赤字，似乎财政赤字是因为政府经济建设类支出过多，但现实并不完全如此。

（二）按预算编制方法划分：基数（增量）预算与零基预算

基数预算是指在安排预算年度收支时，以上年度或基期的收支为基数，综合考虑预算年度国家政策变化、财力增加额及支出实际需要量等因素，确定一个增减调整比例，以测算预算年度有关收支指标，并据以编制预算的方法。其基本公式可表示为：

预算年度某项收支数额＝上年度或基期该项收支的基数×（1±变化率%）

基数法是我国预算编制过程中常用方法之一。该方法的优点在于简便易行，在数据资料有限、预算编制人员素质不高、预算管理的科学性和规范性要求不高的条件下，可满足财政决策和预算编制的需要。基数法编制预算的缺点，首先是收支基数的科学性、合理性难以界定。在实际工作中，常常以上年度实际数或以前若干年度平均数为预算收支基数，承认既得利益，使以前年度不合理的收支因素继续延续。其次，方法简单、粗糙。在预算编制中，相当程度依靠预算编制人员的主观判断，主观随意性较大，缺乏科学依据。

零基预算是指在编制预算时对预算收支指标的安排，根据当年政府预算政策要求、财力状况和经济与社会事业发展需要重新核定，而不考虑该指标以前年度收支的状况或基数。美国农业部早在20世纪60年代曾使用零基预算方法。在实践中，零基预算对有关预算收支的安排，也不完全是重新审查，从头开始，有时是在原有预算的基础上提出一组备选方案，供决策参考，如为减少某项收支，在备选的方案中至少有一个方案是低于原预算。零基预算的优点在于，预算收支安排不受以往年度收支的约束，预算编制有较大回旋余地，可突出当年政府经济社会的政策重点，充分发挥预算政策调控功能，防止出现预算收支结构僵化和财政拖累。缺点在于，不是所有的预算收支项目都能采用零基预算，有些收支在一定时期内具有刚性，如国债还本付息支出、公务员的工资福利支出等。每年对所有的收支都进行审核，是一项需要消耗大量人力、物力和财力的工作，难免出现不必要的浪费。

（三）按预算编制的政策重点划分：投入预算与绩效（产出）预算

投入预算是指在编制、执行时主要强调严格遵守预算控制规则，限制甚至禁止资金在不同预算项目之间转移。预算反映的是投入，即政府对资源的使用，而不是结果或产出。投入预算的政策重点在于如何控制资源的投入和使用，保证预算按预定的规则运行，而不强调是否达到政府的政策目标，投入与产出比较的效率如何。投入预算的优点是有利于预算管理的规范化、制度化，也便于立法机关审议，目前许多发展中国家和一些发达国家仍将其作为编制政府预算的主要方式；不足之处在于不重视产出，不能有效控制行政机构和人员膨胀，预算支出效率低下。

与投入预算相反，绩效预算强调预算投入与产出的关系，即政府通过公共物品服务与成本的比较，要求以最小的投入取得最大的产出。绩效预算主要由美国胡佛委员会（Hoover Commission）在1949年提出并推广。实际上，相类似的预算管理实践20世纪20年代在美国政府部门中就已经存在。在编制绩效预算的过程中，要求预算由众多规划项目组成，每一个项目需要以支出目标为基础进行成本估计，择优列入预算。

在绩效预算的实践中，较早的当属计划规划预算（planning-programming-budgeting）。计划规划预算最早于1961年在美国国防部得到采用。到20世纪90年代，克林顿政府又提出绩效预算的概念。1993年成立了由副总统戈尔领导的国家绩效评价委员会，通过对政府管理中存在问题的研究，提交了《从繁文缛节到绩效，再造一个高效、低支出的政府》的报告，国会据此通过了《政府绩效成果法》，要求以达到的成果或者产出为基础来编制政府预算，使其预算要求合理化，建立国家绩效评价制度，实施绩效导向的政府预算。由于美国朝野对当时政府财政赤字、政府效率等问题取得广泛共识，加之多次政府预算改革积累了大量的经验教训，项目管理、绩效、成本效益分析等观念得到普及，政府与国会共同努力，采取了一系列有效措施，控制政府支出，提高支出绩效，1998—1999年财政年度连续实现了财政结余，推行绩效预算取得了预期的成效。

（四）按预算作用的时间划分：年度预算和多年度预算

年度预算是指预算收支计划执行期为1年的预算。一般意义上的政府预算主要是指年度预算。预算的时间跨度称为预算年度或会计年度。由于各国的政治体制和历史文化传统不同，预算年度可以和日历年度一致，也可以不一致。当预算年度与日历年度一致时，指从当年1月1日到12月31日；当两者不一致时，预算年度是跨日历年度的，如日本等国预算年度为本年的4月1日至第二年的3月31日，美国等国的预算年度为本年的10月1日至第二年的9月30日。在编制年度预算时，由于时间间隔较短，一般是当年开始编制第二年的预算，可根据当年经济社会发展水平、预算实际执行情况、下年度政府政策变化等因素，较准确地预测预算收支指标，合理配置资源，实现政府政策目标，满足社会公共需要。同时，也便于立法机关审议、批准和监督预算执行。

多年度预算是指预算收支安排时间在两年期以上的预算。这种预算实际上是一种对年度预算具有指导功能的财政发展规划。从预算收支的特点分析，有些支出项目需要连续跨年度拨款才能完成，如大型公共设施建设、重大科技攻关项目等。税收等预算收入增长在经济运行周期内具有一定稳定性，因而预算安排在各年度之间需要保持连续性、稳定性，仅通过编制年度预算则难以达到这一要求，利用编制跨年度的滚动预算，并与年度预算相衔接，使预算收支安排既满足当年执行的需要，便于立法机关审查、批准和监督，又具有前瞻性、连续性，提高预算编制的质量、科学性和合理性，为经济和社会发展提供优质公共服务。从各国编制多年度预算的实践看，主要为 2~5 年的中期预算，编制长期预算的国家很少。澳大利亚开始编制预算之前，财政部要编制未来 3 年每一年的预算支出，并进行成本估算，以此确定预算和未来的总目标。加拿大政府年初要审核包括本财政年度和接下来 3 年的滚动财政计划，每一个支出部门都有自己的多年度预算，政府提交国会的年度预算是建立在多年预算基础上的。

（五）按预算收支平衡状况划分：平衡预算与差额预算

平衡预算是指在预算编制、执行过程中保持收入与支出基本相等。西方国家在 1929—1933 年世界经济大危机以前，以亚当·斯密为代表的古典经济学家都主张政府预算收支平衡，反对政府发行公债扩大支出，其目的在于维护自由竞争的市场经济，通过市场机制“看不见的手”自动调节经济运行，实行资源的合理配置。实际上，平衡预算既是一种预算政策选择，也是一种理财思想，反映了不同历史时期人们对政府财政职能的理解和认识。政府预算收支平衡，减少财政赤字和国债发行，固然对加强财政管理、完善财政制度等有益，但从根本上讲，还要看预算平衡是否有利于宏观经济的稳定与增长，是否有利于各项社会事业的发展与文明进步，单纯追求预算平衡目标的实际意义是有限的。

差额预算是指在预算编制过程中，为了一定的政策目标，使预算支出大于收入有赤字，或者收入大于支出有结余。最为典型的是西方国家在 1929—1933 年世界经济大危机以后，奉行凯恩斯主义的赤字财政政策，编制和执行赤字预算，大量发行国债，扩大政府支出，以刺激社会有效需求，缓解生产过剩的经济危机。赤字预算成为政府干预经济运行的重要政策工具。但长期实行赤字预算政策，也产生了政府债台高筑、巨额还本付息支出僵化财政支出结构、削弱政府宏观调控能力、影响经济增长等一系列问题，不少国家在 20 世纪 70 年代末期陆续放弃了该政策主张。我国改革开放以来，除个别年份外，政府预算一直存在赤字，且呈不断增加之势。这并不意味着我国执行赤字预算政策，因为《预算法》中明确要求预算收支平衡。财政赤字的出现，在很大程度上是与政府推行积极财政政策、扩大政府支出、刺激社会有效需求、保持宏观经济增长有关。此外，从目前世界各国财政预算运行情况分析，预算上存在赤字较为普遍，而预算能够保持结余的国家不多。

四、政府预算的组成

（一）五级预算的组织形式

政府预算按政府级次分为中央政府预算和地方政府预算，我国实行一级政府一级预算。按照《预算法》，我国设立五级预算，分别是：①中央；②省、自治区、直辖市；③设区的市、自治州；④县、自治县，不设区的市、市辖区；⑤乡、民族乡、镇。中央政府预算是指经法定程序批准的中央政府的预算收支计划。中央政府预算是中央政府履行职能的基本财力保证，主要表现为中央政府的预算收支活动，在政府预算管理体系中居于主导地位。地方政府预算是经法定程序批准的地方各级政府的财政收支计划的统称，包括省级及省级以下的四级预算。地方政府预算负有组织大部分财政收支的重要任务，是保证地方政府职能实施的财力保证，并在政府预算管理体系中居于基础性地位。地方总预算由各省（自治区、直辖市）总预算汇总而成。省总预算由本级政府预算及其所属县（设区的市、自治州）总预算汇总而成；设区的市、自治州总预算由本级政府预算及其所属县、自治县、不设区的市、市辖区总预算汇总而成；县（自治县、不设区的县、市辖区）总预算由本级政府预算及其所属乡镇总预算汇总而成。政府预算的组成如图 12-1 所示。

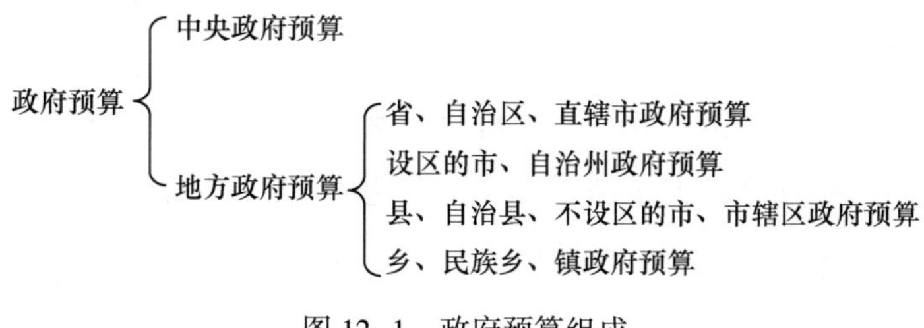

图 12-1　政府预算组成

（二）总预算、部门预算与单位预算

按照预算收支管理的范围和要求，各级预算分为总预算、部门预算与单位预算。部门预算是政府预算的基础，基层预算单位是部门预算的基础。

总预算指各级政府本级和汇总的下级政府的财政收支计划。部门预算指各部门汇总编制的本系统的财政收支计划，由本部门所属各单位预算组成。本部门是指与本级政府财政部门直接发生预算拨款关系的国家机关、军队、政党组织和社会团体。单位预算指列入部门预算的国家机关、社会团体和其他行政事业单位的财务收支计划。单位预算是由事业行政单位根据事业发展计划和行政任务编制，并经过规定程序批准的年度财务收支计划，反映单位与财政部门之间的资金领拨关系。根据经费领拨关系，我国各级政府的单位预算分为一级单位预算、二级单位预算和基层单位预算。一级预算单位是与同级政府总预算直接发生预算资金缴拨款关系的单位；如果一级预算单位之下还有被管辖的下级单位，则该一级预算单位又称为主管预算单位。二级预算单位是与主管预算单位发生预算资金缴拨款关系，下面还有所属预算单位的单位。基层预算单位是与二级预算单位或主管预算单位发生预算资金缴拨款关系的单位。

五、政府预算特征

政府预算作为一个独立的财政范畴，是经济社会发展到一定历史阶段的产物，从政府预算的产生到发展为现代政府预算，其内涵不断得到完善和充实，并形成区别于其他财政范畴的特征，归纳起来有以下四点。

（一）年度计划性

政府预算是对未来一个预算年度内预算收入和支出的计划做出安排。计划具有预测性，预测性是指政府通过编制预算可以对预算收支规模、收入来源和支出用途做出事前的设想和预计。各级政府及有关部门一般在本预算年度结束以前，需要对下一年度的预算收支做出预测，编制出预算收支计划，进行收支对比，进而研究对策。预测与实际是否相符并能否实现，取决于预测的科学性和民主化程度，也受预算执行中客观条件变化以及预算管理水平和预算管理手段的影响，但提高预测的准确性是十分重要的。

（二）法律性

政府预算与一般的财政经济计划不同，它必须经过规定的法律程序，并最终成为一

项法律性文件。政府预算的法律性是指政府预算的成立和执行结果，都要经过立法机关审查批准。政府预算按照一定的立法程序审批之后，就形成反映国家集中性分配资金的法律性规范。《宪法》和《预算法》明确规定，各级人民代表大会有审查批准本级预算的职权。各级政府预算确定的各项收支指标经国家权力机关审批后下达，各级政府、各部门、各单位都必须维护政府预算的严肃性、权威性，严格贯彻执行，并保证预算任务的圆满实现。非经法定程序，即非经报请本级人民代表大会常务委员会审查批准，任何地方、单位和个人不得擅自改变批准的预算。

（三）集中性

为了保证履行各级政府职能的需要，预算资金必须统筹兼顾、重点安排。各级政府预算资金的规模、来源、去向、收支结构比例和平衡，由各级政府根据当地社会经济发展水平加以确定。各级政府应从所管辖事务的整体出发，统筹安排好财力的分配。各级政府收入都应及时、足额地纳入国库，任何部门、单位必须执行政府预算支出规定的用途、比例、指标和数额等，不得各行其是。

（四）公开性

预算作为公开性的法律文件，内容必须明确，以便于全社会公众及其代表能理解、审查；同时，政府预算收支计划的制定、执行以及决算的全过程，也须向公众全面公开。政府预算的公开性所采用的形式是向全社会公布预算、决算报告。政府预算不仅要经过国家权力机关审批，预算草案经审议通过后还要通过新闻媒介向社会公众公布。

第二节　政府预算编制

一、政府预算的编制原则

政府预算的编制是有意识地确定和规范财政活动的计划行为，它必须遵循一定的指导思想。自政府预算产生后，形成了各种各样的预算编制原则。目前采用的主要有以下四项原则。

（一）完整性原则

国家预算必须包括政府的所有财政收支。在国家预算之外，不应有其他的财政收支。我国目前处于预算改革时期，按照该原则的要求，单位和部门的收支全部纳入预算，统筹安排、统一管理。

（二）准确性原则

在编制政府预算时，财政收支数字应进行科学的测算。每一科目应严格按统一的口径、程序计算和填列，不得编造。机构、人员、资产等基础数据要按实际情况填报。

（三）合法性原则

预算的编制应符合《预算法》和其他法律法规的条文，不得擅自增加收费项目和提高征收比例。

（四）年度性原则

任何一个国家的预算编制，都必须有时间的界定，通常为 1 年。目前世界各国普遍采用的预算年度有两种。一是历年制，即每年 1 月 1 日至同年 12 月 31 日止；二是跨年制，即从本年的某月 1 日至次年某月的上月底，跨度为 12 个月。

二、政府预算的编制程序

我国政府预算编制的组织程序按“自下而上、自上而下、两上两下、上下结合”的方式进行，大致过程如下文所述。

（一）单位、部门提出概算

在编制预算时，由单位、部门自下而上向财政部门上报收支建议数。单位根据预算工作年度计划、工作任务和收支增减因素，按照财政部门规定的预算报表格式，提出包括各项收支组成的概算。建议数从基层预算单位做起，单位应当按照规定程序逐级汇总报送主管预算单位，主管预算单位则按规定时间报送同级财政部门主管预算部门审批，地方政府报上级政府，上级政府逐级汇总下级政府建议数，并具有修改权。各部门上报的预算建议数要体现国家有关政策，与国民经济和社会发展规划一致，与国家财力相适应。由地方和中央各部门提出预算收支建议数。

（二）下达预算收支指标

财政部门与有预算分配权的部门审核预算建议数后，自上而下按预算级次下达预算控制数或预算指标。财政部门根据本级人民代表大会初步审查所匡算的预算限度，参照单位编报的收支概算，按照预算编报审批原则测算、分配下达单位预算指标，财政预算拨款指标自上而下逐级下达，直至基层政府的基层预算单位。

（三）编制汇总预算

单位、部门根据预算控制数编制本单位、本部门预算，自下而上汇总后报送同级财政部门。单位根据财政部门下达的预算拨款收入指标，核实调整单位各项开支，结合单位其他各项收支，按照预算编报的要求，正式编制年度收支预算，按照规定程序逐级报送主管预算单位，经主管预算单位审核汇总后报送同级财政部门。地方和中央各部门根据下达的预算收支指标，逐级汇编单位预算和总预算草案，报经省（自治区、直辖市）财政厅（局）汇编后送财政部。

（四）审批预算

财政部门汇编政府预算草案是指各级政府、各部门、各单位编制的未经法定程序审查和批准的预算收支计划。各部门负责本部门所属单位预算草案的审核，并汇总编制本部门的预算草案，于每年 12 月 10 日前报财政部门审核；各级财政部门在每年本级人民代表大会举行的 1 个月前，将本级预算草案的主要内容提交人大常委会进行初步审查。财政部门根据人民代表大会批准的预算草案自上而下批复部门、单位预算。财政部门对上报的单位预算应进行认真审核、汇总，各级政府将预算草案提交同级人民代表大会批准后，本级财政部门在规定期限内向本级各部门批复下达部门预算。全国人民代表大会一般在每年 3 月初召开。经财政部门、主管预算单位批复后的预算即为当年的部门预算、单位预算，批复的预算成为预算执行的依据。

三、我国政府预算编制改革

中华人民共和国成立以来，我国一直编制传统的政府预算，也称为功能预算。自 2000 年起，我国预算改革迈出了重要一步，即进行部门预算改革。

随着我国社会主义市场经济进程的加快，对财政预算的公开、透明、细化提出了新的要求。1999年6月，针对中央财政预算管理中存在的问题，审计署和全国人大常委会提出进一步改进和规范中央预算编制工作的要求："要细化报送全国人大审查批准的预算草案内容，增加透明度"，"报告内容应增加对中央各部门支出、中央补助各地方支出和重点项目的支出等"。对此，财政部制定《关于改进2000年中央预算编制的意见》，正式提出了我国实行部门预算改革的计划。

（一）部门预算的概念

部门预算是部门依据国家有关政策规定及其职能的需要，审核、汇总所属基层预算单位的预算和本部门机关经费预算，经财政部门审核后提交立法机关批准的涵盖本部门各项收支的财政计划。

部门预算以部门为依托，一个部门一个预算，将预算落实到每一个具体部门。各部门预算由本部门所属各单位预算和本部门机关经费预算组成。各部门编制本部门预算、决算草案，组织和监督本部门预算的执行；定期向本级政府财政部门报告预算的执行情况。部门预算相对于传统的功能预算而言，发生了如下变化。

（1）扩大了预算的编制范围，有利于提高预算的综合性。以往一个部门的事业费、基建费、行政费等基本上是从不同的渠道来，由不同的部门管，各项经费有各种不同的既定用途，向各自不同的资金来源单位报账；预算编制只考虑预算内的收支情况，基本上不考虑部门预算外资金和政府性基金。这种预算是割裂的，直接结果是没有一个部门掌握本部门的"家底"。实行部门预算制度，首先确定了预算不仅要按功能分类，而且要按部门分类，部门编制的预算要反映部门所有收入和支出，有利于增强预算的综合性和完整性，有利于统筹考虑事业的改革和发展。

（2）一个部门一个预算。以前，各部门的预算按功能由财政部门内部的不同司（局）和有预算分配权的部门归口管理，部门内部的预算则由不同的职能司（局）管理，不能形成一个完整的预算。编制部门预算要求各部门财务司（局）一个口对财政部门，将部门的所有收支编在一个预算中，预算情况一目了然，非常清楚。

（3）克服了代编预算的方式，提高了准确性。原来编制预算的方式是由部门替下属单位按资金性质不同进行代编。编制部门预算则要求从基层单位逐级编制、逐级汇总，克服了代编预算的盲目性，使预算编制更加科学合理，有利于提高预算管理水平。

（4）建立新预算管理机制。编制部门预算要求统一预算分配权，为此，财政部的内设机构及其职能也相应进行了重新设计。①由预算司作为统一管理预算的部门；②改变了原来按经费性质设置机构的做法，基本上做到了一个部门归口财政部的一个业务司；③统一了国有企业资产和财务管理，统一预算内外资金管理，编制综合预算，使预算编制、执行和监督相对分离，初步建立起了分工合理、责任明确、相互制约的运行机制。

（5）调整了预算批复的主体。过去各部门的预算按功能由财政机关内部的业务部门和有预算分配权的部门归口管理，因此，在人民代表大会批准中央预算草案后，再由财政部各业务司（局）及有预算分配权的部门各自独立地向各部门批复预算，各部门再将预算批复到所属预算单位。实行部门预算后，改由财政部预算司统一批复预算。

（6）有利于及时批复预算。过去的预算编制粗放、复杂、模糊，财政难以及时批复到部门，部门难以批复到单位；实行部门预算后，预算编制的内容更细化、数额更准确，预算草案经过立法审批后，便于财政和部门按《预算法》规定的法定时间及时批复预算。

（二）部门预算与传统预算的区别

（1）预算编制的分类基础不同。传统的政府预算也称为功能预算，采取收入按类别、支出按功能编制，其特点是在编制预算时，不以预算部门作为划分标准，而是根据政府的职能和经费性质对支出分类编制。部门预算是按部门分类编制预算，预算在部门内又根据职能不同安排不同的功能支出。

（2）预算的涵盖范围不同。传统的功能预算仅包含预算内资金收支，而部门预算涵盖了部门的全部收支，既包括一般预算收支（预算内收支、预算外收支和其他收支），也包括政府性基金收支。

（3）预算管理的侧重点不同。传统的功能预算侧重财政收支结构和财政宏观情况分析，部门预算侧重反映某一部门的全部收支状况，实现了预算向微观管理层次的延伸。

（4）预算管理的方式不同。传统的功能预算中，一个部门的不同功能的经费由财政部门内部不同的机构管理。部门预算是一个部门的不同功能的经费由财政部门内部同一机构管理。

四、编制部门预算的必要性

（一）有利于对财政预算的审查和监督

传统的功能预算中，很难看出一个部门的所有收支，而部门预算则实现了“一个部门一个预算”的目标，有利于人大代表和公众的审查和监督。

（二）有利于预算编制的公开、透明，提高了财政资金使用效益

部门预算明确了各单位作为部门预算编制主体的地位，增强了各单位认真编制预算的自觉性，提高了部门管理资金的责任心。

（三）提高了预算编制方法的科学性

传统的预算编制方法是“基数+增长”，这种方式简单易行，但缺乏科学依据，在实际执行中往往形成只增不减的增量预算。部门预算在编制方法上实行零基预算，即取消往年的基数，根据部门和单位的职责、任务和目标，结合财力可能，重新测算各部门和单位的各项预算，使预算分配更科学、合理。

（四）部门预算是完整的功能预算的基础

部门预算是综合预算，涵盖了部门的所有预算收支，财政部门将各部门的预算审核汇总后，形成按部门列示的本级部门预算，并可以在此基础上形成涵盖所有预算收支的按功能列示的本级财政综合预算，替代过去只反映预算内收支的传统功能预算，从而扭转大量预算外资金游离于预算管理之外的局面。

五、部门预算编制程序流程

（一）中央部门预算的总流程

中央各部门编制、汇总和上报本部门的预算建议数；财政部业务司局按照管理职能分别对部门预算建议数进行审核，并下达预算控制数；各部门根据预算控制数编制预算，上报财政部；财政部再对部门预算数进行审核汇总，报送国务院审定后报送全国人大批准；根据全国人大批准的预算，由财政部统一批复给各部门。中央部门预算的总流

程如图 12-2 所示。

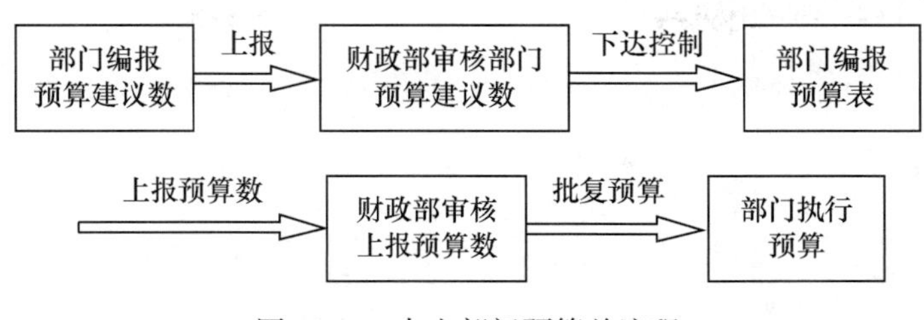

图 12-2　中央部门预算总流程

（二）部门编报预算的流程

部门或单位在编报预算的过程中通过利用“中央部门预算编报子系统”，编制和上报部门预算建议数，根据预算控制数编制和上报部门预算数。部门编报预算流程如图 12-3 所示。

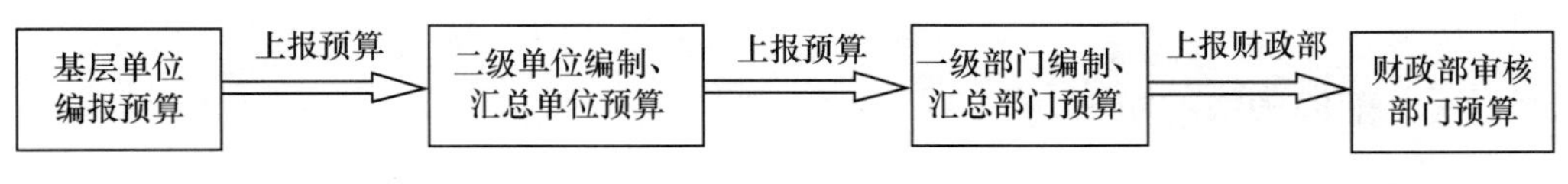

图 12-3　部门编报预算流程

（三）财政部审核和上报预算的流程

财政部在管理部门预算的过程中，根据现行管理职能将部门预算拆分给各业务司局；各业务司局在自己权限范围内审核各部门预算数据，给各部门下达部门预算控制限额；根据全国人大批准后的中央预算，预算司向各部门批复预算。财政部审核部门预算和上报中央预算的流程如图 12-4 所示。

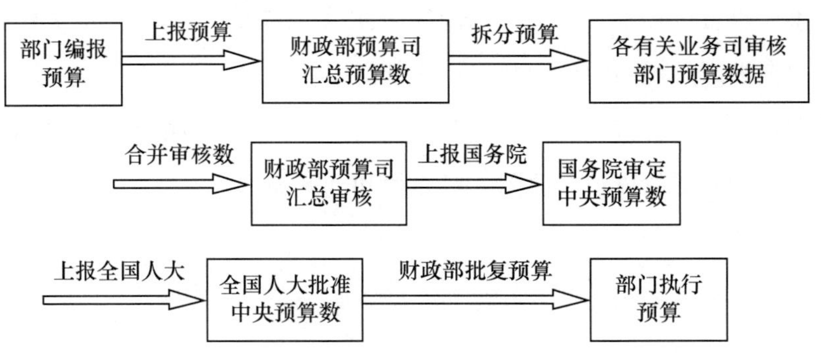

图 12-4　中央预算上报及审核流程图

（四）财政部批复预算的流程

全国人大批准中央预算后，财政部在 20 日之内将预算批复到各部门。财政部批复流程如图 12-5 所示。

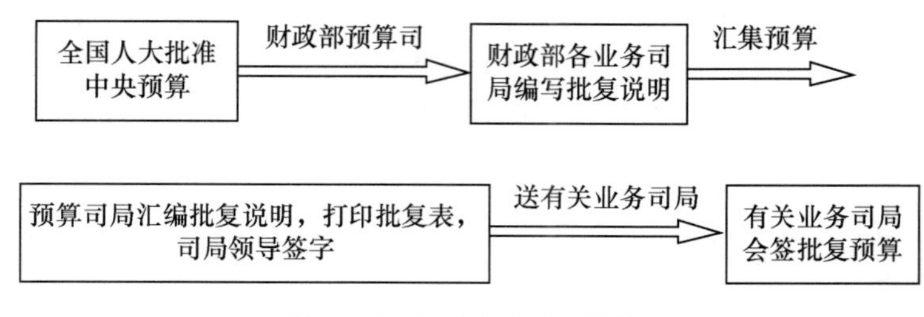

图 12-5 财政部批复流程图

六、部门预算的执行和调整

（一）部门预算的执行

部门财务司局负责所属各预算单位预算执行的具体工作，对所属各预算单位提出的预算资金拨付申请或用款计划进行审核，并要对所属各预算单位的预算执行情况追踪分析，组织业务司局对项目支出预算追踪问效。

部门业务司局的主要职责是配合财务司局对职责范围内的基本支出预算和项目支出预算进行追踪问效。

（二）部门预算的调整

在部门预算执行过程中，如遇国家政策发生变化或重大自然灾害等不可预见因素，由预算单位向上级部门提出预算调整申请，部门财务司局组织部门业务司局对所属预算单位的预算调整申请进行审核后，对符合预算调整条件的，报财政部申请调整预算。预算调整申请应包括调整的事项、原因、必要性和金额等。

第三节 政府预算的执行

一、政府预算执行的任务

政府预算的执行是指经过法定程序批准预算的具体实施过程，包括组织预算收入和拨付预算资金等内容。预算的执行原则是“统一领导，分级管理”。各级预算由本级政府组织执行，具体工作由本级财政部门负责。

（一）组织预算收入

预算收入的征收部门依照法律、行政法规的规定，及时、足额地征收预算收入，并按财政体制的规定划缴到各级政府的财政国库。国库收到预算收入后，按财政体制规定的预算级次和收入划分，将固定收入分别划入各级政府的预算收入日报表，将共享收入按比例分别划入各级政府的预算收入日报表，同时将入库款项分别划解入各级国库。

（二）拨付预算资金

预算支出环节是政府预算资金分配和使用的过程。各级政府财政部门依照法律、行政法规和国务院财政部门的规定，及时、足额地拨付预算资金。要做到按预算拨款、按规定的预算级次和程序拨款、按进度拨款。各级政府、部门、单位的支出必须按照预算执行，建立健全财务制度和会计核算体系，按照标准考核、监督、提高预算资金的使用效益。

各级政府预算预备费的动用方案，经本级政府财政部门提出，报本级政府决定。

二、政府预算执行机构

政府预算的执行是根据“统一领导，分级管理”的原则，按照国家行政管理体系实行分级管理的。我国预算执行的机构有各级政府、各级政府财政部门、预算收入征管部门、各级国库、各有关部门和各有关单位。这些机构从不同的层次、不同的方面负责组织、参与预算的执行。

各级政府是预算执行的组织领导机关。国务院作为国家最高行政机关，负责组织中央和全国预算的执行；地方各级政府负责组织本级政府预算和本级行政区域内总预算的执行，并负责对本级各部门和下属政府预算执行进行监督。预算年度开始后，各级政府预算草案在本级人民代表大会批准前，本级政府可以先按照上年同期的预算支出数额安排支出，预算经本级人民代表大会批准后，按照批准的预算执行。在执行预算过程中，各级政府要加强对预算执行工作的领导，督促财政、税务、海关等收入征收部门依法组织收入，支持政府财政部门严格管理预算支出。各级政府要定期听取预算执行情况的汇报，对预算执行中出现的问题及时研究解决对策，决定本级预算预备费的动用，同时应加强对本级国库的管理和监督。

各级政府财政部门是预算执行的职能机关，具体负责预算的组织实施。其具体职责是：①研究落实财政税收政策的措施，统一负责组织预算收入和预算支出的执行；②制定组织预算收入，管理预算支出的制度和办法；③督促预算收入征收部门、各预算缴款单位完成预算收入任务；④根据年度支出预算和季度用款计划，合理调度拨付预算资金，监督检查各部门、各单位管好用好预算资金，节约开支，提高效率；⑤指导和监督各部门、各单位建立完善的财务制度和会计核算体系，按照规定使用预算资金；⑥编报、汇总分期的预算收支执行数字，分析预算收支执行情况，并提出增收节支的建议；⑦协调预算收入征收部门、国库和其他部门的业务工作。

各有关部门、单位是部门预算和单位预算的执行主体。各有关部门、单位在预算执行中的主要职责是：①正确执行部门、单位预算，根据国家政策规定积极培养财源，组织收入，按规定向本级政府缴纳应缴预算收入；②按支出预算和财政、财务制度的规定，办理各项支出；③对单位的各项经济业务进行会计核算，编制会计报表；④定期向主管部门和同级财政部门报告部门单位预算的执行情况，并接受管理部门的监督。

税务机关是负责组织税收收入的专门机构，具体负责各项工商税收的征收管理，还负责国家交办的其他有关预算收入的征收管理。

海关总署及其分支机构是预算收入的执行机关，主要负责对进出口货物和物品征收关税，并代理税务机构征收进出口产品的增值税、消费税和其他有关税收。

中国人民银行经理国库，负责预算资金的出纳保管业务。

三、国库集中收付制度改革

国家金库是政府预算的重要执行机构，负责办理预算资金的收纳、划分、留解和拨付业务。许多市场经济发达国家实行国库集中收付制度。国库集中收付包括三方面的含义：①集中收入管理，一切财政性收入均纳入国库或国库指定的代理商业银行的单一账户；②集中支出管理，原则上一切财政性支出均应在实际支付行为发生时才能从单一账户支付出去，支付对象一般应是商品供应商或劳务提供者；③集中账户管理，设置与国库单一账户配套使用的国库分类账户，集中反映各预算单位的预算执行情况。

中华人民共和国成立后，我国国库业务由人民银行代理，实行四级国库管理体制，即在中国人民银行总行设总库，各省、自治区、直辖市分行设分库，省辖市、自治州支行设中心支库，县（市）支行（城市区办事处）设支库。同时，在县以下和不设人民银行的地方，为了及时收纳国家预算收入，方便缴库单位纳税缴利，由人民银行委托商业银行（主要是中国工商银行和中国农业银行）作为国家金库的经收处，代收财政预算收入。经收处只办理库款的收纳，并向国库结报，其收纳的预算收入不作为正式入库。

这种委托国库制下形成的国库管理体制和体系，在计划经济条件下，对保障国家预算的正常运行起到了一定的促进作用。但是随着社会主义市场经济发展，国家财政管理体制、金融管理体制的重大改革，国库管理制度改革相对滞后，产生了诸多问题，主要表现在：①对国库管理工作缺乏足够的重视，国家人民银行经理国库的职能无法真正落到实处；②商业银行在库款入库和资金拨付过程中，截留、占压财政资金的现象比较普遍；③国库资金汇划渠道不畅，上划下拨周转环节多，速度慢，影响财政资金使用效益；④国库无法对财政资金实施有效监督。

2001 年 3 月 16 日，经国务院批准，财政部、中国人民银行联合颁布《财政国库管理制度改革试点方案》，确立了我国国库管理制度改革的目标、指导思想和原则、改革内容、配套措施及实施步骤。

在试点中，开设的国库单一账户体系包括：①财政部门在中国人民银行开设单一账户，按收入和支出类设置分类账，收入账按预算科目进行明细核算，支出按资金性质设立分账册。②财政部门按资金使用性质在商业银行开设零余额账户。③财政部门在商业银行开设预算外资金财政专户，按收入和支出设置分类账（2011 年我国取消了预算外资金制度）。④财政部门在商业银行为预算单位开设小额现金账户。⑤经国务院和省级人民政府批准或授权财政部门开设特殊过渡性专户（简称特设账户）。

上述账户的功能分别是：①国库单一账户为国库存款账户，用于记录、核算和反映纳入预算管理的财政收入和支出活动，并用于财政部门在商业银行开设的零余额账户进行清算，实现支付。②财政部门的零余额账户，用于财政直接支付和清算。③预算外资金专户，用于记录、核算和反映预算外资金的收入和支出活动，并用于预算外资金日常收支清算（2011 年我国取消了预算外资金制度）。④小额现金账户，用于记录、核算和反映预算单位的零星支出活动，并与国库单一账户清算。⑤特设账户，用于记录、核算和反映预算单位的特殊专项支出活动，并与国库单一账户清算。

四、政府预算调整

政府预算的调整指经全国人民代表大会批准的中央预算和经地方各级人民代表大会批准的本级预算，在执行中因特殊情况需要增加支出或减少收入，使原批准的收支平衡的总额预算发生变化，或者原批准预算中举借债务的数额增加，而发生的预算收支指标的增减变化。预算调整的主要形式是预算的追加追减。在原定预算支出规模之外按法定程序增加预算支出数额，称为追加预算支出；在原定预算支出规模之外按法定程序减少预算收入数额，称为追减预算收入。预算执行中由于国民经济和社会政治形势的变化，或者由于政策制度和体制的变化而发生单位预算和总预算的追加追减，是正常和必要的。但追加支出必须要有相应的收入来源，追减收入必须相应地压缩支出。各级政府预算执行中当年实际收入超过预算的部分，应当留作下年度使用。如果用于安排某些急需支出，应视为预算调整。在预算执行过程中，由于上级政府返还或者给予的补助而引起收支规模变化，不属于预算调整。在对预算进行调整时，各级政府应编制预算调整方案，报同级人民代表大会常务委员会审批。未经批准，不得调整。政府预算调整一般有全面调整和局部调整两种情况。

（一）全面调整

政府预算在执行过程中，如遇特大自然灾害、战争等特殊情况，或遇国民经济发展过分高涨或过分低落，一经对国民经济和社会发展计划做重大调整时，就有必要对政府预算进行全面调整。全面调整并不经常发生，只有在出现上述情况时才进行。

政府预算的全面调整，涉及面广，工作量大，实际上等于要重新编制一次政府预算，在预算执行过程中应慎重考虑。如果要进行全面调整，则首先由财政部提出全面调整计划，经国务院审核，报全国人民代表大会常务委员会批准后，下达各地区、各部门执行。

（二）局部调整

政府预算局部调整是对政府预算做局部变动。政府预算的局部变动主要有四种情况。

（1）经费流用。在不变动预算支出总额的前提下，预算科目间进行的经费调剂。在预算执行过程中，各预算支出科目之间，往往发生有的资金多余、有的资金不足。为了保证各项建设事业的完成，并充分发挥预算资金的使用效果，在不超过原定预算支出总数的前提下，可按规定在一些科目之间进行必要的调整，以达到预算资金的以多补少、以余补缺。

（2）动用预备费。各级总预算的预备费，一般是为了解决预算执行中某些临时急需和事先难以预料的重大开支而设置的备用资金。例如，发生重大的自然灾害、实行重大经济变革时，就可以动用预备费。由于预备费是用作急需的资金，各级预备费的动用，应从严掌握，一般应控制在下半年使用，并应经过一定的批准程序。按照《预算法》的规定，各级政府应设置预备费，各级预备费的动用应经同级人民政府的批准。

（3）预算的追加和追减。在原核定预算总额以外，增加预算收入和支出数额，称为追加预算；在原核定预算总额以内，减少预算收入和支出数额，称为追减预算。预算的追加和追减须经同级人民代表大会常务委员会批准。

（4）预算划转。预算划转是指由于行政区划或企事业单位隶属关系的改变，使预算的隶属关系也发生改变，从而将原预算划归新的领导部门或接管单位的调整办法。企业、事业单位隶属关系改变后，其应缴的各项预算收入及应领的各项预算拨款和经费，一律按预算年度划转全年预算。年度预算执行中，已经缴入国库的收入和已经实现的支出，也要同时划转，由划出和划入的双方进行结算。

第四节　政府决算

一、政府决算的含义

政府决算是经法定程序批准的年度预算执行结果的会计报告。财政部应在每年的第四季度编制决算草案的原则、要求、方法和报送期限，制发中央各部门决算、地方决算及其他有关决算的报表格式。

各级政府、部门、单位，在每一预算年度终了后，应当清理核实全年预算收入、支出数字和往来款项，做好决算数字的对账工作，编制决算草案，并在规定期限内报送。决算数字应当以经过核实的基层单位的会计数字为准，不得以估计数字代替，不得弄虚作假。

财政部根据中央各部门决算草案汇总编制中央决算草案，报国务院审定后，由国务院提请全国人民代表大会常务委员会审批。县级以上财政部门根据本级各部门决算草案汇总编制本级决算草案，报本级政府审定后，由本级政府提请本级人民代表大会常务委员会审批。乡、民族乡、镇政府根据财政部门提供的年度预算收入和支出的执行结果，编制本级决算草案，提请本级人民代表大会审批。

二、政府决算管理

政府决算是各级政府政治经济活动在财政上的集中反映，体现了政府活动的范围和方向，通过政府决算的编制，可以掌握国民经济发展的实际情况，便于了解政府在财政年度中所致力的重要工作，可以从资金分配的角度总结一年来各级政府贯彻执行党和国家的方针、政策方面的情况，为国家领导机关提供决策依据，还可以总结一年来预算编制、预算执行、预算管理、平衡预算收支、资金使用效果和财政监督等方面的经验教训，提出改进意见和措施，为提高下年度的预算工作水平创造条件，并为制定下年度预算收支控制指标提供数字基础。因此，必须加强政府决算管理工作。政府决算管理主要由以下四个环节构成。

（一）政府决算的部署

财政部对政府决算的部署包括拟定决算编制办法、修订和颁发决算表格。

（二）年终清理和结算

年终清理是指各级财政部门和行政事业单位、企业单位、基本建设单位，在年终对预算会计账目、财产物资进行的全面核对和清查。它是搞好年度决算编制工作的重要条件。年终清算的内容主要包括核对年度预算收支数字、清理本预算年度应收应支、结清预算拨借款、清理往来款项、清查财产物资、进行决算收支数字的对账工作。年终结算是指各级政府财政部门在年终清理的基础上，结清上下级财政总预算之间的预算调拨收支和往来款项。

（三）政府决算的编制

预算年度终了，整个决算的组织管理工作就从决算的准备阶段转入决算的编制阶段。根据《预算法》的规定，决算草案由各部门、单位，在每一预算年度终了后按照国务院规定的时间编制，编制决算草案的具体事项，由国务院财政部门部署。我国决算的编制程序是从执行预算的基层单位开始，在搞好年终清算和结算的基础上，根据决算编报的规定和决算表格的内容，自下而上编制、审核和汇总。政府总决算由中央政府总决算和地方政府总决算组成。其中，中央政府总决算由财政部根据中央各主管部门汇总的所属行政、事业单位决算、企业财务决算、基本建设财务决算以及国库年报、税收年报等汇编而成。地方政府总决算的汇编从乡（镇）级开始，从下而上逐级汇编，最后形成省（市、区）政府总决算，把各省（市、区）政府总决算汇总形成地方总决算。中央政府总决算和地方政府总决算汇编成政府总决算（政府决算）。

（四）政府决算的审查和批准

为维护财经纪律和国家法律，保证决算数字准确无误，必须在各个环节加强决算审查工作，做到逐级审查，层层负责。政府决算的审查层次和机构自下而上为：①上级对下级决算进行的审查，包括上级单位对下级单位的审查和上级财政对下级财政总决算的审查；②财政部门对同级主管部门决算的审查；③立法机关对政府决算的审查；④政府审计部门对政府决算的审查。政府决算审查的内容包括政策性审查和技术性审查两方面。政策性审查主要是从贯彻执行党和国家的各项方针、政策、财政制度、财经纪律等方面进行审查，审查包括收入审查、支出审查、结余审查和资产负债审查。技术性审查主要是对决算报表的数字关系方面进行审查，审查包括数字关系审查，决算完整性、及时性审查。根据《预算法》的规定，国务院财政部门编制中央决算草案，报国务院审批后，由国务院提请全国人民代表大会常务委员会审查和批准。县级以上地方各级政府财政部门编制本级决算草案，报本级政府审定后，由本级政府提请本级人民代表大会常务委员会审查和批准。乡、民族乡、镇政府编制本级决算草案，提请本级人民代表大会审查和批准。

第五节　政府预算管理体制

一、政府预算管理体制的含义

政府预算管理体制是处理中央政府和地方政府，以及地方各级政府间财政关系的基本制度。预算管理体制的实质是财政资金分配上的集权与分权问题。在我国，国家的各项职能由各级政府共同完成。为了保证各级政府完成本级承担的政治和经济任务，必须在中央政府和地方政府以及地方各级政府之间，明确划分各自的财政收支范围、财政资金支配权和财政管理权。一般而言，各级政府的事权应与财权相适应。

政府预算管理划分级次与政府级次划分是一致的。在世界各国，除了少数属于城市型的国家外，绝大多数国家的政府实行分级管理制度，即政府体系由中央政府和地方政府组成，其中地方政府还可进一步划分级次。政府实行分级管理，有助于提高管理效率，也是确定政府预算管理体制的基本依据。

二、政府预算管理体制的内容

政府预算管理体制主要由政府预算管理级次的规定、政府预算管理权限的划分、政府预算收支范围的划分原则和方法以及政府预算调节制度的安排等方面的内容组成。

（一）政府预算管理级次的规定

政府预算管理级次的规定与一国的政权结构和行政区划存在着密切的联系。通行的原则是：一级政权构成一级预算管理主体。由于各国的政权结构和行政区划的特点不同，政权级次以及预算级次的划分也不尽相同。例如美国的政权结构由联邦、州和地方政府组成，政府预算也相应划分为联邦政府预算、州政府预算和地方政府预算；法国的政权结构由中央、大区、省和市镇组成，国家预算也分为中央政府预算、大区政府预算、省政府预算和市镇政府预算四个级次。在我国，按照《预算法》，我国的政府预算管理体制分为中央，省、自治区、直辖市，设区的市、自治州，县、自治县、不设区的市、市辖区，乡、民族乡、镇五级。各级政府的财权和财力是以各级政府的职能为基础的。中央政府财政居主导地位，主要担负全国性的行政管理、宏观调控、重点建设，国防、外交与援外支出，以及地方财政的财力调剂。地方财政主要担负本地的行政管理、公共服务和公共工程等支出。

（二）政府预算管理权限的划分

政府预算管理权限是指政府预算政策、预算管理法律法规的制定权、解释权和修订权，政府预决算的编制和审批权，预算执行、调整和监督权等。在我国，凡全国性的财政政策、法律法令都由全国人民代表大会或中央政府统一制定，其解释权、修订权也归全国人民代表大会或中央政府。各地方有权制定地区性的预算管理政策，但不能违反全国的统一规定，并应注意对毗邻地区的影响。根据《预算法》的规定，预算管理相关职权的具体划分如下。

（1）各级人民代表大会的预算管理权。各级人民代表大会审批本级总预算草案和本级总预算执行情况的报告；改变或撤销本级人民代表大会常务委员会关于预算、决算的不恰当决议。各级人民代表大会常务委员会监督预算执行；审批本级预算调整方案；审批本级政府决算；撤销本级人民政府和下一级人民代表大会关于预决算的不恰当决定或命令。

（2）各级政府的预算管理权。各级政府确定预算管理体制具体办法；组织编制本级预算草案，向本级人民代表大会做关于本级总预算草案的报告；组织本级总预算的执行；决定本级政府预备费动用；编制本级预算调整方案；监督本级各部门和下一级政府的预算执行；改变或撤销本级政府和下一级政府关于预算、决算的不恰当决议；向本级人民代表大会报告本级总预算执行情况；组织编制本级决算草案。

（3）各级政府财政部门的预算管理权。各级政府财政部门具体编制本级预算草案；具体组织本级总预算的执行；提出本级预备费动用方案；具体编制本级预算的调整方案；定期向本级人民政府和上一级财政部门报告本级预算的执行情况；具体编制本级决算草案。

（4）各部门的预算管理权。编制本部门预算草案；组织和监督本部门预算的执行；定期向本级财政部门报告预算的执行情况；编制本部门决算草案。

（5）各单位的预算管理权。编制本单位的预算、决算草案；按规定上缴预算收入、安排预算支出；接受国家有关部门的监督。

（三）政府预算收支范围的划分原则和方法

政府预算收支范围的划分，实际上是确定中央和地方以及地方各级政府各自的事权和财权。收支范围划分是否合理，关系到政府预算管理体制的运行是否有效率、各级政府的职能能否充分实现、各层次的公共需求能否有效满足，因而是政府预算管理体制的核心问题。

1. 政府预算收支的划分原则

（1）统筹兼顾，全面安排。我国政治经济的统一性，决定了我国财政的统一性。因此划分中央政府财政与地方政府财政的收支范围时，应从全局出发，既要保证中央政府财政拥有充足、可靠的收入，又要照顾地方政府实现职能所需的财力。

（2）事权与财权的统一。财政分配关系是事权与财权的统一体，事权是取得财权的依据，财权是行使事权的动力和物质基础。因此，应按照各级政府承担的职能划分财政收支。

2. 政府预算收支的划分方法

收支划分的方法体现在具体的预算管理体制模式中。中华人民共和国成立以来，我国采用的收支划分方法主要有以下五种。

（1）收入分成法。首先确定地方预算的支出指标和收入指标，然后按差额确定分成比例，组织地方预算收支平衡。这是统一领导、分级管理型预算管理体制下采用的方法。

（2）基数法。以上年预算实际执行数或以前若干年的平均数作为预算年度的财政收支基数。

（3）因素法。依据影响地方收支的各种因素及影响程度，确定地方收支规模以及分配比例和补助金额。

（4）分税法。按照税种划分各级政府预算收入的方法。

（5）补助法。对地方政府财政预算收支逆差，中央政府财政给予补助，使地方政府财政实现预算收支平衡。补助法又分为定额补助、专项补助和按成补助。

（四）政府预算调节制度的安排

各级政府预算收支的划分，并不能完全解决各级次和各地方政府财政收支均衡的问题，这不仅是由于支出划分与收入划分所遵循的标准不完全一致，造成不同级次预算主体之间的收支不对称，而且是因为地区间经济发展的不平衡使经济相对落后地区的预算收支难免存在缺口，因此，在既定的预算收支范围划分基础上，进行收支水平的调节是必要的。预算调节包括各级预算级次间的纵向调节——纵向的转移支付，以及各地区预算间的横向调节——横向的转移支付。调节的目的是使财政资金公平分配和有效使用，并达到各级政府财权和事权的最终统一。

三、我国现行预算管理体制

我国现行预算管理体制是分税制预算管理体制。分税制预算管理体制是指在合理划分各级政府事权范围的基础上，主要按税种来划分各级政府的预算收入，各级政府预算相对独立，负有明确的平衡责任，各级政府间的财力差别通过中央政府向地方政府或上一级地方政府向下一级地方政府以转移支付制度进行调节。现代分税制是建立在市场经济基础上的，市场经济要求各级政府提供不同的公共物品或公共服务，同时税收是财政收入的基本形式。分税制为政府在市场经济条件下的规范运作提供了重要的制度保障。我国自 1994 年 1 月 1 日起实行分税制预算管理体制，主要内容如下。

（一）中央与地方财政支出的划分

根据现行中央政府与地方政府事权的划分，中央政府财政主要承担国家安全、外交和中央国家机关运转所需经费，调整国民经济结构、协调地区经济发展、实施宏观调控所必需的支出以及中央政府直接管理的事业发展支出，具体包括国防费、武警经费、外交和援外支出、中央级行政管理费、中央统筹的基本建设投资、中央直属企业的技术改造和新产品试制费、地质勘探费、由中央财政安排的支农支出、由中央负担的国内外债务的还本付息支出，以及由中央本级负担的公检法支出和文化、教育、卫生、科学等各项事业费支出。

地方财政主要承担地方行政管理费、公检法支出、民兵事业费、地方统筹的基本建设投资、地方企业的技术改造和新产品试制费、支农支出、城市维护和建设费、价格补贴支出，以及地方文化、教育、卫生、科学等各项事业费支出。

（二）中央与地方财政收入的划分

根据事权与财权相结合的原则，按税种划分了中央政府与地方政府的财政收入。将具有维护国家利益或者实施宏观调控所必需的税种划分为中央税，如关税和消费税；将同经济发展直接相关的、税源较大的税种划分为共享税，如增值税；将比较零散的、适合地方征管的税种划分为地方税，如契税、房产税。1994 年后，我国对税收制度和收入在中央与地方之间的划分进行了多次改革。例如个人所得税、企业所得税在中央与地方之间按 6∶4 分成，“营改增”后增值税收入在中央和地方之间各占 50%等。

实行分税制预算管理体制后，我国将原有的一套税务机构分为中央政府与地方政府两套税务机构。中央税务机构只负责征收中央税和中央与地方共享税，地方税务机构则负责征收地方税。根据国家财税体制改革的需要，2018 年两套税务机构合并。

（三）政府间财政转移支付制度

我国的分税制改革采取的是分步推进、逐步到位的“渐进式”策略。在转移支付制度上的表现是采取“存量不动、增量调节”办法。主要内容包括以下两个方面。

（1）税收返还制度。为了顺利推进分税制改革，1994 年的预算管理体制改革保留了原来体制中的中央财政对地方财政的定额补助、专项补助和地方上解，着重建立了中央财政对地方财政的税收返还制度，以保证地方在不损失既得利益的情况下，平稳过渡到新体制。税收返还的办法是：有关级次的政府完成中央税收上缴任务后，中央财政支出将一部分税收收入返还给地方使用。税收返还以 1993 年中央从地方净上划的收入为基数，以后逐年递增。即 1993 年中央将地方净上划给中央的收入全额返还给地方，1994 年以后，税收返还额在 1993 年的基数上逐年递增，递增率按全国增值税和消费税的平均增长率的 1∶0.3 系数确定，也就是全国增值税和消费税平均每增长 1%，中央财政对地方的返还就增长 0.3%。

（2）转移支付。由于不具备建立规范化的财政转移支付制度的条件，我国从 1995 年起实行过渡期转移支付办法。根据中央财政收入的情况，中央每年安排一部分资金，采用比较规范的办法，重点解决一些困难地区尤其是少数民族地区的财政困难。具体方法是：根据影响地方财政支出的因素，核定有关地方的标准支出额，凡是地方财力能够满足支出需要的，中央财政不再给予补助；对于地方财力不能满足支出需要的，要对收入进行因素分析，如果是地方主观的原因，应由地方自行解决，如果是客观原因，由中央财政根据新增的可用于对地方转移支付的资金状况和各地的财力缺口，按相关公式计算新增加的对有关地方的转移支付额。目前已将过渡时期转移支付改为一般性转移支付。中央对地方财政转移支付制度体系由一般性转移支付和专项转移支付构成。

本章回顾

1. 政府预算是指一个国家的各级政府编制的年度财政收支计划。从形式上看，政府预算是按资金的性质，分门别类地将财政资金编制在一个或两个以上的财政收支表格中；就内容而言，政府预算反映政府活动的范围、方向和规模；就效力来说，政府预算必须经过立法机关的审批才能生效，并具有法律效力。

2. 单式预算是将财政收入和支出汇编在一个预算内，形成一个收支项目安排对照表，而不区分各项收支性质的预算组织形式。

3. 复式预算与单式预算相对应，是根据预算收支的性质，将政府收支在两个或两个以上的预算表格中反映。

4. 基数预算是指在安排预算年度收支时，以上年度或基期的收支为基数，综合考虑预算年度国家政策变化、财力增加额及支出实际需要量等因素，确定一个增减调整比例，以测算预算年度有关收支指标，并据以编制预算的方法。

5. 零基预算是指在编制预算时对预算收支指标的安排，根据当年政府预算政策要求、财力状况和经济与社会事业发展需要重新核定，而不考虑该指标以前年度收支的状况或基数。

6. 投入预算是指在编制、执行时主要强调严格遵守预算控制规则，限制甚至禁止资金在不同预算项目之间转移。

7. 绩效预算强调预算投入与产出的关系，即政府通过公共物品服务与成本的比较，要求以最小的投入取得最大的产出。

8. 年度预算和多年度预算。年度预算是指预算收支计划执行期为 1 年的预算，多年度预算是指预算收支安排时间在两年期以上的预算。

9. 平衡预算与差额预算。平衡预算是指在预算编制、执行过程中保持收入与支出基本相等。差额预算是指在预算编制过程中，为了一定的政策目标，使预算支出大于收入有赤字，或者收入大于支出有结余。

10. 政府预算按政府级次分为中央政府预算和地方政府预算，我国实行一级政府一级预算。按照《预算法》，我国设立五级预算，分别是：①中央；②省、自治区、直辖市；③设区的市、自治州；④县、自治县，不设区的市、市辖区；⑤乡、民族乡、镇。

11. 总预算、部门预算与单位预算。总预算指各级政府本级和汇总的下级政府的财政收支计划。部门预算指各部门汇总编制的本系统的财政收支计划，由本部门所属各单位预算组成。单位预算指列入部门预算的国家机关、社会团体和其他行政事业单位的财务收支计划。

12. 政府预算特征。①年度计划性；②法律性；③集中性；④公开性。

13. 政府预算的编制原则。①完整性原则；②准确性原则；③合法性原则；④年度性原则。

14. 我国政府预算编制的组织程序按“自下而上、自上而下、两上两下、上下结合”的方式进行。

15. 政府预算的执行是指经过法定程序批准预算的具体实施过程，包括组织预算收入和拨付预算资金等内容。

16. 国家金库是政府预算的重要执行机构，负责办理预算资金的收纳、划分、留解和拨付业务。许多市场经济发达国家实行国库集中收付制度。

17. 国库集中收付，包括三方面的含义：①集中收入管理，一切财政性收入均纳入国库或国库指定的代理商业银行的单一账户；②集中支出管理，原则上一切财政性支出均应在实际支付行为发生时才能从单一账户支付出去，支付对象一般应是商品供应商或劳务提供者；③集中账产管理，设置与国库单一账户配套使用的国库分类账户，集中反映各预算单位的预算执行情况。

18. 政府预算的调整指经全国人民代表大会批准的中央预算和经地方各级人民代表大会批准的本级预算，在执行中因特殊情况需要增加支出或减少收入，使原批准的收支平衡的总额预算发生变化，或者原批准预算中举借债务的数额增加，而发生的预算收支指标的增减变化。

19. 政府决算是经法定程序批准的年度预算执行结果的会计报告。

20. 政府预算管理体制是处理中央政府和地方政府，以及地方各级政府间财政关系的基本制度。

拓展学习

1. 陈共. 财政学［M］. 10版. 北京：中国人民大学出版社，2020.

2. 马海涛，温来成. 地方政府专项债券研究［M］. 北京：中国财政经济出版社，2020.

3. 李燕. 政府预算管理［M］. 2版. 北京：北京大学出版社，2016.

4. 温来成. 政府经济学［M］. 北京：北京大学出版社，2013.

思考题

1. 什么是政府预算？

2. 单式预算与复式预算有何异同？

3. 基数（增量）预算与零基预算有何异同？

4. 政府预算的特征是什么？

5. 简述政府预算的编制原则。

6. 什么是政府预算调整？

7. 什么是政府决算？

8. 什么是政府预算管理体制？其内容有哪些？

第十三章 政府宏观经济管理

导言

政府宏观经济管理是政府对宏观经济运行过程的管理。政府宏观经济管理就是要通过政府运用各项政策手段对国民经济运行进行有目的的指导和调控，从而实现政府宏观调控目标。

学习目标

通过本章的学习，应掌握政府宏观经济管理的基本概念、基本知识和基本原理，并能够运用这些知识对我国政府宏观经济管理的若干问题进行分析和判断。

第一节 政府宏观经济管理政策目标

一、经济增长

在经济学界，对经济增长通常有两种解释：一种是剔除价格因素以后的国内生产总值的增加，即一国在一定时期内所生产的商品和劳务总量的增加，或者是人均国内生产总值的增加；另一种是一国生产商品和劳务的能力的增加。与前者相比，后者更具有可持续发展的意义。

一国的经济增长往往是一国政府宏观经济管理政策追求的一个最重要的目标，追求经济增长并不是谋求经济的高增长，而是经济的适度增长。因为，经济增长速度过快，会加速资源的消耗，最终使一国经济不能获得可持续增长。当然，经济增长速度过慢对一国也是不利的。因为，经济增长速度过慢可能意味着一国经济资源没有得到充分利用，阻碍经济资源的有效配置，而且与其他国家的差距会进一步拉大。

一般而言，经济的增长主要表现在经济规模的扩张，即一国 GDP 的增长。尽管一国社会经济发展必须依赖 GDP 的增长才能实现，但只有 GDP 的增长，而忽略了社会全面的进步和发展，忽略了经济增长与社会其他事业发展的协调，忽略了经济增长与资源、环境、人口的协调，经济增长就会失去其本来的含义。一国的经济增长必须与本国的社会经济发展相协调，走可持续发展的道路。

要促进经济增长，政府的宏观经济管理政策必须相互协调和配合。因此，衡量一国宏观经济管理政策是否有效和协调，关键就要看实施这些政策能否获得一国经济可持续的适度增长。

二、保持物价稳定

保持市场物价稳定通常是指价格总水平的相对稳定，物价总水平过高或过低，对于经济的发展与稳定都是不利的。因此，各个国家都把物价稳定作为政府制定宏观经济政策的一个重要目标。

在一定时期，一个国家的总价格水平过高，价格涨幅太大，往往是该国家出现通货膨胀的一种表现。持续的通货膨胀会对经济运行产生不利的影响。例如，持续的通货膨胀会增加生产性投资的风险和经营成本，从而阻碍资金向生产部门转移；持续的通货膨胀会引起资源的过度分配，由此造成资源的浪费。

一个国家的价格总水平过低，也不利于社会经济的发展和稳定。价格总水平过低，是通货紧缩和社会总需求不足的具体表现。社会需求的严重不足和通货紧缩往往会导致社会资源的闲置，还会增加失业甚至引发社会的动荡和不稳定。

基于对稳定物价的认识以及价格总水平过高或过低给经济运行所带来的问题，稳定物价始终是世界各国政府谋求的重要目标。一般认为，物价上涨率在4%以内，就是物价基本稳定。

三、收入公平分配

收入公平分配是一个相对的概念，它是指在一定的社会范围内和一定的社会道德规范下，社会成员之间和可以支配的经济资源之间的均衡和协调。收入公平分配是促进社会安定和发展的一个重要因素，是政府宏观经济管理政策的一个重要目标。

收入公平分配在不同的场合下有不同的含义，人们可以从不同的角度来理解公平分配。收入公平分配并不存在一个准确的定义。这是因为收入公平分配涉及一定的社会哲学与价值上的判断，由于不同的社会条件，每个人的社会哲学观和价值观都可能是不同的，因而人们对收入公平分配的理解也必然会千差万别。在社会经济生活中，要判断究竟什么是收入公平分配也是非常困难的，例如，要比较个人之间获得的效用水平是不可能的。不过，在实现收入公平分配的过程中，应该达到：①人们用以维持最低生活的收入必须得到满足。②机会均等，特别是人们享受教育的机会，以及自由选择职业和就业的机会必须得到保障。

四、充分就业

充分就业是与失业相对应的一个经济范畴，是指凡有工作能力并且符合法律规定具有工作资格的人均可以找到有报酬的工作的一种社会就业状态。

就业问题之所以如此重要，许多国家的政府之所以要将充分就业作为制定和实施宏观经济管理政策的目标，基本原因有三个。①劳动力资源是一个国家最重要的经济资源，能否充分有效地利用劳动力资源，是一个国家经济能否健康有序发展的重要条件之一；②人们工作的权利是人权的重要内容之一，大多数国家的政府十分重视保障其公民的工作权利得以实现；③充分就业也是一个国家社会安定与稳定的重要前提。

五、国际收支平衡

国际收支是指在一定时期，一个国家居民与非本国居民之间经济交易的系统记录。国际收支平衡则是指在按照复式记账原理编制的国际收支平衡表上，一个国家的国际收支在量上的平衡对等关系。在国际经济交易中，既有外汇收支的经济交易，也包括没有外汇收支的经济交易，但国际经济交易必然涉及一个国家与其他国家的经济资源的流动。因此，必然会影响到一个国家经济的运行。在经济全球化的情况下，一个国家的国际收支是否平衡，对本国经济往往会产生较大影响，一国经济越开放，该国的国际收支对国内社会经济的影响也就越大。如何保持国家收支关系长期处于一种有利于经济稳定与发展的状态，是政府制定宏观经济政策的重要课题。

第二节　政府宏观经济管理工具

一、政府宏观经济管理工具概述

政府宏观经济管理工具是一个由多种调控措施的手段组成的体系，通常包括法律手段、经济手段和行政手段。

在各种调控手段中，法律手段处于基础性地位。与其他手段相比，法律手段具有普遍性和抽象性两个特征。普遍性是指法律领域内规则能够平等和没有例外地应用到每个个体身上，而无论该个体的出身、性别、种族、宗教等。抽象性是指法律规则不是为某个具体目标服务。因此，每个个体在遵守这些规则时，都可以自由地追求自己的目标。作为宏观经济管理的基础性手段，法律规则保证了经济活动和经济行为得以形成一种基本的经济秩序，这是社会经济生活得以正常进行的必要条件。

经济手段是指那些从某个方面直接或间接影响经济当事人的经济利益的调控手段，主要包括价格、工资、利率、汇率、税率、补贴等，其中，财政政策和货币政策工具是主要手段。这些经济手段，通常也称为经济杠杆。政府通过适当地运用这些经济杠杆，可以对经济当事人的经济利益产生某些有利或不利的影响，从而“诱导”他们的经济行为和经济活动符合政府的宏观调控所要求的方向。与法律手段相比，经济手段具有较多的弹性和灵活性，可以适用于各种具体情况。在实行市场经济体制国家中，经济手段在宏观调控中发挥着重要作用。

行政手段是指政府以行政命令的方式，直接对当事人的经济活动或经济行为进行干预，当事人除服从命令外，没有其他选择的余地，这样，经济当事人往往成为行政机关的附属物。指令性计划和实物控制是行政手段的典型形式。在计划经济条件下，是政府宏观调控的主要形式。利用行政手段进行宏观调控的效果可以很快显现，时滞较短，但行政手段本身存在固有的缺陷，即造成当事人缺乏主动性和积极性，使经济丧失活力。所以，在市场经济条件下，要重视发挥法律手段和经济手段对宏观经济的调节作用，除非必要，一般尽可能少地使用行政手段。

就调控的方式而言，法律手段和经济手段属于间接调控手段，行政手段属于直接调控手段，两者的差别主要表现在以下两个方面。①间接调控手段是间接地作用于调控目标，即在调控手段与调控的最终目标之间存在着中间目标。调控手段首先作用于中间目标，再经由中间目标作用于最终目标。直接调控手段是直接作用于目标的，并不存在中间目标。②间接调控手段具有一定的弹性，经济当事人可以独立地做出自己的经济决策，可以自由地追求自己的经济利益；相反，直接调控手段缺乏弹性，它直接规定了当事人的经济行为和经济活动，没有选择余地。在市场经济条件下，间接调控手段能更好地发挥作用。因此，如何利用好间接调控手段有效地调节国民经济运行，是政府制定宏观经济政策的根本任务。

二、财政政策

（一）财政政策的含义

财政政策是指政府根据客观经济规律的要求，为达到一定的目标而对财政收支规模、结构等采取的财政措施和手段。对财政政策的理解有三个要点。①财政政策的行为主体是政府。当然，立法机构和司法机构也是政策行为的参与者，它们的作用在于使政策合法化，并且使政府部门的政策行为也受到法律的约束，这对于政策的有效实施是十分关键的因素。但政策的执行者通常是政府部门，财政政策应由政府部门独立制定和实施。②财政政策是国家根据社会经济的客观规律，以财政理论为依据制定的。财政政策是有利于促进社会经济的发展，而不是对其产生阻碍和破坏作用。③政策应包括“选择作为”和“选择不作为”两个方面。人们往往仅把“选择作为”的行为视为政策内容，而将政府的“选择不作为”行为排斥在外，这是不全面的。事实上，无论是政府的“选择作为”还是“选择不作为”，都会对公共利益产生重要影响。例如，政府决定征收资本利得税和决定不征收资本利得税，都将对股市产生很大的影响。

（二）财政政策的分类

（1）按财政政策对社会总需求的不同影响，从总量调控的角度，可将财政政策区分为扩张性财政政策、紧缩性财政政策和均衡性财政政策三种不同类型。这种分类最为常见。①扩张性财政政策又称为膨胀性财政政策或松的财政政策。概括来说，当社会总需求水平低于总供给水平，即需求不足时，政府可以通过扩张性财政政策，例如扩大财政支出规模、相对减少政府财政收入（或降低税率），来刺激总需求的增加，提高社会需求水平。②紧缩性财政政策又称盈余性财政政策或紧的财政政策。概括来说，当社会总需求水平高于总供给水平，即需求过剩时，政府可以通过紧缩性财政政策，例如减少财政支出规模、相对增加政府财政收入（或提高税率），来抑制总需求的增加，遏制通货膨胀。③均衡性财政政策又称平衡性财政政策或中性的财政政策。概括来说，它是指通过财政收支的大体平衡，以保持社会供求同步增长，维持社会供求基本平衡的政策。均衡性财政政策的出发点是维持社会总供求对比关系的既定格局。因此，它适宜于在现实社会总供求矛盾不突出或社会总供求处于基本平衡的经济条件下选用。

（2）按财政政策作用的对象，财政政策分为微观财政政策、宏观财政政策和介于两者之间的中观财政政策三种类型。①微观财政政策是通过影响个体（个人或企业）的经济行为或经济活动而发挥作用，这种作用通常是通过影响相对价格，进而影响个体的经济行为或经济活动产生的。常见的例子有政府对企业进行亏损补贴，支持企业生产。②宏观财政政策是通过作用于经济总量而发挥作用，这些经济总量通常包括投资、消费、国际收支、货币供给量、失业率、物价总水平和经济增长率。最基本的经济总量是总供给和总需求，所以宏观财政政策也就是影响总供给和总需求的政策，通常也称为经济稳定政策。③中观财政政策的作用对象是产业结构，其目标是实现产业结构的合理化，特别是产业结构的高级化，即各个产业之间保持适当的比例关系，实现协调发展。它是实现经济发展的有效途径，也是获得社会经济效益的重要来源。这种中观意义上的财政政策，一般视为产业政策的组成部分。所以，大多在产业经济学的范围内加以分析。

（3）从政策目标的性质方面划分，财政政策划分为配置型财政政策、稳定型财政政策和再分配型财政政策三种类型。①配置型财政政策以矫正市场失灵、促进资源有效配置为政策目标。②稳定型财政政策着眼于需求管理，通过调节总需求来平抑经济周期，实现经济的稳定增长。③再分配型财政政策的目标是促进收入的公平分配，缩小收入水平的人际差距。

（4）按照财政政策作用的方向，财政政策可以分为供给管理型财政政策和需求管理型财政政策两种类型。①供给管理型财政政策着眼于促进储蓄、增加生产能力和提高劳动生产率，以增加有效供给。②需求管理型财政政策着眼于对总需求进行“微调”，即对总需求进行收缩或扩展，使之与总供给保持协调和平衡。

（三）财政政策的手段

（1）税收。税收是政府凭借政治权力参与社会产品分配的一种方式，是最重要的财政政策手段之一。从调节总供给来说，减少税收可以增加企业的可支配税后留利，有利于企业投资增加供给；反之则抑制总供给的增加。从调节总需求来说，减少税收将相应增加企业和个人的可支配收入，从而刺激企业和个人的投资需求和消费需求，增加社会总需求；相反，增加税收就减少了社会总需求。

税收是政府公平收入分配的重要手段。公平税负是财政分配的重要原则，如超额累进的所得税率，发挥它的“自动稳定器”功能，可以调节高收入者，促进收入的公平分配。

（2）公债。公债是国家根据有借有还的信用原则，通过发行政府债券筹集财政资金的一种形式。同时，国债还是政府财政实施宏观调控的重要政策工具。

（3）购买支出。购买支出包括政府的直接消费支出和资本性支出。当经济处于萧条时期，政府就扩大支出水平，拉动社会总需求，减少经济衰退；反之则降低支出水平。此外，在市场经济条件下，政府投资的项目主要是具有自然垄断或外部效应大的基础产业、公共设施，目的在于克服市场失灵，促进资源的合理配置和产业结构的优化。政府投资规模和投资方向对经济结构的调整起着重要作用。

（4）转移支出。我国政府转移支出的主要形式有社会保障、财政补贴等。增减补贴有着与增减税收相反的调节效果。它不但影响社会需求，而且调节社会供给，因此成为财政政策的重要工具。财政补贴具有援助性和特定性，因此具有很强的政策意图。财政补贴从内容上可分为价格补贴、企业亏损补贴、职工居民生活消费补贴和财政贴息。

（5）政府预算政策。一国财政收支结构及其差额是通过编制预算来实现的，预算反映了政府财政政策的意图和目标。一般来说，当社会总需求大于总供给时，政府预算可以缩减支出规模，以盈余政策调节经济；同样，当社会总需求小于总供给时，政府预算可扩大来刺激需求，以赤字政策来调节经济。在供需基本平衡即经济稳定发展期间，政府应采取中性的平衡政策。此外，政府预算还可以通过预算追加或追减，实现扩张或紧缩。

（四）财政政策的传导机制

财政政策的传导机制是指财政政策工具在发挥作用的过程中，各种财政政策工具的构成要素通过某种作用机制相互联系，从而形成一个有机的作用整体。

简单来说，财政政策的传导主要是通过收入分配这一主要中介指标，影响社会总供求进而实现财政政策目标。根据政府是否采取行动，财政政策的传导机制分为两种情况。

（1）“自动稳定器”财政政策的传导机制。在“自动稳定器”的财政政策中，当经济出现不均衡时，政府不需要采取任何行动，财政政策工具就会自动发挥作用，减缓经济的衰退或者膨胀，稳定经济。在财政政策工具中，“自动稳定器”主要包括超额累进税率的所得税和有明确条件规定的对个人的转移支付。

当经济处于扩张时期，企业和个人收入增加，在超额累进税率下，收入越高，适用税率越高，税收会自动把他们收入增长中的更大部分吸收到政府手中。企业和个人可支配收入增速减缓，减慢其消费需求和投资需求的膨胀速度，使经济趋于稳定。同样，当经济处于衰退时期，收入下降，适用税率变低，企业和个人可支配收入的减少速度放慢，进而总需求的下降速度放慢。

转移支付的传导机制大致相同。当经济处于衰退时，更多的人处于失业状态，个人收入下降，进而使得个人需求下降，但是与此同时，更多的人符合得到政府救济和补助的条件，政府的转移支付自动增加，进而抑制个人收入水平的下降，从而抑制个人消费需求的下降，避免社会总需求水平的大幅度波动；相反，在经济扩张时期，个人收入增加，转移支付就会自动减少，进而减缓个人消费需求的膨胀。

（2）“相机抉择”财政政策的传导机制。在大多数总供求失衡的情况下，为了使经济达到预定的总需求和就业水平，仅依靠“自动稳定器”财政政策工具往往调整力度不够，政府还需要根据不同的情况相机决定采取不同的财政政策手段，进而影响企业和居民的可支配收入，调节社会总需求。这就是执行“相机抉择”财政政策。

“相机抉择”财政政策的传导机制，同样是通过收入分配这一中介变量发挥调节社会总供求的作用。“相机抉择”财政政策包括税收的调整、国债的发行、政府购买性支出（包括政府投资和政府消费支出）的调整、预算的制定等。

总之，财政政策的传导机制表现在：减少税收收入，增加转移支付和政府公共支出可以增加企业和个人的可支配收入，可支配收入改变引起当期消费倾向和投资倾向的改变，消费和投资增加，社会总需求上升，经济发展，进而实现政府某个财政政策的目标；反之，增加税收，减少转移支付和政府公共支出将导致企业和个人的可支配收入减少，社会总需求下降。

三、货币政策

（一）货币政策概念

货币政策是中央银行为实现特定的经济目标而采用的各种控制和调节货币供给量或信贷规模的方针和措施的总称。它是一个包括货币政策目标、货币政策工具、货币政策的传导机制等一系列内容在内的广泛概念。货币政策是国家经济政策的重要组成部分，是中央银行实现职能的核心所在。根据货币政策对经济产生的影响，可以将货币政策分为扩张性货币政策、紧缩性货币政策和均衡性货币政策。

（二）货币政策的工具

货币政策工具是一国货币当局执行货币政策时所采取的措施和手段。货币政策工具按性质可分为一般性政策工具、选择性政策工具、直接信用控制和间接信用指导。

（1）一般性政策工具。一般性政策工具是中央银行运用得最多的传统工具，具体包括法定存款准备金率、再贴现率和公开市场业务。

法定存款准备金率是中央银行在法律赋予的权限内，通过调整法定存款准备金率，控制商业银行信用创造规模，从而间接调节货币供给量的一种操作方法。提高法定存款准备金率，可压缩银行信用创造规模，降低货币供给量；反之，降低法定存款准备金率，可增加货币供给量。法定存款准备金率的运用，操作简单，对于信用不很发达的发展中国家来说，比采用其他两种工具要简便得多。但实际上这种政策工具的作用效果较为强烈，不适用作为日常的货币政策工具，法定存款准备金率的微小变化会造成货币供给的巨大波动，同时带有很大的宣示效应，不利于货币的稳定。另外，法定存款准备金率是存款机构日常业务统计的一个重要指标，频繁地调整势必扰乱存款机构正常的财务计划和管理，同时破坏准备金需求的稳定性和可测性，不利于中央银行的公开市场操作和短期利率的控制。

再贴现率是中央银行对金融机构发放贷款的通常做法之一。再贴现率则是中央银行的贷款利率。中央银行通过调节再贴现率，直接影响金融机构的资金成本和准备金，间接干预市场利率及货币市场的供求关系，从而调节货币供给量。提高再贴现率，增加商业银行的融资成本，抑制其扩张信贷规模，减少货币供给量；相反，调低再贴现率，会抑制货币供给量的增长。再贴现率的运用，除了起到调节信用规模和市场货币供给量的作用外，还发挥着信用管理的作用。因为中央银行规定了贴现票据的资格，促使金融机构必须有选择地办理票据贴现，以达到引导资金流向和信用管理的目的。调整再贴现率涉及面广，效果显著。但事实上再贴现率不宜经常变动，否则将会造成市场利率的经常变动。同时，再贴现率调整的效果，一定程度上取决于社会对信用资金的需求程度。在经济高速增长时期，再贴现率无论多高，都难以遏制商业银行向中央银行再贴现或借款。

公开市场业务是中央银行在金融市场上直接参与有价证券买卖，影响商业银行准备金，从而直接影响货币供给量和利率的一种操作方法。当需要缩减货币供给量时，中央银行就会在公开市场上卖出证券，回收货币；当要增加货币供给量时，中央银行就在公开市场上买进证券，向市场投放货币。与前面两种操作工具相比，公开市场业务有明显的优越性。①公开市场业务是中央银行能够随时根据金融市场的变化，进行经常性、连续性及试探性的操作，还可以进行逆向操作，灵活调节货币供给量。②通过公开市场业务，中央银行可以主动出击，不像再贴现政策那样，处于被动地位。③公开市场业务对货币供给量进行的是微调，不会像准备金率的变动一样产生震动效果。但是公开市场业务的运用必须具备一定的条件，如必须有高度发达的金融市场、证券种类齐全并达到一定规模、中央银行必须拥有足够的可供调控的证券等。

（2）选择性政策工具。一般性政策工具的实施对象是整个社会总需求，而选择性政策工具是有选择地对某些特殊领域的信用加以调节和影响的措施。其主要包括：①消费者信用控制。即中央银行对不动产以外的各种耐用消费品的销售融资加以控制，如规定分期付款时首次付款的最低限额、规定消费信贷的最长期限、规定可用消费信贷购买耐用消费品的种类等。在消费信用膨胀和通货膨胀时期，中央银行采取消费者信用控制，可起到抑制消费需求和物价上涨的作用。②不动产信用控制。不动产信用控制是指中央银行对金融机构在房地产方面放款的限制措施，以抑制房地产投机，如对金融机构的房地产贷款的最高限额、最长期限以及首次付款和分摊还款的最低限额。③证券市场信用控制。通常指对证券信用交易的法定保证金比率做出规定，是中央银行对信用方式购买股票和债券所实施的一种控制措施。法定保证金比率是指证券购买人首次支付占证券交易价款的最低比率。有效的证券市场信用控制，可以抑制过度投机，及时吹走金融泡沫，稳定金融市场。同时，信用控制对证券市场的调控直接、灵活且效果明显，且避免了对其他领域的负面影响。④优惠利率。政府对国家鼓励、重点发展的经济部门或产业实行优惠利率。⑤预缴进口保证金。中央银行要求进口商预缴相当进口商品总值一定比率的存款，以抑制进口的过快增长。

（3）直接信用控制。直接信用控制是指从质和量两个方面，以行政命令或其他方式，直接对金融机构尤其是商业银行的信用活动所进行的控制。直接信用控制的手段包括利率最高限、信用配额、流动性比率和直接干预。

规定存贷款最高利率限制是最常用的直接信用管制工具，目的是防止银行用抬高利率的办法竞相吸收存款和为谋取高利而进行高风险存贷。

信用配额是指中央银行根据金融市场状况及客观经济需要，对各个商业银行的信用规模加以分配。

规定商业银行的流动资产对存款的比率，是限制信用扩张的直接管制措施之一。

直接干预是指中央银行直接对商业银行的信贷业务、放款范围等加以干预，如对业务经营不当的商业银行拒绝再贴现，或者采取高于一般利率的惩罚性利率。

（4）间接信用指导。间接信用指导是指中央银行通过道义劝告、窗口指导等办法间接影响商业银行的信用创造。

道义劝告是指中央银行利用其声望和地位，对商业银行和其他金融机构经常发出通告、指示或与各金融机构的负责人面谈，劝告这些机构遵守政府政策并自动采取贯彻政策的相应措施。

窗口指导是指中央银行根据产业行情、物价趋势和金融市场动向，规定商业银行每季度贷款的增减额，并要求其执行。

间接信用的优点是较为灵活，但要起到作用，必须由中央银行使其在金融体系中具有较强的地位、较高的威望和拥有控制信用的足够的法律权力和手段。

在我国，近几年来中国人民银行创设了一系列的新的政策工具，包括短期流动性调节工具、临时流动性便利、逆回购、常备借贷便利和中期借贷便利等。

（三）货币政策的传导机制

货币政策的传导机制就是货币政策工具的运用引起中介目标变动，从而实现货币政策最终目标的过程。一般来说，在经济过热时期，通过提高法定存款准备金、提高再贴现率和再贴现标准进行公开市场操作、中央银行卖出证券回收货币、加强信用控制、提高信用标准等一系列货币政策手段来紧缩银根，减少货币供给量，提高利率，最终影响名义国民收入 Y；反之，当经济出现衰退时，对货币政策采取相反的操作，增加货币供给量，降低利率并最终影响名义国民收入 Y。关于货币政策传导机制的分析，在西方，主要有凯恩斯学派传导机制理论和货币主义学派传导机制理论。

（1）凯恩斯学派传导机制理论。凯恩斯学派传导机制理论可以简单概括为：货币供给 M 的增减影响利率 r，利率的变化则通过资本边际效益的影响使投资 I 以乘数方式增减，而投资的增减会进而影响总支出 E 和总收入 Y。可用符号表示为：

$$M \rightarrow r \rightarrow I \rightarrow E \rightarrow Y$$

在这个传导机制发挥作用的过程中，主要环节是利率。货币供给量的调整首先影响利率的升降，然后才使投资乃至总支出发生变化。

上述分析，凯恩斯学派称为局部均衡分析，只显示了货币市场对商品市场的初始影响，而没能反映它们之间循环往复的作用。考虑到货币市场与商品市场的相互作用，进行进一步分析，凯恩斯学派称为一般均衡分析。

当货币供给增加，假如产出不变，利率会下降，利率下降刺激投资并引起总支出的增加，总需求的增加推动产出量上升。产出量上升，货币需求上升，如果没有新的货币供给注入社会，货币供求对比关系改变会使下降的利率回升。这是商品市场对货币市场的作用。利率回升时总需求减少，产量下降，产量下降会使货币需求下降，利率又开始回落。这是一个往复不断的过程。最终会逼近一个均衡点，这个点同时满足货币市场和商品市场供求两方面的均衡要求。在这个点上，也许利率较原来的均衡水平低，产出量较原来均衡水平高。总之，在凯恩斯学派传导机制理论中，利率在传导机制中起到特别重要的作用。

（2）货币主义学派传导机制理论。与凯恩斯学派不同，货币主义学派认为利率在货币传导机制中不起重要作用，而更强调货币供给量在整个传导机制中的直接效果。货币主义学派认为，增加货币供给量在开始时会降低利率，银行增加贷款，货币收入增加和物价上升，从而导致消费支出和投资支出增加，引致产出提高，直到物价的上涨将多余的货币量完全吸收掉为止。因此，货币政策的传导机制主要不是通过利率间接地影响投资和收入，而是通过货币实际余额的变动直接影响支出和收入。可用符号表示为：

$$M \rightarrow E \rightarrow I \rightarrow Y$$

Y 是名义国民收入，是价格和实际产出的乘积。由于 M（货币供给量）作用于支出，导致资产结构调整，并最终引起 Y 的变动，这一变动究竟在多大程度上反映实际产量的变化，又有多大比例反映在价格水平上？货币主义学派认为，货币供给的变化短期内对两方面均可发生影响；就长期来说，则只会影响物价水平。

四、财政政策与货币政策的差异

财政政策与货币政策是最重要和最常用的两项宏观经济政策，它们作为政府调节总需求的基本手段服务于重要的宏观经济目标，但它们之间也存在着许多差异。这些差异主要表现在以下六个方面。

（一）制定政策的主体有差别

财政政策主体是政府，货币政策主体是一国货币当局（一般为中央银行）。世界各国中央银行与政府的相互关系模式主要有两种。一种模式是中央银行作为政府部门的隶属机构，人事安排由政府指定，货币政策的制定和执行需听命于政府。这一模式的优点在于政府部门可将货币政策纳入总体的发展战略，便于操作货币政策服务于多个宏观经济目标。但它的缺陷也很明显：货币政策的制定和实施没有独立性，经常会被政府部门的某些“不规范”行为干扰，造成通货膨胀的压力。例如，中央银行难以拒绝政府的财政借款和透支要求，最终通过信用扩张造成货币供给量远大于货币需求量，导致货币的不稳定和物价水平的上涨。另一种模式是中央银行相对于政府部门具有很高的独立性，根据宏观经济情况制定和执行货币政策，不受政府左右，中央银行成为真正的货币政策的主体对于维护货币政策的权威性和实施效果十分有利。实践表明，后者更有利于经济的健康运行。

（二）政策目标有区别

虽然经济增长、物价稳定、充分就业和国际收支平衡等都是财政政策和货币政策的宏观经济目标，但各有侧重。货币政策侧重于货币稳定，而财政政策多侧重于其他更广泛的目标。在供给与需求结构的调整中，财政政策起着货币政策所不能取代的作用，如调节产业结构、促进国民经济结构的合理化。在调节收入分配公平方面，货币政策也往往显得无能为力，只能通过税收、转移支付等财政政策手段来解决。

（三）政策手段有区别

如前所述，财政政策的主要手段是税收、政府公共支出、政府转移支出，货币政策的主要手段是公开市场业务、法定存款准备金率、贴现率、信用控制等。它们在特性、运作方式等方面都有很大差异，在此不再赘述。

（四）政策时滞不同

政策时滞是指从发生问题、认识到需要采取政策行动到政策产生效果为止所需要的时间。任何政策都存在着时滞问题，时滞越短，政策当局越能够对有关情况做出及时反应，政策越能及时发挥作用。按照不同阶段，政策时滞可划分为内部时滞和外部时滞。

内部时滞是从发生问题到政策当局意识到应该采取措施，到政策制定并开始执行所需要的时间。一般来说，货币政策的内部时滞较短。因为有独立决策权的中央银行在意识到问题后能及时采取措施（如公开市场业务、再贴现率等），而要变更财政政策手段（如公共支出、税收等）则需要通过冗长的立法程序。当然，这是就“相机抉择”的财政政策部分而言，如果是“自动稳定器”的财政政策，则内部时滞是不存在的。

外部时滞是指从政策开始执行到政策对目标发挥作用之间需要的时间。相对来说，财政政策的外部时滞较短，因为财政直接参与微观组织的经济活动，影响到各单位和个人的投资、消费行为，而货币政策则是通过货币供给量、利率来间接地影响微观组织的经济活动。

（五）对利率的影响不同

当经济过热时，紧缩性的财政政策采取缩减财政支出、提高税收、减少财政支出的手段进行宏观调控，从而使货币需求减少，而货币供给量作为外生变量不变，货币供求结构的改变导致利率下降；紧缩性的货币政策则采取进行公开市场业务操作、提高再贴现率等手段减少货币供给量，提高利率。相反，当经济衰退时，扩张的财政政策往往导致利率上升，而扩张性的货币政策却倾向于降低利率。可见，财政政策与货币政策对利率变化方向有不同的影响，这个差异表明可将两个政策搭配使用，以实现一些本来相互冲突的目标。

（六）对投资的影响不同

投资与利率之间存在很强的相关性，利率下降，融资成本降低，也就是投资的机会成本即利息下降，私人投资（如机器设备等的购买）上升；反之，利率上升，投资下降。所以，扩张的财政政策往往产生挤出效应，提高利率而导致私人投资下降；扩张的货币政策往往降低利率刺激私人投资。当然，这不包括投资补贴的财政政策，它对私人投资是正效应的。

五、财政政策与货币政策的搭配模式

财政政策与货币政策在实践中往往要配合使用。财政政策和货币政策的配合是指政府将财政政策和货币政策按某种形式搭配组合起来，以调节总需求，最终实现宏观经济的内外平衡。财政政策与货币政策的配合使用，一般有四种模式（见表 13-1）。

表 13-1　　财政政策与货币政策配合使用的政策效应

序号	政策配合	产出	利率
1	扩张性的财政政策和扩张性的货币政策	增加	不确定
2	紧缩性的财政政策和紧缩性的货币政策	减少	不确定
3	扩张性的财政政策和紧缩性的货币政策	不确定	上升
4	紧缩性的财政政策和扩张性的货币政策	不确定	下降

（一）扩张性的财政政策和扩张性的货币政策，即“双松”政策

松的财政政策和松的货币政策能更有力地刺激经济。一方面通过减少税收或扩大支出规模等松的财政政策来增加社会总需求，增加国民收入，但也会引起利率水平提高；另一方面通过降低法定准备金率、降低再贴现率、买进政府债券等松的货币政策增加商业银行的储备金，扩大信贷规模，增加货币供给，抑制利率的上升，以消除或减少松的财政政策的挤出效应，使总需求增加，其结果是可在利率不变的条件下，刺激经济，并通过投资乘数的作用使国民收入和就业机会增加。这样可以消除经济衰退和失业，比单独运用财政政策或货币政策更有缓和衰退、刺激经济的作用。

扩张性的财政政策和扩张性的货币政策搭配所适用的经济初始状态是：①存在比较高的失业率；②大部分企业开工不足，设备闲置；③大量资源有待开发；④市场疲软，没有通胀现象；⑤国际收支盈余过多。在此状态下，这种搭配模式一方面会刺激对进口产品的需求，减少国际收支盈余；另一方面对推动生产和降低失业率有促进作用。这种模式能够在短时间内提高社会总需求，见效迅速，但运用时应谨慎，如果尺度掌握得不好则有造成通货膨胀的危险。

（二）紧缩性的财政政策和紧缩性的货币政策，即“双紧”政策

当经济过度繁荣，通货膨胀严重时，可以把紧的财政政策和紧的货币政策配合使用。这就是说通过增加税收和减少政府支出规模等紧的财政政策压缩总需求，从需求方面抑制通货膨胀。而利用提高法定存款准备金率等紧的货币政策增加商业银行的准备金，会使利率提高，投资下降，货币供给量减少，有利于抑制通货膨胀。同时，由于紧的财政政策在抑制总需求的同时会使利率下降，而通过紧的货币政策使利率上升，从而不使利率的下降起到刺激总需求的作用。其结果是可在利率不变的情况下，抑制经济过度繁荣，使总需求和总产出下降。

实施紧缩性的财政政策和紧缩性的货币政策搭配的初始状态是：①经济处于高通货膨胀；②不存在高失业率；③国际收支出现巨额赤字。削减总需求，一方面有利于抑制通货膨胀，保证货币和物价的稳定；另一方面有助于改善国际收支状况，减少国际收支赤字。但是，这一模式如果运用不当往往会造成经济停滞。

（三）扩张性的财政政策和紧缩性的货币政策

这种政策组合的结果是利率下降，总产出的变化不确定。具体来说，这种模式在刺

激总需求的同时又能抑制通货膨胀，松的财政政策通过减税、增加支出，有助于克服总需求不足和经济萧条，而紧的货币政策会减少货币供给量，进而抑制由于松的财政政策引起的通货膨胀的压力。

实施扩张性的财政政策和紧缩性的货币政策搭配适宜的条件是：①经济停滞不前甚至衰退；②社会总需求不足；③物价稳定，没有通货膨胀迹象；④失业率高；⑤国际收支赤字。在这种条件下，用松的财政政策来拉动内需，对付经济衰退，用紧的货币政策来减少国际收支赤字，调节国际收支平衡，从而有助于促进宏观经济的内外均衡。

（四）紧缩性的财政政策和扩张性的货币政策

与扩张性的财政政策和紧缩性的货币政策相反，这种政策组合的结果是利率上升，总产出的变化不确定。一方面，通过增加税收，控制支出规模，压缩社会总需求，抑制通货膨胀；另一方面，采取松的货币政策增加货币供应，以保持经济适度增长。

实施紧缩性的财政政策和扩张性的货币政策搭配的适宜条件是：①经济过热；②物价上涨，通货膨胀；③社会失业率低；④国际收支出现过多顺差。在这种状态下，采取紧缩性的财政政策和扩张性的货币政策的配合是适宜的，前者可以用来对付通货膨胀，后者可用来减少过多的国际收支盈余（通过刺激进口和以低利率刺激资本流出），从而有助于促进宏观经济的内外均衡。

可以看出，上述四种组合各有特点，在现实生活中，这四种政策搭配与选择是一个很复杂的问题。采取哪种形式，应视当时的经济情况而定，灵活、适当运用。

另外，我国从 2016 年开始实施宏观审慎政策，在金融领域形成货币政策与宏观审慎政策双框架。这样除传统的财政货币政策搭配外，也需要财政政策与宏观审慎政策的配合。

第三节　我国政府宏观经济管理制度及改革

一、我国现行宏观经济管理制度的特点

在宏观经济管理制度方面，与其他市场经济国家相比，我国具有财政政策、货币政策与国民经济和社会发展规划相结合的特点。一定时期的财政政策、货币政策纳入国民

经济和社会发展规划，在规划的指导下，实现国家宏观经济和社会发展战略目标。

中华人民共和国成立后，我国从 1953 年开始编制和执行国民经济和社会发展规划（计划），既包括年度国民经济和社会发展规划（计划），也包括五年期的国民经济和社会发展规划（计划），还曾经编制过 10 年期的国民经济和社会发展远景规划。在计划经济体制下，国民经济和社会发展规划（计划）规定的指标是指令性计划。在社会主义市场经济体制下，国民经济和社会发展规划（计划）规定的指标以指导性计划为主，也有部分指标是约束性的，如环境保护指标必须完成。到目前为止，我国已编制和执行了 13 个五年规划。目前，正在执行第 14 个五年规划。

在宏观经济管理部门分工方面，财政政策、货币政策主要由财政部和中国人民银行具体负责制定和实施，国民经济和社会发展规划主要由国家发展和改革委员会编制和执行。

二、我国宏观经济管理制度的改革

我国现行宏观经济管理体制在国民经济和社会发展中发挥了重要作用，同时，在社会主义市场经济发展中还存在一些需要改革的问题。在“十四五”时期，我国宏观经济管理制度改革的主要任务有以下几点：健全以国家发展规划为战略导向，以财政政策和货币政策为主要手段，就业、产业、投资、消费、环保、区域等政策紧密配合，目标优化、分工合理、高效协同的宏观经济治理体系。完善宏观经济政策制定和执行机制，重视预期管理，提高调控的科学性。加强国际宏观经济政策协调，搞好跨周期政策设计，提高逆周期调节能力，促进经济总量平衡、结构优化、内外均衡。加强宏观经济治理数据库等建设，提升大数据等现代技术手段辅助治理能力。

在政府自身改革方面，加快转变政府职能。建设职责明确、依法行政的政府治理体系。深化简政放权、放管结合、优化服务改革，全面实行政府权责清单制度。持续优化市场化、法治化、国际化营商环境。实施涉企经营许可事项清单管理，加强事中事后监管，对新产业新业态实行包容审慎监管。健全重大政策事前评估和事后评价制度，畅通参与政策制定的渠道，提高决策科学化、民主化、法治化水平。推进政务服务标准化、规范化、便利化，深化政务公开。深化行业协会、商会和中介机构改革。

本章回顾

1. 在经济学界，对经济增长通常有两种解释：一种是剔除价格因素以后的国内生产总值的增加，即一国在一定时期内所生产的商品和劳务总量的增加，或者是人均国内生产总值的增加；另一种是一国生产商品和劳务的能力的增加。与前者相比，后者更具有可持续发展的意义。

2. 保持市场物价稳定通常是指价格总水平的相对稳定，物价总水平过高或过低，对于经济的发展与稳定都是不利的。

3. 收入公平分配是一个相对的概念，它是指在一定的社会范围内和一定的社会道德规范下，社会成员之间和可以支配的经济资源之间的均衡和协调。

4. 充分就业是与失业相对应的一个经济范畴，是指凡有工作能力并且符合法律规定具有工作资格的人均可以找到有报酬的工作的一种社会就业状态。

5. 国际收支是指在一定时期，一个国家居民与非本国居民之间经济交易的系统记录。

6. 政府宏观经济管理工具是一个由多种调控措施的手段组成的体系，通常包括法律手段、经济手段和行政手段。

7. 经济手段是指那些从某个方面直接或间接影响经济当事人的经济利益的调控手段，主要包括价格、工资、利率、汇率、税率、补贴等。

8. 行政手段是指政府以行政命令的方式，直接对当事人的经济活动或经济行为进行干预。

9. 财政政策是指政府根据客观经济规律的要求，为达到一定的目标而采取的财政措施和手段。

10. 按财政政策对社会总需求的不同影响，可将财政政策区分为扩张性财政政策、紧缩性财政政策和均衡性财政政策三种不同类型。

11. 按财政政策作用的对象，财政政策分为微观财政政策、宏观财政政策和介于两者之间的中观财政政策三种类型。

12. 从政策目标的性质方面划分，财政政策划分为配置型财政政策、稳定型财政政策和再分配型财政政策。

13. 按照财政政策作用的方向，财政政策可以分为供给管理型财政政策和需求管理型财政政策。

14. 财政政策的手段包括税收、公债、购买支出、转移支出、国家预算政策。

15. 财政政策的传导机制是指财政政策工具在发挥作用的过程中，各种财政政策工具的构成要素通过某种作用机制相互联系，从而形成一个有机的作用整体。

16. 货币政策是中央银行为实现特定的经济目标而采用的各种控制和调节货币供给量或信贷规模的方针和措施的总称。

17. 货币政策工具是一国货币当局执行货币政策时所采取的措施和手段。货币政策工具按性质可分为一般性政策工具、选择性政策工具、直接信用控制和间接信用指导。

18. 货币政策的传导机制就是货币政策工具的运用引起中介目标变动，从而实现货币政策最终目标的过程。在西方，主要有凯恩斯学派传导机制理论和货币主义学派传导机制理论。

19. 财政政策与货币政策的差异：①制定政策的主体有差别；②政策目标有区别；③政策手段有区别；④政策时滞不同；⑤对利率的影响不同；⑥对投资的影响不同。

20. 财政政策与货币政策的搭配模式：①扩张性的财政政策和扩张性的货币政策；②紧缩性的财政政策和紧缩性的货币政策；③扩张性的财政政策和紧缩性的货币政策；④紧缩性的财政政策和扩张性的货币政策。

思考题

1. 政府宏观经济管理政策目标有哪些？
2. 什么是财政政策？
3. 财政政策的手段有哪些？
4. 什么是货币政策？
5. 财政政策与货币政策的差异有哪些？
6. 财政政策与货币政策的搭配模式有哪些？

第十四章 国家间政府经济关系

导言

随着一国对外交往的扩大和经济全球化进程的加快，国家间政府经济关系会变得越来越密切。国家间政府经济关系主要表现为国与国之间的税收分配关系、汇兑关系、贸易关系和投资关系。因此，掌握国家间政府经济关系的这些基本知识，有利于国家间人们的交往和对外关系的发展。

学习目标

通过本章的学习，应掌握国家间政府经济关系的基本概念、基本知识和基本原理，能够运用这些知识分析和观察国家间政府经济关系的变化和发展。

第一节 国际税收

一、国际税收的含义

随着商品交换范围扩大，一国居民经济活动就会突破国界，当一国居民跨过国界从事经济活动获得收益时，由此产生了跨国所得，各国依据本国税法可对跨国所得进行征税。如果两个或两个以上的国家对同一笔跨国所得征税，就出现了国际税收问题，而承担纳税义务的人则被称为跨国纳税人。可见，国际税收是指两个或两个以上的国家，在对同一跨国纳税人的同一课税对象，分别行使各自的征税权力而形成的征纳关系中所发生的国家之间权益分配关系。跨国所得的出现和各国确立的对所得课税的制度，直接促成了国际税收关系的产生。国际税收包括以下三个内容。

（一）国际税收是一种税收活动，不能脱离国家而存在

征税总是在一个国家政府与纳税人之间进行的，国际税收也不例外。没有各个国家政府对其管辖范围内的纳税者的征税，就不会产生国际税收活动，也不会产生国家之间

的税收分配关系。所以，以国家为一方、纳税人为另一方的税收征纳行为，构成了国际税收的基本内容。

（二）国际税收是有特定含义的税收活动

涉及两个或两个以上国家的财权利益的税收活动才属于国际税收。对同一课税对象，至少两个国家都有征税权，只有这一类行为才涉及至少两个国家的财权利益，才属于国际税收的特定内容。

（三）国际税收的本质是国家与国家之间的税收分配关系

一般的税收活动反映的是国家与纳税人之间的征纳关系，进而反映两者之间的税收分配关系，而国际税收虽然是依附于国家凭借其政治权力对跨国纳税人的课征行为，但本质上反映的是国家与国家之间的财权利益分配关系。如对两个国家政府都行使跨国所得征税权而引起的重复征税问题，要减轻纳税人的税收负担，不可能由一国政府单独解决，必须要有两个国家的协调与合作，或这个国家征收，或另一个国家征收，或两个国家相互给予优惠待遇。为了一定的经济目的，让纳税人获得一定的经济利益，而最终反映的是国家与国家之间的财权利益的分配。

国际税收与国家税收存在必然的联系，但又有明显的差别。国际税收不能脱离国家而独立存在，在这一点上，国际税收同国家税收是一致的，即两者都是凭借国家的政治权力进行的一种分配行为。任何一个国家政府，从其税收主权出发，都不会允许该国以外的政治权力对其本国纳税人征税。属于国际税收范畴的税收活动也是如此。国际税收与国家税收的区别是显而易见的。①国家税收反映的是国家与纳税人之间的税收分配关系，它是一个国家政府对其管辖范围内的纳税人进行征税，这种征税关系表现为一个国家内部的事务。而国际税收主要反映的是国家与国家之间的财权分配关系，脱离了这个本质特征，就不是国际税收。②国家税收的课税对象主要是国内所得、商品流转额和财产收入等。而国际税收的课税对象是跨国性税收或国际商品流转额，只有两个或两个以上的国家对跨国纳税人的同一课税对象征税，才引起国家与国家之间的税收分配关系。

二、国际税收协定

（一）国际税收协定的概念

国际税收协定是指两个或两个以上的主权国家，为了协调相互之间的税收分配关系，通过谈判所签订的书面协议。它是缔约国之间进行国际税收合作的法律文件，是调节它们之间税收分配关系的规范。

依照不同的分类标准，国家税收协定可以分为不同的种类。以涉及主体的多少为分类标准，国际税收协定可以分为双边和多边两类。两个国家之间所缔结的税收协定，称为双边国际税收协定，如中美税收协定。三个或三个以上国家之间所缔结的税收协定，称为多边国家税收协定。目前，国际上大多数税收协定是双边税收协定。

一般国际税收协定广泛涉及相互间各种税收关系。近几十年以来，一般税收协定通常主要包括缔约国之间有关各种所得税和财产税的国际税收问题。有的在一般税收协定之外，还附有对某一项特殊问题的协定书或工作协定。全面性避免国际双重征税和防止偷漏税的税收协定，就是属于这一类的一般税收协定。

（二）国际税收协定的基本内容

目前各国之间缔结国际税收协定，在结构和条款上基本一致。概括起来，国际税收协定一般包括以下基本内容。

1. 协定适用的范围

协定适用的范围主要包括纳税人的范围和税种的范围两个方面。这是国际税收协定必须首先明确的前提。

（1）纳税人的范围。国际税收协定适用于缔约国一方或同时为双方居民的人。在经合组织和联合国的两个范本中，都把适用的纳税人限制在缔约国一方或同时成为缔约国双方的居民的范围。这就意味着，即使是缔约国一方或同时成为缔约国双方国民的跨国纳税人，只要他们不属于一方或双方的居住者，不具有一方或双方居民的身份，就不属于协定适用的范围，不能享受协定赋予的税收优惠权利。

经合组织和联合国的两个范本对缔约国一方居民的定义为：按照该国法律，由于住所、居所、惯例场所或其他类似性质的标准，负有纳税义务的人。经合组织范本还强调，这一用语不包括仅由于来源于该国的所得或位于该国的财产在该国负有纳税义务的人，即不包括该国的非居民。

由于各个税法中所采用的确定居民身份的标准不同，因而会出现同时是双方居民的现象。在两个税收协定范本中，都有解决同时为双方居民的人归属哪一方的专门条款。对同时为双方自然人居民，有两种可供选择的解决方式。一种是按照联合国范本和经合组织范本的规定，通过在协定中列出判断规则来确定其居民身份。判断顺序依次排列为：①是否具有永久性住所；②哪一国与其个人的经济关系更密切，即看其重要利益中心设在哪国；③是否有习惯性住所；④是哪个国家的国民。如按上述顺序还不能确定该纳税人的居民身份时，则由缔约国双方主管当局协商。

（2）税种的范围。在两个税收协定范本中，均规定协定仅适用于对所得和财产征收的各种直接税。

我国在对外已经签订的避免双重征税协定中，列入协定的适用税种主要是所得税。对于财产税，我国的情况值得说明。我国并不排除列入以财产为征税对象的税种，但由于我国没有实行全面性的财产税制度，所以在与其他国家签订国际税收协定时，一般不包括财产税。

由于缔约国各方的税制在不断发展变化之中，协定中税种适用范围也可随制度变化而变化，但要求缔约国双方主管当局应将增加或替代的税种清单随时通知对方，以保证协定的税种范围具有准确性和连续性。

2. 免除双重征税问题

免除双重征税是国际税收协定的核心内容，它具体包括明确所得概念、协调各缔约国之间的税收管辖权、确定免除双重征税的方法等。

（1）明确所得概念。国际税收协定的主要目的之一是免除对所得的双重征税。但由于各国对所得的理解不同，所得税的计税依据也不相同，所以，缔结国际税收协定要明确所得的概念，国际税收协定所涉及的所得主要是经营所得、资本所得、权利所得、劳务所得等。一般来说，协定中涉及的所得是纯所得，即扣除成本费用后的净收入。

（2）协调各缔约国之间的税收管辖权。在国际税收领域，各国政府同时行使居民管辖权和地域管辖权，往往会出现国与国之间的税收冲突，也就是某纳税人的某笔所得应由缔约国哪一方优先征税，是独占征税，还是缔约国双方分享，要根据双方的约定在两个国家合理地划分税收管辖权。协定中还要确认在各缔约国行使税收管辖权的范围内，对哪些所得允许优先行使地域管辖权等。

（3）确定免除双重征税的方法。无论缔约国在国内税法中对减除重复征税方法是否加以规定，在签订国际税收协定时，都必须加以确定或确认，以保证跨国纳税人在国外缴纳所得税后，得到本国政府的税收抵免。在国际税收协定中，普遍采用的消除双重征税的方法是免税法和抵免法。关于税收饶让问题，经合组织和联合国的范本中没有明确规定，但各国在签订国际税收协定时一般要就是否同意税收饶让加以确定，以保证两国征税时的相互协调。

3. 保证税收无差别对待

保证税收无差别对待是指缔约国各方给对方公民以本国公民待遇，按等同于本国公民的标准征税，保证不加歧视等。为了保证税收的无差别对待，必须在税收协定上加以确认。缔约国一方的跨国纳税人在缔约国另一方所负有的纳税义务和有关条件，不能与该国本国纳税人在相同条件下的税负和有关条件有差别，如税种、税率、征税范围、课征方法等。对外国纳税人和本国纳税人不能做出带有歧视性的差别规定。对税收无差别的规定一般包括国籍无差别待遇、常设机构无差别待遇、费用扣除无差别待遇、资本无差别待遇等。

4. 消除和减少国际逃税

国际税收协定通常还包括防止国际避税和逃税两个方面。在税收协定中一般制定有关核实常设机构收入的条款，有关联属企业的条款，有关利息、特许权使用费的条款等一系列条款。近年来，有些税收协定还增加了有关防止利用税收协定进行税务投机活动的条款。

在税收协定中，情报交换是防止和减少国际偷税、逃税的一项重要措施。缔约国所交换的情报通常有：①一般的税务情报资料。其包括法律文本、工作细则、说明书、执行验收协定的各种官方资料、税务部门有关个别税务案例的处理意见以及法院判决书等。②有关跨国纳税人的档案资料。其包括联属企业的所在地点、开歇业日期、经营业务范围和缔约国居民在当地的收入等。③有关跨国纳税人的专门材料。其包括银行往来、利息收支、年度决算报表、利润分配、资料转移和应课征的税种材料等。

国际通行的交换方法有：①要求缔约国各方对不同资料采取经常交换与临时交换的方法。②允许缔约国一方将另一方提供的某些情报，在具备应履行的手续及符合条款规定的条件下，转手提供给并未与另一方直接签订有关税收协定的第三方，这种方法即为三角交换方法。③缔约国各方互派常驻对方的代表，采取直接向对方主管部门收集资料的方法。④对特定案件由缔约国各方联合进行调查，采取共同行动的方法。

在税收协定中，确定转让定价是减少国际避税和逃税的另一重要措施。转让定价指设在不同国家的母公司和子公司之间的转让贸易如何定价的问题。转让定价如果不合理，会导致国际逃税或漏税。如设在甲国的母公司同设在乙国的子公司之间，存在着销货收入、利息收入、劳务收入、租金收入、特许权使用费收入，以及有关业务费用的内部分配问题。如果甲、乙两国税率高低不同，纳税人就有可能通过联属企业内部的转让定价和不合理的分配办法进行合法的避税，如压低其高税率国家联属企业对其低税率国家联属企业的销货、贷款、服务、租赁和转让无形资产等业务的收入和费用的分配标准，以把收入尽量多地分配到低税率国家的联属企业，把费用尽可能多地分配到高税率国家的联属企业，从而实现最大限度地减轻税负。为了防止和限制这种国际合法避税，并在税收协定中确定各方都同意的转让定价方法，一般的国际税收协定规定母公司转让定价以当地市场价格为准。

三、国际税收管理

（一）税收管辖权

税收管辖权也称课税权，是国际税收领域中的一个核心概念，指一国政府在其主权范围内对税收事务的管辖权力，是国家主权在税收领域中的体现。各国税法基于国家主权，对居住于本国境内的居民，以及他们在本国境内所从事的经济活动或来源于本国的收入，均可独立行使课税权。按照国际惯例，各国可以按照属地主义或属人主义确立其税收管辖权；或者如绝大多数国家那样，同时按属地与属人主义确立其税收管辖权。与此相适应，税收管辖权包括来源地税收管辖权和居民税收管辖权两种基本形态。

来源地税收管辖权又称地域税收管辖权，是指以纳税人的收入来源地或其经济活动所在地为标准，确定一个国家行使其税收管辖权的范围。实行来源地税收管辖权的国家，对来源于本国境内的一切所得都有权课税，而不论所得取得者是否为本国居民或外国居民；但对本国居民来源于国外的所得不征税。按照国际法和国际惯例，来源地税收管辖权比居民管辖权处于更优先的地位。在来源地税收管辖权下，所得来源地（或来源国）的确认是最为关键的问题。

居民税收管辖权是指以纳税义务的国籍或居住地为标准，确定税收管辖权的行使范围。实行居民管辖权的国家，对本国居民的一切所得，无论其来源地如何，都有权课税。在居民管辖权下，如何判断跨国纳税人的居民身份是问题的关键所在，因为是否为本国居民，构成是否对其实施课税的唯一标准。如果被判定为居民，则必须对居民国承担纳税义务；反之，则不必承担纳税义务。

跨国纳税人包括跨国自然人和跨国法人，判定这两类纳税人的居民身份标准也有所不同。自然人居民的判定标准主要有住所标准和时间标准。住所标准以自然人居民在某国是否有永久性住所，判定其是否为该国居民；时间标准以自然人居民在该国居住或停留时间是否超过该国规定的时间，判定其是否为本国居民。

法人居民的判定标准主要有三个：①总机构所在地标准，即以法人居民的公司总机构所在国为判定标准；②注册所在地标准，即按照某国的法律规定，在该国登记注册的公司即为该国的居民；③公司的控制权所在地标准，即以公司的实际控制管理中心所在国为标准，判定该法人是否为该国的居民。

（二）国际重复征税及减除

1. 国际重复征税的含义

同一课税主权对同一征税对象课征多种税，或一种税在同一征税对象的不同流转环节多次课征，以及不同课税权主体对同一纳税人的同一课税对象同时课征相同或类似的税，都可以称为重复征税。一般来说，前两种为国内重复征税，后一种为国际重复征税。所以，国际重复征税是指两个或两个以上国家因采用不同的税收管辖权或对同一税收管辖权做出不同解释，造成对同一跨国纳税人在同一时期内的同一课税对象或同一税源征收同种或类似的税收。

税收管辖权的冲突是造成国际重复征税的基本原因。税收管辖权的冲突是指两个或两个以上的主权国家对同一跨国纳税人的同一课税对象或税源同时行使各自的课税权造成的重叠。课税权的重叠有三种情况：①来源地税收管辖权与居民管辖权的重叠；②各国对来源地的不同解释造成的来源地管辖权的重叠；③各国对居民身份标准的不同规定造成的居民税收管辖权的重叠。

2. 国际重复征税的减除

国际重复征税的减除，主要是指在国际经济活动中，当发生两种税收管辖权重叠时，行使居民税收管辖权的国家通过优先承认跨国纳税人向行使地域税收管辖权国家所缴纳的税收来减轻或消除国际重复征税。

在各国税法和国际税收协定中通常采用的避免、消除或缓和国家重复征税的方法主要有免税法、扣除法、低税法、抵免法等。

（1）免税法。免税法也称豁免法，是指行使居民管辖权的国家，对本国居民来源于国外的所得免税，只对来源于国内的所得征税。实行该方法的指导原则是承认收入来源地管辖权的独占征税权，这就意味着居住国政府完全放弃对来自国外的所得征税的权力，而将这种权力留给该笔所得的来源国政府。

免税法又可以分为全额免税和累进免税两种形式。全额免税是指居住国政府对其居民来自国外的所得全部免予征税，而且对其居民的国内所得征税时，也不考虑其国外所得。采用全额免税法实际上是对本国居民的国外所得完全放弃征税的权力。累进免税是指居住国政府对其居民国内所得的征税，按该居民国内外所得汇总数额的适用累进税率征收。采用累进免税法虽然对其居民来自国外的所得不征税，但确定对该居民的国内所得征税所适用的税率时，将其国外所得汇总考虑进来。

（2）扣除法。扣除法也叫列支法，是指居住国政府行使居民税收管辖权时，将纳税人的国内所得和国外所得汇总后，扣除纳税人来源于国外所得所缴纳的外国税额，而仅就其余额按居住国政府规定的税率征税的方式。扣除法的税收负担，重于一般国内所得征税，轻于重复征税，在一定程度上减轻或缓和了国际重复征税，但不能从根本上解决国际重复征税问题。

（3）低税法。与扣除法相类似的还有低税法，即居住国政府通过对其居民来源于国外的所得单独制定较低税率的方式，来减轻国际重复征税的方法。这种方法与扣除法一样，只能在一定程度上减少重复征税的数额，而不能彻底消除国际重复征税问题。

（4）抵免法。抵免法是指居住国政府行使居民税收管辖权时，通过允许纳税人以在国外缴纳的税款冲抵本国汇总国内外所得按本国税率所计征的税额的方法。这种方法是以承认地域管辖权的优先地位为前提条件的，但并不意味着来源国独占征税权，对同一跨国纳税人的同一笔跨国所得，来源国可以对其征税，居住国也可以对其征税，但来源国政府可以优先于居住国政府行使征税权，居住国政府对其再征税时须采取抵免的方法来免除重复征税。

（三）税收饶让

税收饶让是指一个国家对本国纳税人在国外得到减除的那一部分所得税，同样给予抵免待遇，不再按本国规定的税率补征。税收饶让也称饶让抵免，是税收抵免的延伸或扩展，与税收抵免有着密切的关系。税收饶让一般要通过双边签订税收协定加以明确规定。

发展中国家为了吸引外资到本国投资，往往在税收上给予减免优惠待遇，但如果资本输出国不给予税收饶让，发展中国家所给予的减免则转化为资本输出国的税收收入，而纳税人从中得不到任何好处。因此，发展中国家为了通过税收减免以吸引外资，在与发达国家签订税收协定时，必然提出税收饶让的要求，但发达国家对此认识不完全一致。

虽然税收饶让不是一种独立的减免国家重复征税的方法，而只是税收抵免内容的附加，但这种配合税收抵免方法的特殊方式，对于解决国家重复征税问题具有非常重要的意义。

第二节　政府外债

一、政府外债的种类

广义的外债是指国内的机关、团体、企事业单位、金融机构和其他机构，对中国境外的国际金融组织、外国政府、金融机构、企业和其他机构用外国货币承担的具有契约性偿还义务的全部债务。我国外债概念的特点是：①强调货币形态的债务，而以实物形态构成的债务（如补偿贸易应以产品偿还的债务）不包括在外债范围内。②国内债务人欠境外非居民的人民币债务不属于外债。③外资银行和中外合资银行虽是我国居民，但其对外借款不作为我国外债，但中资机构向它们借外币资金则视同我国外债。政府外债则是狭义的外债，即国家作为债务人，向外国政府和国际金融组织借款，以及在国际金融市场上发行债券所形成的债务。具体而言，政府外债可以分为以下四种。

（一）外国政府贷款

外国政府贷款是一国政府利用本国财政资金向另一国政府提供的优惠性贷款，也称双边官方援助贷款。

（二）国际金融组织贷款

国际金融组织贷款主要包括世界银行贷款和亚洲开发银行贷款。此外还有少量的国际货币基金组织贷款和国际农业发展基金贷款。在国际金融组织贷款中，世界银行贷款占85%左右。

（三）政府国外公债

政府国外公债是由一国政府在国际债券市场上以外国货币面值或境外货币面值所发行的债券，包括外国债券和欧洲债券。外国债券是一国借款人在另一国证券市场上发行的、以该市场所在国货币标明面值的、承诺到期还本付息的书面凭证，该债券的特点是，借款人属于一个国家，标明债券面值的货币和发行市场属于另一个国家。欧洲债券是指一国借款人在另一国市场上发行的、以第三国货币标明面值的、承诺到期还本付息的书面凭证。该债券的特点是债券发行人属于一个国家，债券发行市场属于另一个国家，标明债券面值的则属于第三国。

（四）国际商业贷款

国际商业贷款主要是指一个国家的贷款银行或国际贷款银团在国际金融市场上向另一国的借款人或国际机构提供的货币贷款。国际银行贷款的特点有：①资金使用不受限制；②贷款手续简便，不必经过政府批准；③利率较高，期限不长。国际银行信贷的方式主要有两种，一种是双边中期贷款（独家银行贷款），另一种是银团贷款。银团贷款是由一家贷款银行牵头，由该国或几个国家的多家贷款银行参加，组成贷款银团，共同向另一国银行、政府或政府机构、公司（企业）以及国际机构提供的贷款，也称辛迪加贷款。

我国政府外债实行分工负责、归口管理的管理体制。国家发展和改革委员会是全国对外借款的综合管理部门，会同有关部门提出国家中长期和年度对外借款计划的总规模和使用方向。各借款窗口分别负责对外借款。目前的分工是：国家发展和改革委员会负责金融机构和中资企业中长期外债管理；财政部负责主权外债的管理；国家外汇管理局负责金融机构和中资企业短期外债管理。此分工既有对主权外债的管理，也包括对私人部门债务的管理。

二、政府外债功能及其特殊性

（一）政府外债功能

政府外债是一个国家对外经济的重要组成部分，也是资本借入国社会经济发展的一个重要前提，它的功能表现在以下三个方面。

（1）利用政府外债可以促使本国社会经济更快发展。第二次世界大战以后，世界上大多数国家，特别是新独立国家，把举借外债作为发展社会经济的重要步骤。利用外资、外债成为这些国家弥补建设资金和外汇缺口，引进先进技术、设备、人才和管理方法，促进经济增长的不可缺少的条件和因素。在当今世界，各国各地之间的经济联系更加紧密，利用外债和其他外部力量促进本国社会经济发展既属必要，也有可能。任何国家都没有理由把自己与外部世界隔离起来，拒绝借用外债。

（2）利用政府外债是各国进行经济建设、政治角逐和军事战争的重要手段。政府外债这种国家资本流动形式，可以极大地带动商品贸易的输出和发展，是夺取市场份额、获得经济利益的重要手段。政府外债还直接与一个国家的军事战争和战略格局相联系，第二次世界大战期间，许多国家举借外债进行军事战争就是明证。

（3）通过举借政府外债发展基础设施，可以为社会经济发展准备条件。在改革开放当中，中国政府举借外债，在基础设施特别是铁路交通、电力能源和邮电通信方面发挥了巨大的作用。

（二）政府外债的特殊性

外债是国际资本流动的重要形式，具有资本运动的一切特征。资本是要追逐利润的，其逐利性、扩张性决定了政府外债有可能成为外资侵入本国社会经济发展的异己力量。不少国家在大量举借外债或引进外资后，经济畸形发展，生长出一些与当地社会经济格格不入的“飞地型”产业，强化了对国外资本的依赖，加剧了当地经济的单一化，这样的外债，从长远来看，不但无助于借债国的社会经济发展，反而会引发债务、经济和社会政治危机，引起外国干涉本国社会经济发展。此外，与内债相比，外债在风险与管理等方面还有其特殊性：①外债一般是借外汇还外汇，在浮动汇率制度下，外债要承受来自汇率波动的风险，同时，外债偿还能力受本国外贸创汇能力的制约；②从国际金融市场上借入的商业性贷款，一般采用浮动利率，举借外债需要考虑利率波动风险；③外债举债成本受国际政治经济格局的影响较大等。

外债的这种双重作用表明，在相互依存日益密切的世界经济中，任何国家的社会经济发展，都不仅仅是其本国的事情，也不是单靠本国的资本、技术力量能够达到和完成的。

三、政府外债风险管理

（一）政府外债风险指标监测

衡量外债风险的指标各种各样，但世界公认的衡量债务规模风险的指标主要有以下三个。

（1）偿债率。偿债率是指当年的外债本金和利息偿还额占当年贸易和非贸易外汇收入之比，这是衡量债务规模最重要的指标。国际上一般认为这个比率以保持在 20%左右为宜，最高不超过 25%。

（2）负债率。负债率是指一国对外债务的负担程度，通常有四个指标：①外债余额占同期商品和劳务出口外汇收入额的比率。一般认为，这一指标以不超过 100%为宜。②外债余额与同期国民生产总值的比率。一般认为，这一指标以不超过 20%为宜。③外债还本付息额占同期国民生产总值的比率。一般认为，这一指标应控制在 50%以内。④年末利息支付额占同期国民生产总值的比率。一般认为，这一指标以控制在 3%以内为宜。我国统计年鉴使用的负债率指标是指外债余额占当年国民生产总值之比。

（3）债务率。债务率是指外债余额与当年贸易和非贸易外汇收入之比。这一指标一般应控制在 100%以内。

1985—2020 年我国外债规模风险指标见表 14-1。

表 14-1　1985—2020 年我国外债规模风险指标　（%）

年份	偿债率	负债率	债务率
1985 年	2. 7	5. 1	56. 0
1986 年	15. 4	7. 1	72. 1
1987 年	9. 0	9. 2	77. 1
1988 年	6. 5	9. 8	87. 1
1989 年	8. 3	9. 1	86. 4
1990 年	8. 7	13. 3	91. 6
1991 年	8. 5	14. 6	91. 9
1992 年	7. 1	14. 1	87. 9
1993 年	10. 2	13. 5	96. 5
1994 年	9. 1	16. 4	78. 0
1995 年	7. 6	14. 5	72. 4
1996 年	6. 0	13. 5	67. 7
1997 年	7. 3	13. 6	63. 2
1998 年	10. 9	14. 2	70. 4
1999 年	11. 2	13. 9	68. 7
2000 年	9. 2	12. 0	52. 1
2001 年	7. 5	15. 2	67. 9
2002 年	7. 9	13. 8	55. 5
2003 年	6. 9	13. 2	45. 2
2004 年	3. 2	13. 4	40. 2
2005 年	3. 1	13. 0	35. 4

续表

年份	偿债率	负债率	债务率
2006 年	2.1	12.3	31.9
2007 年	2.0	11.0	29.0
2008 年	1.8	8.5	24.7
2009 年	2.9	8.4	32.2
2010 年	1.6	9.0	29.2
2011 年	1.7	9.2	33.3
2012 年	1.6	8.6	32.8
2013 年	1.6	9.0	35.6
2014 年	2.6	17.0	69.9
2015 年	5.0	12.5	58.6
2016 年	6.1	12.6	64.4
2017 年	5.5	14.3	72.6
2018 年	5.5	14.3	74.8
2019 年	6.7	14.5	78.3
2020 年	6.5	16.3	87.9

注：1. 2015 年，我国按照国际货币基金组织数据公布特殊标准（SDDS）调整了外债统计口径并对外公布全口径外债数据，将人民币外债纳入统计，并按照签约期限划分中长期和短期外债。为保证数据的可比性，将 2014 年年末外债数据相应调整为全口径外债数据，之前年份未进行调整。表内数据根据最新国际收支平衡表数据及 GDP 数据进行调整。

2. 负债率是指年末外债余额与当年国内生产总值的比率；债务率是指年末外债余额与当年国际收支统计口径的货物与服务贸易出口收入的比率；偿债率是指当年外债还本付息额（中长期外债付息额加上短期付息额）与当年国际收支统计口径的货物与服务贸易出口收入的比率。

3. 数据来源：本表格数据来源于《2020 年中国统计年鉴》及 2021 年国家统计局数据库。

（二）政府外债风险防范与规避

政府外债的币种主要是美元。美元是世界上第一大主要货币，美元的影响作用显著。任何一个发行体在国际资本市场上发行债券，其筹资成本大致包括基准利率和利差两部分。基准利率是指美国财政部新近发行的国债在二级市场上的收益率。基准利率水平的高低与美国所处的经济周期阶段密切相关，具体来说它是由美国的财政预算状况、联邦储备委员会执行的货币政策以及国际金融市场上美元资金的供求关系等共同决定的。利差也称风险的流动性补偿，是发行体对投资者承担违约风险和流动性风险的补偿。在国际金融市场上，美国国债被认为是没有任何违约风险的，而且流动性最强。而与美国联邦政府比，其他任何发行体都可能有程度不同的违约风险和流动性风险，因此必须在支付基准利率的基础上，另外支付给投资者一定的利差作为补偿。利差的大小，则主要是由发行体的类型、财务状况和债券期限等决定的，并受到评级公司评定的信用等级和国际金融市场状况的直接影响。所以以美元为中心的外债币种结构具有一定的合理性，但又由于国际金融市场的瞬息万变，币种风险也客观存在。

1. 政府外债风险防范

（1）外债币种结构风险防范。必须密切关注世界经济形势和国际金融市场动态，加强对市场经济发达国家和新兴市场国家宏观经济政策的动态研究，把握好美元、欧元、日元三大主要货币之间的汇率变动，预测主要货币汇价的发展趋势，正确选择好币种：①原则上借外债应选择汇率下降的货币；②软硬币适当搭配；③外债币种一般应与其使用方向保持一致；④外债币种应与我国出口贸易结算货币的构成相适应。

（2）外债利率风险防范。为了避免外债利率风险，债务国在筹资时必须根据广泛的市场预测和调查确定合理的利率体系。采用固定利率，在市场利率上升时可以避免风险，但当下降时又不易得到好处；采用浮动利率，是根据市场的变化确定偿还期的利率水平，风险不易掌握。筹资者在市场经验不足、筹资水平不高的情况下，一般以选择固定利率为好。筹资较为成功的债务国一般是固定利率和浮动利率相结合，这样可以最大限度地避免风险。

2. 政府外债风险规避

政府外债风险规避是指在外债管理中，政府拒绝或主动退出有风险的筹资活动。政府在进入国际市场筹措外资时，必须做好市场的调查和可行性研究，对国际经济形势的发展有所了解和把握，对国际资本市场的变化有所预期。只有把准备工作建立在充分可靠和科学严密的基础上，所筹的资金才能成本适度、风险最小。这项工作包括外债发行的国际金融市场选择、外债发行币种的汇率趋势分析、不同币种的未来利率趋势分析等。

政府规避外债风险的措施有以下三种。

（1）提前支付债务利息。当预测所借债务货币汇率具有上升趋势时，按合同条款规定，可以采取提前支付利息的方法。也就是在债务未到期时，提前还清全部债务利息，避免到期还本付息因汇率上升而增加外汇负担。

（2）进行期权交易。期权就是在规定的时间，在一定协议价格上可以行使选择购入或卖出的权利和义务。对于期权的买方来说，只要付给卖方一笔类似保险金的费用（也叫期权价格），将来就可以获得不可预见的收益；对于期权的卖方来说，可以获得买方给予的费用（即期权的价格），但需要承担买方的外汇风险，将来有可能要付出很大的代价。例如，当预测到我国所借债务货币的汇率具有上升趋势时，应采取缩短债务期限的方式，提前偿还债务本息，以减轻因汇率而造成的汇率风险损失；当预测到某种债务货币汇率具有下降趋势时，应采取延长债务期限的期权交易，这样也可降低筹资成本，从中得到风险收益。

（3）开展调期业务。调期业务就是在买进或卖出即期外汇的同时，卖出或买进远期外汇。在对外融资活动中，利用调期交易可以避免汇率变动所带来的债务风险。具体操作过程如下：当所借债务货币呈强币趋势时，通过货币调期，调期成弱币，以便减轻强币汇率上升所带来的风险损失。如果经过货币调期后，弱币利率具有上升趋势，则还应通过利率调期变成固定利率方式付息，以减轻利息负担。反之，如果原来的债券是按固定利率方式付息，货币调期后，弱币利率又具有下降趋势，则还应通过利率调期变成按浮动利率方式付息。

四、我国外债规模的历史考察

我国财政的外债融资在中华人民共和国成立之初就有了初步的实践。从 1951 年开始至 1957 年的 7 年时间里，为恢复和发展国民经济，共从苏联融资 74 亿旧卢布，折合人民币 51.62 亿元。这些借款在 1965 年前全部还清。此后我国政府没有向外融资。

改革开放以后，我国的外债规模经历了一个由低到高的发展过程。1979 年，我国发行了改革开放以后的第一次外债，当年发行外债折合人民币 35.31 亿元。此后我国每年都发行不同规模的外债，但一直保持一个适度增长的速度。最近十几年我国的外债规模见表 14-2。

表 14-2　　我国外债规模　　（亿元）

年份	外债余额	年份	外债余额
2004 年	2 629.9	2013 年	8 631.7
2005 年	2 965.4	2014 年	17 799.0
2006 年	3 385.9	2015 年	13 829.8
2007 年	3 892.2	2016 年	14 158.0
2008 年	3 901.6	2017 年	17 579.6
2009 年	4 286.5	2018 年	19 827.5
2010 年	5 489.4	2019 年	20 708.1
2011 年	6 950.0	2020 年	24 008.1
2012 年	7 369.9		

数据来源：2020 年中国统计局数据库（https：//data.stats.gov.cn/easyquery.htm？cn=C01）。

第三节　国际贸易与投资管理

一、经济全球化趋势下的国际贸易与政府管理

经济全球化以科技进步和生产力发展为前提，以资本等生产要素的流动为主要表现形式，反映了世界各国经济在生产、分配、消费各环节的全球化趋势。这种趋势是任何一个开放经济国家所不能回避的。

经济全球化具有二重性。由于经济实力及在全球化中所处的地位不同，全球化对发达国家和发展中国家来说是不对等的，全球化可能成为发达国家控制全球经济的手段。因此，发展中国家既要充分利用经济全球化带来的机遇，又要加强政府的宏观管理，从而促进一国国际贸易的健康发展。2007 年下半年美国次贷危机引发的金融危机，席卷美国、欧洲及日本等地，对我国等发展中国家也带来了严重影响。

（一）经济全球化趋势下的我国对外贸易

自改革开放以来，我国对外经济贸易发展顺利，随着改革开放的深入，我国市场经济的国际化程度越来越高，反映这种趋势最明显的指标是对外贸易依存度的提高。1979 年，我国的外贸依存度不到 10%，1992 年以来一直在 37%～40%之间波动。2006 年、2007 年已达到 70%左右。这说明，在国民经济发展中，对外贸易的贡献明显增大，总量经济的增长对国际市场的依赖程度提高。

改革开放初期，在出口方面，以农副产品、工业原料等初级品为主，工业加工制造品处于次要地位。目前，初级产品出口占的比例只有 1/3 左右，2/3 左右的出口是工业加工制造品。在进口方面，工业制造品特别是成套设备的进口居次要地位，进口的主要份额是原材料等初级产品。除了这种产品结构发生变化外，地区结构也发生了明显的变化，其中特别是对包括美国、欧洲在内的发达国家和地区出口的份额有很大提高。所以，我国贸易国际化不仅是一个数量现象，而且是一个质量的现象。改革开放以来，我国 1978—2020 年进出口贸易总额情况见表 14-3。

表 14-3　　我国 1978—2020 年进出口贸易总额情况　　（亿美元）

年份	进出口总额	出口总额	进口总额	差额
1978 年	206.4	97.5	108.9	-11.4
1979 年	293.3	136.6	156.7	-20.1
1980 年	381.4	181.2	200.2	-19.0
1981 年	440.3	220.1	220.2	-0.1
1982 年	416.1	223.2	192.9	30.3
1983 年	436.2	222.3	213.9	8.4
1984 年	535.5	261.4	274.1	-12.7
1985 年	696	273.5	422.5	-149.0
1986 年	738.5	309.4	429.1	-119.7
1987 年	826.5	394.4	432.1	-37.7
1988 年	1 027.9	475.2	552.7	-77.5
1989 年	1 116.8	525.4	591.4	-66.0
1990 年	1 154.4	620.9	533.5	87.4
1991 年	1 357.0	719.1	637.9	81.2
1992 年	1 655.3	849.4	805.9	43.5
1993 年	1 957.0	917.4	1 039.6	-122.2
1994 年	2 366.2	1 210.1	1 156.1	54.0
1995 年	2 808.6	1 487.8	1 320.8	167.0
1996 年	2 898.8	1 510.5	1 388.3	122.2
1997 年	3 251.6	1 827.9	1 423.7	404.2
1998 年	3 239.5	1 837.1	1 402.4	434.7
1999 年	3 606.3	1 949.3	1 657.0	292.3
2000 年	4 742.9	2 492.0	2 250.9	241.1
2001 年	5 096.5	2 661.0	2 435.5	225.5
2002 年	6 207.7	3 256.0	2 951.7	304.3
2003 年	8 509.9	4 382.3	4 127.6	254.7
2004 年	11 545.5	5 933.2	5 612.3	320.9
2005 年	14 219.1	7 619.5	6 599.5	1 020.0
2006 年	17 604.0	9 689.4	7 914.6	1 774.8
2007 年	21 737.3	12 177.8	9 559.5	2 618.3
2008 年	25 632.6	14 306.9	11 325.7	2 981.2
2009 年	22 075.4	12 016.1	10 059.2	1 956.9
2010 年	29 740.0	15 777.5	13 962.4	1 815.1

续表

年份	进出口总额	出口总额	进口总额	差额
2011 年	36 418. 6	18 983. 8	17 434. 8	1 549. 0
2012 年	38 671. 2	20 487. 1	18 184. 1	2 303. 0
2013 年	41 589. 9	22 090. 0	19 499. 9	2 590. 1
2014 年	43 015. 3	23 422. 9	19 592. 3	3 830. 6
2015 年	39 530. 3	22 734. 7	16 795. 6	5 939. 1
2016 年	36 855. 6	20 976. 3	15 879. 3	5 097. 0
2017 年	41 071. 4	22 633. 4	18 437. 9	4 195. 5
2018 年	46 224. 4	24 867. 0	21 357. 5	3 509. 5
2019 年	45 778. 9	24 994. 8	20 784. 1	4 210. 7
2020 年	46 559. 1	25 899. 5	20 659. 6	5 239. 9

数据来源：2020 年中国统计局数据库（https://data. stats. gov. cn/easyquery. htm? cn=C01）。

（二）当今世界各国政府对外贸易政策的总体趋势

从历史的经验来看，一国执行什么样的贸易政策，主要取决于这个国家的经济实力和根本利益，取决于其产业结构和企业的国际竞争力。19 世纪曾大力推行自由贸易的英国，后来由于综合国力下降，20 世纪初又重新回到贸易保护的轨道。美国也曾是自由贸易的急先锋，目前由于国际经济环境变化、国内经济也不景气，因此贸易保护主义势力抬头。由于 WTO 规则不允许使用数量限制、控制进口，越来越多的国家采取技术壁垒等手段，以达到保护国内市场的目的。因此，在 WTO 推进贸易自由化并取得巨大进步的情况下，世界上各种新贸易保护主义手段以更加复杂、更加隐蔽、更加巧妙的形式出现。

但是，从主流趋势看，各国的贸易政策还是朝着市场开放和自由化的方向发展的。因为市场开放和贸易自由化有利于各国按照各自比较优势产品进行专业化生产，生产的商品在公平竞争的国际市场上进行交换，从而获得更大的经济利益。

针对上述情况，我国的贸易政策改革还需要根据国际贸易保护主义的新动向，研究具有针对性的对策，努力减少对我国的不利影响，促进我国经济与外贸持续、健康、稳定发展。

（三） WTO 规则与我国贸易政策

贸易政策主要是指一国政府为实现促进或限制对外贸易目标而采取的一系列规范、

措施。一般来讲，贸易政策主要包括：①关税政策。如针对不同商品进口或出口征收的从价税和从量税等。②非关税措施。如针对不同领域实施的进口配额、许可证、自愿出口限制等。③促进出口的扶持政策。如补贴、出口信贷、出口退税等措施。由于各国资源禀赋与经济发展水平不一，各国实行的贸易政策也不尽相同。发展中国家一般还考虑如何扶持本国具有优势产业的产品出口，加快本国的技术创新和技术转化体系等。

加入 WTO 后，我国不仅改革现有的贸易政策体系，而且积极参与到服务贸易的市场准入、竞争政策、政府采购透明度、贸易便利等方面的多边贸易谈判中，这对我国未来贸易政策的影响主要表现在以下三个方面。

（1）进口限制。我国加入 WTO 后承诺，进口限制将大幅度削减。一是关税将大幅度下调。关税政策是一种控制进口的价格手段，也是财政收入的一项主要来源，关税下调对国内产业、就业、物价以及财政收入将产生明显影响。二是工业品非关税措施将全部取消，并放开贸易权和分销权等限制。三是规范其他贸易管理方式。WTO 的《技术性贸易壁垒协议》对各成员国制定的技术法规进行规范，限制了我国运用国内技术标准来缓解进口冲击的方式；WTO 协议所确定的海关估价原则、《原产地规则协议》、《保障措施协议》等规定，对可能形成贸易保护的一些手段制定了较为明确的规范。

（2）出口鼓励限制。WTO 严格限制对出口企业或产业部门提供财政补贴以提高出口能力的做法，因为不符合市场经济的公平竞争原则。WTO 的《补贴和反补贴协议》根据对国际贸易的扭曲程度，把补贴分为禁止性补贴、可申述补贴和不可申述补贴三类。明令禁止的补贴有两类：一类是出口补贴，另一类是替代补贴。我国已承诺不再采取此类措施。

（3）反倾销措施约束。WTO 的倾销规则引入了低于成本销售的倾销认定办法以及损害确定的累积评估原则，在倾销认定上提出了可采用第三国可比价格作为衡量标准，并在倾销的确定上对中国采用“非市场经济”标准，这使我国比较优势产品在国际市场上受到不公平待遇。近年来，我国出口产品受到境外越来越多的反倾销调查。这些反倾销措施将严重阻碍我国出口贸易，某些国家对我国部分产品征收的高额反倾销税，实际上使我国商品无法再进入这些国家的市场。

二、跨国投资与政府管理

（一）加入世界贸易组织后跨国投资管理

改革开放以来，我国政府采取“引进来”和“走出去”的方针，极大地推动了我国现代化建设事业的发展。

首先，我国政府鼓励外商来华进行直接投资，同时积极利用国际金融组织贷款和外国政府贷款。据商务部《中国外资统计公报 2020》显示，2019 年，我国新设外商投资企业 4.1 万家，实际使用外资金额 1 412.3 亿美元，再创历史新高，比 2018 年增长 2.1%，规模居全球第 2 位。截至 2019 年 12 月，我国累计设立外商投资企业达 100.2 万家，累计实际使用外资金额达 2.29 万亿美元。利用外资促进了我国国民经济的发展，拉动了出口增长，缓解了国内需求不足的矛盾；有力地促进了沿海地区外向型经济的发展和中西部地区的对外开放；通过引进国外资金、先进技术设备和管理经验，提高了众多行业和企业的技术装备和管理水平，对于促进国内产业结构调整、经济体制改革、扩大就业机会、增加财政收入均发挥了积极作用。如今，从沿海地区到内陆地区，从加工制造行业到基础产业和基础设施，从物质生产领域到服务贸易领域，一个全方位、多层次、宽领域的对外开放格局已经基本形成。

其次，我国积极实施“走出去”“一带一路”倡议等开放策略。近年来，随着我国企业国际竞争实力的逐步增强，境外投资快速发展，国有企业和民营企业积极开拓海外市场、开发海外资源，投资规模和领域不断扩大，投资范围从小型加工贸易和技术劳务合作项目逐步扩大到大型资源开发、高新技术和服务领域，涉及的行业有石油、矿产、森工、农副产品、家电、服装、食品、卫星通信、软件开发和大型商业设施等。根据商务部、国家外汇管理局统计，2020 年我国对外直接投资 1 329.4 亿美元（折合 9 169.7 亿元人民币），同比增长 3.3%。

（二）加入 WTO 对我国引进外资和境外投资的影响

（1）加速了国内资本的形成，促进了经济持续快速增长。外商直接投资作为国际资本流动的一种有效形式，是在国际范围内优化资源配置、促进生产力提高的重要渠道。

（2）加入 WTO 将进一步促进我国投资环境的完善，有利于推动外商对华直接投资的稳定发展。我国巨大的市场潜力和低成本优势，对世界各国投资者和跨国公司具有较强的吸引力。

但在看到加入 WTO 有利于我国吸引外国直接投资的同时，也应对可能引起的变化给予充分的重视。

（3）增加了国内就业和财政收入，改善了国际收支。我国是劳动力资源丰富的国家，积极引进外资，一方面对促进经济的增长发挥了巨大作用，另一方面增加了国内就业。同时，由于外商投资企业大多具有较强的国内国际市场竞争力，这些企业生产的增加，不仅增加了商品的供给，而且增加了国家的财政收入，改善了国际收支。20 世纪 90 年代以来，我国外贸一直保持顺差势头，在一定程度上得益于外商投资企业对外贸易的发展。

（4）加入世界贸易组织，为我国实施“走出去”创造了更为宽松的国际环境，我国境外投资将跃上新台阶。加入世界贸易组织后，我国进一步对外开放，国内经济发展使资源、市场的竞争更加激烈，将促使我国企业发挥比较优势“走出去”，加大利用境外资源和市场的力度，进一步拓展发展空间。

我国将在所有世界贸易组织成员提供的多边、稳定及最惠国待遇条件下开展国际经贸合作，享受其他国家和地区适合开放的好处，地区间的歧视性贸易和投资限制将逐步取消，这将为我国境外经营提供更加有利的国际经济环境。

但应看到，吸引外资在一定程度上加剧了我国区域经济发展的非均衡，在一定程度上削弱了我国企业自主进行技术开发的能力，抑制了我国幼稚产业的成长，而且国外某些淘汰产业和污染行业也进入了我国，这对我国环境保护和经济可持续发展产生了不利影响。更为严重的是，外商对华投资的快速发展，使我国的经济自主和经济安全面临严峻挑战。

改革开放以来，我国境外投资已经有了很大发展。但由于在原有体制下，我国境外投资主体主要是国有企业，这在许多地区面临着法律上的不便或障碍，在一定程度上制约了我国对外投资的发展。随着改革的进一步深化，国有企业改制、改组的推进，民营企业的扩大，未来我国对外投资的主体将发生重大变化，逐步转向以民营企业为主，这将从根本上消除我国投资者在境外投资面临的法律障碍。

从宏观经济管理的角度看，我国在对外投资方面的立法滞后，相关法律既不配套，也未成体系；对外投资的审批环节多，存在多头管理的现象；对外投资监督管理薄弱，往往是重审批、轻监督；我国金融和信息服务水平低，制约了对外投资的发展；我国外汇管理体制僵化，对资本项目控制过严；促进海外投资政策力度不够，缺乏投资保护机制。

从国内企业的角度看，企业缺乏全球化的战略意识和现代化的管理水平，缺少高素质的境外经营管理人才，境外投资中贸易性企业投资比率过大，而生产型境外企业、资源开发型境外企业比率过小，存在“小、散、乱”的现象，企业跨国投资规模普遍较小，这就使得企业发展后劲不足，竞争力较弱，而且抵御风险的能力也差，从而制约了这些企业的进一步发展。

三、国际金融与政府外汇管理

经济全球化是世界经济发展的一个必然阶段，它引起国际资本的全球扩张，而国际资本的全球扩张又带动一国对外贸易和直接投资的国际化。

伴随着人类进入 21 世纪和中国加入世界贸易组织后，国际金融所面临的国际环境已经发生变化。在对外开放和国际化方面，我国积极推进外汇、外贸管理体制改革，于 1996 年年底实现了人民币在经常项目下的可自由兑换，这标志着我国的金融开放迈出了重要的一步。

（一）中国的外汇体制改革简要回顾

1979 年以前，我国实行计划经济，外汇由国家集中管制。外汇管制有广义和狭义之分。狭义外汇管制称为外汇限制，指一国政府对居民从国外购买经常项目下的商品或劳务所需要外汇的支付或拨付转移，利用各种手段加以限制、阻碍或推迟。广义的外汇管制，指一国政府对居民和非居民的外汇获取、持有、使用和在国际支付或转移中使用本币或外币，所采取的管理措施与政策规定。外汇管制的主要内容和措施包括管制的机构、管制的对象、管制的范围、管制的办法与措施四个方面。外汇管制的弊端有：①阻碍国际贸易的发展，增强国家之间的矛盾；②市场的机制作用不能充分发挥；③某些商品的成本增高，导致国内物价的上涨；④限制外资流入，对本国经济的发展并非完全有利。

改革开放前我国外汇管理体制的特点包括：①外汇垄断；②官定汇率偏高；③外汇只有纵向往来，没有横向往来；④人民币汇价仅作核算工具；⑤外汇市场机构单一；⑥企事业单位没有使用外汇的自主权。

从 1981 年起，我国开始实行双重汇率制度，同时为了鼓励企业出口创汇的积极性，还实行了外汇上缴与留成相结合的制度。但直到 1985 年，我国汇率依然是政府制定的。从 1986 年开始，人民币汇率逐步实行浮动管理机制，到 1993 年年底，国家进行了中华人民共和国成立以来力度最大的外汇体制改革，取消汇率双轨制，实现了人民币汇率的并轨，取消了企业的外汇上缴与外汇留成相结合的制度。从 1994 年开始，国家实行单一的、有管理的浮动汇率制度，并以银行结售汇制度取代外汇上缴留成制度。

2005 年，中国人民银行宣布中国开始实行以市场供求为基础、参考一篮子货币进行调节、有管理的浮动汇率制度，人民币汇率体制进入到一个新的阶段，中国对外经济关系趋于对象多样化方向发展。在汇率改革启动两个月后，央行宣布银行间即期外汇市场非美元货币对人民币交易价的浮动幅度，从原来的 1.5%扩大到 3%。2006 年年初，银行间外汇市场引入了询价交易方式和做市商制度，人民币汇率中间价形成方式改进为由中国外汇交易中心根据做市商报价加权平均计算得出。从 2007 年 2 月 1 日起，我国居民个人结汇和境内个人购汇年度总额从 2 万美元提高到 5 万美元，境内机构和个人外汇收支活动进一步便利。2007 年 5 月，银行间即期外汇市场人民币兑美元交易价浮动幅度由 3‰扩大至 5‰。2007 年 8 月，国家外汇管理局发布通知，取消经常项目外汇账户限额管理，允许境内机构根据自身经营需要，自行保留经常项目外汇收入。2007 年 9 月，中国投资公司正式成立，公司接受财政部发债购汇的注资，用于境外投资，拓宽了我国多元化、多层次的外汇投资体系。从 2008 年 7 月 14 日起，国家外汇局、商务部、海关联合实行出口收结汇联网核查，加强资本跨境流动监管。2020 年以来，人民币汇率以市场供求为基础双向浮动，弹性增强，市场预期平稳，跨境资本流动有序，外汇市场运行保持稳定，市场供求平衡。

（二）货币可兑换

一国货币兑换是针对外汇管制而言的。如果一国对经常项目下的对外支付解除了限制，则该国货币即实现了经常项目下的可兑换，如一国对资本项目下的对外收支也解除了管制，则该国货币实现了资本项目下的可兑换。一国对经常项目的对外支付和资本项目下的对外收付都解除了限制，则该国货币实现了全面的可兑换。经常项目下对外支付限制的主要措施和内容有：①对无形贸易的限制；②对非居民投资所得转移的限制；③对经常项目下支付实行核批制；④外汇预算分配制；⑤对外支付的拖延；⑥居民以自由外汇资金对外支付。

截至 2020 年 12 月月末，我国外汇储备为 32 165 亿美元。IMF 执董会 2015 年 11 月 30 日批准人民币加入特别提款权（SDR）货币篮子，新的货币篮子于 2016 年 10 月 1 日起正式生效。执董会决定认为，人民币符合所有现有标准，自 2016 年 10 月 1 日起，人民币被认定为可自由使用货币，并将作为第五种货币，与美元、欧元、日元和英镑一起构成 SDR 货币篮子。这标志着人民币向国际化和可自由兑换迈出了重要步伐。

因此，在我国成为WTO成员，积极参与经济全球化进程，对外贸易依存度日益提高，国际经济技术交流更加频繁的环境下，政府加强外汇管理，维护人民币汇率基本稳定，保持合理外汇储备，增强国际支付能力，逐步实现人民币资本项目下可自由兑换，保证国家金融秩序和安全，保持宏观经济平稳，对我国经济和社会发展和对外开放具有十分重要的意义。

本章回顾

1. 国际税收是指两个或两个以上的国家，在对同一跨国纳税人的同一课税对象，分别行使各自的征税权力而形成的征纳关系中所发生的国家之间权益分配关系。

2. 国际税收协定是指两个或两个以上的主权国家，为了协调相互之间的税收分配关系，通过谈判所签订的书面协议。

3. 国际税收协定的基本内容包括：①协定适用的范围；②免除双重征税问题；③保证税收无差别对待；④消除和减少国际逃税。

4. 税收管辖权也称课税权，是国际税收领域中的一个核心概念，指一国政府在其主权范围内对税收事务的管辖权力，是国家主权在税收领域中的体现。税收管辖权包括来源地税收管辖权和居民税收管辖权两种基本形态。

5. 同一课税主权对同一征税对象课征多种税，或一种税在同一征税对象的不同流转环节多次课征，以及不同课税权主体对同一纳税人的同一课税对象同时课征相同或类似的税，都可以称为重复征税。

6. 国际税收协定中通常采用的避免、消除或缓和国家重复征税的方法主要有免税法、扣除法、低税法、抵免法等。

7. 政府外债是指国家作为债务人，向外国政府和国际金融组织借款以及在国际金融市场上发行债券所形成的债务。政府外债可以分为：外国政府贷款、国际金融组织贷款、政府国外公债和国际商业贷款。

8. 政府外债功能表现在以下几个方面：①利用政府外债可以促使本国社会经济更快发展。②利用政府外债是各国进行经济建设、政治角逐和军事战争的重要手段。③通过举借政府外债发展基础设施，可以为社会经济发展准备条件。

9. 偿债率是指当年的外债本金和利息偿还额占当年贸易和非贸易外汇收入之比。这是衡量债务规模最重要的指标。

10. 负债率是指一国对外债务的负担程度。

11. 债务率是指外债余额与当年贸易和非贸易外汇收入之比。

12. 政府外债风险防范包括外债币种结构风险防范和外债利率风险防范。

13. 政府外债风险规避是指在外债管理中，政府拒绝或主动退出有风险的筹资活动。

14. 贸易政策主要是指一国政府为实现促进或限制对外贸易目标而采取的一系列规范、措施。一般来讲，贸易政策主要包括关税政策、非关税措施、促进出口的扶持政策。

15. 加入 WTO 后，我国未来贸易政策的影响主要表现在进口限制、出口鼓励限制、反倾销措施约束三个方面。

16. 加入 WTO 对我国引进外资和境外投资的影响：①加速了国内资本的形成，促进了经济持续快速增长。②加入 WTO 将进一步促进我国投资环境的完善，有利于推动外商对华直接投资的稳定发展。③增加了国内就业和财政收入，改善了国际收支。④加入 WTO，为我国实施“走出去”创造了更为宽松的国际环境，我国境外投资将跃上新台阶。

17. 外汇管制有狭义和广义之分。狭义外汇管制称为外汇限制，指一国政府对居民从国外购买经常项目下的商品或劳务所需要外汇的支付或拨付转移，利用各种手段加以限制、阻碍或推迟。广义的外汇管制指一国政府对居民和非居民的外汇获取、持有、使用和在国际支付或转移中使用本币或外币，所采取的管理措施与政策规定。

18. 货币可兑换。一国货币兑换是针对外汇管制而言的。如果一国对经常项目下的对外支付解除了限制，则该国货币即实现了经常项目下的可兑换，如一国对资本项目下的对外收支也解除了管制，则该国货币实现了资本项目下的可兑换。

拓展学习

1. 陈共. 财政学［M］. 10 版. 北京：中国人民大学出版社，2020.

2. 温来成. 政府经济学［M］. 北京：北京大学出版社，2013.

3. 夏书章. 行政管理学［M］. 广州：中山大学出版社，2013.

思考题

1. 什么是国际税收？

2. 什么是国际税收协定？

3. 什么是税收管辖权？
4. 国际重复征税的含义有哪些？
5. 什么是政府外债？
6. 什么是货币可兑换？